Silvia Baumann

KulturSchock Portugal

„Spannende Zeiten stehen bevor:
Nach einem langen Dornröschenschlaf
steigt Portugal wie Phoenix aus der Asche
und kämpft um seinen Platz in der Welt …!"
(Lou Avers, Gedanken 2018)

Impressum

Silvia Baumann
KulturSchock Portugal

erschienen im
REISE KNOW-HOW Verlag Peter Rump GmbH
Osnabrücker Str. 79
33649 Bielefeld

© REISE KNOW-HOW Verlag Peter Rump GmbH 2010
2., neu bearbeitete und aktualisierte Auflage 2018

Gestaltung
Umschlag: G. Pawlak
Inhalt: amundo media GmbH
Fotos (inkl. Umschlagbilder): Lou Avers (la)

Lektorat: amundo media GmbH

Druck und Bindung:
D3 Druckhaus GmbH, Hainburg

ISBN 978-3-8317-1927-3
Printed in Germany

Dieses Buch ist erhältlich in jeder Buchhandlung
Deutschlands, der Schweiz, Österreichs, Belgiens
und der Niederlande.
Bitte informieren Sie Ihren Buchhändler
über folgende Bezugsadressen:
Deutschland
Prolit GmbH, Postfach 9, D-35461 Fernwald (Annerod)
sowie alle Barsortimente
Schweiz
AVA Verlagsauslieferung AG
Postfach 27, CH-8910 Affoltern
Österreich
Mohr Morawa Buchvertrieb GmbH
Sulzengasse 2, A-1230 Wien
Niederlande, Belgien
Willems Adventure, www.willemsadventure.nl

Wer im Buchhandel trotzdem kein Glück hat,
bekommt unsere Bücher auch über unseren
Büchershop im Internet: www.reise-know-how.de

Wir freuen uns über Kritik, Kommentare
und Verbesserungsvorschläge, gern auch
per E-Mail an info@reise-know-how.de.

Alle Informationen in diesem Buch sind von
der Autorin mit größter Sorgfalt gesammelt
und vom Lektorat des Verlages gewissenhaft
bearbeitet und überprüft worden.

Da inhaltliche und sachliche Fehler nicht
ausgeschlossen werden können, erklärt der
Verlag, dass alle Angaben im Sinne der
Produkthaftung ohne Garantie erfolgen
und dass Verlag wie Autorin keinerlei
Verantwortung und Haftung für inhaltliche
und sachliche Fehler übernehmen.

Die Nennung von Firmen und ihren
Produkten und ihre Reihenfolge sind als
Beispiel ohne Wertung gegenüber anderen
anzusehen. Qualitäts- und Quantitätsanga-
ben sind rein subjektive Einschätzungen
der Autorin und dienen keinesfalls der
Bewerbung von Firmen oder Produkten.

Silvia Baumann

KULTURSCHOCK
PORTUGAL

Vorwort

Portugal steht für Entdeckergeist, Melancholie und Tradition. Doch das heutige Portugal ist alles andere als rückwärtsgewandt. Vor allem die wirtschaftlichen und politischen Demütigungen der letzten Jahre haben dazu geführt, dass sich die älteste Nation Europas gerade neu erfindet. Trotzig werden die Ärmel für die Zukunft hochgekrempelt. Das „Land am Westrand Europas" entdeckt sich selbst und wird von vielen neu entdeckt. Ein Besucherrekord jagt den anderen, nie zuvor kamen so viele Touristen, Langzeitreisende und Aussteiger auf der Suche nach dem Glück. Noch nie gab es so große weltweite Aufmerksamkeit. Alle schwärmen von der Gastfreundschaft und dem Charme des abwechslungsreichen Reiseziels. Portugal ist sympathisch. Was ist passiert? Bisher fokussierten doch die Schlagzeilen auf Finanzkrise, Rettungsschirm und EU-Problemkind.

Spätestens seit der Fußball-Europameisterschaft 2016 und dem Eurovision Song Contest 2017 ist ins kollektive Bewusstsein eingedrungen, dass Portugal *kein* iberisches Anhängsel von Spanien ist.

Was aber hat es auf sich mit dieser einst großen Seefahrernation, die noch bis vor wenigen Jahren kaum auf der Weltbühne präsent war? Nun werden mehr und mehr Menschen auf Portugal aufmerksam und fragen sich: Wer und wie sind

die Portugiesen eigentlich? Und welche Kulturschocks sollte es überhaupt geben in einem demokratischen EU-Land, das von der Mehrheit der Besucher als positiv empfunden wird?

Seit der ersten Auflage dieses Buches hat sich Portugal wesentlich verändert. Vieles ist besser geworden, manche Probleme sind zäh und einiges trotzt dem Lauf der Zeit. Der boomende Tourismus hilft der Wirtschaft, bringt gleichzeitig aber auch Herausforderungen mit sich. Dennoch, die Grundstimmung ist gut wie schon lange nicht mehr. Nach den harten Jahren der Einschränkungen sehen die Portugiesen erstmals optimistisch in die Zukunft. Vor allem die junge Generation tritt selbstbewusst und zielgerichtet auf. Man besinnt sich auf den tief verwurzelten Pioniergeist der „Portugalidade". Noch nie waren Berufseinsteiger in Portugal so gut ausgebildet wie heute. Viele wanderten während der Finanzkrise aus, doch so mancher nutzte die drohende Arbeitslosigkeit als Chance und nahm die Zukunft selbst in die Hand, sei es im Tourismus, der Gastronomie oder in anderen Bereichen wie den digitalen Medien.

Das Ferienziel wird mit touristischen Auszeichnungen und Prämien geradezu überhäuft. 2016 wurde Portugal zum ersten Mal in seiner Geschichte Fußballeuropameister, Cristiano Ronaldo gewinnt sowieso meist den Weltfußballer- und alle anderen Titel, der UN-Generalsekretär heißt seit 2017 António Guterres und war früher portugiesischer Regierungschef, über Europas Finanzen wacht seit 2018 der portugiesische Volkswirt und Finanzminister Mário Centeno als Euro-Gruppen-Chef. Und dann war da noch der 13. Mai 2017: Ein Millionenpublikum verfolgte am Vormittag den Besuch von Papst Franziskus zum 100. Jahrestag der Marienerscheinungen im Wallfahrtsort Fátima. Am gleichen Abend gewann der verträumte Adelsspross Salvador Sobral mit seinem durch und durch portugiesischen und gänzlich untypischen ESC-Beitrag zur Überraschung aller (und vor allem der Portugiesen) den Eurovision Song Contest. „Portugal 12 points" aus allen Ecken Europas – das gab es noch nie. Das mag manchem banal erscheinen, doch in Portugal kam dies schon fast einem Wunder gleich: Wetten, dass hier die Jungfrau Nossa Senhora de Fátima ihre Hand im Spiel hatte!

Es läuft gut für Portugal, die Daumen zeigen nach oben. Die Schattenseiten waren verheerende Waldbrände im Sommer und Herbst 2017 mit einer tragischen Bilanz von 115 Todesopfern, schleppende Reformen in Justiz-, Bildungs- und Gesundheitswesen, immer noch große soziale Ungerechtigkeiten und medienträchtige Korruptionsskandale wie jener um den einstigen Politstar und Premierminister José Sócrates.

Dieses Buch beleuchtet die portugiesische Mentalität aus unterschiedlichen Blickwinkeln. Um die tiefgründige Seele Portugals zu verstehen, ist eine Zeitreise in die Geschichte des Landes hilfreich und notwendig. Vom Niedergang der einstigen Seemacht, die zwischen sich und Spanien die Welt aufteilte, zu einem der ärmsten Länder Europas, von 40 Jahren Isolation und Repression der Salazar-Diktatur, die Spuren und Narben in der portugiesischen Gesellschaft hinterließ. Von Aus- und Einwanderung bis hin zum Aufbäumen gegen den Armutsstempel.

Doch gibt es überhaupt den typischen Portugiesen bzw. die typische Portugiesin? Was macht die Portugiesen eigentlich aus: Bacalhau essen und Portwein trinken, Fußballverrücktheit und Fado singen ...? Was unterscheidet den portugiesischen Alltag von unserem? Und was ist das für ein Volk aus dem Süden, dessen Nationalgericht Stockfisch aus dem hohen Norden ist, das seinem verlorenen Weltreich mit der melancholischen Wehmut der *saudade* nachtrauert und das doch modern und zukunftsorientiert die Gegenwart meistert?

Möglicherweise empfinden Nordeuropäer ganz andere Dinge „schockierend" als Südländer. Was für die einen fehlende Organisation sein mag, ist für die anderen vielleicht Kreativität etc. Letztendlich tragen wir alle unser kulturelles Gepäck mit uns herum und bewerten uns fremd anmutende Dinge instinktiv aufgrund unserer Mentalität. Manchmal hilft es auch, einfach jegliche Klischees aus dem Kopf zu verbannen und sich vorurteilslos auf alles einzulassen, was denn da kommen mag.

Die Portugiesen selbst sind sich weitgehend einig, wenn es um die Definition des Portugiesischseins (Ser Português) geht. Sie glauben an die Einzigartigkeit ihrer Wesensart und sind überzeugt davon, dass ein Nichtportugiese diese nicht nachempfinden kann. Wohl deshalb gibt es auch keine wörtliche Übersetzung für das Wort *saudade,* den Ausdruck für die nationale Melancholie.

Portugal scheint seit einigen Jahren nicht nur für die Portugiesen selbst, sondern auch für viele Reisende zu einem „Sehnsuchtsland" zu werden, einer Oase inmitten der turbulenten, aus der Spur geratenen Weltordnung. Was macht dieses Land so besonders und wieso wollen jetzt so viele Menschen hier leben, von Madonna über französische Investoren und chinesische Kaufleute bis hin zu alternativen jungen Familien und Wohngemeinschaften?

All dies und vieles mehr zu Tücken, Fettnäpfchen, Eigenarten und Freud und Leid des portugiesischen Lebens behandelt dieser Titel. Dabei kommen einheimische wie ausländische Stimmen zu Wort.

Wer sich darauf einlässt, auch einmal hinter die zugezogenen Vorhänge und unter den Teppich zu schauen, darf gespannt sein. Denn Portugal ist so viel mehr als nur Fado, Fußball und Fátima.

Bem-vindo!

Silvia Baumann

Extrainfos im Buch
ergänzen den Text um anschauliche Zusatzmaterialien, die vom Autor aus der Fülle der Internet-Quellen ausgewählt wurden. Sie können bequem über unsere spezielle Internetseite **www.reise-know-how.de/kulturschock/portugal18** durch Eingabe der jeweiligen Extrainfo-Nummer (z. B. „#1") aufgerufen werden.

Inhalt

▷ Historische Jugendstilhäuser mit blau-weißen Azulejos in Valença do Minho

O dia a dia – der Alltag in Portugal 207

Exkurse zwischendurch

Verhaltenstipps
A–Z

◁ Gustavo Barros auf seinem Museumsschiff Praia da Costa Nova in Aveiro
(005pgl-la)

- **Aberglaube:** Es gibt zig portugiesische Bauernregeln zum Thema *super-stição*. In ländlichen und stärker katholisch geprägten Regionen sind die Menschen noch eher abergläubisch. Die Zahl 13 ist auch in Portugal mit *azar* (Pech) verknüpft, schwarzen Katzen geht man gerne aus dem Weg. In ein Haus sollte man immer mit dem rechten Fuß eintreten, wenn das linke Ohr rot und heiß wird, redet jemand schlecht über einen ... Mehr dazu im Kapitel „Glaube und Aberglaube" (s. S. 117).
- **AIDS:** In Portugal „SIDA" genannt, sind HIV-Infektionen immer noch ein aktuelles Thema. Die Zahl Neuinfizierter ist zwar seit 2008 stetig prozentuell gesunken, dennoch weist Portugal eine der höchsten Infektionsraten von HIV (hier VIH) in Europa auf.
- **Alkohol:** Laut Weltgesundheitsorganisation belegt Portugal im weltweiten Vergleich beim Alkoholkonsum den 10. Platz. Der obligatorische Wein zum Essen mit einem Schnaps zum Abschluss ist eher die Regel als die Ausnahme. Portugal ist ein Weinland und so ist der Konsum auch kulturell und traditionsbedingt in den Alltag integriert. Auch Bier und Spirituosen erfreuen sich großer Beliebtheit. Zwischen 2014 und 2016 ist die Zahl der Alkoholabhängigen und Alkoholgefährdeten besonders gestiegen, was viele auch auf die Finanzkrise und deren soziale Folgen zurückführen. Alkohol ist auch die häufigste Ursache bei Verkehrsunfällen. Siehe auch „Vícios" im Kapitel „Der Alltag in Portugal" (s. S. 208).
- **Ansehen:** Das Image des Landes und der Nation in den Augen von Fremden oder der Welt ist den Portugiesen ein besonderes Anliegen. Man legt großen Wert darauf, nicht mit allen „Latinos" in einen Topf geworfen zu werden. Im täglichen Umgang wird man vorwiegend auf sehr höfliche, zurückhaltende, aber durchaus hilfsbereite Einheimische treffen. Die Portugiesen definieren sich gerne als die „diskreteren, tiefgründigeren Südländer" und möchten auch so wahrgenommen werden.
- **Armut/Bettelei:** Trotz der sich langsam erholenden Wirtschaft waren nach Angaben des Instituto Nacional de Estatísticas im Jahr 2016 über 2,6 Mio. Portugiesen von Armut und sozialem Ausschluss bedroht – und das oftmals trotz Arbeit. Die Lage hat sich zwar leicht verbessert, doch immer noch ist *pobreza* für viele Familien ein Thema. Obdachlose *(sem-abrigo)* sind vorwiegend in den Großstädten und Ballungsräumen anzutreffen, 2017 wurden allein in Lissabon 2051 Menschen ohne festen Wohnsitz registriert – und das sind nur die offiziellen Zahlen.

Touristen-Doppeldeckerbus in Lissabons Unterstadt

Ein Viertel davon lebt auf der Straße, die anderen essen und schlafen in sozialen Einrichtungen oder von der Stadt angemieteten Zimmern in Pensionen. Mit zunehmendem Tourismus werden die Wohnangebote nun langsam rar und kaum noch bezahlbar, denn private Hostels und touristische Unterkünfte schießen wie Pilze aus dem Boden und nehmen sozialen Wohnraum weg. Auch in Porto, Braga, Setúbal, Faro, Coimbra oder Aveiro sieht man leider noch viele Menschen, die sich in Bahnhöfen, Metro-Stationen, in der Nähe von Kirchen oder auf Parkbänken einrichten. Gründe für die soziale Notlage sind oft Arbeitslosigkeit, Verschuldung, Scheidung oder Drogen- und Alkoholabhängigkeit. Unter den Betroffenen sind auch viele junge Frauen und Mütter, die wegen häuslicher Gewalt auf die Straße flüchten. Betteln ist nicht sehr häufig, ab und an sieht man osteuropäische Familien mit Kleinkindern, die um Almosen bitten. Jeden Winter versuchen Sozialarbeiter der Stadtverwaltungen, die größte Not in kalten Nächten mit Decken und warmen Mahlzeiten zu lindern. Vor manchen Supermärkten verteilen karitative Organisationen insbesondere vor Weihnachten Einkaufstüten, die man mit Grundnahrungsmitteln füllen und am Ausgang für bedürftige Familien spenden kann.

- **Ausländer/Touristen:** Seit das Land immer beliebter wird, ist das Zusammenleben mit Vertretern aus allen Ecken der Welt ein Normalzustand geworden. Generell sind Touristen und Nichtportugiesen gern gesehen und willkommen, auch wenn es in manchen sehr touristischen Stadtteilen in Lissabon und Porto für die Anwohner bisweilen schon etwas zu viel des Guten wird und es zu Problemen wie Wohnungsnot

und überteuerten Preisen kommt. Andererseits ist der Tourismusboom auch ein wichtiger Motor für die in Fahrt kommende Wirtschaft. Generell sind die Portugiesen aufgrund ihrer eigenen Auswanderungsgeschichte an den Umgang mit anderen Nationalitäten gewöhnt. Seit 2016 gibt es in den Großstädten eine „Touristengebühr": In Lissabon beträgt diese 1 €/Tag bis max. 7 € für sieben Übernachtungen, in Porto sind ab 2018 pro Übernachtung 2 €. Diese Art Kurtaxe wird in den Hotels, Hostels und lokalen Unterkünften berechnet (siehe auch „Das Bild von Touristen" ab S. 274).

- **Autofahren:** Verkehrserziehung und -kontrollen sind wesentlich besser geworden. Doch lieben die Portugiesen eine rasante und risikoreiche Fahrweise. Die ansonsten gelebte Zurückhaltung wird hinter dem Steuer über Bord geworfen und offensives Überholen, Hupen, Telefonieren oder dichtes Auffahren sind der Normalzustand. Wer mit einem Mietwagen unterwegs ist, muss alle Sinne offen halten. Telefonieren am Steuer ist nicht erlaubt und die Promillegrenze liegt in Portugal bei 0,5, für Fahranfänger und Berufsfahrer sogar bei 0,2.

- **Baden/Nacktbaden:** Portugal bietet von Nord bis Süd insgesamt mehr als 526 Badestrände (Meeresstrände und Flussstrände), davon sind 320 (Stand 2017) mit der Blauen Flagge für gute Wasserqualität und gute Infrastruktur ausgezeichnet. Während der Saison (Juni–September) sind die offiziellen Badespots bewacht. In der Nebensaison gibt es keine Rettungsschwimmerstationen. An manchen Naturstränden ist auf eine starke Unterwasserströmung und heftigen Wellengang zu achten. Beliebt sind auch die zahlreichen Fluss- und Stauseestrände, die vor allem im Sommer sehr stark frequentiert sind. Nacktbaden ist an normalen Stränden nicht üblich, es gibt aber eine Reihe speziell markierter FKK-Strände. Oben-ohne-Baden ist vor allem an der Algarve mittlerweile normal und toleriert.

- **Begrüßung/Verabschiedung:** Wenn man jemanden zum ersten Mal trifft, sind ein Handschlag und ein „Prazer, como vai?" („Sehr erfreut, wie geht es?"), bei Jüngeren auch ein simples „Olá" üblich. Bei näherer Bekanntschaft oder auch unter jüngeren Menschen sind zwischen Frauen und Frau und Mann angedeutete Wangenküsschen gängig (rechts und links, jeweils einmal). Ein etwas weniger förmliches „Tudo bem?!" („Alles bestens?!") gehört dazu. Männer geben sich die Hand oder auch einen freundschaftlichen Klaps auf die Schulter. Unter männlichen Freunden ist eine Umarmung *(abraço)* angebracht. Für den Abschied gilt das gleiche mit einem „Adeus, até logo" („Auf Wiedersehen, bis bald") oder „Tudo de bom!" („Alles Gute!)". Mehr dazu unter „Begegnungen, Begrüßungen, Verabschiedung" ab S. 283.

- **Bekleidung:** Für Besucher gibt es keine besonderen Kleidungsregeln zu beachten, es sei denn, man betritt Kirchen und Klöster, wo allzu legere Strandkleidung nicht gerne gesehen wird. Generell sollte man für Wärme wie auch kühle Nächte ausgerüstet sein. Gute Wanderschuhe und bequeme Stadtschuhe sind ebenso nützlich. Die Portugiesen kleiden sich gerne modebewusst und klassisch bis konservativ. Man legt Wert auf ein gepflegtes Äußeres und stilsicheres Auftreten, zumindest was die ältere Generation anbelangt. Bei den jüngeren Leuten geht es unkonventioneller zu. Selten aber sieht man Portugiesen außer Haus in Jogginghosen oder Trainingsanzügen und nie mit Socken in Sandalen.

- **Beleidigungen:** Abwertende und diskriminierende Schimpfwörter können in Portugal mit Bußgeldern bestraft werden. Die Portugiesen selbst nehmen dies nicht immer ganz so genau und Begriffe wie „pretos" für farbige Menschen afrikanischer Abstammung oder „ciganos" für einheimische Roma-Gemeinden hört man häufig. „filha(o) da puta" ist die portugiesische Version für „Hurentochter(sohn)", die man zwar oft vernimmt, aber selbst lieber nicht verwenden sollte. Derbe Vulgarismen wie „merda", „carralho" oder „porra" sind die am meisten verwendeten Schimpfwörter, die man nicht übersetzen möchte beziehungsweise muss. Die meisten Beleidigungen kommen wenig überraschend im Straßenverkehr oder bei Fußballspielen vor.

- **Berührungen/Körperkontakt:** Auch wenn die Portugiesen beim Körperkontakt nicht so überschwänglich sind wie etwa die Spanier, Italiener oder Brasilianer, sind Berührungen doch gängiger als im vergleichsweise etwas unterkühlten Deutschland, vor allem bei Begrüßungen und Verabschiedungen (s. S. 16). Besonders Babys und Kleinkinder werden gerne getätschelt. Generell praktizieren und respektieren die Portugiesen aber eine höfliche Distanz in Warteschlangen oder beispielsweise in Bussen und Bahnen und im täglichen Miteinander. Drängeln ist nicht gerne gesehen.

- **Bestechung/Schmiergelder:** Im portugiesischen Alltag wird man keine offen sichtbaren Bestechungen oder Schmiergeldzahlungen erleben. Wer versuchen sollte, einen Polizisten oder Staatsbeamten mit einem Geldschein zu schmieren, macht sich strafbar und kann mit gravierenderen Konsequenzen rechnen. Das heißt nicht, dass diese Praktiken nicht vorkommen. Sie werden sich aber für Touristen oder Kurzbesucher kaum offenbaren, sondern sich eher im Alltag bei längeren Aufenthalten bemerkbar machen. In der Politik, im Fußball und in der Wirtschaft sind dies durchaus aktuelle Themen.

- **Bürokratie:** Bei Behördengängen hat sich einiges verbessert und man kann vieles, was man früher bei zeitraubenden Vorortbesuchen erledigen musste, online oder in Bürgerbüros *(Lojas do Cidadão)* abwickeln. Dennoch sind die Wirren der Bürokratie nach wie vor ein Problem. Langwierige Genehmigungsverfahren für z. B. Geschäfts- oder Baulizenzen, im Gesundheitssektor oder in der Justiz sind Bremsfaktoren und Geduldsproben im portugiesischen Alltag.

- **Drogen:** Die Situation in Bezug auf Straßendrogen hat sich gebessert, der Markt für Opiate und Kokain wächst aber seit einigen Jahren. In Lissabon kommt es vor allem in der Rua Augusta immer wieder vor, dass man ganz offen auf der Straße von Dealern angesprochen wird, die „haxiche" anbieten. Obwohl die Polizei dieses Problem und auch die Personen kennt, greift sie nicht ein, weil das angebliche Haschisch ein undefinierbares Gemisch von Gewürzen und sonstigem Allerlei ist und sein Verkauf deshalb nicht als „Drogenhandel" verfolgt werden kann. Generell gilt: lieber Finger weglassen von solchen Angeboten. Die „Droge" Nr. 1 ist in Portugal mit Abstand der Alkohol. Seit dem Entkriminalisierungsgesetz von 2001 ist der Eigenkonsum von Drogen keine Straftat mehr, sondern nur noch eine Ordnungswidrigkeit. Mehr zu dem Thema findet sich unter „Vícios" ab S. 208.

- **Einkaufen/Märkte:** Im ganzen Land findet der Besucher ein gutes Netz von modernen Einkaufszentren *(centros comerciais)* mit allen gängigen Handelsmarken. Im Lebensmittelbereich gibt es von einheimischen, gut sortierten Supermarktketten (oft mit integrierten Cafés und diversen Lä-

den) bis zu ausländischen Discountern ein umfangreiches Angebot. In den *Hipermercados* (größeren Supermärkten der Einkaufszentren) kann man an einigen automatischen Kassen seine Produkte selbst einscannen und mit Bargeld oder Karte bezahlen. Frisches Gemüse, Zitrusfrüchte und anderes Obst, aber auch Trockenfrüchte, kauft man am besten auf dem Wochenmarkt. Fast jeder Ort hat eine Markthalle und dort ist es meistens auch etwas günstiger. Kunterbunte Monatsmärkte (*feiras* oder *mercados mensais*), die normalerweise am Ortsrand auf extra ausge-wiesenen Großparkplätzen oder -flächen stattfinden, sind besonders beliebt. Feilschen wird in Portugal nicht gerne gesehen. Generell gelten Festpreise. Allerdings kann man auf den *Feiras* schon mal nachfragen, ob es auf den ein oder anderen Artikel noch etwas Nachlass gibt. Das Risiko einer Antwort wie „Wir sind hier nicht in Marokko" muss man aber ein-kalkulieren. Technische Geräte, Hygieneartikel und besonders Produkte für die Zahnhygiene sind in Portugal etwas teurer als in Deutschland, Grundnahrungsmittel und Werkstattpreise dagegen günstiger bzw. nied-riger (siehe auch S. 305).

● **Einladungen** nach Hause sind in Portugal nicht sehr gängig. Meistens trifft man sich mit Freunden in einem Restaurant, einem Café oder ei-ner Bar. Wer auf einen Kaffee eingeladen wird, sollte sich bei Gele-genheit revanchieren. Zu beachten gilt es, dass man Einladungen zu was auch immer (die man nicht annehmen möchte oder kann) nicht einfach ablehnen sollte, ohne weitere Begründungen zu nennen oder eine andere Gelegenheit offenzulassen. Ein trockenes „Nein danke" ist nicht sehr höflich, mit „Danke, vielleicht ein andermal gerne" gibt man dem Gegenüber keine Abfuhr und lässt ihn das Gesicht wahren, ohne seinen Stolz zu verletzen. Mehr dazu unter „Zu Gast in der Familie" ab S. 285.

● **Ess- und Trinksitten:** Vor allem das Mittagessen (*almoço*) ist in Portugal heilig, auch das Abendessen (*jantar*) fällt eher üppig aus. Das Frühstück (*pequeno almoço*) spielt eine geringere Rolle. Wer also auf sein gelieb-tes ausgiebiges Frühstück mit Müsli & Co. schwört, wird im Café selbst improvisieren müssen. Es sei denn, man kommt in einem internationa-len Hotel unter, dort gibt es generell auch reichhaltige Frühstücksbü-fetts. Kleinere Mittelklassehotels oder auch einfache Pensionen bieten auf Wunsch des Kunden meist auch ein Frühstück. Mittagessen gibt es in den Restaurants in der Regel von 12.30 Uhr bis 15 Uhr und Abend-

◁ Paulo Braz schwört auf seinen Bergkäse der Serra da Estrela (Centro Comercial, Torre)

essen ab 19 Uhr. Zeitunabhängige Alternativen sind die zahlreichen Angebote der Gastronomiemeilen in den Einkaufszentren. Im Restaurant ungefragt auf den Tisch gestellte „entradas", also Appetitmacher wie Oliven, Brot oder Käse, sind kein Angebot des Hauses, sondern werden separat berechnet. Am liebsten isst und trinkt man in Gesellschaft, zum Toast stoßen die Portugiesen mit dem Glas an und sagen „saúde!", was unserem „Zum Wohl" entspricht und wörtlich übersetzt „Gesundheit" heißt. Mehr zu Ess- und Trinksitten steht im Kapitel „Essen und Trinken" ab S. 286.

■ **Fotografieren:** Wenn man Menschen fotografiert, dann gehört es auch in Portugal zum guten Ton, vorher um Erlaubnis zu fragen. Gerade in ländlichen Gebieten und in den von Touristen stark frequentierten Altstadtvierteln von Lissabon und Porto kommt es neuerdings vor, dass sich ältere Menschen nicht gerne fotografieren lassen, und das sollte man respektieren. Sie fühlen sich oft wie unfreiwillige Statisten und gerade in Zeiten des „unkontrollierten" Selfie-, Smartphone- und Tablet-Knipsens wird die Privatsphäre von Einwohnern nicht selten missachtet. Junge Leute lassen sich in der Regel gerne und bereitwillig ablichten. In vielen Museen, Kirchen etc. und den meisten Einkaufszentren

⌃ Rui und Paula Carvalho aus Mértola genießen ihre Mahlzeiten am liebsten auf der Terrasse mit Blick auf den Guadiana

sind Fotografieren und Filmen nicht erlaubt, manchmal ist nur Blitzlicht nicht gestattet. Öffentliche Gebäude wie das Parlament oder der Präsidentensitz können für die private Nutzung abgelichtet werden. Alles was über die Amateurfotografie hinausgeht und in irgendwelcher Form veröffentlicht werden soll, bedarf einer schriftlichen Genehmigung.

● **Frauen und Männer:** Trotz Emanzipation und erweiterten Frauenrechten ist die Rollenverteilung von Mann und Frau im portugiesischen Familienleben und Alltag noch sehr traditionell geprägt. In jüngeren Generationen ist die Arbeitsteilung im Haushalt etwas demokratischer und auf beide Partner verteilt. Die portugiesische Verfassung garantiert seit der Implementierung der Demokratie im Jahr 1974 das Recht auf Gleichstellung von Mann und Frau. Dennoch gilt nach wie vor: Portugal ist ein Macho-Land. Das zeigt sich in der Partnerschaft, in der Familie und im Beruf. Portugiesische Frauen arbeiten im Schnitt wesentlich mehr als Männer und verdienen dennoch deutlich weniger. Sie sind berufstätig und organisieren im Regelfall den Haushalt und die Kinderversorgung. Besonders auf dem Land wird man immer noch vorwiegend Männer in den Bars und Cafés sitzen sehen, während die *Senhoras* die anfallenden Arbeiten erledigen. Eine Tendenz zur maskulinen Dominanz in der Beziehung ist diversen aktuellen Studien zufolge kurioserweise wieder in der Altersklasse von 15 bis 25 Jahren zu verzeichnen, was auf einen gesellschaftlichen Rückschritt beim Thema Gleichberechtigung hinweist. Siehe auch das Kapitel „Frauen, Männer und Familie im Fokus" ab S. 255.

● **Gast** sein heißt auch, sich auf die landesspezifischen Eigenarten einzustellen und dementsprechend anzupassen. Offenheit und Toleranz spielen dabei eine wichtige Rolle. Wer Gast in einem Land oder bei Familien ist, sollte die Spielregeln befolgen. Nun unterscheidet sich Portugal von anderen europäischen Ländern in diesem Punkt nicht sehr. Die Portugiesen sind sehr stolz auf ihre Heimat und erwarten von Besuchern, dass sie ihr Land respektieren und die lokalen Gewohnheiten achten. Das alte Sprichwort: „Em Roma devemos ser Romanos", frei übersetzt „In Rom sollten wir Römer sein", definiert sehr passend die portugiesische Haltung zu diesem Thema. Mehr dazu steht im Kapitel „Estrangeiros – als Fremde in Portugal" ab S. 273.

● **Geschenke:** Immer passende *presentes* sind Blumen, ein gutes Buch oder Deko-Artikel. Bei Weinen kann man oft ins Fettnäpfchen treten, es sei denn, man besorgt einen ausgewählten und nicht unbedingt für den Alltag gedachten edleren Tropfen. Kinder freuen sich über Spielsachen oder Malbücher. Souvenirs aus dem Heimatland des Gastes kommen immer gut an.

- **Gespräche:** Die Portugiesen kommunizieren sehr gerne, unterein-ander und auch mit fremden Besuchern. Für einen kleinen Schwatz über Wetter, Fußball oder Gott und die Welt ist immer Zeit. Da viele Einheimische Englisch oder auch Französisch sprechen, manche auch Deutsch, ist es nicht sehr schwierig, ein paar Worte zu wechseln und etwas Smalltalk zu praktizieren. Jeder Portugiese und jede Portugiesin wird ein paar Tipps für schöne Orte bereit haben, die man unbedingt besuchen sollte. Auch bei der Suche nach einem typischen Lokal hat es Sinn, mal bei den Anwohnern selbst nachzufragen und deren Rat zu folgen. Es macht sich immer gut, wenn man zumindest „bom dia" und „obrigado" im Wortschatz hat.

- **Hierarchien/Höhergestellte:** Portugal ist das Land der *Senhores Dou-tores* und *Senhores Engenheiros.* Titel und Hierarchien sind stark aus-geprägt und ziehen sich durch die gesamte Gesellschaft. Besonders in der öffentlichen Verwaltung sind die Hierarchien sehr straff. Die Machtbefugnisse beschränken sich auf wenige meist männliche Chefs, die kaum delegieren. Entscheidungen dauern deshalb oft länger, weil der oder die Verantwortliche alleine entscheidet und meistens nicht vor Ort oder verfügbar ist. Die Angestellten haben kaum Kompetenz-befugnisse, was von den Entscheidern auch so gewollt ist. In neuen Start-Up-Unternehmen zeichnet sich aber eine Änderung und Tendenz zu flachen Hierarchien und Teamwork ab.

- **Hochzeit:** Eine Hochzeit wird in Portugal ähnlich wie im restlichen Europa zelebriert. Heutzutage kann man das Aufgebot online organi-sieren und sich einen speziellen Ort für die Trauung aussuchen. Wer dies möchte, kann sich also z.B. auch am Strand trauen lassen. Wer auf eine portugiesische Hochzeit eingeladen ist, sollte sich eher festlich elegant als zu leger kleiden, denn auf dem Hochzeitsfoto möchte man „präsentable" Gäste zeigen. Als Hochzeitsgeschenk wählt man norma-lerweise einen angemessenen Geldbetrag, denn damit wird die Feier überwiegend finanziert. Die Höhe des Geldgeschenkes hängt vom Ausmaß und Stil des Festes und natürlich auch vom eigenen Einkom-men ab. Im Schnitt kann man zwischen 50 und 150 Euro einplanen. Mehr zum Thema Hochzeiten findet sich ab S. 268.

- **Höflichkeit:** Die Portugiesen, vor allem der älteren Generation, legen großen Wert auf einen höflichen Umgang miteinander. Man grüßt sich mit „bom dia", bittet um Verlaub mit „com licença", sagt Danke („obri-gado"/„obrigada") und Bitte („por favor"/„se faz favor") und fragt mit „como vai" nach dem Befinden. Vor allem in kleineren Orten läuft man nicht einfach grußlos aneinander vorbei, sondern nickt wenigstens mit dem Kopf oder winkt zum Gruß.

- **Homosexualität:** Die gleichgeschlechtliche Ehe ist seit 2010 im portugiesischen Gesetz verankert, sie birgt die gleichen Rechte und Pflichten wie eine heterosexuelle Ehe. Auch ein Recht auf Adoption ist seit 2015 vorgesehen. Die portugiesische Verfassung garantiert das Recht auf Gleichbehandlung von Menschen mit unterschiedlicher sexueller Orientierung. Im Alltag ist *homosexualidade* heute kein Tabu mehr und *gays* und *lesbicas* müssen mit keinen offenen Diskriminierungen rechnen. Die katholische Kirche in Portugal machte sich allerdings im November 2017 mehrheitlich unbeliebt, als sie homosexuellen Theologieanwärtern den Zugang zu Priesterseminaren und damit die Priesterlaufbahn verwehren wollte.
- **Hygiene:** Die öffentliche Hygiene ist in Portugal generell sehr gut. Gaststätten, Cafés und öffentliche Sanitäreinrichtungen sind in der Regel sehr sauber und werden regelmäßig von der Aufsichtsbehörde ASAE (Autoridade de Segurança Alimentar e Económica) kontrolliert. Es gibt natürlich auch Ausnahmen, aber die sind heutzutage eher selten. Mehr dazu ab S. 214.
- **Kinder:** Portugal hat im Vergleich zu Spanien oder Frankreich und ähnlich wie Deutschland eine sehr niedrige Geburtenrate. Das hängt hauptsächlich mit der Finanzkrise und den wirtschaftlichen Schwierigkeiten junger Menschen zusammen. Ein bis zwei *filhos* sind der Standard. Viele Paare entscheiden sich aber auch gegen Kinder, weil sie zunächst ihre Zukunft sichern müssen. Portugiesische Kinder verbringen einen Großteil ihres Tages in Kindertagesstätten oder Schulen, da im Regelfall beide Elternteile berufstätig sind. Kinder *(crianças)* sind gerne gesehen, auch wenn die Portugiesen den lieben Kleinen gegenüber nicht ganz so tolerant sind wie ihre spanischen Nachbarn.
- **Kriminalität:** Portugal ist insgesamt gesehen eines der sichersten und friedlichsten Länder der Welt. Die Kriminalitätszahlen sind im internationalen Vergleich gering und insbesondere seit 2015 wieder rückläufig. Als Besucher muss man generell keine besonderen Vorkehrungen treffen. Taschendiebstähle in überfüllten Bussen oder Straßenbahnen der Metropolen und Einbrüche in Pkws kommen häufiger vor, aber gewaltsame Raubüberfälle sind doch eher selten. Drogenkriminalität gibt es allerdings auch in Portugal. Am ehesten Vorsicht geboten ist in den Großstädten und an stark frequentierten Stränden. Mehr dazu steht unter „Kriminalität" (s. S. 175) und „Sicherheit" (s. S. 313).
- **Kritik (im Gespräch)** ist ein heikles Thema, vor allem im Gespräch zwischen Nichtportugiesen und Portugiesen. Kritik von Besuchern an Land und Leuten kommt generell nicht gut an. Es wird als unhöflich und respektlos empfunden, wenn ein Besucher interne Dinge kritisiert.

Auch wenn die Portugiesen selbst sehr gerne jammern und damit selten auf Widerspruch stoßen, sollte man diplomatisch sein und sich unerwünschte und ungefragte Kommentare besser verkneifen. Das gilt auch, wenn die obligatorische und tückische Frage gestellt wird: „Wie finden Sie unser Land? Gibt es etwas, was Sie nicht mögen?" Siehe auch das Kapitel „Gesprächsverhalten" ab S. 309.

● **Menschen mit Behinderung:** Barrierefreie Zugänge und rollstuhlgerechte Infrastrukturen wurden in den letzten Jahren wesentlich verbessert. Dennoch machen die üblichen Kopfsteinpflastergassen und die oftmals fehlenden Gehwege sowie steile Treppen in den Stadtzentren es Rollstuhlfahrern und Geh- oder Sehbehinderten nicht gerade einfach. Auch die öffentlichen Verkehrsmittel sind nicht durchgängig barrierefrei.

● **Minderheiten:** Die einzigen ethnischen Minderheit im Land sind die Volksgruppen der Sinti und Roma, die hier *ciganos* oder *Portuquêses de etnia cigana* genannt werden. Hier gilt es, als ausländischer Besucher zu beachten, dass sich die Menschen der Cigano-Kommunen nicht gerne fotografieren lassen, und das sollte man respektieren. Mehr zu dem Thema siehe „Ethnische Einflüsse" ab S. 88.

● **Müll und Mülltrennung:** Vor 20 Jahren wurde die Marke Grüner Punkt eingeführt. Im Bewusstsein der Bevölkerung hat sich seither vieles zum Positiven verändert. 43.000 *Ecopontos* mit Wertstoffbehältern aus Metall oder Kunststoff wurden seither im ganzen Land aufgestellt. Die Recyclingquote ist dennoch weit vom europäischen Mittel entfernt. Nur 13 % des produzierten Mülls *(lixo)* werden in Portugal im Vergleich zu 30 % im gesamteuropäischen Durchschnitt verwertet. Viele der Wertstoffbehälter (grün = *vidro*/Glas, gelb = *plástico*/Kunststoff, blau = *pa-*

pel/Papier, grüne oder schwarze Container = *resíduos não recicláveis*/ nicht verwertbarer Haushaltsmüll) gammeln oftmals vor sich hin und mit dem korrekten Entsorgen nimmt es nicht jeder so genau. Mehr zu dem Thema steht im Abschnitt „Natur- und Umweltschutz" ab S. 227.

● **Patriotismus:** Für einen gesunden Patriotismus und gegen fanatischen Nationalismus sprach sich ein führender portugiesischer Politiker anlässlich des brandaktuellen Themas Populismus aus. Die Portugiesen sind sehr patriotisch, wenn es um Sport, Musik oder ihre Geschichte geht. Besonders die jungen Leute besinnen sich wieder auf die viel beschworenen Tugenden der *Portugalidade:* Kreativität, Flexibilität, Zähigkeit und Anpassungsfähigkeit. Rechtsradikale Parteien oder Gruppierungen gibt es erfreulicherweise keine. Näheres dazu unter „Nationale Identität und Patriotismus" (s. S. 147).

● **Politik** ist ein viel diskutiertes Thema, ob in den Radio- und Internetforen, im Café oder zu Hause bei den 20-Uhr-Nachrichten. Insgesamt gesehen haben Politiker kein gutes Image. Mit dem 2016 gewählten Staatspräsidenten Marcelo Rebelo de Sousa und seinem ausgleichenden Harmoniekurs hat sich dies etwas verbessert. Der bekannte Politiker, Professor und ehemalige TV-Kommentator baut Brücken zwischen der links- und der rechts-wählenden Bevölkerung. Portugal ist heute eine gefestigte Demokratie. Die Beziehungen zu den europäischen Nachbarn und ehemaligen Kolonien sowie anderen Handelspartnern sind gut und Portugal sieht sich aufgrund seiner historischen Handelsverbindungen auch gerne als Vermittler zwischen Europa, Afrika und Asien.

● **Prostitution:** Seit 2017 ist die gewerbliche Sex-Arbeit gesetzlich geregelt und unterliegt den gleichen Rechten und Pflichten wie andere gewerbliche Tätigkeiten. Immer wieder gibt es Schlagzeilen zu illegalem Menschenhandel und sklavereiähnlicher Ausbeutung von meist ausländischen Frauen in Nachtklubs und Bordellen.

● **Rauchen:** In Gastronomie und öffentlichen Einrichtungen ist Rauchen untersagt (rotes Schild *Proibido Fumar* oder *Não Fumadores*). In einigen Restaurants gibt es einen ausgewiesenen Raucherbereich, meist im Freien, oder ein separates, mit einem blauen Schild *(Fumadores)* ausgewiesenes Zimmer. Knapp 19 % der Portugiesen sind nikotinabhängig und das macht sich auch bei den Todesfällen infolge von Lungenkrebs bemerkbar (s. S. 208).

◁ Die Portugiesen lieben ihre Nationalflagge

- **Reklamationen:** Alle Serviceeinrichtungen im Land, z. B. Hotels, Restaurants, Cafés, Tankstellen etc., sind verpflichtet, ein Reklamationsbuch *(Livro de Reclamações)* für die Kunden offen sichtbar und zugänglich auszulegen. Bei gravierenden Mängeln oder begründeten Beschwerden (z. B. falsche Rechnungen im Restaurant, mangelhafter Service oder verdorbene Ware etc.) kann man hier seine Reklamation (auch auf Englisch) hineinschreiben. Die Seiten sind vornummeriert und mit Durchschrift. Eine Kopie muss vom Betreiber an die zuständige Behörde für Reklamationen weitergeleitet werden und damit dies auch geschieht, wird regelmäßig kontrolliert. Die Portugiesen selbst reklamieren nicht so gerne, zumindest nicht direkt und offen.
- **Religion:** Portugal ist laizistisch, Staat und Religion sind in der Verfassung getrennt. Es gibt auch keine Kirchensteuer wie beispielsweise in Deutschland. Knapp 80 % der Portugiesen bekennen sich zum katholischen Glauben. Vor allem im Norden spielt die Religion im täglichen Leben eine Rolle. Hier ist man etwas konservativer und auch als Gast sollte man darauf zum Beispiel mit angemessener und nicht allzu freizügiger Kleidung in Kirchen oder Klöstern eingehen. Den Sonnenhut nimmt man in der Kirche ab und lautes Reden ist im Kircheninnern ein Tabu, von geführten Gruppen einmal abgesehen. Mehr zum Thema steht unter „Glaube und Aberglaube" auf S. 117.
- **Sex:** Bis zur Nelkenrevolution 1974 und dem Ende der Diktatur war Sexualität ein Tabuthema. Heute werden Fragen rund um Sex & Co. relativ offen diskutiert (siehe auch „Sexo" ab S. 256).
- **Souvenirs:** Typische Souvenirs aus Portugal sind Keramikwaren wie bemalte Kacheln *(azulejos),* Produkte aus Kork, Naturseifen, Olivenöl, Webteppiche, Wein, Fruchtliköre und Fischkonserven. Der bunte Hahn von Barcelos (siehe „Portugiesische Sagen und Legenden", S. 118) ist das bekannteste portugiesische Symbol und Souvenir aus Portugal.
- **Sprache:** Viele Deutsche und andere Besucher kommen nach Portugal und sprechen nur Spanisch, in der Annahme, dass man dies schon verstehen würde. Das kommt nicht gut an. Ein paar Brocken Portugiesisch können auch bei einem ersten Besuch im Land nicht schaden. Statt „gracias" sagt man lieber „obrigado/a" und statt „buenos dias" besser „bom dia" – auch wenn in den touristischen Regionen vorwiegend Englisch gesprochen wird (siehe auch S. 241).

> Der Iberische Esel wäre beinahe ausgestorben

- **Statussymbole:** Das vielleicht wichtigste Statussymbol der Portugiesen ist dieser Tage unbestritten das Smartphone. Jeder möchte das neueste und angesagteste Modell haben und trägt dieses auch dementsprechend zur Schau. Auch deutsche Automodelle haben einen hohen Stellenwert und Markenkleidung sowie Uhren und Sonnenbrillen werden gerne vorgezeigt. Seit der Finanzkrise hat sich dies bei der am stärksten betroffenen Mittelschicht etwas geändert. Dennoch gibt der Durchschnittsportugiese mehr Geld für Telefon & Co. aus als beispielsweise für Zahnbehandlungen.
- **Tabus:** Abgesehen von dem Tabu, als Ausländer Kritik an Land und Leuten zu üben, fällt es schwer, Tabus zu finden. Portugal ist generell sehr liberal ausgerichtet, was meistens positiv, manchmal aber auch negativ ist. Der Norden ist etwas konservativer und katholisch geprägt, wo Tabus noch eher eine Rolle spielen.
- **Tiere:** In Sachen Tierfreundlichkeit hat sich Portugal seit der Jahrtausendwende sehr verbessert. Hunde und Katzen werden heute fast schon als Familienmitglieder gesehen. Mittlerweile gibt es mehr Haustiere in portugiesischen Haushalten als Kinder. Misshandlungen von Tieren sind seit 2016 als Straftat im portugiesischen Strafgesetz integriert. Seit es die kleine Partei PAN (Pessoas, Animais, Natureza) in das Parlament geschafft hat und diese sich dort für die Rechte von Personen, Tieren und der Natur stark macht, hat sich auch viel Positives im Umgang mit Tieren ergeben.

01 lpgl-la

- **Trinkgeld:** Als Trinkgeld *(gorjeta)* sind 5–10 % des Rechnungsbetrags üblich. Man hinterlässt die Münzen auf einem Tellerchen, auf dem die Rechnung gebracht wurde. Gar nichts zu geben, ist nicht sehr höflich, es sei denn, man war mit dem Service überhaupt nicht zufrieden.
- **Vegetarier:** Auch wenn die portugiesische Küche vorwiegend auf Fisch und Fleisch basiert, finden Vegetarier und auch Veganer in Portugal mehr und mehr Alternativen und Angebote in überall entstehenden neuen kreativen Restaurants und auf den Wochenmärkten, wo es eine große Auswahl an Obst und Gemüse gibt. Auch Trockenfrüchte sind sehr zahlreich, genau wie Sojaprodukte.

⌃ Die Lissabonner Eléctrico der Linie 12 passiert auch die Sé Catedral

● **Verkehrsmittel:** Die meisten Besucher sind mit Mietwagen oder neu- erdings gemieteten Campingbussen im Land unterwegs. Das portugie- sische Straßennetz ist gut ausgebaut. Wer viel sehen und flexibel sein will, kommt um ein Fahrzeug nicht herum. Bus und Bahn bieten eben- so günstige und gute Verbindungen für eine Reise durch das Land. In den Großstädten ist der öffentliche Nahverkehr die beste Lösung. Aus- führliche Infos zu diesem Thema stehen ab S. 316.

● **Verkehrsunfall:** Im Fall eines Verkehrsunfalls ruft man am besten die Polizei, bei Personenschäden zusätzlich eine Ambulanz über die Not- rufnummer 112. Beim Verlassen des Fahrzeuges muss eine Warnweste getragen werden und die Unfallstelle in entsprechendem Abstand mit einem Warndreieck gesichert sein. Es empfiehlt sich unbedingt, ein For- mular des mehrsprachigen standardisierten Europäischen Unfallberichts (erhältlich z. B. beim ADAC) auszufüllen, damit man nicht auf seinen Kosten sitzenbleibt. Wer mit einem Mietwagen unterwegs ist, sollte vor- ab beim Vermieter nachfragen, was diesbezüglich zu tun ist.

● **Vorurteile:** Das vielleicht am meisten verbreitete Vorurteil (und das von Portugiesen am meisten beanstandete) ist das von Besuchern, die Portugal zu einer Art spanischem Abklatsch degradieren. Viele Auslän- der differenzieren kaum zwischen den beiden iberischen Nachbarn, obwohl Portugiesen und Spanier in Sachen Mentalität komplett unter- schiedlich sind. Auch werden die Portugiesen sehr zu ihrem Unmut gerne als die „verschwenderischen und unverantwortlichen Südlän- der" vereinfachend und mit anderen über einen Kamm geschert. Dies wiederum sorgt vor allem umgekehrt bei der einheimischen Bevölke- rung für Vorurteile gegenüber den arroganten und diskriminierenden Nord- und Mitteleuropäern, die von den Finanzproblemen der armen Südländer profitieren. Das Image Deutschlands hat insbesondere wäh- rend der Finanzkrise sehr gelitten und der ehemalige deutsche Finanz- minister Wolfgang Schäuble hatte daran einen wesentlichen Anteil.

● **Zeitverständnis:** Wenn man sich in Portugal mit jemandem verabre- det, darf man die Pünktlichkeit nicht überbewerten. Es wäre sicherlich zu verallgemeinernd, alle Portugiesen als unpünktlich abzustempeln, doch ist der Zeitbegriff etwas dehnbarer und vor allem im Umgang mit Öffnungszeiten von Behörden, Fahrplänen oder bei Terminen mit Handwerkern sind bisweilen Toleranz und Geduld erforderlich. Wenn das Mittagessen der Angestellten etwas ausgedehnter war, dann kann es schon mal vorkommen, dass die Kunden vor verschlossener Tür warten müssen. Auch als Gast kann man bei Verabredungen das aka- demische Viertel für sich in Anspruch nehmen, ohne dass dies übel genommen wird.

Ein Blick zurück – bis heute

◁ Statue von Brasilien-Entdecker Pedro Álvares Cabral in Belmonte (012pgl-la)

Pré-História – Vorgeschichte

Man geht davon aus, dass das Gebiet des heutigen Portugal schon vor 500.000 Jahren besiedelt war. Ein Sensationsfund gelang Wissenschaftlern im Jahr 2014 in einer Höhle bei Aroeiro südlich von Lissabon. Dort fand man zufällig einen menschlichen Schädel, der sich ganz eindeutig auf ein Alter von 400.000 Jahren festlegen ließ. Noch nie wurde so weit westlich ein menschliches Fossil aus der Epoche des Pleistozäns (ca. 800.000–125.000) gefunden. Die ältesten Funde stammen aus Atapuerca in der Nähe des nordspanischen Burgos.

Während der letzten Eiszeit um 40.000 v. Chr. kam ein neuer Mensch von den Steppen Zentralasiens nach Südeuropa. Seine genetische Basis unterschied sich kaum von unserer heutigen: **Cro-Magnon** – Nomade, Jäger und Sammler – bevölkerte auch die Iberische Halbinsel. Er traf vermutlich auf die letzten Neandertaler, die im Laufe der Zeit ausstarben. Dieser Homo Sapiens des Paläolithikums (Altsteinzeit) war anpassungsfähiger und weiter entwickelt als die Neandertaler. Wo er lebte, hinterließ er zahlreiche Spuren seiner Kunstfertigkeiten wie Höhlenmalereien und Zeichnungen.

Im Rahmen einer archäologischen Studie für einen in den 1950er-Jahren geplanten Staudamm bei Vila Nova de Foz Côa im Nordosten Portugals entdeckten Wissenschaftler 1994 eine Reihe prähistorischer Ritzmotive. Hirsche, Ziegen, Pferde und Auerochsen aus unterschiedlichen Zeitabschnitten fand man dort auf einer Länge von über 17 Kilometern an den Schieferfelswänden entlang des Flusses Côa, der hier in den Rio Douro fließt. Die **Felsgravuren von Foz Côa** sind die ersten Spuren menschlicher „künstlerischer" Ausdrucksformen auf portugiesischem Territorium. Historiker ordnen sie den Cro-Magnon-Menschen zu. Die Anzahl der Gravuren und ihre Lokalisierung unter freiem Himmel machen sie einzigartig in Westeuropa, allerdings auch sehr anfällig für Erosion und, wie schon mehrfach geschehen, Vandalismus. Experten schätzen ihre Entstehung auf 28.000–18.000 v. Chr., womit Foz Côa weltweit zu den bedeutendsten Kultplätzen des Jungpaläolithikums zählt.

Dieses Puzzleteil der steinzeitlichen Menschheitsgeschichte auf portugiesischem Boden sorgte für eine jahrelange hitzige Debatte zwischen Verfechtern des Staudamms und Verteidigern des historischen Erbes. 1995 beendete der damalige Premierminister António Guterres das Gezeter und stoppte den Bau. Drei Jahre später erklärte die UNESCO die Gravuren von Foz Côa zum Weltkulturerbe. Hinterlassenschaften späterer Steinzeitkulturen zwischen 5000 und 2000 v. Chr. finden sich praktisch im ganzen Land von Nord bis Süd verteilt. Die meisten davon liegen im süd-

lichen Alentejo: Hünengräber, Großsteingräber, Dolmen, Menhire, Stein-kreise und -reihen. Am eindrucksvollsten ist der **Kromlech von Almendres** bei Évora. Dort stehen 95 mannshohe Hinkelsteine im Kreis inmitten einer Olivenhainlichtung. Experten vermuten eine heidnische Sonnenkultstätte aus der Zeit um ca. 5000–3000 v. Chr., womit der Cromeleque dos Al-mendres das älteste Megalith-Monument der Iberischen Halbinsel wäre.

Lusitanos und Romanos (5. Jh. v. Chr. bis 6. Jh. n. Chr.)

„Há nos confins da Ibéria um povo que nem se governa nem se deixa governar."
    „Am äußersten Rand Iberias gibt es ein Volk, das sich weder selbst re-giert noch sich regieren lässt."
    (Julius Cäsar über die Lusitaner)

Ab 2000 v. Chr. begann die Völkerwanderung der **Iberer.** Vermutlich von Afrika aus kamen diese nach Westeuropa und besiedelten vorwiegend die südlichen Gebiete Spaniens und des heutigen Portugals. Auf sie geht der Name Iberia oder Iberische Halbinsel zurück. Es folgten die Kelten, ein Volk aus dem Norden Europas, dessen Ursprünge bis heute Anlass

⌂ Citânia de Briteiros, älteste
keltiberische Ansiedlung in Portugal östlich von Braga

zu Sagen und Legenden bieten. Man vermutet, dass die *Celtos* ab 1000 v. Chr. (eventuell auch schon früher) auf der Iberischen Insel einwanderten. Ein Teil der keltischen Stämme, vorwiegend aus dem zentralen Siedlungsbereich, vermischte sich mit den Iberern zu den Keltiberern. Nicht zu verwechseln ist die Volksgruppe der **Keltiberer** mit den keltiberischen Völkern, die in eigenen Kulturen als Iberer und Kelten Seite an Seite in friedlicher Koexistenz lebten. Von den Keltiberern weiß man, dass sie in runden Wehrhäusern *(castros)* lebten und sich in mit Ringmauern umgebenen Dörfern organisierten *(citânias)*. Die Citânia de Briteiros bei Braga war die größte keltische Ansiedlung in Portugal, zwei restaurierte Rundhäuser und an die 200 Grundmauern und -strukturen geben einen guten Einblick in die Lebensweise der früheren Bewohner.

Zwischenzeitlich gingen noch zahlreiche andere Völker auf der Iberischen Halbinsel ein und aus. Die **Phönizier** tummelten sich an der Süd- und Westküste auf der Suche nach Silber und Kupfer. Viele portugiesische Städte wurden von den *Fenícios,* wie sie auf portugiesisch heißen, gegründet. Ab dem 6. Jh. v. Chr. kamen die **Griechen,** die erstmals von der Region Iberia sprachen, wohl abgeleitet vom Fluss Ebro (Iberus). Auch sie errichteten Handelsstützpunkte. Ihre Verwandten, die **Karthager,** ließen sich später in der Region nieder. Sie trieben Handel mit Salz und Edelmetallen und gerieten mit den ansässigen Keltiberern in Konflikt, weil sie die Vorherrschaft über das Land beanspruchten.

Als größter und rebellischster Stamm der Keltiberer gelten die **Lusitaner,** die im 2. und 1. Jh. v. Chr. im Westen der Iberischen Halbinsel im Gebiet zwischen den Flüssen Douro und Tejo siedelten. Die im Norden des Douro ansässigen Galaicos zählten später ebenso zu den Lusitanern. Der Name könnte auf die keltischen Worte *Lus* und *Tanus* zurückgehen, was „Stamm des Lusus" heißt. *Lusus,* nach der römischen Mythologie der Sohn des Bacchus, wäre somit der Stammvater der Lusitaner. Diese Theorie ist allerdings nicht gesichert, es gibt auch andere Meinungen zum Namensursprung. Die Lusitaner verehrten mehrere Gottheiten, denen sie Tier- und Menschenopfer brachten. Sie lebten ebenfalls in Rundhäusern und fertigten ihre Kleidung aus Wolle und Ziegenfellen. Aufgrund archäologischer Funde weiß man, dass sie ähnlich wie die Römer eine Badekultur mit Dampf- und Kaltbädern pflegten. Was ihre sozialen Strukturen betrifft, geht man davon aus, dass sie in monogamen Beziehungen lebten. Einige Studien vertreten die Meinung, die Lusitaner seien bereits vor den Iberern auf der Halbinsel ansässig gewesen. Bekannt ist, dass es sich um einen

▷ Lusitanischer Freiheitskämpfer und Stammeschef Viriatus in Viseu kriegerischen Stamm handelte. Die Portugiesen sehen die Lusitaner als ihre direkten Vorfahren und die Galicier als ihre genetischen Verwandten an. Dies hängt hauptsächlich mit der Verklärung des Nationaldichters Luís Camões zusammen, der sein episches Werk „Die Lusiaden" (s. S. 332) nach den rebellischen Lusitanern benannte und darin die heldenhaften Söhne Portugals als Nachkommen der Lusitaner und des namengebenden Lusus in Versform verherrlichte und verewigte. *Luso* heißt bis heute „portugiesisch" (*luso-alemão* z. B. bedeutet „portugiesisch-deutsch"). Im deutschen Sprachraum spricht man in Fachkreisen auch von **lusofon oder lusophon** als Synonym für portugiesischstämmig. Das Studienfach Portugiesisch heißt „Lusitanistik" und der Begriff „Lusitanien" steht in historischem Sinn für das heutige Portugal.

Ab dem 3. Jh. v. Chr. begann die **römische Expansion** in Iberia. Im Zweiten Punischen Krieg (218–206 v. Chr.) besiegten die Römer die Karthager und vertrieben sie von der Iberischen Halbinsel. Das römische Imperium breitete sich unaufhaltsam aus. Schwierig gestaltete sich die Eroberung des Nordwestens, wo die Lusitaner heftigen Widerstand leisteten. Der bekannteste Anführer der *Lusitanos* war Viriatus, der im nördlichen Viseu standhaft gegen die *Romanos* kämpfte. Er galt als eine sehr charismatische Erscheinung und soll laut Aufzeichnungen ein großer Kriegsstratege gewesen sein, der selbst bei den römischen Legionären Anerkennung und Respekt fand. Im spanischen Zamora wird der Held ebenfalls als Verteidi-

ger der Stadt verehrt, weil er in acht entscheidenden Schlachten die Unabhängigkeit gegenüber Rom erstritt. Einige Historiker vertreten die Auffassung, Viriatus sei ein Spanier gewesen, da er auf damaligem spanischen Territorium geboren wurde. Mit seiner Ermordung, ermöglicht durch einen erkauften Verrat von dreien seiner eigenen Leute im Jahr 139 v. Chr., endete die Ära der lusitanischen Rebellen.

Die Kämpfe wurden beigelegt und der Frieden mit der *pax romana* besiegelt. Bis dahin hatten die Römer die Iberische Halbinsel in Hispania Ulterior und Hispania Citerior unterteilt, ein Gebiet, das ungefähr dem heutigen Andalusien und der spanischen Mittelmeerregion entsprach. Kaiser Augustus teilte nun, im Jahr 69 n. Chr. die Provinz Hispania in drei Regionen ein: **Lusitania,** welches das Gebiet des heutigen Portugals ohne die nördliche Douro-Region bis zur spanischen Extremadura umfasste, Baetica im Süden und Tarraconensis im Norden und Osten Iberias. Die Hauptstadt Lusitanias war Emerita Augusta, das heutige spanische Mérida. Andere strategisch wichtige Städte in Lusitanien waren Pax Julia (Beja), Balsa (Tavira), Olissipo (Lissabon), Salacia (Alcácer do Sal) und Myrtilis (Mértola). 700 Jahre lang, bis ins 5. Jh. n. Chr., dominierte das *Império Romano* auch diesen Teil Europas.

Die Römer hinterließen Straßen, Brücken, Viadukte, Tempel, Villen und Städte – vor allem aber ihre Sprache, aus der sich das heutige Portugiesisch entwickelte. Conímbriga nahe der Universitätsstadt Coimbra, Ammaia bei Marvão oder Milreu bei Faro sind wichtige Ausgrabungsstätten dieser Zeit. In der Universitätsstadt Évora im Alentejo dominiert ein römischer Tempel aus dem 1. Jh. die historische Altstadt. Im Volksmund wird er Dianatempel genannt, war aber tatsächlich dem Gott Jupiter geweiht. Die Römer führten die landwirtschaftliche Produktion ein und gründeten Latifundien (von Sklaven bewirtschaftete Landgüter) mit Oliven-, Wein- und Weizenanbau. Mit dem Abbau und Handel von Salz und Kupfer brachten sie Wohlstand in das Gebiet. Etwa ab dem 4. Jh. begann die **Christianisierung** in Lusitanien. Die ersten christlichen Gemeinden entstanden in Braga (Bracara Augusta) und Évora (Ebora).

Während das römische Imperium im 5. Jh. zerfiel, wanderten **germanische Stämme** ein, darunter Vandalen, Alanen und Sueben. Letztere sollen für die vielen Zischlaute in der portugiesischen Sprache wie auch im verwandten Galicisch verantwortlich sein. Sie siedelten im Gebiet des heutigen Galiciens und des nördlichen Portugals. Vor allem die **Westgoten** bestimmten während der nächsten 200 Jahre die Geschicke des heutigen Portugal. Die Westgoten (port. *Visigodos*) waren im Gegensatz zu den Römern bis dahin arianische Christen nach der Lehre des Arius. König Rekkared I. (gest. 601 in Toledo) trat aber im Jahr 589 zur römisch-katholischen Kirche über und ordnete dies für das gesamte Westgotenreich an. Die Bevölkerung musste zwangskonvertieren. Überbleibsel kirchlicher Architektur der Westgotenzeit in Portugal sind z. B. die Kapelle Capela de São Frutuoso in Braga, die Capela São Pedro de Balsemão in Lamego und die Kirche São Giões in Nazaré. Die Westgotenherrschaft war geprägt von Standesfehden und Territorialkämpfen mit rivalisierenden germanischen Stämmen.

Mouros und Cristianos (8. Jh. bis 13. Jh.)

„Ich grüße Dich, mein Silves, Abu Bacil, mein Freund, die so liebgewonnenen Stätten meiner unvergesslichen Jugend ..."
(Inschrift am Stadtgarten von Silves zu Ehren von Al-Mu'tamid Ibn Abbad, 1061–1091, maurischer Poet und Gouverneur von Silves)

Ab 711 begannen die Araber mithilfe von nordafrikanischen Berbern ihren Feldzug auf der Iberischen Halbinsel. *Mouros* (Mohren oder Mauren, was so viel wie „dunkelhäutig" heißt) nannten die Christen die einfallenden Stämme abfällig.

Der Maurenanführer Tariq Ibn Ziyad überquerte die Straße von Gibraltar und besiegte den letzten Westgotenkönig Roderich im südlichen Andalusien. Das Westgotenreich war zu diesem Zeitpunkt bereits instabil und zerrüttet. So hatten die Eroberer leichtes Spiel. Bis 714 eroberten sie fast zwei Drittel der Iberischen Halbinsel und integrierten die neuen Gebiete in das **Kalifat von Damaskus.**

Im Jahr 756 erklärte Abd al Rahman die Unabhängigkeit des Emirates von Córdoba (Al-Andalus) und machte Córdoba zur Hauptstadt. **Córdoba** entwickelte sich fortan zu einem der bedeutendsten Kulturzentren der damaligen Welt. Auch Lusitanien wurde eingegliedert. Später zerfiel das Emirat von Córdoba in die Taifa-Königreiche. Die Region der heutigen Algarve gehörte zum Fürstentum Al-Gharb („Der Westen") mit der Hauptstadt Xelb (heute Silves). Auch **Xelb** hatte eine herausragende Stellung im muslimischen Reich und wurde im 11. Jh. zu einer blühenden Metropole, die selbst das damalige Lissabon an Schönheit überbot. Wissenschaftler, Mediziner, Astronomen, Dichter, Geografen und andere trugen zum kulturellen Aufschwung der Stadt bei. Der Rio Arade förderte den Handel im Mittelmeerraum, da er damals noch schiffbar war und die Stadt direkt mit dem Meer verband. Ein reger Tauschhandel mit dem Orient entstand.

Die Errungenschaften und der kulturelle **Einfluss der maurischen Besatzer** brachten viel Positives für die Region. Bewässerungssysteme wurden

Lenda da Amendoeira – das Mandelbaum-Märchen

An der Algarve blühen zwischen Dezember und Februar die Mandelbäume in strahlendem Weiß oder zartem Rosa. Das folgende Märchen dazu kennt in Portugal jedes Kind und es wird auch gern den Besuchern der winterlichen Algarve erzählt. Die gleiche Geschichte gab es schon vor Tausenden Jahren in Persien und danach im spanischen Maurenreich. Im einstigen „Al-Gharb" gehörte sie zu Xelb (heute Silves) wie die Mandelbäume.

„Es war einmal … ein Maurenprinz, der eine blonde nordische Schönheit heiratete. Al-Mu'tamid lebte fortan mit seiner Gattin Gilda glücklich in einem wunderschönen Ort namens Xelb im Reich Al-Gharb. Doch nach einiger Zeit trübte sich das junge Glück und die Prinzessin wurde Winter für Winter immer trauriger und verschlossener. Der Prinz wusste sich nicht zu helfen und versuchte herauszufinden, warum seine Angebetete so betrübt war. Der Grund war ganz einfach: Die Schwedin hatte Heimweh nach dem Norden und seinen schneebedeckten Winterlandschaften. Da hatte der verliebte Gemahl eine findige Idee: Heimlich ließ er Tausende von Mandelbäumchen aus seiner Heimat nach Al-Gharb bringen und um sein Kastell herum anpflanzen. Im nächsten Winter geschah das Wunder. Als die Prinzessin wie immer wehmütig aus dem Fenster blickte, schaute sie auf ein Meer schneeweißer Blüten so weit ihr Auge reichte. Von da an lebte das Paar glücklich und zufrieden bis an sein Ende im sonnigen Al-Gharb … und Besucher freuen sich bis heute über die weiße Pracht."

eingeführt, die bis heute Orangen- und Zitronenplantagen versorgen. Das maurische Wasserschöpfrad *nora* (arabisch: *na'ura*) ist im Süden Portugals überall zu sehen. Die meisten der dazugehörenden Tiefbrunnen entstanden im 8. bis 10. Jh., bei vielen wurden Fundamente aus römischer Zeit entdeckt. Neue Fischfangmethoden mit Netzen (*Arte Xávega*) brachten den Einheimischen Fortschritt und Wohlstand. In den Burgen baute man Zisternen für Frischwasser und Lebensmittelspeicher. Die neuen Herren pflanzten Mandel- und Zitrusbäume und kultivierten die Böden. Die Gewinnung von Olivenöl nach römischem Vorbild erlangte mit den Arabern neue Bedeutung und hatte in der maurischen Kultur einen besonders hohen Stellenwert. Die gesundheitsfördernde Wirkung des „flüssigen Goldes" war seinerzeit bereits bekannt. Die Olive heißt im Portugiesischen *azeitona*, das Olivenöl *azeite* – Wörter arabischen Ursprungs. Der Olivenbaum (Ölbaum) dagegen ist der *Oliveira*, was vom Lateinischen hergeleitet ist. Die Römer hatten ihn ins Land gebracht.

Orientalische Einflüsse haben sich auch in der Architektur bewahrt. Die für die Algarve typischen Minarettschornsteine, Bogenfenster oder geteilte Sichtschutztüren *(portas de reixa)* wie in Tavira erinnern an marokkanische oder tunesische Gebäude. Die in ganz Portugal üblichen blau-weißen, zuweilen auch bunten Kachelfliesen, die *Azulejos,* gehen ebenfalls auf maurisches Erbe zurück. Ihr Name leitet sich vom arabischen *'az-zuley* oder *al zuleich'* ab: „kleiner polierter Stein". Im Vergleich zum andalusischen Nachbarn ist jedoch das **architektonische Erbe der Mauren** in Südportugal eher bescheiden. Großartige Kunstwerke wie die Mezquita von Córdoba oder die Alhambra de Granada sucht man hier vergebens, übrig geblieben sind lediglich einige Burgen oder Stadtmauern. Dazu muss erwähnt werden, dass Andalusien 250 Jahre länger unter arabischer Herrschaft stand als das westliche Al-Gharb. Die Kunstschätze sind zudem weitgehend erhalten geblieben, was in Portugal nicht der Fall war: Alles, was an die arabischen Besatzer erinnerte, fiel der Zerstörungswut der christlichen Kreuzritter zum Opfer. Moscheen wurden niedergebrannt und Kirchen darüber errichtet. Die restlichen Spuren verwischte das Erdbeben von 1755 (siehe auch das Kap. „Monarquias und Repúblicas", S. 60).

⌃ Kriegerisch wacht Dom Sancho I. vor dem Castelo von Silves

Seit den 1990er-Jahren besinnt sich Portugal auf seine arabischen Wurzeln unter einem anderem Blickwinkel als der feindlichen Invasion einer fremden Kultur mit islamischem Glauben. Das wichtigste Ausgrabungszentrum Portugals aus der arabischen Epoche ist die Kleinstadt **Mértola,** die im Südosten des Alentejo an den Ufern des Guadiana liegt. Die Pfarrkirche Nossa Senhora da Assunção (Mariä Himmelfahrt) wurde in die einstige Moschee integriert und ist somit die einzige erhaltene *Mesquita* Portugals. Der gesamte Ort ist ein archäologisches Experimentierfeld aus römischen und arabischen Überbleibseln. Mértola begreift sich heute als lebendige Kulturstätte mit dem Ziel der Erhaltung des historischen Erbes.

Man erkennt zunehmend die positiven kulturellen Hinterlassenschaften der arabischen Herrschaft. Moderne Historiker sprechen von dieser Epoche als einer Zeit des Fortschritts und der religiösen Toleranz zwischen Muslimen, Juden und Christen, die mit der *Reconquista* endete, der Rückeroberung besetzter Gebiete durch die Christen.

Reconquista und das Königreich Portucale (12. Jh. bis 14. Jh.)

Die *Reconquista,* die christliche Rückeroberung der von den Mauren besetzten Regionen und Städte der Iberischen Halbinsel, fand im Rahmen der christlichen Kreuzzüge um die Befreiung Jerusalems statt. Sie begann bereits im 8. Jh. im nordiberischen Königreich Asturien. Einige westgotische Ritter hatten sich vor den Invasoren in die kantabrischen Berge geflüchtet, von wo aus sie den Widerstand organisierten. Pelayo (auch Pelagius), ein adeliger Kämpfer König Roderichs besiegte dort im Jahr 722 den maurischen Feldherrn Alquama in der Schlacht von Covadonga.

In den folgenden Jahrhunderten weiteten sich die Rückeroberungsaktionen südwärts aus. Die Kreuzritter hatten die Aufgabe, das Christentum zu verteidigen und die besetzten Gebiete von den islamischen Mauren zurückzuerobern. Außerdem sollten sie den Pilgerweg nach Santiago de Compostela schützen. Die *Reconquista* machte den schon damals existierenden Jakobswegs erst allgemein bekannt. Als Schutzpatron der Christen war **der Heilige Jakobus** (span. Santiago) schon früh auserkoren worden. Er soll den christlichen Truppen als *Santiago Matamouro,* als dubioser „Maurentöter" mit geschwungenem Schwert auf einem Pferd erschienen

▷ Die Wiege der Nation: Castelo São Miguel in Guimaraes

sein und ihnen so den Sieg gebracht haben. Ein christlicher Pilgerweg kam der Kirche und den römisch-katholischen Königshäusern gerade recht. Er wurde dementsprechend gefördert und musste gesichert werden. Zu diesem Zweck wurden eigens Orden gegründet, wie der militärische **Santiago-Orden** (12. Jh.), der zunächst nur in Nordspanien am Jakobsweg agierte, später vom Papst auch in der Rückeroberung Portugals eingesetzt wurde. Das Symbol der Santiago-Ritter war das rote Schwertkreuz *(Cruz da Espada)* auf weißem Grund. Das Schwert ziert heute noch die Jakobsmuschel als Symbol der Jakobspilger.

Das Territorium des heutigen Portugals stand zu diesem Zeitpunkt weitgehend unter arabischer Verwaltung, bis auf eine **Region im Norden um die Stadt Porto.** Als Condado de Portucale gehörte diese Grafschaft zum Königshaus Kastilien-Leon. Der Name *Portucale* geht auf die Siedlung Cale an den Ufern des Douro zurück. Der Begriff *Cale* stammt womöglich vom griechischen *kallos* („schön"), nach anderer Meinung könnte er auch aus dem Phönizischen abgeleitet sein. Die Siedlung war zu römischer Zeit ein wichtiger Hafen mit dem lateinischen Namen *Portus Cale* („Schöner Hafen"). Später wurde sie zur Stadt Porto und das Land zu „Portugal".

König Alfons VI. von Kastilien übertrug seinem Schwiegersohn Heinrich von Burgund die Verwaltung dieser Grafschaft. Heinrich strebte von Anfang an eine Ablösung der kastilischen Lehensherrschaft an. Sein Sohn Afonso Henriques oder Alfons I. (1109–1185) übernahm diese Haltung.

© fotolia

Inês de Castro – Königin nach dem Tod

*Mittelalterliche Königshäuser lieferten schon von jeher den Stoff für die schönsten Romanvorlagen. Auch in der Geschichte der portugiesischen „Casas Reais" mangelt es nicht an Tragik, Liebe und grausigen Verbrechen. Das herzergreifendste Beispiel für **eine wahre große Liebesgeschichte** ist die des Königs Dom Pedro I. (1320-1367) und seiner Angebeteten Inês de Castro (1320 oder 1325-1355).*

Dom Pedro, Sohn des Königs Afonso IV. und der Königin Beatriz, wurde 1336 in zweiter Ehe mit der kastilischen Prinzessin Dona Constanza verheiratet, um die Thronfolge zu sichern. Seine erste arrangierte Ehe war kinderlos geblieben. Im Gefolge der Prinzessin kam die 20-jährige Schönheit **Inês de Castro** an den Hof nach Coimbra. Sie war die Tochter des galizischen Edelmanns Pedro de Castro und Urenkelin des kastilischen Königs D. Sancho IV. Der junge Prinz und Inês verliebten sich heftig ineinander. Mit Constanza hatte Pedro zwei Söhne, von denen der Erstgeborene starb. Die Ehe aber war eine Farce und der Prinz machte aus seiner Liebe zu Inês keinen Hehl. Bei der Geburt des dritten Kindes verschied die unglückliche Constanza. Damit war der Weg für Inês und Pedro frei.

König Afonso und Königin Beatriz missbilligten diese illegitime Beziehung. Sie sorgte für Unruhen im Königshaus und beim Papst. Man fürchtete spanische Machtansprüche und sorgte sich um die Thronfolge Fernandos, Constanzas Sohn.

Um eine Eskalation und öffentlichen Streit mit dem Thronfolger zu vermeiden, schickte der König Inês ins Exil. Doch hielten die Liebenden mithilfe geschmuggelter Briefe aufrecht. Nach kurzer Zeit holte Pedro Inês zurück nach Coimbra. Dort lebten sie einige Jahre glücklich zusammen, bekamen drei Söhne und eine Tochter. Man munkelte über eine heimliche Heirat der beiden. König Afonso kochte vor Wut über diesen Ungehorsam. Zudem hielten sich hartnäckige Gerüchte, Inês könnte für ihren Sohn die Thronfolge in Anspruch nehmen. Der König entschied, sich ihrer zu entledigen, bevor sie womöglich Königin würde.

Am Abend des 7. Januar 1355 - Dom Pedro war mit Gefährten auf der Jagd - brachen drei Männer in den Palast von Coimbra (später als Quinta das Lagrimas, Palast der Tränen, bekannt) ein, wo Inês mit den Kindern verweilte. Eiskalt und brutal schnitten sie ihr vor den Augen der schreienden Kinder die Kehle durch und ließen sie blutüberströmt zurück. Das Blut

▷ Grabmal von Dom Pedro I. im Kloster Alcobaça

färbte die Palastquelle Fonte dos Amores dunkelrot. Pedro fand seine Gelieb-te so hingerichtet auf dem Boden liegend vor, als er in der Nacht zurück-kam. Blind vor Hass erklärte er seinem Vater den Krieg. Nach dem Tod des Königs bestieg Pedro 1357 den Thron und nahm Rache an den Mördern. Bei lebendigem Leib ließ er ihnen die Herzen herausschneiden.

Im Kloster Alcobaça nördlich von Lissabon ließ der untröstliche König zwei Grabmale errichten, eines für Inês und eines für ihn selbst. Die bei-den sollten sich bei der Auferstehung zum Jüngsten Gericht in die Augen schauen können. Pedro ordnete die Exhumierung des Körpers und eine **königliche Beisetzung für seine Inês** an. Mit einem morbiden Spektaktel verabschiedete sich der König mit allen Staatsehren von der Liebe seines Lebens. Der Legende nach ließ er den einbalsamierten Leichnam prunkvoll gekleidet und gekrönt auf den Thron setzen. Dann mussten die Landesfürs-ten der Toten die königlich beringte verwesende Hand küssen.

Besuchern des Klosters Alcobaça läuft beim Anblick der Sarkophage des berühmtesten Liebespaares Portugals noch immer ein kalter Schauer über den Rücken. Heute pilgern portugiesische Liebespaare zum Treueschwur zur Fonte dos Amores im Palácio das Lagrimas nach Coimbra.

Die Unabhängigkeit verteidigte Alfons I. auch gegen die Anhänger seiner Mutter Dona Teresa, die sich als Tochter des kastilischen Königs gegen ein eigenständiges Portugal aussprach. Die entscheidenden Erfolge und damit Ansehen und Macht erzielte Afonso Henriques 1139 in der **Schlacht von Ourique,** wo er fünf Maurenfürsten in einem Zug besiegte. Er nutzte die Gunst der Stunde und kündigte die Lehen-Abhängigkeit zum kastilischen Königshaus auf. Die fünf Burgen in Portugals Flagge erinnern daran.

Nach dem Sieg rief Alfons I. das portugiesische **Königreich Portucale** aus und erklärte sich zum König der neuen Nation. Er begründete die erste Dynastie Portugals, die der Burgunder, und ging als Alfons der Eroberer in die Geschichte ein. Im Vertrag von Zamora (1143) erkannte das Königshaus Kastilien-Leon den neuen Staat an, doch erst 1179 gab Papst Alexander III. seinen Segen und legalisierte das Königreich mit der Bulle Manifestis Probatum. Ohne die Unterstützung der Kirche wäre die Gründung eines christlichen Reiches und somit die Formierung Portugals nicht möglich gewesen. Die Territorialstreitigkeiten zwischen Portugal und Kastilien gingen dennoch weiter.

Bis heute sprechen die Portugiesen vom „Wunder von Ourique", denn wie ein Mirakel scheint es, dass sich das kleine Land als eine eigene Nation behaupten konnte. Alfons I. soll in der Stadt Guimarães im Norden geboren sein (manche Quellen geben Coimbra als Geburts- und Guimarães als Taufort an), weshalb der Ort gemeinhin als **die Wiege Portugals** gilt. Dort, vor der stattlichen Burg São Miguel steht sein kriegerisches Bronzedenkmal. *Aqui nasceu Portugal* („Hier wurde Portugal geboren") prangt in großen Lettern am städtischen Wehrturm Torre de Menagem der mittelalterlichen Stadt.

Das portugiesische christliche Königreich expandierte nach und nach gen Süden. Das strategisch wichtige **Lissabon** (Al-Ashbouna zu dieser Zeit) befand sich aber noch immer in arabischer Hand. Im Jahr 1147 segelten 164 Schiffe im Rahmen des zweiten Kreuzzugs mit deutschen, französischen und englischen Kreuzrittern gen Palästina und machten in Porto Halt. Afonso Henriques fehlten die Truppen für eine Eroberung Lissabons. Also ließ er den Bischof von Porto **mit den Kreuzfahrern einen Deal** aushandeln. Für ihre Unterstützung bei der Rückeroberung von Lissabon sollten sie das Recht auf die Plünderung der Stadt erhalten. Die Kreuzritter zögerten zunächst, da sie ihre Reise nach Jerusalem nicht hinausschieben wollten, sahen aber gleichzeitig eine gute Gelegenheit, ihre Reisekasse aufzubessern. Also stimmten sie zu und rückten nach Lissabon vor, um Afonso Henriques zu unterstützen. Von Juli bis Oktober 1147 dauerten die Kämpfe um die Belagerung von Lissabon, schließlich mussten die Mauren nach herben Verlusten aufgeben. Die Kreuzritter machten reiche Beute bei den Plünderungen und zogen weiter gen Palästina, einige ließen sich auch in Portugal nieder.

Das Königshaus Burgund konzentrierte sich nun auf die Südprovinzen, die noch immer von den Mauren kontrolliert wurden. Afonsos Sohn, Dom Sancho I., erzielte Erfolge mit der Eroberung von Silves. Letztendlich konnte die Algarve aber erst im Jahr 1250 mit Unterstützung der Santiago-Ritter (Ordem de Santiago) in das **Königreich „Reinado de Portugal e do Algarve"** eingegliedert werden. 1256 erklärte der König Lissabon zur Hauptstadt und der Hofstaat zog von Coimbra nach Lisboa um.

Die Machtkämpfe zwischen Kastilien und Portugal gingen derweil weiter. Kastilien-Leon hatte die Ablösung des einstigen Lehens noch nicht verwunden und griff den Nachbarn immer wieder an. Erst der Friedensvertrag von Badajoz besiegelte im Jahr 1267 die Landesgrenzen, so wie sie weitgehend bis heute bestehen. Dichterkönig Dom Dinis (1279–1325) ließ im 13. Jh. die Grenze zu Kastilien sicherheitshalber mit fast einhundert Burgen befestigen. Bis 1383 herrschte die Dynastie der Burgunder über Portugal.

Der letzte Burgunderkönig Dom Fernando war mit Dona Leonor Teles, der Tochter des kastilischen Königs Johann von Kastilien, verheiratet. Nach dem Tod Fernandos, der keine legitimen männlichen Nachkommen hatte, begann der Thronfolgestreit. Der aufstrebende großbürgerliche Ständerat (cortés) wählte den Großmeister des Ordens von Avis, **Johann von Avis** (1357–1433), zum neuen **König João I.** Dieser war der uneheliche Sohn des Königs Dom Pedro I. und dessen Geliebter Teresa Lourenço mit der er nach dem Tod von Inês de Castro zusammenlebte. Die kastilischen Verwandten reklamierten aber den portugiesischen Thron für die Königswitwe Dona Leonor Teles, was zu erneuten Machtkämpfen führte. In der historischen Schlacht von Aljubarrota 1385 gelang João I. mit seinem Befehlshaber Nuno Álvaro Pereira und mit der Unterstützung englischer Bogenschützen der Befreiungsschlag gegen den zahlenmäßig weit überlegenen Erbfeind Kastilien-Leon. Er begründete mit dem Haus Avis die zweite portugiesische Dynastie. Zum Dank für den Sieg ließ er das Kloster Santa Maria da Vitoria in Batalha bauen. Das wichtigste gotische Bauwerk im Land steht seither symbolisch für Portugals Unabhängigkeit. Unter der Avis-Dynastie stieg Portugal zur führenden See- und Kolonialmacht auf.

Die militärische Hilfe Englands legte den Grundstein für den historischen **„Tratado de Windsor"**, eine langfristige Allianz zwischen beiden Ländern. Besiegelt wurde der Pakt 1387 mit der Heirat Joãos I. und Filipa de Lencastre, der Enkelin des englischen Königs Edward III. Deren vierter Sohn, Prinz Heinrich, sollte später die ausschlaggebende Rolle bei den portugiesischen Entdeckungsfahrten spielen. Tatsächlich gab es bereits seit 1372 eine erste luso-britische Allianz, die im Vertrag von Tagilde zwischen König Fernando I. und John of Gaunt, dem Herzog von Lancaster, besiegelt wurde. Zwischen Portugal und England besteht seither das älteste diplomatische Bündnis der Welt.

Aufbruch zu unbekannten Ufern: mit Entdeckergeist zur Kolonialmacht (15. Jh. bis 17. Jh.)

„Aqui ... onde a terra acaba e o mar começa"
„Hier ... wo das Land endet und das Meer beginnt"
   (Luís de Camões, aus „Os Lusiadas")

Das ruhmreichste Kapitel in Portugals Geschichte begann mit **Heinrich dem Seefahrer** (Henrique O Navegador, 1394–1460). Sein Name ziert heute Straßen, Restaurants und Denkmäler im ganzen Land. Der Prinz kam am 3. März 1394 als vierter Sohn des Königs João I. und seiner englischen Gemahlin Filipa de Lencastre zur Welt. Er gilt als Wegbereiter der glorreichsten Epoche des kleinen Königreichs. Einer Zeit, die die Gestaltung unserer heutigen Weltkarte maßgeblich mitbestimmte.

Dazu muss erwähnt werden, dass Portugal Ende des 14. Jh. gerade einmal eine Million Einwohner zählte. Die meisten davon waren Bauern und Leibeigene von kirchlichen und weltlichen Großgrundbesitzern. In der

Hauptstadt Lissabon lebten nicht mehr als 40.000 Menschen. Das Vorhaben, einen unbekannten Ozean mit Schiffen zu befahren, grenzte nach damaligem Wissensstand an Wahnsinn.

Die Visionen und Studien einer kleinen wissenschaftlichen Elite und das Kapital des Christusritterordens machte die maritime Expansion Portugals überhaupt erst möglich.

Die christliche Seefahrt

Die Motivation, das Meer mit Karavellen zu erforschen, hatte handfeste Gründe und fand Unterstützung durch den Militärorden Ordem de Cristo. Zum einen wollten die Christusritter **das Christentum in die Welt hinaustragen** und den Islam bekämpfen. Die erfolgreichen Rückeroberungen der eigenen Gebiete aus maurischer Hand motivierten zusätzlich und der Papst förderte diese Idee. Der **Christusorden** war die portugiesische Folgevereinigung der Templer. Als Papst Clemenz im Jahr 1314 den einflussreichen Templerorden auf Drängen des französischen Königs Philipp des Schönen in ganz Europa verbot, änderten die portugiesischen Ordensbrüder ihren Namen und verlegten ihren Hauptsitz 1319 vom zentralen Tomar nach Castro Marim an die Algarve. Das rote Kreuz mit den acht auslaufenden Ecken, das Symbol der Templer, erhielt rasch ein kleineres weißes Kruzifix in der Mitte. Es thronte fortan auf den Segeln der portugiesischen Schiffe und wurde so zum Symbol der christlichen Expansion.

Zum anderen war der europäische Landweg nach Indien und China seit der Eroberung Ägyptens und Konstantinopels im 15. Jh. durch die Osmanen versperrt. Der **Handel mit Gewürzen** und Seide galt aber als sehr einträglich und so suchte man nach einem Seeweg nach Asien. Die Berichte Marco Polos (1254–1324) von seinen Orientreisen brachten Kartenmaterial und Informationen über das Morgenland.

Heinrich der Seefahrer, der gleichzeitig der Großmeister der Christusritter war, investierte große Teile des Ordensvermögens in die maritime Expansion und deren wissenschaftliche Erforschung. Auch soll er auf der Suche nach Bodenschätzen gewesen sein. Zweifelsohne aber war er ein Mann mit Visionen und einem unerschöpflichen Wissensdurst, der seiner Zeit weit voraus war. Heinrich selbst fuhr trotz seines Beinamens nur einmal zur See. 1412 lief er von Lagos mit 19.000 Mann nach Nordafrika aus und eroberte das marokkanische Ceúta. Mit 21 Jahren erhielt Henrique o Navegador dafür den Herzogtitel und die Handelsrechte über die

◁ Entdeckerdenkmal mit Armillar-Sphäre im Lissabonner Stadtviertel Belém

Stadt. Gleichzeitig wurde er Gouverneur der Algarve. In dieser Zeit lebte er in Sagres, widmete sich Studien und Forschung und umgab sich mit den wichtigsten und besten Wissenschaftlern, Geografen, Kartografen und Navigatoren jener Zeit. Ob er tatsächlich, wie oft angegeben, eine Seefahrerschule in der mittelalterlichen Festung Fortaleza de Sagres unterhielt, ist nicht nachgewiesen.

Heinrichs wichtigstes Projekt war **die Konstruktion der Karavelle,** eines für diese Zeit völlig neuartigen Schiffstyps mit Segeln. Vorbilder waren unter anderem maurische und nordeuropäische Schiffe. Im Mittelmeerraum waren bis dahin nur schwerfällige langsame Galeeren bekannt. Mit der portugiesischen Caravela entstand ein Segelschiff, das sicherer und leichter zu manövrieren war als alle bisherigen Modelle. Die frühen Karavellen waren mit dreieckigen Lateinersegeln ausgestattet, die das schnellere Kreuzen gegen den Wind ermöglichten. Später kamen die *Naus,* größere Transportschiffe, als Dreimaster mit quadratischen Rahsegeln zum Einsatz. Man benötigte mehr Platz für den Waren- und Menschenhandel und die Schiffe waren längere Zeit unterwegs.

In der christlich-mittelalterlichen Welt glaubte man zwar nicht, wie später behauptet, dass die Erde eine Scheibe sei, dennoch war der **Respekt vor dem unbekannten Ozean** enorm. Im Mar Tenebroso, dem Meer der Finsternis, endete nach mittelalterlichen Vorstellungen die Welt. Heinrich räumte mit diesem Aberglauben auf. Sein Wissensstand basierte auf der Kenntnis einer runden Erdkugel. Er studierte Meeresströmungen und Windrichtungen, Gestirne und Astronomie und benutzte dazu ein neu-

Extrainfo 1 (s. S. 7): Sehr informative Dokumentation von Discovery Geschichte zum Bau der portugiesischen Karavelle und den damit verbundenen Konsequenzen für die Seefahrt

artiges Messgerät, die Armillarsphäre. Dazu bediente er sich auch ganz unchristlich der Kenntnisse der feindlichen arabischen Gelehrten. Auch der 1459 in Nürnberg geborene Martin Behaim, dessen „Erdapfel" der älteste bis heute erhaltene Globus ist, reiste 1484 als Wissenschaftler auf den portugiesischen Karavellen mit. Er lebte viele Jahre in Lissabon, wo er 1507 starb.

Die einfachen Seemänner fürchteten Meeresungeheuer und Himmelsstürme. Es war daher nicht nur eine technische Meisterleistung, sondern vor allem der herausragende Mut der Seefahrer, der die Fahrten über den unbekannten Ozean hinaus ermöglichte. Freilich spielten auch die saftigen Prämien für die Kapitäne eine Rolle. Die **Besatzung der Flotten** bestand aus einfachen Bauern, die weder lesen noch schreiben konnten, Sträflingen, die mit dem Dienst die Aussicht auf Straferlassung erhielten sowie Mitgliedern des mittleren Bürgertums und der niederen Aristokratie, die sich einen gesellschaftlichen Aufstieg mittels ruhmreicher Entdeckungsfahrten erhofften. Die Überfahrten auf den Schiffen waren alles andere als komfortabel. Die Männer lebten auf engstem Raum zusammen. Es gab weder Duschen noch Toiletten. Die *navegadores* trugen monatelang dieselben Kleider, die nie gewaschen wurden. Der Gestank an Bord muss bestialisch gewesen sein, ganz abgesehen von den Krankheiten, die aufgrund der mangelnden Hygiene und einseitigen Ernährung um sich griffen.

Heinrich der Seefahrer selbst erlebte nur die frühen Entdeckungen. 1418 stieß João Gonçalves Zarco in einem Sturm auf die kleine Insel Porto Santo, wo er einen sicheren Ankerplatz fand. Zunächst hisste er nur die portugiesische Fahne und kehrte wieder um. Zwei Jahre später entdeckte er auf einer weiteren Expedition nur wenige Seemeilen weiter westlich eine üppig bewaldete Insel mit einem Überfluss an Vegetation und Süßwasser. **Ilha da Madeira** (Holzinsel) nannte er das neue Eiland. Bauern aus der Algarve wurden als Siedler für die Insel angeworben und die ersten Zuckerrohrplantagen entstanden. An Mariä Himmelfahrt 1427 sichtete Diogo de Silves die erste der neun **Azoreninseln,** die er Ilha de Santa Maria taufte. Das nach und nach entdeckte Archipel nannten die Seefahrer Açores, weil sie die ersten gesichteten Vögel für Habichte *(açores)* hielten. Die Azoren wurden im 15. und 16. Jh. mit portugiesischen und flämischen Bauern besiedelt. Rinderzucht, Mais- und Weinanbau begannen zu florieren. Damit war der Grundstein für den Beginn der Kolonialmacht Portugal gelegt.

◁ Heinrich der Seefahrer vor einer historischen Weltkarte im Marinemuseum von Lissabon

Extrainfo 2 (s. S. 7): SWR-Dokumentation mit dem Titel „Entdecker, Gold und Sklaven – Das ehemalige Weltreich Portugal" mit Hintergründen zur glorreichsten Zeit Portugals

Der Beginn der Sklaverei

1434 gelang es Gil Eanes aus Lagos, das Kap Bojador an der Nordwest-küste Afrikas zu umsegeln. Das kam damals einer Sensation gleich, denn das Kap war wegen „kochender Wasser" und sengender Hitze gefürch-tet und seine Umsegelung bedeutete die Überwindung einer wichtigen psychologischen Hürde. Gleichzeitig begann damit eine wenig rühmliche Seite der Menschheitsgeschichte.

Das Geschäft mit Menschen

Über den Handel mit der „Ware Mensch" ist in der portugiesischen Lite-ratur wenig zu lesen. Dieses dunkle Kapitel der Geschichte ist unattraktiv. Über eine Entschuldigung, wie sie im Juni 2009 von der US-Regierung un-ter Barack Obama an alle Nachkommen afrikanischer Sklaven ausgespro-chen wurde, wird hier nicht nachgedacht. Der ehemalige Staatspräsident Jorge Sampaio meinte bei öffentlichen Feierlichkeiten zur Kolonialgeschich-te, für eine Abbitte gäbe es keinen Anlass.

*Die Portugiesen dominierten über Jahrhunderte das **Monopol auf dem Sklavenmarkt**. Versklavung gab es zwar schon in der afrikanischen Kul-tur bevor die Europäer auf den schwarzen Kontinent kamen; diese konnten von den bereits vorhandenen Handelswegen und -netzen profitieren. Aber der globalisierte Sklavenverkauf in großen Dimensionen begann mit den Entdeckungsfahrten. Nachdem Gil Eanes den Seeweg nach Afrika erschlos-sen hatte, begann neben dem Geschäft mit Gewürzen und Gold auch bald der Handel mit Menschen. Das erste Schiff mit Sklaven aus Westafrika lan-dete 1441 in Lagos und erregte großes Aufsehen im Land. Schnell erkannte man, dass mit den afrikanischen Arbeitskräften gutes Geld zu verdienen war, schließlich mussten die kostspieligen Entdeckungsreisen finanziert werden. Bald fuhren Karavellen mit dem gezielten Auftrag aus, Sklaven einzufangen. Millionen Menschen wurden von Afrika aus nach Portugal und später in die brasilianische Kolonie verschleppt. Mehr als 52.000 Schwarzafrikaner kamen allein zwischen 1575 und 1591 nach Portugal. Über 440.000 Menschen wurden in nur drei Jahren von Afrika nach Bra-silien verschifft. Historiker sprechen von **knapp zwei Millionen afrikani-schen Sklaven**, die zwischen 1700 und 1810 nach Brasilien kamen und auf Zuckerrohr- und Kakaoplantagen schuften mussten. Und dann gab es noch Abertausende Männer, Frauen und Kinder, die während der Über-fahrt aufgrund der unmenschlichen Bedingungen ums Leben kamen: Zu-*

Von der westafrikanischen Küste brachten die Seefahrer neben exotischen Gewürzen, Pflanzen und Tieren auch dunkelhäutige Menschen mit. 1444 wurden die ersten Sklaven auf dem Markt von Lagos verkauft. Zunächst kamen sie aus Nordafrika, ab 1446 mit der Entdeckung von Portugiesisch-Guinea von der westafrikanischen Küste. Die ersten Sklaven wurden als Arbeiter auf den Zuckerrohrplantagen der Insel Madeira eingesetzt. Eines der menschenunwürdigsten Kapitel der Geschichte nahm seinen Lauf.

sammengepfercht wie Tiere waren die Menschen Krankheiten, Hunger und mangelnder Hygiene ausgesetzt.

Im Europa des 17. Jahrhunderts gehörte es in elitären Kreisen zum guten Ton, Haussklaven zu halten. Nach christlichen Maßstäben galten die afrikanischen Ureinwohner als Ungläubige und **Menschen zweiter Klasse,** die man ohne Unrechtsbewusstsein als Eigentum betrachten konnte. Man legte ihnen Halsbänder an und schrieb darauf den Familiennamen des Hausherrn. Außerdem fehlten im eigenen Land Arbeitskräfte für den Bau von Kirchen und Palästen und die Landwirtschaft, denn viele Portugiesen fuhren mit den Expeditionsschiffen zur See oder waren in den Restaurationskriegen gegen Spanien umgekommen. Lagos galt ab 1445 als der Hauptumschlagplatz für die „Menschenware". Zunächst kamen die Sklaven aus den islamischen Gegenden Nordafrikas, später aus Westafrika. Im speziell für afrikanische Angelegenheiten gegründeten Casa da Guiné wurde über den Handel Buch geführt. Im Gebäude des ehemaligen Zollamts, der Alfândega in der Algarve-Stadt Lagos, stellten Händler die frisch eingetroffene „Ware" zur Versteigerung aus. Die Engländer und Holländer nahmen den Portugiesen später das Sklavenmonopol ab. Das einträgliche Geschäft lief trotzdem noch bis ins 19. Jahrhundert hinein recht gut. Im Jahre 1761 wurde der Menschenhandel zwar von Premierminister Marquês de Pombal verboten, Königin Maria I. hob dieses Verbot jedoch später wieder auf. Erst im Jahr 1869 kamen die letzten „escravos" in Portugal frei, in Brasilien sogar erst 1888.

Das historische Gebäude des Sklavenmarktes von Lagos, lange Jahre als als Kunstgalerie genutzt, sollte nach Wünschen der Stadtverwaltung rechtzeitig zum 550. Todestag Prinz Heinrichs des Seefahrers im Jahr 2010 eine Bestimmung als bisher einziges **Museum zur Geschichte der Sklaverei** in Portugal erhalten. Seit 2016 beherbergt der Antigo Mercado de Escravos ein kleines multimediales Museum zur Sklavenroute und -geschichte, das allerdings mehr auf theoretische Hintergründe als auf anschauliche Praxis setzt und etwas steril wirkt. Das Thema wird so etwas „neutralisiert".

Mit den beträchtlichen Einnahmen aus dem Menschenhandel finanzierte das Königreich seine kostspieligen Expeditionsfahrten. Papst Nikolaus V. erteilte dem Sklavenhandel in Portugal und Spanien 1454 den **christlichen Segen** mit der Rechtfertigung der Missionierung der heidnischen Völker. Im Namen des Evangeliums wurden afrikanische Männer, Frauen und Kinder in ihrer Heimat auf barbarische Weise eingefangen, wie Vieh auf die Karavellen verfrachtet und auf öffentlichen Märkten in Portugal und später auch in Brasilien verkauft.

Die **brasilianischen Indios** waren nach Ansicht der Kolonialherren als Sklaven nicht brauchbar, denn sie blieben in ihrem natürlichen Umfeld und konnten leicht in die Urwälder flüchten. Zudem starben viele durch von den Europäern eingeschleppte Krankheiten, auf die ihr Immunsystem

Os Lusíadas – mittelalterliches Entdeckerepos

Der verarmte Aristokrat und Poet Luís Vaz de Camões (1524-1580) war ein literarischer Spross der Entdeckerepoche. Der Abenteurer erlangte mit seinen 1572 gedruckten „Lusiaden" („Os Lusíadas") Ruhm. Ein nationales Heldenepos, das für Portugal die gleiche Bedeutung hat wie Homers „Odyssee" für Griechenland oder Cervantes „Don Quijote de la Mancha" für Spanien.

Camões war bekannt als Lebemann und Haudegen: Er verlor ein Auge bei einem Duell, saß mehrfach im Gefängnis und musste unzählige Male wegen unrühmlicher Liebschaften flüchten. Siebzehn Jahre lang begleitete er die Seefahrer auf den Karavellen und schrieb seine Erlebnisse in zehn Gesängen und über 8000 Versen nieder, eine mittelalterliche Reisereportage in Gedichtform. Er berief sich auf die griechische und römische Mythologie und beschrieb die Lusitaner als Nachkommen des Lusus (Sohn des Bacchus) und als Vorfahren der portugiesischen Nation. Gleichzeitig sind die „Lusiaden" eine idealisierte Hommage an die Eroberer, gewidmet König Sebastião.

Luís de Camões erlebte Portugal sowohl als winziges Königreich wie auch als koloniale Großmacht. Er bezeichnete Portugal als „lusitanisches Haus" und die Expansion seines kleinen Heimatlandes als „in die Welt verstreute portugiesische Seele". Der Dichter starb mit 56 Jahren am 10. Juni 1580 in Lissabon völlig verarmt an der Pest. Sein Todestag ist heute portugiesischer Nationalfeiertag und seine „Lusiaden" sind das wichtigste epische Werk Portugals. Sein Grabmal steht ebenso wie das von Vasco da Gama in einem Seitenschiff der Klosterkirche Santa Maria des Hieronymusklosters in Lissabon.

nicht vorbereitet war. Sie waren weder vom Körperbau noch von ihrem stolzen Wesen her für Feldarbeit geeignet. Selbst Papst Nikolaus V. riet dazu, „das zarte Wesen" der Indianer zu schonen. Diejenigen, die nicht an Krankheiten starben, wurden von den *Bandeirantes* (portugiesische Auskundschafter) niedergemetzelt. Der Großteil der indigenen Bevölkerung Brasiliens wurde während der portugiesischen Kolonialisierung ausgelöscht. Das heißt, man benötigte für die boomenden Zuckerrohr-, Kakao- und Baumwollplantagen schnell alternative Arbeitskräfte, die daraufhin aus Afrika eingeschifft wurden.

In der portugiesischen Geschichte wird dieser Aspekt der Entdeckerepoche häufig damit relativiert, dass die Spanier viel brutaler mit Afrikanern und Indios verfahren seien, genannt sei nur der berüchtigte grausame Inka-Eroberer und Peru-Entdecker Francisco Pizarro. Die propagierte Vorstellung von den **„sanften portugiesischen Kolonialherren"** ist jedoch größtenteils ein Mythos und liegt in der romantisch verklärten Realitätsverweigerung der portugiesischen Geschichtsschreibung begründet.

Ein portugiesisches Sprichwort, das in Brasilien jedes Kind kennt, heißt: „Gott hat die Weißen, Schwarzen und Indios geschaffen, die Portugiesen schufen die Mischlinge." Gern bezeichnen sich die Portugiesen im Zusammenhang mit ihrer Kolonialgeschichte als die „Schöpfer" der *mestiços* (Mischlinge), da sie im Gegensatz zu den Spaniern die Eingeborenen nicht töteten, sondern sich mit ihnen vermischten. Die Bevölkerung Brasiliens ist das Resultat dieses Kulturencocktails. Doch auch die Geschichte der portugiesischen Kolonialzeit war überwiegend geprägt von Gewalt und Menschenrechtsverletzungen. Kaum eine Kolonialmacht steht hier besser da als die andere.

Expansion und Wohlstand

Die Entdeckungen und damit einhergehenden Kolonisierungen machten aus dem kleinen Königreich Portugal eine Weltmacht. In zwei Jahrhunderten stieg die junge Nation am äußersten Rand Europas zu einem **Übersee-Imperium** auf, das weite Teile der Welt dominierte. Die neuen Territorien brachten mit Rohstoffen, Gold, Sklaven und Gewürzen Wohlstand in die königliche Staatskasse. Vor allem Pfeffer, Zimt und Nelken brachten hohe Gewinne ein. Die Gewinne aus dem Pfefferhandel waren gar so einträglich, dass sich die Überfahrten selbst bei Verlust eines Schiffes der Handelsflotte noch rechneten.

1471 beherrschte Portugal bereits die gesamte nordmarokkanische Halbinsel bis zur Straße von Gibraltar. Es erhob auch Anspruch auf die Kanarischen Inseln, musste jedoch 1479 die spanische Herrschaft aner-

Extrainfo 3 (s. S. 7): Vasco da Gama hatte einen entscheidenden Anteil an der Globalisierung. Der Beitrag gibt interessante Einblicke in sein Leben und seine größten Erfolge.

Manuelinik – portugiesischer Einfallsreichtum

Eine architektonische Besonderheit Portugals ist der nach König Manuel I. benannte ausschweifende Bau- und Dekorationsstil der „Manuelinik". Unter Manuel I. (1495–1521), auch „der Glückliche" genannt, erlebte Portugal seine glorreichste Zeit: faszinierende Entdeckungen, Macht und Reichtum. Die neuen Eindrücke, die Seeleute und Wissenschaftler aus den fremden Ländern mitbrachten, inspirierten Künstler und Steinmetze. Es entstand ein ganz eigener Stil, der im krassen Gegensatz zu den schlichten und strengen Formen der Spätgotik stand. Fenster, Portale und ganze Paläste wurden mit üppigen Verzierungen ausgestattet, Fantasie und Spielerei waren keine Grenzen gesetzt. Segeltaue, Knoten, gewundene Seile, Anker, Pflanzen, Muscheln, Korallen, Karavellen – ein kurioses Gemisch bestimmte den Stil. Das Kreuz des Christusritterordens und das Symbol Dom Manuels, die Armillarsphäre (ein mittelalterliches astronomisches Messgerät, auch auf der portugiesischen Nationalflagge zu finden), waren immer integriert.

Später kamen weitere Elemente und Stile aus der italienischen Renaissance hinzu.

Die schönsten Beispiele sind das Kloster Mosteiro dos Jerónimos und der Torre de Belém in Lissabon, das manuelinische Fenster des Convento do Cristo von Tomar, die alle Elemente des ausgefallenen Stils vereinen. An der Algarve kann man das Eingangsportal der Kirche Luz de Tavira und der Igreja Matiz in Alvor bewundern sowie das manuelinische Fenster des Gouverneurspalasts von Lagos, von dem aus übrigens Dom Sebastião (siehe auch den Exkurs „Dom Sebastião - die verloren gegangene Zukunft", S. 58) seiner letzten Messe vor dem verhängnisvollen Feldzug beiwohnte.

◁ Manuelinik in Vollendung: Torre de Belém an der Tejomündung in Lissabon

kennen. Als Bartolomeu Dias im Jahr 1488 erstmals das Kap der Guten Hoffnung umsegelte, war Heinrich der Seefahrer schon seit 28 Jahren tot. Madeira und die Azoren entwickelten sich zu strategischen Hafenstützpunkten und zu wichtigen Zentren der Zuckerproduktion. Das „weiße Gold" brachte gute Umsätze. Es folgte die Inbesitznahme von Angola, Kap Verde, Portugiesisch-Guinea und den Inseln São Tomé und Príncipe.

Unter König Manuel I. fand Vasco da Gama 1498 den lange gesuchten **Seeweg nach Indien.** Portugal konnte sich somit das Handelsmonopol für Gewürze zwischen Asien, Afrika und Europa sichern, was maßgeblich zum Aufschwung des Landes beitrug.

Pedro Álvares Cabral, Abkömmling eines Adelsgeschlechts aus Belmonte in Zentralportugal, stieß im Jahr 1500 eher zufällig auf **Brasilien,** denn auch er war auf dem Weg nach Indien. Er landete an der Küste Bahias in Santa Cruz da Cabralia bei Porto Seguro, empfangen von mit bunten Federn geschmückten nackten Indianern. In einigen Büchern ist zu lesen, die Indios hätten die portugiesischen Karavellen schon kilometerweit gerochen, so stark sei der Gestank der hölzernen „Ungeheuer" gewesen. Die Portugiesen ihrerseits waren überrascht von der absolut unschuldigen Naivität der Eingeborenen und begannen, die Genitalien der Frauen und Männer genauer zu studieren, was die Indios zum Erstaunen der weißen Ankömmlinge „weder beschämte, noch irritierte", wie ein zeitgenössischer Jesuit beschrieb. Zunächst wurde nur die brasilianische Küste besiedelt. Später entsandte man die Bandeirantes (Fahnenträger) ins Hinterland, um das Territorium zu erkunden. Diese erledigten ihre Aufgabe gründlich. Auf ihren Landnahmen machten sie Jagd auf Indios, die sie als Arbeitskräfte versklaven wollten, und gingen dabei keineswegs zimperlich vor. Brasilien wurde unterteilt und zeitweise den Jesuiten zur Verwaltung und Missionierung übergeben. Das südamerikanische Land entwickelte sich zur wichtigsten Rohstoffquelle und größten Kolonie des Königreiches. Goldminen und tropische Hölzer (pau brasil) schwemmten Reichtum in die Kassen des Mutterlandes.

Mit den Entdeckungsfahrten und Eindrücken aus der Neuen Welt entwickelte sich zeitgleich ein landeseigener Architekturstil, der nach König Manuel I. als **Manuelinik** in die Architekturgeschichte einging.

Auch der erste Weltumsegler Fernão de Magalhães (1480–1521) besser bekannt als **Ferdinand Magellan,** war Portugiese, wenngleich er seine Staatsangehörigkeit änderte, um unter spanischer Flagge segeln zu dürfen. Sein Ruhm war zwar kurz, aber dennoch von immenser Bedeutung für die Weltgeschichte. Die Meerenge zwischen Feuerland und dem südamerikanischen Kontinent wurde nach ihm **Magellanstraße** genannt. Auf der Philippineninsel Cebu traf ihn ein tödlicher Giftpfeil des einheimischen

Die ehemaligen portugiesischen Kolonien auf einen Blick

- *1419: Madeira Archipel* – *Autonome Region Portugals*
- *ab 1427: Azoren* – *neun Inseln, Autonome Region Portugals*
- *1446: Portugiesisch-Guinea (Guiné Bisau oder Guinea-Bissau) – Kolonisierung ab 1640, Unabhängigkeit 1974*
- *1460: Kapverdische Inseln (Kap Verde) – Unabhängigkeit 1975*
- *1484: São Tomé und Príncipe und Angola* – *Unabhängigkeit 1975*
- *1498–1544: Mosambik* – *Unabhängigkeit 1975*
- *1498–1510: Goa, Kalkutta* – *Rückgabe an Indien 1954*
- *1500: Brasilien* – *Unabhängigkeitserklärung 1822*
- *1512: Ost-Timor* – *Entdeckung, Kolonisierung 1610, Unabhängigkeit 1975, Besetzung durch Indonesien, Befreiung und Staatsgründung von Timor-Leste (port. Name) bzw. Timor Lorosae (Name in der Landessprache Tetum) 2002*
- *1513: Macau* – *Rückgabe an China 1999*

⬆ Typische Kolonialarchitektur in Salvador da Bahia (Brasilien)

Häuptlings und Freiheitskämpfers Lapu-Lapu. In Cebu City ist das Denkmal des Stammesanführers, der die Spanier bekämpfte, ein beliebtes Ausflugziel.

Christoph Kolumbus (1451–1506) warb zunächst bei der portugiesischen Krone, damals unter König João II., um Unterstützung für seine Expeditionspläne zur Entdeckung des westlichen Seewegs nach Indien. Die lehnte ab. Ein historischer Fehler, wie sich später herausstellen sollte. Viele Portugiesen ärgern sich noch heute darüber, dass Kolumbus trotz aller Erfolge der Portugiesen als der Entdecker der Neuen Welt gilt. Immer wieder versucht man in pseudo-wissenschaftlichen Studien zu beweisen, dass Cristóvão Colombo in Portugal geboren wurde. Es gibt sogar einige Autoren, die Kolumbus als portugiesischen Spion sehen wollen. Und sein unehelicher Sohn Fernando Zarco soll angegeben haben, sein Vater sei in dem kleinen Alentejo-Dorf Cuba geboren. Bisher ließ sich all dies nicht belegen. Sicher ist, dass Kolumbus mit Filipa Moniz Perestrello verheiratet war. Sie war eine Tochter des italienischstämmigen Gouverneurs der zu Madeira gehörenden Insel Porto Santo und Nachfahrin eines alten portugiesisch-französischen Kreuzrittergeschlechtes. Mit seiner Familie lebte Kolumbus einige Zeit auf Porto Santo, wo sein einstiges Wohnhaus in Vila Baleira heute als Museum fungiert.

Novos Mundos – neue Welten

„E se mais mundo houverá, lá chegará"
„Und gäbe es noch mehr an Welt, dort fasst' es Boden"
   (Luís de Camões in „Os Lusíadas" über seine Heimat Portugal)

Spanien und Portugal beherrschten die Welt. Um militärische Konflikte zwischen den beiden mächtigsten katholischen Nationen zu verhindern, teilte Papst Alexander VI. 1494 im **Vertrag von Tordesillas** die Hoheitsgebiete auf.

Die Division verlief in einer imaginären Linie von 100 spanischen *Leguas* (ca. 480 Kilometer) vom Nord- bis zum Südpol durch den Atlantischen Ozean, westlich der kapverdischen Inseln. Spanien erhielt alle Gebiete westlich dieser Trennlinie (Amerika). So sollten die neuen Entdeckungen des **Kolumbus** für Spanien gesichert werden, die man zum damaligen Zeitpunkt noch für Indien hielt. Dagegen legte Portugal Einspruch ein und die **Trennlinie** wurde nach langen Debatten und dem Insistieren von König João II. um weitere 370 Leguas (ca. 1770 Kilometer, was dem heutigen 46. Längengrad entspricht) nach Westen verschoben. Damit landete Portugal einen strategischen Schachzug und garantierte sich nicht nur den

Extrainfo 4 (s. S. 7): In dem Spielfilm „Das Rätsel" von Manoel de Oliveira wird die oft diskutierte portugiesische Abstammung des Christoph Kolumbus thematisiert.

Dom Sebastião – die verloren gegangene Zukunft

Eines der in portugiesischen Augen tragischsten Kapitel der nationalen Geschichte ist mit dem blutjungen König Dom Sebastião verbunden. Sebastião kam 1554 als Enkel des Königs João III. auf die Welt. Sein Vater war kurze Zeit davor verstorben und das Volk hoffte innigst auf einen männlichen Thronfolger. So wurde das Kind schon vor seiner Geburt zum „Desejado", dem Ersehnten. Als Sebastião drei Jahre alt war, starb auch der Großvater und der Junge wurde zum König gekrönt. Die Regierungsgeschäfte übernahm zunächst ein Großonkel, doch bereits mit 14 Jahren ergriff Sebastião selbst die Macht. Von Jesuiten erzogen, galt er als fanatisch religiös. Sein größter Wunsch war die Ausbreitung des Christentums in Nordafrika.

Militärisch absolut unerfahren machte er sich 1578 von Lagos aus mit 20.000 Soldaten auf den Weg nach Marokko. Am 3. August traf das portugiesische Heer bei Alcaçer Quibir auf eine maurische Übermacht. 8000 Männer starben, darunter auch der 24-jährige König und mit ihm fast der gesamte Jungadel Portugals. Die Lösegelder für die überlebenden Gefangenen ruinierten das Land. Die Nachricht vom Tod Sebastiãos traf Portugal wie ein Schlag. Niemand wollte wahrhaben, dass der Hoffnungsträger umgekommen sei. Da der Leichnam nie gefunden wurde, entstand ein wahrer Mythos um den „Verschollenen". Man hielt verzweifelt an dem Glauben fest, dass der Retter irgendwann zurückkäme. Die Dynastie Avis hatte kei-

ne weiteren Erben, so machte der spanische König Philipp II. Ansprüche auf den Thron geltend.

Ein Trauma, das bis heute nicht überwunden zu sein scheint (siehe auch den Exkurs „Portugiesen und Spanier - ungleiche Geschwister", S. 94).

Die Mystifizierung des glücklosen Königs, auf dessen symbolische Rückkehr man heute noch wartet, wird Sebastianismus genannt. Damit ist auch eine Art passiver Wartehaltung der Portugiesen gemeint: Immer wenn es der Nation schlecht ging, hoffte man erneut - vergeblich - auf eine wundersame Rettung durch die Rückkehr Dom Sebastiãos.

kompletten Osten mit der Afrika-Route und dem Gewürzhandel Asiens, sondern – wie später erst bekannt – auch Brasilien. Einige Historiker gehen davon aus, dass die portugiesischen Kartografen schon Teile des brasilianischen Küstenverlaufs kannten, weil sie so beharrlich auf dieser veränderten Teilung bestanden. Wissenschaftliche Belege gibt es aber dafür nicht. Der Papst stimmte der Änderung zu und die Spanier akzeptierten kurioserweise die neue Grenze. Die konkurrierenden Seemächte England, Frankreich und Holland lehnten den Vertrag kategorisch ab.

Sechs Jahre später landete, wie oben schon angeführt, Pedro Álvaro Cabral im heutigen brasilianischen Bundesstaat Bahia nahe Porto Seguro, welches ungefähr in der Mitte der brasilianischen Küstenlinie liegt. *Terras de Vera Cruz* (später *Brasil*) nannte er das Land. So **wurde Brasilien zur größten lusofonen Kolonie** und ist bis heute das einzige portugiesisch sprechende Land Lateinamerikas.

Bis 1545 bauten die Portugiesen ihre Herrschaft bis hin zu den Molukken, Java, Japan und dem chinesischen Macau aus. Mit Gold und Sklaven machte das Königreich in den folgenden Jahrzehnten ein Vermögen. Während die maritime Expansion außenpolitisch die Horizonte erweiterte, versank das Mutterland in katholischem Fanatismus. König João III. (auch „der Fromme" genannt) führte 1536 die **Inquisition** in Portugal ein, die im Laufe der Jahrhunderte viele Opfer fordern sollte.

Die Glorie der Entdeckungen endete abrupt mit einer unüberlegten Expedition des unerfahrenen jungen Königs **Dom Sebastião**. Der Regent starb 1578 in Nordafrika und sein Tod läutete gleichzeitig das Ende der Ära der Expansionen und Entdeckungen ein. Aufgrund fehlender Nachkommen war er der letzte Vertreter der Avis-Dynastie. Sein Großonkel fungierte zwei Jahre lang als Übergangsregent, bis die Nachfolge geregelt war. Philipp II. von Spanien machte als Enkel des portugiesischen Königs Manuel I. seine Ansprüche geltend und wurde vom Ständerat Cortés de Tomar zum **König Philipp I. von Portugal** gewählt. Der portugiesische Adel erhoffte sich, die Silberminen der spanischen Kolonien würden auch Portugal zugute kommen. Ein anderer – unehelicher – Enkel Manuels I., António Prior de Crato, forderte ebenfalls den Thron ein. Er begann eine Revolte, wurde aber von den eigenen Adelshäusern nicht unterstützt und musste nachgeben. Die folgenden sechzig Jahre, von 1580 bis 1640, gehörte Portugal unter der **philippinischen Dynastie** mit Filipe I., Filipe II. und Filipe III. zum **Império da União Ibérica** (dem Kaiserreich der Iberischen Union).

◁ Dom Sebastião im Wachsmuseum Museu de Cera dos Descobrimentos in Lagos

Monarquias und Repúblicas – von der Monarchie zur Republik (16. Jh. bis 20. Jh.)

Mit wachsender Bedeutung der Seemächte Großbritannien und Holland im 16. und 17. Jh. verlor das portugiesische Weltreich nach und nach an Einfluss. Unter der **Herrschaft Spaniens von 1580 bis 1640** rückte Portugal endgültig in die zweite Reihe und fand nie wieder den Weg zur Großmacht zurück. Besonders unter König Philipp III. erlitt Portugal einige wirtschaftliche Nachteile. Das Land wurde zur Provinz deklariert und musste Kolonialgebiete abgeben.

Diese sechs Jahrzehnte nationaler Demütigung beendete der **Herzog von Braganza (oder Bragança, 1604–1656)** mit einer Adelsrevolte. 1640 erklärte er sich zum König João IV. und begründete damit die vierte und

Stichwort Erdbeben

Ein großes Erdbeben mit folgendem Tsunami kann in Portugal jederzeit wieder vorkommen. Einige Experten halten es sogar für längst überfällig. Portugal liegt auf der tektonisch aktiven eurasisch-afrikanischen Kontinentalplatte. Eine geologische Verwerfung auf dem Meeresgrund, die Gorringe Bank südwestlich von Sagres, war das Epizentrum des verheerenden Bebens von 1755.

Fast täglich gibt es kleine Erschütterungen, die allerdings kaum spürbar sind. Das letzte größere Erdbeben mit einer Stärke von 4,9 auf der Richterskala ereignete sich am 15.01.2018 um 11.51 Uhr mit Epizentrum in der Nähe von Arraiolos im Alentejo. Die Erschütterungen waren im Großraum Lissabon, im Alentejo und im spanischen Badajoz zu spüren, verursachten zum Glück aber keine Schäden und dauerten nur wenige Sekunden.

Trotz stetem Gefahrenpotenzial verfügt Portugal über kein ausreichendes Frühwarnsystem. Trotz dem bekannten und realen Risiko vor allem für Lissabon gelten erst seit den 1980er-Jahren in der Städtebaupolitik gesetzliche Regeln für eine erdbebensichere Bauweise. Auch fehlt eine effiziente Kontrolle, was vor allem derzeit viele Bauherren dazu verleitet, die Regeln außer Acht zu lassen. Der Ingenieur und Experte für erdbebensichere Bauweise João Appleton bezeichnet solche Vorgehensweisen in einem Interview vom Februar 2018 angesichts des eminenten Risikopotenzials in Lissabon als „kriminell".

Extrainfo 5 (s. S. 7): Film über das Erdbeben von 1755 in Lissabon, das die portugiesische Hauptstadt an Allerheiligen in Schutt und Asche legte

letzte Dynastie Portugals, die Dinastia de Bragança. Ihm kam zugute, dass Spanien zu dieser Zeit mit internen Aufständen, u. a. in Katalonien, und dem Dreißigjährigen Krieg beschäftigt war. Die spanische Krone konnte somit nicht unmittelbar reagieren und hatte wenig Truppen zur Verfügung stehend, sodass es Portugal gelang, seine Unabhängigkeit durchzusetzen.

Mit der **Rückgewinnung der Unabhängigkeit** *(Restauração da Independência)* am 1. Dezember 1640 begann Portugal sich wieder auf seine Kolonien zu konzentrieren. Spanien rächte sich kurz darauf gegen den als Verrat bezeichneten Putsch mit einer Kriegserklärung. Portugal erhielt militärische Unterstützung von England, Frankreich und der Schweiz. Erst 1668 erkannte das spanische Königshaus die Unabhängigkeit Portugals an, zum Ausgleich erhielten die Spanier das bis dahin portugiesische Ceúta in Marokko. Die Engländer forderten für ihre Hilfe die Handelsstützpunkte Bombay und Tanger sowie eine Öffnung des portugiesischen Wirtschaftsmarktes für englische Waren. Im Wirtschaftsvertrag **„Tratado de Methuen"** von 1703 verpflichtete sich Portugal zur Abnahme englischer Textilien und öffnete gleichzeitig den Exportmarkt für Portwein auf die Insel. Der Vertrag wurde im Laufe der Jahre zur Geißel für Portugal und brachte viele Nachteile für die eigenen Wirtschaftszweige, die sich so kaum entwickeln konnten.

☑ Prunkpalast Palácio Nacional de Mafra

Marquês de Pombal – aufgeklärter Erneuerer

Sebastião José de Carvalho e Melo, bekannt als Marquês de Pombal, wurde 1699 in Lissabon als Sohn einer Aristokratenfamilie geboren. Zunächst war er in London und Wien als Diplomat und Ökonom tätig. Unter König José I. wurde er zum Außenminister und später im trostlosen Jahr 1756 zum ersten portugiesischen Premierminister und damit zum eigentlichen Regenten berufen.

Der tatkräftige Markgraf übernahm sein Amt in dem vom Erdbeben fast vollständig zerstörten Lissabon. Eine Legende sagt, der völlig überforderte König José I. soll Pombal nach dem Desaster hilflos gefragt haben: „E agora?" - „Und nun?" Dieser soll erwidert haben: „Cuidar dos vivos, e sepultar os mortos." - „Die Lebenden versorgen und die Toten begraben." So lautete denn auch seine erste Anweisung. Es gibt im Portugiesischen noch heute die Redewendung, wenn man nicht weiter weiß: „E agora, José?", die auf diese Legende zurückgeht.

Pragmatisch, effizient und fortschrittlich koordinierte Pombal den Wiederaufbau der Hauptstadt. Dabei war sein Handeln ganz im Geist der Aufklärung stets nach vorn gerichtet und von der Vernunftlehre geprägt. König José, der seit dem Erdbeben an Klaustrophobie litt, wünschte sich breite Straßen und geräumige Plätze. Der Regent selbst lebte bis zu seinem Lebensende aus Furcht vor weiteren Beben in Zeltpalästen. Lissabon wurde nach einem damals hochmodernen Städtebauprojekt komplett neu aufgebaut, was dem Politiker Pombal hohen Einfluss und große Macht einbrachte. Die „Baixa Pombalina", die Unterstadt, ist das Aushängeschild dieses Wiederaufbaus: weite parallel verlaufende Prachtstraßen, Plätze, klassizistisch geradlinig angelegte Häuser im Schachbrettmuster. Die ersten erdbebensicheren Gebäude Europas entstanden und machten Lissabon zur modernsten Stadt der Zeit. Für seine Erfolge erhielt er den Titel „Markgraf von Pombal".

Später, im Jahr 1774, nutzte Pombal die Erfahrungen aus der Hauptstadt, um am portugiesischen Mündungsdelta des Rio Guadiana in nur fünf Monaten eine „königliche" Stadt aus dem Nichts zu errichten. Vila Real de Santo António wurde nach den gleichen Plänen und mit denselben Ingenieuren wie Lissabon gebaut. Nicht zuletzt erhoffte sich der Minister, dem ewigen spanischen Rivalen durch die neue Stadt die Warenkontrolle und den Fischhandel am Guadiana abzunehmen.

Bei seinen Reformbestrebungen im Finanz-, Bildungs- und Handelswesen war der Marquês zielstrebig und ehrgeizig, er bekämpfte so manche Lobby mitleidslos, wenn sie ihm im Weg stand. Er ließ die Jesuiten aus dem Land jagen und auch die Abschaffung der Sklaverei war ein erklärtes Ziel des Politikers. Doch entwickelte er sich selbst zum Despoten und machte sich mit seinem autoritären Führungsstil im Volk zunehmend unbeliebt.

Nach dem Tod des ihm wohlgesonnenen Königs José I. ging der Thron an die konservative katholische Königin Dona Maria I. über, der die Machenschaften des Erneuerers und Freimaurers ein Dorn im Auge waren. Kurz nach ihrem Amtsantritt 1777 entließ sie den in Ungnade Gefallenen und stellte ihn unter Hausarrest, den er auf seinem Landsitz im zentralportugiesischen Städtchen Pombal verbrachte. 1782 starb der Marquês in besagtem Pombal resigniert und ignoriert.

◁ Denkmal des Marquês de Pombal in Lissabon

Derweil brachte die **Entdeckung neuer Goldminen in Brasilien** Anfang des 18. Jh. wieder Geld ins Mutterland. Über 20.000 Kilogramm Gold flossen pro Jahr in die Schatzkammer des Königreichs. Ein rascher Gewinn, den der extravagante und selbstverliebte König João V. (1707–1750) genauso schnell für **verschwenderische Hofhaltung und Prachtbauten** ausgab. Die meisten mit Gold überzogenen Barockbauten im Land gehen auf seine Regierungszeit zurück. Mit dem Prunkpalast von Mafra setzte er seinem Größenwahn die Krone auf. Größer und prachtvoller als der *El Escorial* des spanischen Hofes sollte er sein. 13 Jahre (von 1717 bis 1730) dauerte der Bau, 52.000 Arbeiter waren im Einsatz. Das Vorhaben riss tiefe Löcher in den Staatshaushalt. Für das Volk wurden gleichzeitig die sozialen Ausgaben gekürzt und die Steuern erhöht. Den Bau der städtischen Wasserversorgung ab 1748 in Lissabon mit dem Aqueducto das Águas Livres mussten die Bürger mit hohen Verbrauchssteuern auf Fleisch, Wein und Olivenöl selbst finanzieren.

Joãos Nachfolger König José I. erbte nicht nur einen tief verschuldeten Staatshaushalt, sondern erlebte das schlimmste Unglück in Portugals Geschichte. Am 1. November 1755 um 9.30 Uhr erschütterte ein **Erdbeben der Stärke 8,5 auf der Richterskala** das Land. Weite Teile Lissabons und Südportugals lagen in Schutt und Asche. Das Beben löste eine gigantische Flutwelle aus, die die Unterstadt Lissabons überflutete. Damit nicht genug, breiteten sich durch die brennenden Kerzen der Kirchen Feuer aus, die vom Wind in die ganze Stadt verteilt wurden und Lissabon den Rest gaben. Plünderer streiften durch die Trümmer, raubten und mordeten. Alle menschlichen Abgründe taten sich auf und Lissabon versank im apokalyptischen Chaos. Historiker sprechen von 20.000 bis 50.000 Opfern, ganz genau weiß niemand, wie viele Menschen tatsächlich an diesem *Dia de todos os Santos* (Allerheiligen) starben. Tausende Menschen hielten sich zu dieser Zeit in den Kirchen zum Gedenken der Verstorbenen auf. Die Erschütterungen waren in ganz Europa bis hinauf nach Skandinavien spürbar. Mehrere Nachbeben folgten in den Tagen darauf. Die Ruinen des Klosters Convento do Carmo in Lissabons Oberstadt ragen bis heute wie ein Mahnmal in den Himmel.

Das restliche Europa zeigte sich fassungslos. Zeitgenössische Philosophen wie Voltaire und auch Goethe diskutierten über die Ursachen und Auswirkungen der Naturkatastrophe. Voltaire widmete Lissabon das Gedicht Poème sur le desastre de Lisbonne („Gedicht über das Desaster von Lissabon").

Das Beben erschütterte nicht nur die Gebäude und Architektur der Stadt. In dem streng katholischen Land warfen sich Fragen in der gläubigen und abergläubischen Bevölkerung auf. Die Tatsache, dass das Unglück an einem religiösen Festtag geschah und über zwanzig bedeutende Kirchen Lissabons zerstörte, ließ eine **göttliche Strafe** befürchten. Auch politisch löste das *Terramoto de Lisboa* grundlegende Änderungen aus. Der vom König geförderte, aber bei der Aristokratie unbeliebte Außenminister Pombal erhielt weitreichende Machtbefugnisse.

Die Schwäche des tief verwundeten Landes machten sich die Feinde zunutze. 1761 marschierten Spanier und Franzosen ein, aber Portugal konnte seine Unabhängigkeit verteidigen. Die Grenze wurde erneut befestigt und das Heer reformiert. Trotzdem **besetzte Napoleon 1807 die Stadt Lissabon** und Teile des Landes als Antwort auf Portugals Handelsbeziehungen mit England. Das Königshaus unter João VI. samt Hofstaat flüchtete wenig staatsmännisch ins Exil nach Brasilien. Rio de Janeiro war somit von 1808 bis 1821 portugiesische Hauptstadt. Zwölf Jahre lang wurde das Mutterland nun von einer Kolonie aus regiert, was in Europa bis dahin einmalig war. Die französischen Invasoren plünderten zahlreiche Kunstschätze und brachten sie außer Landes. Unter Napoleon wurde übrigens in vielen besetzten Ländern der Rechtsverkehr eingeführt. In Portugal fuhr man noch bis 1928 wie in den britischen Ländern links, erst dann wurde in der neuen Republik auf Rechtsverkehr umgestellt. Einmal mehr kamen die Engländer militärisch zu Hilfe und drängten die Franzosen zurück. Dafür nahm die **Abhängigkeit zum englischen Beschützer** weiter zu, Portugal wurde zum britischen Protektorat. Unter der autoritären Verwaltung des englischen General Beresford, der auch das Oberkommando über die portugiesischen Truppen hatte, wurde die Autonomie Portugals immer mehr beschnitten.

Die Unruhen verschärften sich in der Bevölkerung. Eine Gruppe Liberaler aus Porto revoltierte gegen diese Bevormundung durch England und entfachte einen Putsch. Die Königsfamilie sah sich gezwungen zurückzukommen, als 1820 eine radikal-liberale Verfassung ausgerufen wurde. Diese sah auch die Beendigung der Inquisition vor. Der Königssohn Miguel, ein Anhänger des Absolutismus, weigerte sich, eine solche Verfassung anzuerkennen. Sein liberal eingestellter älterer Bruder Pedro, der als Verwalter in Brasilien geblieben war, favorisierte eine konstitutionelle Monarchie. Der Konflikt verstärkte sich und führte zu einem jahrelangen Bruderkrieg, der als **Miguelistenkrieg** in die portugiesische Geschichte einging.

Dazu kam der Verlust der wichtigsten Kolonie und Einnahmequelle: **1822 erklärte Brasilien seine Unabhängigkeit** vom Mutterland. Dom Pedro, erstgeborener Sohn des portugiesischen Königs João VI. und eben oppositioneller Bruder Miguels, deklarierte in einem symbolischen Akt „Unabhängigkeit oder Tod" für Brasilien und erklärte sich zum Kaiser Pedro I. von Brasilien. Das mittlerweile tief verschuldete portugiesische König-reich seines Vaters konnte ihm nichts entgegenhalten.

Später dankte er ab, überließ seinem Sohn Pedro II. die Regentschaft über die ehemalige Kolonie und kam ins Mutterland zurück, um Miguel vom inzwischen bestiegenen Thron zu stürzen. Aus den entscheidenden Kämpfen der Jahre 1832 bis 1834 ging Dom Pedro schließlich als Sieger hervor. Er setzte eine liberale Verfassung ein, ließ alle Männerklöster schließen, begann mit dem Bau der Eisenbahnverbindungen und beruhigte die politische Lage. Die Thronfolge übernahm seine Tochter Maria II. Nach einer kurzen Phase der Stabilität unter Maria II. und deren Nachfolger Dom Luis I. nahmen **anti-monarchistische Bewegungen** in der Bevölkerung zu. Die Engländer verlangten inzwischen Gebiete in den portugiesischen Kolonien zur Schuldentilgung. Es gab immer mehr Unmut gegen die britischen Forderungen und republikanische Gruppierungen fanden zunehmend Unterstützung im Volk. Eine erste Revolte im Jahr 1881 scheiterte allerdings. 1889 übernahm König Carlos I. nach dem Tod von Dom Luis I. die Regentschaft.

1890 stellte England seinem „Schützling" ein Ultimatum, worin es die Abtretung besetzter Kolonien zwischen Angola und Mosambik forderte. Carlos I., den Briten wirtschaftlich und politisch verpflichtet, musste sich beugen. Die Stimmung im Land war aufgeheizt und gipfelte in einem Attentat, das als „Lissabonner Blutabend" in die Geschichte einging. Der umstrittene, als Englandfreund und korrupt geltende Carlos I. und sein Kronprinz Luis Felipe starben am Abend des 1. Februar 1908 im Kugelhagel einer Gruppe anarchistischer Republikaner. Der **Königsmord** *(regicídio)* wird bis heute intensiv in der portugiesischen Gesellschaft diskutiert.

Der zweitgeborene erst 18-jährige Thronfolger Manuel II. konnte die aufständischen Kräfte nicht mehr bändigen und flüchtete ins Exil. Ein Militärputsch beendete die portugiesische Monarchie. **Am 5. Oktober 1910 rief die zuvor gegründete Partido da República die Republik aus.** Portugal war damit nach Frankreich und der Schweiz die dritte Republik in Europa. Eine liberale Verfassung regelte 1911 die Grundwerte von Freiheit und Gleichheit aller Bürger und die Gewaltenteilung. Der Laizismus, das heißt die strikte Trennung von Kirche und Staat, wurde erstmals im Gesetz verankert.

Im Ersten Weltkrieg schlug sich Portugal auf die Seite der Entente. Das Land schickte 100.000 Soldaten in den Krieg, über 7000 von ihnen fielen. Die unruhige Zeit der ersten Republik war geprägt von Anarchie und Chaos. In den folgenden 15 Jahren erlebte Portugal insgesamt **44 Regierungen mit acht Präsidenten und 26 Putschversuchen.** Das Großbürgertum rief zunehmend nach einem „starken Führer".

Faschismus und Salazarismus: „Stolz und allein" (1928–1974)

„Autoridade e liberdade são dois conceitos incompatíveis ... Onde existe uma, não pode existir a outra."
„Autorität und Freiheit sind zwei unvereinbare Konzepte ... Wo die eine herrscht, kann die andere nicht existieren."
   (António de Oliveira Salazar)

Im Jahr 1926 beendete ebenfalls ein Militärputsch unter General Carmona die politisch instabile erste Republik. Der Zivilist und Nationalökonom António de Oliveira Salazar kam an die Macht; zunächst 1928 als Finanzminister, dann ab 1932 als Ministerpräsident. 1933 gründete er den **Estado Novo, einen autokratischen Staat mit Einheitspartei** (União Nacional), Staatspolizei nach deutschem Gestapo-Vorbild (PIDE – Policia Internacional e de Defesa do Estado) und der Mocidade Portuguêsa (ein Jugendverband ähnlich der Hitlerjugend). Salazar war am Ziel, er hielt alle politischen Fäden in der Hand. In über 40 Jahren Diktatur verwandelte er die Portugiesen in ein tief traumatisiertes unmündiges Volk. Streng katholisch und autoritär verfolgte er Oppositionelle und politische Gegner. Als unangezweifelter „Übervater" kontrollierte Salazar alles und alle im Land. Er setzte dabei auf Patriotismus, Kirche und nationales Ego und schwor das Volk auf die drei „F" ein: **Fado** (nur portugiesische Musik), **Fátima** (Religion und Gottesfürchtigkeit), **Fußball** (Nationalstolz und „Opium fürs Volk").

Salazar gab den einfachen Menschen ein Gefühl von Sicherheit, gleichzeitig steuerte er Portugal in eine **wirtschaftliche und politische Isolation.** *Orgulhosamente só* – „Mit Stolz allein" – wurde zum nationalen Motto. Das Volk sollte bewusst abgeschottet werden, um schädliche Einflüsse von „außen" zu vermeiden. Ein anderer Propagandaspruch lautete: *Tudo para a nação, nada contra a nação.* – „Alles für die Nation, nichts gegen die Nation." Und um die Landbevölkerung auf Kurs zu halten, schürte Salazar falsches Selbstvertrauen, d. h., er schwor die Bevölkerung auf die Illusion einer Wirtschaftspotenz ein, die fern jeglicher Realität lag. Der *Salazarismo* propagierte den Größenwahn des *Império Ultramar,* des Überseekaiserreichs. Die afrikanischen Kolonien sollten durch und durch „portugiesisch" werden und so die fehlende Größe und politische Bedeutung des Mutterlandes kompensieren. Portugal lebte auf Kosten seiner Kolonien, beutete Rohstoffe aus und importierte billige landwirtschaftliche Produkte. Nur so konnte es all die

Jahre überleben. Derweil war die Landbevölkerung praktisch von allen Entwicklungen des restlichen Europa und der Welt ausgeschlossen und so arm wie nie.

Über **zwei Millionen Portugiesen emigrierten zwischen 1950 und 1970** mit dem Ziel einer besseren Zukunft in andere Länder, vor allem nach Frankreich, Deutschland oder Übersee. Dazu kamen viele politische Flüchtlinge. Im Heimatland waren die Medien zensiert, Frauen durften nur in Ausnahmen Berufe ausüben und waren dem Ehemann rechtlich zum Gehorsam verpflichtet, freie Meinungsäußerung und Demonstrationsrecht existierten nicht. Wer dagegen aufbegehrte wurde schonungslos

António de Oliveira Salazar

Salazar war kein typischer Diktator. Kein fanatischer Massenverführer wie Hitler, kein Redekünstler wie Mussolini, kein militärisch gedrillter General wie der spanische Franco. Laut Aufzeichnungen war er eher eine blasse, langweilige Person - gleichwohl prägte er Portugals Psyche und Geschichte ebenso nachhaltig wie traumatisch. Er galt als **erzkatholisch, tugendhaft, autoritär, geizig und asketisch korrekt** *- ein moralischer Übervater.*

António de Oliveira Salazar kam am 18. April 1889 im Bezirk Santa Comba Dão als Kind einer Landarbeiterfamilie zur Welt. Mit Mühe konnte ihm die Familie eine Schulbildung ermöglichen. Eigentlich hätte er Pfarrer werden sollen und besuchte dafür einige Jahre das Priesterseminar. Doch früh erkannten Professoren sein Talent für die Wirtschaft und ermöglichten ihm ein Studium der Nationalökonomie an der renommierten Universität von Coimbra. Er beendete das Studium als einer der Besten und lehrte danach als Professor für Volkswirtschaft. 1928 wurde er zum Finanzminister ernannt, vier Jahre später zum Ministerpräsidenten.

Mit eiserner Hand herrschte er über ein bewusst in Unbildung und Unwissenheit belassenes Volk. 1960 bemerkte ein Vertreter des Regimes ganz im Sinne seines Chefs: „Wozu das Land alphabetisieren? Haben nicht Vasco da Gamas Matrosen, allesamt Analphabeten, den Seeweg nach Indien entdeckt?" Der „Doutor", wie Salazar im Volk genannt wurde, lebte zurückgezogen in einem spartanisch eingerichteten Seitenflügel des São Bento Palasts in Lissabon. Das Leben in der Großstadt war für den bekennenden Landmenschen eher ein notwendiges Übel. Als Staats- und Privatmann war sein oberstes Gebot Disziplin und Ordnung. Eigentlich war er eine ganz und gar untypische portugiesische Erscheinung, die im krassen

von der PIDE verfolgt. Verhaftungen waren an der Tagesordnung. Wer Glück hatte, wurde des Landes verwiesen, ansonsten warteten Folter, Terror oder gar der Tod. Vor allem die Kommunistische Partei setzte sich massiv gegen das Unrechtsregime zur Wehr. Ihre Anhänger wurden dementsprechend streng überwacht.

Wirtschaftlich stärkte Salazar die Macht der Großgrundbesitzer. 70 Prozent der Ländereien gehörten einer Handvoll einflussreicher Familienclans. Eine Oligarchie aus knapp 100 Familien bildete den Machtzirkel um den Diktator, eine **elitäre Gesellschaft** aus Landadel, Bankiers, Kirchenoberhäuptern und Militärs. Die restliche Bevölkerung waren arme Bauern,

*Gegensatz zu den chaotischen Verhältnissen im Land stand. Womöglich war er der „starke Mann", nach dem sich das von politischen Wirren gebeutelte Volk gesehnt hatte. Er verkündete öffentlich seine **Abneigung gegen die Demokratie.** Sein Weltbild war geprägt von „Deus e Patria" (Gott und Vaterland) und „Trabalho e Familia" (Arbeit und Familie), das Ganze getragen von der in seinen Augen nötigen Autorität. Dabei bezog er sich gern auf die machtpolitischen Manifeste des italienischen Philosophen Machiavelli.*

*Der Geiz brachte Salazar letztendlich im wahrsten Sinne des Wortes zu Fall. Als er im Jahr 1968 auf seinem alten, mit Segeltuch bespannten Stuhl saß, riss der Stoff und der Diktator fiel so unglücklich auf den Kopf, dass er einige Tage später einen Hirnschlag erlitt. Zwei lange Jahre noch wurde eine Farce aufrecht erhalten, die glauben ließ, er hätte immer noch die Zügel in der Hand. Selbst seine langjährige Haushälterin spielte laut Aufzeichnungen das Spiel mit. Der Tod des portugiesischen Regenten am 27. Juli 1970 wurde von vielen Portugiesen beweint, von den anderen gefeiert. Salazar ist und bleibt **eine umstrittene Persönlichkeit im eigenen Land.** Immer wieder wird versucht, seine menschlichen Seiten hervorzuheben. Und oft sieht man in ihm, im Vergleich zum Nationalsozialismus oder den anderen totalitären europäischen Staatssystemen dieser Zeit, das geringere Übel. Seine Ziehtochter Maria de Conceição Rita, von ihm „Micas" genannt, veröffentlichte im Jahr 2007 ein Buch mit dem Titel „Os meus 35 anos com Salazar" - „Meine 35 Jahre mit Salazar". Darin beschreibt sie den „Senhor Doutor" als fürsorglichen liebevollen Familienvater. Demgegenüber stehen die Morde und Verhaftungen politischer Gegner und die unzähligen Opfer des Salazar-Regimes, ganz abgesehen von dem traumatischen Erbe, das er Portugal aufbürdete.*

Fischer und Landarbeiter. Nach Ende der Ära Salazar verfügte die Mehrheit der Bevölkerung nur über eine geringe oder gar keine Schulbildung, die Analphabetenrate der Landbevölkerung lag bei 40 Prozent.

Im Zweiten Weltkrieg sicherte Salazar die Neutralität Portugals, womit er sich bei der Bevölkerung beliebt machte. Ideologisch stand er auf der Seite der Nationalisten und belieferte Deutschland und die Alliierten gleichermaßen mit Wolfram für die Waffenindustrie. Geheimagenten aller Kriegsparteien agierten zu dieser Zeit in den Küstenstädten Cascais und Estoril. Die noblen Villenstädte nordwestlich von Lissabon wurden zum Tummelplatz für deutsche und englische Spione. 1943, angesichts eines bereits politisch isolierten und geschwächten Nazideutschlands, erlaubte Salazar den Amerikanern die Einrichtung von Luftwaffenstützpunkten auf den Azoren.

Ab 1960 begannen Angola, Mosambik und Guinea-Bissau gegen das Mutterland zu revoltieren und forderten ihre Unabhängigkeit ein. **Blutige Kolonialkriege** ohne Aussicht auf Lösung zermürbten die gegnerischen Parteien und belasteten den portugiesischen Staatshaushalts zunehmend. Zwei Drittel der 225.000 Mann starken portugiesischen Armee kämpften in Afrika. Schwere Verluste wurden zum internen Problem für den Alleinherrscher. Man sagt, Portugal verlor in den Kolonialkriegen *(Guerras Ultramar)* genauso viele Soldaten wie die USA zeitgleich in Vietnam. Nicht weniger Menschen starben auf der afrikanischen Seite.

Ende der 1960er-Jahre formierte sich im Militär und unter den linken Studentenvereinigungen zunehmender Widerstand gegen Salazar und seine Politik. Der Anführer der kommunistischen Partei (PCP – Partido Comunista Português) **Álvaro Cunhal war ein berühmter Untergrundheld der Resistência.** Zwölf Jahre lang saß er in Peniche im Festungsverlies in Isolierungshaft ein. 1961 konnte er in einer spektakulären Befreiungsaktion flüchten und ging danach ins Exil in die Sowjetunion und nach Tschechien. Auch andere politische Gruppierungen versuchten, vom Exil aus Widerstand zu leisten. Mário Soares (1924–2017), Gründer der Sozialistischen Partei (PS – Partido Socialista) und späterer Premierminister und Staatspräsident, agierte zunächst von Deutschland und Frankreich aus. 1968 erlitt Salazar einen Hirnschlag, an dem er zwei Jahre später starb. Die Diktatur überlebte ihn noch vier weitere Jahre. Er hinterließ seinem **Nachfolger Marcelo Caetano** ein finanziell ruiniertes, politisch isoliertes und zutiefst verunsichertes Land. Im Rahmen einer TV-Abstimmung 2007 über den „Größten Portugiesen aller Zeiten" landete Salazar dennoch auf dem ersten Platz, gewählt von über 41 % der Anrufer. Auf seinem Grabstein in Vimieiro steht bezeichnenderweise „Irren ist menschlich".

Extrainfo 6 (s. S. 7): Link zum anschaulichen ORF-Beitrag „Die iberischen Faschisten Franco und Salazar"

Die Nelkenrevolution (25. April 1974)

Die führenden Militärs erkannten zunehmend, dass weder die Kolonialkriege noch die politische Führung eine Lösung für die desolate wirtschaftliche und soziokulturelle Situation des Landes brachten. Widerstand machte sich auch unter den Soldaten breit. Das unnötige Blutvergießen in den Kolonialkriegen ergab keinen Sinn. Eine Gruppe von Offizieren, die Capitães de Abril – allen voran der mutige Hauptmann Salgueiro Maia – entfachte vom Alentejo aus eine **Revolution.** Im ganzen Land verteilt formierten sich revoltierende Einheiten zum Einmarsch in die Hauptstadt. Salgueiros Truppe war die größte und wichtigste Einheit und begann ihren Marsch auf Lissabon von Grandola im südlichen Alentejo aus.

Das verbotene Lied „Grândola Vila Morena" von José Afonso dos Santos (als Zeca Afonso bekannt) wurde zur historischen Revolutionshymne, die Textpassage *O Povo é quem mais ordena* – „Das Volk hat das Sagen" – zum gefeierten Schlachtruf. Am 25. April 1974 kurz nach Mitternacht ließ die Sendestation während des unabhängigen Programms „Limite" von Rádio Renascença das Lied über den Äther erklingen: das Startsignal für die Offiziere in den Kasernen von Porto, Lissabon und Grândola. Die Revolution ging demnach nicht vom portugiesischen Volk, sondern von einigen Einheiten der Armee und einer linken studentischen Bewegung aus. Die **putschenden Offiziere nahmen die Befehlsgewalt an sich** und marschierten zum Regierungspalast. Vier Stunden später besetzten sie Lissabon und wurden von einer enthusiastischen Menschenmenge empfangen. Außer vier Toten und einer Handvoll Verletzter verlief die Aktion unblutig, was weitgehend der Vernunft und klugen Strategie Salgueiro Maias zu verdanken war. Die Euphorie und Aufbruchsstimmung im Land war groß. Von einem Tag auf den anderen sah man die Freiheit am Horizont. Die linken Revolutionäre hofften auf eine Demokratie und wirtschaftliche Verbesserungen sowie Bürgerrechte für das gegeißelte Volk.

Die Frauen steckten beim Truppeneinzug **rote Nelken in die Gewehrläufe** der Soldaten. Angeblich soll eine Blumenfrau damit begonnen haben, indem sie einem Uniformierten eine rote Nelke schenkte, die dieser in sein Gewehr stülpte. Bilder, die um die Welt gingen und der Revolution ihren Namen verliehen: *Revolução dos Cravos* – „Nelkenrevolution".

Marcelo Caetano trat zurück. Ein links gerichteter Revolutionsrat wurde einberufen. Die ersten Wochen bis zu einer Regierungsbildung dominierten Machtkämpfe zwischen dem konservativen General Spínola und dem sozialistisch geprägten Hauptmann Otelo innerhalb der Bewegung der putschenden Streitkräfte MFA (Movimento das Forças Armadas). Die **ersten Präsidentschaftswahlen** 1976 auf Basis einer neuen Verfassung

„Grândola Vila Morena"
von José (Zeca) Afonso (1929–1987)

Am 25. April 1974 um 0.21 Uhr lief das Lied des linken Liedermachers José Afonso als zweites Signal des eingeleiteten Militärputschs der „Capitães do Abril" im Radio. Vorher war es wegen kommunistischer Tendenzen verboten worden. „Grândola Vila Morena" ist wohl das bekannteste Musikstück in ganz Portugal, hier ein frei übersetzter Auszug:

„Grândola vila Morena
Grândola vila Morena
Terra da fraternidade
O povo é quem mais ordena
Dentro de ti, ó cidade

Dentro de ti, ó cidade
O povo é quem mais ordena
Terra da fraternidade
Grândola vila morena

Em cada esquina um amigo
Em cada rosto igualdade
Grândola vila morena
Terra da fraternidade"

Grândola, braun gebrannte Stadt
Grândola, braun gebrannte Stadt
Land der Brüderlichkeit
Es ist das Volk, das das Sagen hat
In dir, oh Stadt

In dir, oh Stadt
Ist es das Volk, das das Sagen hat
Land der Brüderlichkeit
Grândola, braun gebrannte Stadt

In jedem Winkel ein Freund
In jedem Gesicht Gleichheit
Grândola, braun gebrannte Stadt
Land der Brüderlichkeit

Extrainfo 7 (s. S. 7): Video des Liedes „Grândola, Vila Morena" mit deutscher Übersetzung

gewann dann aber doch der gemäßigte General Ramalho Eanes. Die Furcht vor einem radikalen Sozialismus und einer Machtübernahme der Kommunisten obsiegte. Mário Soares von der PS (Partido Socialista) wurde der **erste frei gewählte Regierungschef** nach mehr als 50 Jahren. Ein Referendum besiegelte die neue demokratische Verfassung. Soares hatte als eine der wichtigsten Persönlichkeiten der portugiesischen Politik einen wesentlichen Einfluss auf die nachrevolutionäre Geschichte Portugals.

Das völlig verarmte Land benötigte dringend Finanzhilfen. Die internationale Gemeinschaft, vor allem Deutschland und Frankreich unterstützten Soares und seine Regierung sowohl politisch als auch wirtschaftlich. Die neue Regierung gab die verbleibenden afrikanischen Kolonien Mosambik, Angola, São Tome und Principe sowie Guinea-Bissau auch auf Druck der UNO auf.

Nur Macau verblieb noch bis zur Übergabe an China 1999 unter portugiesischer Verwaltung. Ost-Timor wurde 1975 von Indonesien annektiert. Die Truppen und Soldaten kehrten traumatisiert und desillusioniert nach Portugal zurück. Mit ihnen kam die Mehrheit der portugiesischen Einwohner der afrikanischen Kolonien. Sie ließen ihre Häuser und Geschäfte zurück und kehrten Afrika aus Furcht vor Repressalien der neuen unabhängigen Regierungen den Rücken. Sie kamen vom kolonialen Wohlstand in ein armes Mutterland und viele hatten ihre Schwierigkeiten, sich dort zurechtzufinden.

Kurzzeitige Aufbruchstimmung

Die ehrgeizigen **Reformbemühungen** begannen gleich nach Machtübernahme der Übergangsregierung des Revolutionsrats 1974. Dazu gehörte auch eine Agrarreform bei der mehr als eine Million Hektar Land ehemaliger Großgrundbesitzer an Kooperativen verteilt wurde. Vor allem im Alentejo wurden die Liegenschaften zunächst aufgelöst. Auch wichtige **Industrien und Banken wurden verstaatlicht.** Die Landnahmen und Besetzungen erschreckten das konservative Bürgertum und auch die ähnlich geprägten Kleinbauern aus dem Norden rebellierten gegen diese Politik.

Die ganze Welt blickte nach Portugal, je nach politischer Gesinnung besorgt oder optimistisch. Viele europäische Linke, darunter zahlreiche Deutsche, strömten in der Hoffnung auf einen sozialistischen Idealstaat ins Land. Von einem „europäischen Kuba" war gar die Rede.

Die sozialen Erneuerungen hielten jedoch nicht allzu lange an. Gleich die neu gewählte Regierung unter Soares machte die eingeleiteten Reformen rückgängig und gab die verstaatlichten Ländereien an die Großgrundbesitzer zurück. Der Druck des westlichen Auslands und die Furcht vor einer kommunistischen Keimzelle im westlichen Europa spielte dabei eine nicht zu unterschätzende Rolle. Die Linken träumten von der idealen Volksdemokratie, die Rechten versuchten, dies mit aller Macht zu verhindern. Die großen **Ideale der roten Revolution verpufften** in der portugiesischen Realität. Die Ernüchterung über Korruption und Machtspiele in der Politik und über die verlorene Chance zur Gestaltung einer neuen Gesellschaft enttäuschte bald viele Portugiesen, die auf mehr Gerechtigkeit gehofft hatten. Das Misstrauen gegenüber der politischen Elite ist in Portugal bis heute in weiten Kreisen präsent.

Portugal als EU-Land (seit 1986)

Gemeinsam mit dem wirtschaftsliberal geprägten Premierminister und Ökonomen Aníbal Cavaco da Silva führte der Rechtsanwalt und Sozialist Mário Soares – inzwischen war er Staatspräsident – Portugal im Jahr 1986 in die **Europäische Gemeinschaft.** Die gebeutelte Nation stabilisierte sich während der kommenden Jahre als westliche Demokratie. Zunächst erlebte Portugal mit dem Beitritt Riesenfortschritte in Wirtschaft und Infrastruktur. Bis 1989 bei der Weltbank noch als Entwicklungsland geführt, entwickelte es sich in den 1990er-Jahren nicht zuletzt mithilfe milliardenschwerer EU-Fonds recht schnell von einem rückständigen Agrarland zu einer kleinen Industrienation.

Die Durchschnittsbürger kamen zu einem Wohlstand, von dem sie vorher nicht einmal zu träumen gewagt hatten. War in der Zeit der Diktatur noch ausgeprägtes Sparen die Devise, so war jetzt Konsum bis zum Exzess angesagt. Die **Textil- und Autoindustrie** wie auch der Schuhexport florierten lange Zeit. Dagegen waren die Bauern und Fischer einmal mehr die großen Verlierer der genormten EU-Vorgaben. In der **Landwirtschaft und Fischerei** konnte und kann Portugal weder mit Spanien noch den anderen europäischen Konkurrenten mithalten. Einzig mit **Kork** (hier als Weltmarktführer) und Wein ist es auf dem globalen Wirtschaftsmarkt vertreten. Die Regierungskonstellationen wechselten derweil zwischen Sozialisten (PS) und Sozialdemokraten (PSD).

▷ Traditionelles Fischerboot am Strand Praia Vieira de Leiria

Extrainfo 8 (s. S. 7): Beitrag von Euronews zum Tod von Mário Soares und dessen Bedeutung

Portugal galt lange Zeit gar als ein Musterschüler Europas. Die 1990er-Jahre waren **Zeiten des wirtschaftlichen Aufschwungs.** 1998 war Lissabon Veranstaltungsort für die erfolgreiche Weltausstellung Expo 98. Es erfüllte die Vorlagen für den Eintritt in die Eurozone und setzte 2002 den Übergang zur neuen Währung relativ problemlos um. 2004 war Portugal Gastgeber einer gelungenen Fußballeuropameisterschaft. Die Globalisierung und die damit verbundenen Probleme brachten das kleine Land jedoch wieder ins Hintertreffen. Firmen wanderten ab, die Arbeitslosigkeit schwankte einige Jahre lang zwischen 6 und 8 Prozent. Mitte 2005, nach dem unerwarteten Abschied des konservativen **José Manuel Durão Barrosos** (PSD) aus dem Amt des portugiesischen Ministerpräsidenten (er wurde überraschend zum EU-Kommissions-Präsidenten ernannt) und der äußerst chaotischen Regierungszeit seines Vizeparteichefs Pedro Santana Lopes, war das **Haushaltsdefizit** auf über 6 Prozent gestiegen. Die Portugiesen haben Barroso die „Flucht" nie verziehen. Der damalige Staatspräsident Jorge Sampaio setzte Santana Lopes wegen „Unfähigkeit" ab und löste das Parlament auf. Bei den vorgezogenen Neuwahlen erlangte die Mitte-links ausgerichtete PS mit dem jungenhaften **José Sócrates** an der Spitze die absolute Mehrheit. Sócrates war bereits unter António Guterres als Umweltminister in der Regierung tätig gewesen. 2006 gewann

der wirtschaftsliberale Cavaco da Silva nach einem letzten Duell mit seinem Dauerrivalen, dem damals 82-jährigen **Mário Soares,** die Präsidentschaftswahlen. Die neue Regierung erzielte einige Erfolge in der Schuldenbekämpfung, konnte das Defizit auf unter 3 Prozent drücken und die politische Lage des Landes stabilisieren.

Doch die **globale Finanzkrise** hatte auch Portugal fest im Griff, der Anschluss an die großen EU-Länder schien einmal mehr in weite Ferne zu rücken. Im September 2009 wurde die PS erneut auf vier Jahre, diesmal nur mit einfacher Mehrheit, in der Regierung bestätigt.

Mit **unpopulären Sparmaßnahmen und einer Austeritätspolitik** versuchte José Sócrates das Haushaltsdefizit in den Griff zu bekommen, was Generalstreiks und Proteste im ganzen Land zur Folge hatte. Gleichzeitig war er in einen Korruptionsskandal um das Outlet-Center Freeport in Lissabon verwickelt, was durch das britische Serious Fraud Office an die Öffentlichkeit gelangte. Nachdem das Parlament ihm im März 2011 ein viertes Sparpaket verwehrt hatte, trat José Sócrates zurück. Im Juni 2011 kam es zu Neuwahlen, aus denen der konservative **Pedro Passos Coelho** (PSD) als Sieger hervorging. Coelho regierte in zwei Amtszeiten mit der PP unter Paulo Portas und zuletzt der Koalition „Portugal à Frente". Sein rigider Sparkurs und die harte Reformpolitik wurden von den Portugiesen als demütigend und EU-hörig empfunden. Im öffentlichen Dienst wurden die Löhne gekürzt und die gut ausgebildeten jungen Akademiker verließen das Land in Strömen. Am meisten belastet wurde die Mittelschicht und die „Armut trotz Arbeit" nahm zu. Im November 2014 wurde der vorherige Premierminister José Sócrates wegen Korruption und Verdacht auf Geldwäsche fest- und in Untersuchungshaft genommen. Die Wahlen vom November 2015 gewann zwar wieder die PSD unter Passos Coelho, die Partei verlor aber die parlamentarische Mehrheit. Die Sozialisten (PS) mit **António Costa** an der Spitze nutzten die Gelegenheit und bildeten ein bis dato undenkbares **Dreier-Bündnis mit dem Linksblock BE und der Kommunistischen Partei PCP/CDU.** Die Opposition und die Medien gaben dem unüblichen rein parlamentarischen Zusammenschluss ohne Regierungsbeteiligung der beiden kleinen Parteien den bissigen Namen „geringonça", was soviel wie „wackeliges Ding" bedeutet, also etwas Improvisiertes.

Die Austeritätpolitik wurde zurückgeschraubt, gestrichene Feiertage wieder eingeführt und der Mindestlohn erhöht. Die Stimmung im Land beeinflusste dies zum Positiven. Der Fußballeuropameisterschaftstitel, der ESC-Sieg und der ausgleichende **Harmoniekurs von Staatspräsident Marcelo Rebelo de Sousa,** der ein gutes Verhältnis zu Premierminister António Costa hat, scheinen eine positive Wirkung auf das Land zu haben und

bescherten Portugal eine Glückssträhne und eine lange nicht mehr erlebte Aufbruchstimmung. Erste Anzeichen eines wankenden Schiffes zeigte die Links-Troika bei der Diskussion um Ursachen, Schuld und Konsequenzen der verheerenden Waldbrandkatastrophen vom Juni und Oktober 2017. Dennoch treten alle Beteiligten für politische und wirtschaftliche Stabilität ein.

Portugal heute – zwischen Aufbruchstimmung und Tradition

Bundeskanzlerin Angela Merkel sagte anlässlich der Ausstellung „Novos Mundos – Neue Welten. Portugal und das Zeitalter der Entdeckungen" im Deutschen Historischen Museum in Berlin: „Die aus den portugiesischen Entdeckungen resultierenden Begegnungen der ‚Alten Welt' mit den ‚Neuen Welten' bestimmten auch in starkem Maße das kollektive Bewusstsein Europas. Die kulturelle Vielfältigkeit Europas macht unser großes gemeinsames Kapital in einer globalisierten Welt aus." Sicher hat Europa dem kleinen Portugal viel zu verdanken. Und ebenso sicher bot die Einbindung in die europäische Gemeinschaft dem Land eine Zukunft, die vor der Nelkenrevolution reinste Utopie war.

⌃ Modernes Lissabon: Blick über das
einstige EXPO-Gelände, heute Parque das Nações

Und heute? Ja, es gibt **ein modernes Portugal.** Es erscheint in Form von hippen Metrostationen und Shoppingcentern, futuristisch anmutenden Brücken und Bahnhöfen, gläsernen Türmen und Solarparks, Elektroautos, ultramodern ausgestatteten Multimedia-Bibliotheken und interaktiven digitalisierten Museen.

Wer durch das 1998 im Rahmen der Weltausstellung entstandene Stadt-viertel **Parque das Nações (Park der Nationen)** im Osten der Hauptstadt Lissabon schlendert, kommt aus dem Staunen kaum heraus. Zur Expo 98 hatte die Stadt das heruntergekommene, brachliegende Hafengelände zu einem hellen, freundlichen und modernen Wohn- und Geschäftspark an den Ufern des Tejo ausgebaut. Das Ganze mit dem Themenschwerpunkt „Lebensraum Meer und Wasser" – wie könnte es anders sein im Land der Seefahrer. Gebäude und Infrastrukturen der Expo wurden harmonisch in das Stadtviertel integriert. Eine Gondelbahn schwebt dort an einer Restaurantmeile vorbei, am Aussichtsturm (mittlerweile ein Luxushotel) in Segel-form Torre Vasco da Gama entlang bis zum Ozeanarium, übrigens dem größten Europas. Superlativen wurden geschaffen, ganz wie es der glor-reichen Seefahrergeschichte gebührt. Die längste Brücke Europas gleich nebenan ist auch ein Expo-Bauprojekt: 17 Kilometer lang ist die weiße, ebenfalls Vasco da Gama gewidmete Stahlbrücke über den Tejo. Starar-chitekten wie der weit über Portugals Grenzen bekannte Siza Vieira ver-wirklichten sich in den Pavillons und Gebäuden der Expo 98.

Ein modernes Messezentrum, eine beeindruckende Konzerthalle, ein schickes Shoppingcenter und Bürotürme in Schiff-Form reihen sich aneinander. Gleichzeitig droht der Parque das Nações von Jahr zu Jahr in immer kühneren Hochhausreihen und Betonmeilen zu versinken. Das einst weitläufige Gelände, das vor allem durch viel Raum und Licht überzeugte, ist bis auf den letzten Quadratmeter verplant und bebaut und droht vom überhandnehmenden Straßenverkehr verschlungen zu werden.

Doch nicht nur in der Architektur geht Portugal neue Wege. Junge Designer und Medienschaffende, Schriftsteller, Künstler, Politiker und Wissenschaftler tun ein Übriges, um ihre Heimat in **ein zukunftsgerichtetes Land** zu verwandeln – auch wenn sich die Zukunft bisher hauptsächlich in Lissabon und Porto abspielt. Lissabon beispielsweise ist 2018 zum dritten Mal der Veranstaltungsort der weltgrößten Messe für digitale Entwicklung und Robotertechnologien „Websummit". Nerds, Start-Ups und Investoren aus aller Welt kommen dann für vier Tage in die Stadt und stellen ihre Ideen von einer digitalen Zukunft vor. Beim Event 2017 gab es trotz nationaler Euphorie und Medienrummel rund um den „digitalen Zukunftsstandort Portugal" eine hitzige Diskussion betreffend das Ende der Veranstaltung. Das finale Gala-Dinner des Websummit fand ausgerechnet im Nationalen Pantheon statt, wo einige der bedeutendsten Persönlichkeiten des Landes bestattet sind. Das war den Portugiesen, allen voran Premierminister António Costa und Staatspräsident Rebelo de Sousa, dann doch etwas zu viel Modernität. Gleichzeitig gibt es Dörfer im portugiesischen Hinterland, deren Besuch einer Reise mit der Zeitmaschine gleichkommt. Man fühlt sich um fünfzig Jahre zurückversetzt, seit den Zeiten Salazars scheint sich hier kaum etwas verändert zu haben. Alt und Neu, Vergangenheit und Zukunft gehen in Portugal vielleicht wie in keinem anderen EU-Mitgliedsstaat gemeinsam einher. Vielleicht ist es gerade dieser vergängliche Charme, der das kleine Land so interessant macht.

O Futuro: Iberia – Utopie oder unausweichliches Schicksal?

Portugal ist als touristisches Ziel gefragt wie nie. Die Zahlen der Besucher sind zwischen 2014 und 2017 auf Rekordhöhe gestiegen und immer mehr Menschen investieren in portugiesische Immobilien. Das Land „profitiert" auch von der politischen Weltlage und wird als eine der letzten sicheren „Oasen" der Welt immer beliebter – keine schlechten Voraussetzungen für eine bessere Zukunft.

◁ Taxis vor dem Bahnhof Garé do Oriente in Lissabons Parque das Nações

Trotz positiver Stimmung und guter Wirtschaftszahlen steht weiterhin die Frage im Raum: Wird Portugal langfristig vom guten politischen und wirtschaftlichen Klima profitieren können? Der Tourismus könnte die Rettung sein, denn die zahlreichen Investitionen in diesem Bereich tragen nun ihre Früchte. Dass sich Portugal mit Spanien zwecks engerer Kooperation zusammenschließen könnte, ist derzeit kein nationales Thema. Auf regionaler Ebene bestehen bereits zahlreiche Kooperationen. Nicht wenige meinen, die einzige Chance des Landes läge im Tourismus. Das Klima und die Naturräume seien die größten Trümpfe. Allerdings ist Zentralportugal auch hier benachteiligt. Immer extremere Trockenperioden, Waldbrände und Klimaveränderungen bedrohen die Natur- und Lebensräume im Landesinnern.

Oder wird sich Portugal gar mit seinem Nachbarn Spanien zu einer viel diskutierten **Iberischen Union** zusammenschließen? Erörtert wird diese Möglichkeit jedenfalls schon lange. Erstmals brachte Nobelpreisträger José Saramago solch futuristische Gedankenspiele in einem Interview mit der portugiesischen Tageszeitung Diário de Notícias ins Spiel. Auch Schriftstellerkollege Günter Grass, der regelmäßig an der Algarve weilte, malte und schrieb, war davon überzeugt, dass „Portugal und Spanien eines Tages eine iberische Union bilden werden". **Portugal als eine Provinz Iberias,** auf einer Ebene mit Andalusien oder Galicien? Bisher stehen nach Umfragen 80 Prozent der portugiesischen Bevölkerung einem solchen „historisch belasteten" Szenario ablehnend gegenüber. Doch ist Portugal schon jetzt in hohem Maße wirtschaftlich abhängig von Spanien, sei es im Bankensektor oder in der Wasserwirtschaft. Schließlich entspringen Portugals wichtigste Flüsse im Nachbarland. Auf die Frage, ob die Portugiesen denn einen Anschluss an Spanien akzeptieren würden, meinte Saramago damals: „Ja, wenn man den Menschen erklärt, dass das Land nicht aufhört zu existieren, sondern nur in anderer Form weiterlebt." Der damalige portugiesische Außenminister Luís Amado reagierte prompt und empfahl, diese Aussagen unter der Kategorie „Literatur" abzulegen. Nach dem Katalonien-Debakel von 2017 und diversen Unabhängigkeitsbemühungen anderer Regionen sieht es jedenfalls nicht so aus. Portugal wird sicherlich alles tun, um seine politische Unabhängigkeit zu bewahren. Dafür hat es lange genug gekämpft. Die Frage ist nur, wird das kleine Land in absehbarer Zukunft eine Alternative haben? 900 Jahre gelang es den Portugiesen ihre territoriale Unabhängigkeit zu verteidigen – im 21. Jh. sehen sie sich mit der wirtschaftlichen und kulturellen Vereinnahmung ihrer geliebten *pátria* durch ausländische Immobilienspekulation und Großinvestoren konfrontiert.

Steinzeitliche Zeugen: Menhire des Cromeleque dos Almendres im Alentejo

Die Geschichte Portugals im Überblick

- **28.000–8000 v. Chr.:** Die Höhlengravuren von Foz Côa und Escoural entstanden, erste nachweisbare Spuren menschlicher Besiedelung auf portugiesischem Territorium.
- **ab 6000–2500 v. Chr.:** Megalithgräber zeugen von Besiedelungen in der Steinzeit und Kupferzeit.
- **ab 2000 v. Chr.:** Beginn der Völkerwanderung der Iberer
- **ab 1000 v. Chr.:** Keltische Stämme aus dem Norden lassen sich auf der Iberischen Halbinsel nieder. Ein Teil davon vermischt sich mit den iberischen Einwohnern. Die Lusitaner als größte keltiberische Stammeseinheit errichten Castros und Citânias, befestigte Siedlungen zur Verteidigung.
- **ab 500 v. Chr.:** Phönizische und griechische Seefahrer und Händler legen Handelsstützpunkte an. Die Karthager dominieren das Mittelmeer und nehmen schließlich die Standorte der Phönizier ein.
- **ab 218 v. Chr.:** Römische Truppen erobern die Stützpunkte der Karthager und kolonisieren die Iberische Halbinsel. Die Lusitaner wehren sich unter der Führung Viriatos standhaft. Erst der gewaltsame Tod (139 v. Chr.) des Nationalhelden bringt den Sieg für die Römer. Lusitanien wird der römischen Provinz Hispania Ulterior eingegliedert.

- **1. Jh. v. Chr.–4. Jh. n. Chr.:** Unter Kaiser Augustus wird Hispania Ulterior in Báetica (etwa das heutige Andalusien), Tarraconensis und Lusitania (das heutige Portugal bis zum Douro-Fluss) aufgeteilt. Die Römer führen die Latifundienwirtschaft und die Salzgewinnung zum Konservieren von Fisch ein; sie bauen Städte und Brücken.
- **ab 4. Jh.:** Vandalen und Alanen fallen in die römische Provinz ein und dringen bis zur Algarve vor. Westgoten lösen sie ab und errichten die ersten christlichen Bischofssitze in Braga, Evora und Faro. Nach und nach christianisieren die Westgoten die Iberische Halbinsel.
- **ab 711:** Araber brechen von Gibraltar aus auf, um den Westgotenkönig Roderich zu besiegen. Sie erobern die Iberische Halbinsel bis auf die Pyrenäen, gründen das Emirat von Cordoba und integrieren Lusitanien.
- **ab 8. Jh.:** Beginn der christlichen *Reconquista,* der Rückeroberung der Iberischen Halbinsel durch die Christen, vom spanischen Königreich Asturien aus: ab 12. Jh. Expansion in portugiesisches Gebiet.
- **11. Jh.:** Das Emirat von Córdoba zerfällt, es entsteht das Fürstentum Al-Gharb („der Westen") mit Xelb als Hauptstadt. Eine kulturelle Blütezeit in Baukunst, Musik und Literatur beginnt.
- **11.–12. Jh.:** Graf Heinrich von Burgund erhält vom kastilischen Schwiegervater Afonso IV. die Grafschaft Portucale als Lehen.
- **1139:** Afonso Henriques, der Sohn Heinrichs von Burgund, erreicht die Unabhängigkeit der Grafschaft Portucale und ernennt sich zum König von Portugal. Er befreit Lissabon aus der Herrschaft der Mauren. Wiederkehrende Angriffe Kastiliens gegen das abtrünnige Portugal
- **1249:** Endgültige Rückeroberung der südlichen Gebiete Alentejo und Algarve durch Afonso III. und die Ritter des Santiago-Ordens der Algarve. Weiterhin Kämpfe zwischen Kastilien (erst ab dem 15. Jh. ist die Rede von einem geeinten Spanien) und Portugal
- **1267:** Der Friedensvertrag von Badajoz regelt den Grenzverlauf zwischen Portugal und Kastilien
- **1279–1325:** Dom Dinis I., „der Dichterkönig", lässt die Grenzen zu Kastilien mit über 100 Burgen verstärken.
- **1385–1580:** Die portugiesische Herrscherdynastie Aviz (oder Avis) beginnt mit König João I. Unter seiner Herrschaft wird Portugal zur führenden See- und Kolonialmacht.
- **1412–1513:** Entdeckung und Gründung der wichtigsten Kolonien Portugals
- **1536:** Einführung der Inquisition unter König João III. (Johann der Fromme)

- **1580–1640:** Spanien (mit den Königreichen Kastilien-Leon, Asturien, Aragon, Katalonien) und Portugal sind unter Philipp II. und Phillip III. vereint.
- **1640:** Der Herzog von Braganza beendet die spanische Herrschaft über Portugal und lässt sich zum König João IV. krönen. Die Kämpfe mit dem Nachbarland dauern bis zur Anerkennung der Unabhängigkeit Portugals durch Spanien im Jahre 1668 an. Ceúta fällt an Spanien.
- **1705–1750:** In der portugiesischen Kolonie Brasilien werden Goldminen entdeckt. Die Verschwendungssucht des Königs João V. stürzt das Land trotz fließender Geldquellen in den Ruin. Portugal gerät in finanzielle Abhängigkeit von England.
- **1750–1777:** Der aufgeklärte Absolutismus gewinnt durch König José I. in Portugal an Bedeutung. Der Marquês de Pombal, sein Ministerpräsident, treibt Reformen im Geist der Aufklärung voran. Die Jesuiten werden entmachtet und enteignet. Vorläufige Beendigung der Inquisition
- **1. November 1755:** An Allerheiligen legt ein Erdbeben mit nachfolgender verheerender Flutwelle große Teile der Algarve-Küste und Lissabons in Schutt und Asche. Das Epizentrum wird im Atlantik zwischen Marokko und der Algarve-Küste bei der Gorringe-Bank lokalisiert.
- **1777:** Maria I. macht alle Reformen nach dem Tod von José I. rückgängig. Die Inquisition wird wieder eingesetzt. Später verliert die Königin den Verstand.
- **1807–1814:** Französische Truppen unter Napoleon besetzen Portugal insgesamt dreimal. Die portugiesische Königsfamilie flüchtet nach Brasilien.
- **1814–1820:** Die Engländer vertreiben Napoleon, degradieren Portugal jedoch zu einem britischen Protektorat.
- **1820:** Von Porto aus beginnt eine liberale Revolution. Die Engländer werden abgesetzt. João VI. muss aus Brasilien zurückkommen und eine freiheitliche Verfassung anerkennen.
- **1821:** Die Inquisition wird beendet.
- **1822:** Die brasilianische Kolonie erklärt unter der Herrschaft Pedros I. ihre Unabhängigkeit.
- **1826:** Die Söhne Joãos VI., Thronfolger Pedro IV. (zugleich Pedro I. von Brasilien) und der jüngere Miguel verfeinden sich. Anhänger des liberal eingestellten Pedro und des reaktionär-konservativen Miguel entfachen einen Bürgerkrieg, die sogenannten „Miguelistenkriege".
- **1832:** Pedro besiegt seinen Bruder, ruft eine liberale Verfassung aus und führt gesellschaftliche Reformen durch. Pedro übergibt seiner Tochter Maria II. die Regentschaft.

- **1834–1889:** Regentschaften von Königin Dona Maria II., Dom Luis I. und ab 1889 König Carlos I.
- **1890:** Britisches Ultimatum an Portugal, Teile der afrikanischen Kolonien abzugeben. Carlos I. muss sich beugen, was zu internen Unruhen führt.
- **1908:** König Carlos I. und sein Thronfolger Luis Filipe werden in Lissabon ermordet.
- **1910:** Nach einem Militärputsch wird am 5. Oktober die Republik ausgerufen. Innerpolitische Probleme und 44 Regierungswechsel beuteln die junge Republik.
- **1926:** Durch einen weiteren Militärputsch kommt General Fragoso Carmona an die Macht.
- **1933:** Antônio de Oliveira Salazar, Finanzminister und Gründer der faschistischen Partei „União Nacional" wird Ministerpräsident. Mit ihm beginnt der *Estado Novo* und eine vierzigjährige Diktatur. Unter Salazar wird Portugal zu einem rückständigen Agrarland. Über zwei Millionen Portugiesen suchen aufgrund der schlechten wirtschaftlichen Verhältnisse Arbeit im Ausland.
- **1939–1945:** Im Zweiten Weltkrieg bewahrt Portugal Neutralität. Die diplomatischen Beziehungen zu Deutschland werden im Jahr 1943 abgebrochen.
- **1949:** Portugal wird NATO-Mitglied.
- **1960:** Beginn der Unabhängigkeitskämpfe in den afrikanischen Kolonien
- **1974:** Der Unmut gegen die Diktatur und die kostspieligen Kolonialkriege nimmt zu. Die linksgerichtete unblutige „Nelkenrevolution" beendet die Ära Salazar.
- **1975:** Gründung der Volksparteien Partido Socialista (PS) und der PSD (Partido Social Democrata)
- **1975:** Angola, Mosambik, Guinea-Bissau und die Kapverdischen Inseln erhalten ihre Unabhängigkeit.
- **1976:** Mário Soares wird erster freigewählter Premierminister Portugals seit 50 Jahren.
- **1986:** Portugal wird Mitglied der EWG (heute Europäische Union).
- **1985–1995:** Aníbal Cavaco da Silva (PSD, Partido Social Democrata) wird Premierminister und regiert mit absoluter Mehrheit. Sein autoritärer und konservativ geprägter Führungsstil wird *Cavacismo* genannt.
- **1995:** Die Sozialisten erringen einen Wahlsieg. António Guterres löst Aníbal Cavaco da Silva als Regierungschef ab. Jorge Sampaio, ebenfalls Sozialist, wird Staatspräsident.

- **1998:** Lissabon ist Gastgeber für die Weltausstellung (Expo 98) und präsentiert sich zukunftsorientiert und modern.
- **1999:** Macau, die letzte überseeische Provinz Portugals, wird an China zurückgegeben.
- **2002:** Guterres tritt zurück. Am 18.03.2002 gewinnt die PSD die Wahlen knapp und bildet mit der rechts-populistisch ausgerichteten PP (Partida Popular) unter Paulo Portas eine Koalition. Der neue Premierminister heißt José Manuel Durão Barroso. Vor Ende der Legislaturperiode geht Barroso als Chef der EU-Komission nach Brüssel. Pedro Santana Lopes wird als Nachfolger eingesetzt. Staatspräsident Sampaio löst das Parlament 2005 auf und setzt Neuwahlen an.
- **2004:** Portugal ist Austragungsort der Fußballeuropameisterschaft. Die portugiesische Nationalmannschaft verliert unter dem brasilianischen Trainer Felipe Scolari tragisch im Finale gegen Griechenland, das von dem Deutschen Otto Rehagel trainiert wird.
- **2005:** José Sócrates und die PS gewinnen die Wahlen mit absoluter Mehrheit, ein Jahr später wird Aníbal Cavaco da Silva Staatspräsident.
- **2009:** Die PS mit José Socrates gewinnt die Parlamentswahlen mit einfacher Mehrheit.
- **2011:** Nach Ablehnung des vierten Sparpakets tritt Sócrates zurück, die Wahlen gewinnt Pedro Passos Coelho (PSD), der gemeinsam mit dem Koalitionspartner, der Partido Popular, strikte Sparmaßnahmen einläutet und Unterschlupf unter den Rettungsschirm beantragen muss.
- **2015–heute:** Nach vier Jahren rigider Austeritäts- und Sparpolitik verliert die PSD bei der Wahl im November 2015 die parlamentarische Mehrheit. António Costa von der PS bildet eine Links-Troika mit den beiden EU-kritischen Parteien PCP (Partido Comunista Português) und BE (Bloco de Esquerda), was ihm die Regierungsbildung ermöglicht.
- **2016:** Im März des Jahres wird der beliebte Juraprofessor, TV-Kommentator und PSD-Politiker Marcelo Rebelo de Sousa Staatspräsident. Im Juli gewinnt Portugals Fußballnationalmannschaft um Kapitän Cristiano Ronaldo in und gegen Frankreich überraschend und erstmalig in seiner Geschichte die Europameisterschaft.
- **2017:** Am 7.1. stirbt Mário Soares, Mitbegründer der PS, ehemaliger Premierminister und Staatspräsident. Nach verheerenden Waldbrandkatastrophen im Juni und Oktober mit 115 Todesopfern steht die PS-Regierung schwer in Kritik. Der Harmoniekurs zwischen Staatspräsident und Premierminister wird erstmals erschüttert und es kommt zum Rücktritt der Innenministerin. Das Image in der Bevölkerung ist angekratzt.

„Bagagem Cultural" – kulturelles Gepäck

◁ Keltische Einflüsse und bunte Trachten sind die Markenzeichen von Viana do Castelo im Nordwesten Portugals (029pgl-la)

Ethnische Einflüsse, Ursprünge der Bevölkerung

Auf portugiesischem Territorium trafen die unterschiedlichsten Völker und Kulturen aufeinander. Die Portugiesen sind ein Ergebnis dieser genetischen Vielfalt, manche Historiker sprechen von **17 unterschiedlichen Völkern,** die die Ursprünge des portugiesischen Kulturmix bilden. Und doch gibt es eine typisch portugiesische DNA. 1997 fanden Genomforscher Gene der HLA-Chromosomengruppe, die ausschließlich bei Portugiesen vorkommen. Es gibt sogar eine rein portugiesische Erbkrankheit, die neurogenerative Polineuropatia amiloidotica, eine Form von Paramiloidose, in Portugal bekannt als „Doença dos Pézinhos" („Krankheit der Füßchen").

Die Portugiesen sind **eines der ältesten Kulturvölker des europäischen Kontinents.** Kulturelle und ethnische Ursprünge gehen vor allem auf die Lusitaner, Germanen, Römer und Mauren (überwiegend Berber aus der heutigen Region des Irak und Arabien) zurück. Im Norden waren die Einflüsse der Keltiberer stärker: Im Süden, vor allem an der Algarve und dem Alentejo, dominiert das maurische Erbe. Eine Studie eines internationalen Forscherteams im American Journal of Human Genetics verwies ebenso auf jüdische Wurzeln. Zwanzig Prozent der Spanier und Portugiesen stammen demnach von jüdischen Sepharden, elf Prozent von nordafrikanischen Mauren ab. Dazu kommen noch die *mestiços,* die Nachkommen von portugiesischen Vätern und afrikanischen, indischen oder indianischen Müttern, sie waren jedoch zumeist in den Kolonialländern geblieben. Der multikulturelle Einfluss zeigt sich auch in der politischen Elite. Der Premierminister António Costa hat Vorfahren aus Goa und seine Justizministerin Francisca van Dunem stammt aus einer einflussreichen angolanischen Familie und ist die erste afrikanischstämmige und schwarze Frau in einer portugiesischen Regierung.

Derzeit sind 9,1 Prozent der portugiesischen Bevölkerung als **Einwanderer** registriert, die meisten stammen aus den ehemaligen Kolonien Brasilien und Kap Verde. Auch osteuropäische Immigranten, vor allem aus der Ukraine, tragen heute zum Kulturenmix bei (s. S. 192).

„Africanos"

Portugals Kolonialzeit hat auch in der Gesellschaft Spuren hinterlassen. Die meisten afrikanischen Migranten und Nachfahren der Menschen des Kolonialreichs leben heute in Armenvierteln am Stadtrand. Von den nachrevolutionären Regierungen wurde die Integrationspolitik mehrheitlich vernachlässigt und nur langsam sind hier Verbesserungen spürbar. Diskriminierung und Rassismus sind noch immer ein Thema, während gleichzeitig die romantische Vorstellung der multiethnischen Vorzeigegesellschaft und das idealisierte Bild der sanften portugiesischen Kolonialherrschaft in Afrika weiterbesteht. In der Praxis sieht man kaum Schwarze auf hohen Posten und viele afrikanischstämmige Migranten fühlen sich bei Behörden, in Schulen, Krankenhäusern oder vor Gerichten bis heute benachteiligt.

Die Mehrheit der afrikanischen Einwanderer stammt aus den ehemaligen Kolonien Angola, Mosambik, Kap Verde oder Guinea-Bissau. Letztere sind mehrheitlich muslimischen Glaubens. In jüngerer Zeit kommen auch viele Marokkaner nach Portugal, weil sie in Spanien keine Arbeitsplätze mehr finden. Die ersten Afrikaner wurden im 15. Jh. mit den Karavellen **als Sklaven nach Portugal** verschleppt. Historiker sprechen von 150.000 Sklaven, die auf diesem Wege nach Portugal kamen. Im 16. Jh. war jeder fünfte Lissabonner schwarzafrikanischer Herkunft. Die Versklavten mussten in den Herrenhäusern dienen und konnten behandelt werden, wie es den *Donos* („Eigentümern") beliebte (siehe auch den Exkurs „Das Geschäft mit Menschen", S. 50). Besonders viele afrikanische Landarbeiter wurden im 15. Jh. von der portugiesischen Krone in den Feuchtgebieten rund um den Rio Sado bei Alcácer do Sal angesiedelt. Heute Reisanbauflächen, waren diese Uferzonen damals bei den Einheimischen unbeliebt und gefürchtete Gelbfieberregionen. Die „Mulatos do Sado" stammten mehrheitlich von den kapverdischen Inseln und vermischten sich seither in vielen Generationen mit den Portugiesen. Noch heute leben zahlreiche Abkömmlinge der Sklaven rund um Alcácer do Sal im Sado-Delta.

Mit der **Freigabe der Kolonien** nach der Nelkenrevolution kamen sowohl in Afrika geborene Portugiesen als auch die im Kolonialkrieg kämpfenden Soldaten mit ihren afrikanischen Familien zurück ins Heimatland. Auch wurden Arbeiter für die Bauwirtschaft in Portugal angeworben. Die Bevölkerung war auf die Fremden nicht vorbereitet. Das konservativ geprägte Mutterland konnte weder mit den *retornados* (den „Rückkehrern") noch mit den *pretos,* wie die Schwarzafrikaner abfällig genannt wurden (und bis heute genannt werden), etwas anfangen.

Sicherlich muss man den Portugiesen beim Umgang mit Fremden einen hasserfüllten Rechtsradikalismus absprechen. Man wird kaum von gewalttätigen Übergriffen auf Minderheiten hören. Die **Diskriminierung** ist eher unterschwellig in der Gesellschaft vorhanden. Im Sport und in der Musik dagegen steht man Afrikanern oder afrikanisch-stämmigen Menschen durchweg positiv gegenüber. Der aus Mosambik stammende Fußballer Eusébio (1942–2014) beispielsweise war in den 1960er-Jahren einer der ersten afrikanischen Sportler, der für ein portugiesisches Nationalteam spielte. Er ist als einziger afrikanischstämmiger Portugiese im Nationalen Pantheon beigesetzt, was unterstreicht, wie sehr er verehrt wird.

Die afrikanischen Einwanderer, die nach 1974 ins Land kamen, sahen sich einer desolaten Wohnsituation ausgesetzt. Für die vielen Menschen gab es entweder überhaupt keine Wohnungen oder nur völlig unzumutbare. In den Innenstädten wollte man keine Afrikaner haben, in den Vororten war nicht genügend Wohnraum vorhanden. **Gettos bildeten sich,** nicht zuletzt aufgrund der fehlenden Initiative der lokalen Gemeindevertretungen, die der Ausgrenzung tatenlos zusahen. Bis heute sind Straßenviertel in den Bezirken Amadora, Loures, Odivelas, Cascais, Almada und Setúbal die größten Krisenherde im Land. Das Leben in Favela-ähnlichen Blechsiedlungen und hohe Kriminalitätsraten machen hier den Menschen und auch den Behörden zu schaffen. Erst in der letzten Zeit wird versucht, mithilfe von Sozialarbeitern und individualisierten Projekten dem Problem der Gettoisierung und gesellschaftlichen Ausgrenzung beizukommen. Seit einigen Jahren ist zudem ein **Rückgang der Einwanderungszahlen** von Afrikanern aus Portugiesisch sprechenden Ländern, die traditionell die größte Immigrantengruppe bildeten, zu verzeichnen.

„Brasileiros"

Brasilianer sind mit 20 % die zahlenmäßig größte Einwanderergruppe in Portugal. Im Jahr 2016 waren laut der portugiesischen Ausländer- und Grenzbehörde insgesamt 400.000 Immigranten legal gemeldet. Davon waren rund 81.000 Brasilianer, zweit- und drittgrößte Gruppe sind Einwanderer aus Kap Verde und der Ukraine.

Viele Portugiesen sprechen, wenn es um die Brasilianer geht, gern von einer Art Vater-Sohn-Beziehung oder auch vom *país irmão,* dem Bruderland. Schließlich seien doch fast alle Brasilianer **Kinder des Kolonialreichs.** Viele der brasilianischen Einwanderer haben daher auch einen portugiesischen oder anderen europäischen Pass. Sie stammen aus allen Regionen, aus allen Gesellschaftsschichten und aus allen Berufszweigen Brasiliens: Von den viel diskutierten *dentistas,* die den einheimischen Zahnarztkollegen angeblich die Patienten streitig machten, bis zu Servicekräften in Gastronomie und Hotellerie und den umstrittenen *meninas,* die in Portugals Bordellen arbeiten bzw. arbeiten müssen. Angesichts der instabilen politischen und wirtschaftlichen Situation in Brasilien kommen auch viele gutsituierte Brasilianer auf der Suche nach einem sicheren und ruhigeren Leben nach Portugal.

Der kulturelle **Unterschied zwischen Brasilianern und Portugiesen** ist trotz langer Kolonialgeschichte groß. Das liegt auch daran, dass sich in Brasilien im Laufe der Zeit diverse Einwanderungsgruppen und Kulturen mischten und man sich recht bald vom rein portugiesischen Einfluss löste. Trotz gemeinsamer Sprache und trotz – oder vielleicht gerade wegen – der gemeinsamen Geschichte. Einerseits ist man sich schon aufgrund von Verwandtschaftsverhältnissen nahe, andererseits kann man bisweilen jeweils mit der anderen Mentalität wenig anfangen. Die Portugiesen ihrerseits sind gleichermaßen fasziniert wie neidisch auf die lebensfrohen, temperamentvollen Brasilianer. Die wiederum dagegen halten die Portugiesen für etwas depressiv und ständig unzufrieden. Zwar integrieren sich die meisten brasilianischen Immigranten gut in die portugiesische Gesellschaft, doch sind die Vorurteile auf beiden Seiten durchaus noch latent vorhanden. Im Fußball verhalfen die brasilianischen Ballkünstler schon vielen Vereinen und selbst der *seleção* (wörtlich: „Auswahl" = die portugiesische Fußballnationalmannschaft) zu Erfolgen.

◁ Brasilianischer Musiker und Immigrant: Oséas Melo

Osteuropäer

Ende der 1990er-Jahre begann eine Einwanderungswelle aus osteuropäischen Ländern, es kamen vor allem Menschen aus der **Ukraine, Moldawien, Russland und Rumänien** nach Portugal.

Portugal und Spanien wurden für viele osteuropäische Emigranten die neuen Auswanderungziele, nachdem die nordeuropäischen Staaten die Einreise erschwert hatten. Schätzungen aus dem Jahr 2016 geben 34.500 Ukrainer, 30.400 Rumänen und 6110 Moldawier als legal eingewanderte Menschen in Portugal an. Vor allem die Ukrainer integrieren sich sprachlich und wirtschaftlich recht schnell. Es gibt bereits zahlreiche **Zeitungen in kyrillischer Schrift.** Den meisten Osteuropäern wird eine hohe Lernfähigkeit zugesprochen. Auch seien die Eltern schulpflichtiger Kinder anspruchsvoller und engagierter als portugiesische Eltern, wenn es um die Ausbildung ihrer Kinder geht. In Sprachschulen erweisen sich besonders ukrainische Teilnehmer als Musterschüler und erzielen teilweise höhere Noten als die einheimischen Schüler. Trotz oftmals guter beruflicher Qualifikation arbeiten die meisten Osteuropäer auf dem Bau, in der Landwirtschaft oder als Reinigungskräfte.

Asiaten

Ebenfalls in den 1990er-Jahren, zum einen Zeitpukt, als sich Portugal im wirtschaftlichen Aufschwung befand, kamen Chinesen, Inder und Pakistaner ins Land. Die **Chinesen** widmeten sich meist dem Gastronomiegewerbe oder dem Einzelhandel. Lojas Chinesas, wo es alles (und das vor allem billiger als in anderen Läden) gibt, sprießen seither landesweit wie Pilze aus dem Boden. Im Jahr 2016 waren knapp 22.500 Chinesen, 7140 Inder und 5800 Nepalesen in Portugal gemeldet. Zahlreiche Landarbeiter, vor allem für die Himbeer- und Erdbeerplantagen im Bezirk Odemira, kommen aus Nepal, Bangladesh oder Sri Lanka. Traditionsgemäß gibt es auch viele Einwanderer aus der ehemaligen Kolonie Goa und als Macau im Jahr 1999 an China überging, kamen zahlreiche Luso-Chinesen (mit portugiesischen und chinesischen Vorfahren) nach Portugal. Die wenigen Pakistaner und Inder im Land leben meist auch vom Einzelhandel oder von der Gastronomie. Viele chinesische Großinvestoren haben ein Standbein in Portugal, nicht wenige nutzten auch die Golden-Visa-Regelung, die Steuererleichterungen bei Immobilienkäufen garantiert.

Die Integration der asiatischen Mitbürger bereitet kaum nennenswerte Probleme. Sie leben diskret und ohne größere Schwierigkeiten im Land.

„Ciganos" – die ethnische Minderheit in Portugal

In Portugal leben nach offiziellen Schätzungen derzeit um die 37.000 Roma. Man geht davon aus, dass die Volksgruppe der Sinti und Roma bereits im 12. Jh. aus Indien nach Europa kam. Der erste literarische Hinweis in Portugal geht auf das Theaterstück „Farsa de Ciganos" („Das Spiel der Zigeuner") von Gil Vicente aus dem Jahr 1521 zurück, wo der mittelalterliche Dramaturg erstmals das Leben des fahrenden Volkes beschrieb. Auch heute leben viele Familien als Nomaden oder halb-sesshaft und sind mehr oder weniger gut in die portugiesische Gesellschaft integriert.

Das Leben der *Ciganos,* wie die Portugiesen die Roma nennen, ist allerdings alles andere als romantisch. „Sie sind Portugiesen, doch **die am meisten diskriminierte Minderheit",** meint José Gabriel Bastos vom Studienzentrum für ethnische Minderheiten der Universität Lissabon. In den Großstädten leben die meisten *Ciganos* in Sozialwohnungen. Seit 1996 erhalten diejenigen, die einen festen Wohnsitz nachweisen können, eine staatlich finanzierte Sozialhilfe, was jedoch die Armutssituation nicht wesentlich verbesserte. Oft leben die Familienclans in Baracken oder Blechhütten, wenn nicht gar ohne festes Dach über dem Kopf in provisorischen Teppichzelten. Die *Ciganos* sind augenscheinlich wesentlich ärmer als beispielsweise ihre Verwandten in Spanien oder Frankreich. Nicht selten trifft man noch auf Großfamilien, die mit Pferdewagen und Eseln unterwegs sind. Am häufigsten sind sie als Händler auf den beliebten Monatsmärkten präsent, wo sie Kleider, Schuhe,

Geschirr oder Schmuck anbieten. Mittlerweile sind die *Mercados* (Märkte) oder *Feiras* (Straßenmärkte) regelrechte Touristenattraktionen.

Eines der größten Probleme ist die **mangelnde Schulbildung.** Die Roma-Kinder besuchen nicht immer die Schule und wenn, dann kommt es häufig vor, dass

▷ Vermeintliche „Zigeunerromantik" im Alentejo-Hinterland

Portugiesen und Spanier – ungleiche Geschwister

Im Bewusstsein vieler Ausländer sind die beiden iberischen Völker ein und dasselbe oder sich zumindest sehr ähnlich. Das ist ein Missverständnis: Trotz einiger historischer und äußerlicher Gemeinsamkeiten und verwandtschaftlicher Verwicklungen unterscheiden sich Portugiesen und Spanier wesentlich in ihrer Mentalität und vor allem in ihrer Sprache. Portugiesisch und Spanisch haben zwar die gleiche Basis, die sich aus dem Vulgärlatein der Römer ableitet, doch sind Aussprache und Wortschatz komplett verschieden. Die Spanier tun sich schwer mit Portugiesisch, die Portugiesen dagegen sprechen und verstehen überwiegend Spanisch und beschweren sich über das mangelnde Bemühen der Nachbarn.

Ein altes portugiesisches Sprichwort sagt: „Da Espanha, só vem maus ventos e maus casamentos." – „Aus Spanien kommen nur schlechte Winde und schlechte Hochzeiten." Was sich auf den kalten Ostwind und die strategischen Hochzeiten der mittelalterlichen Dynastien (die sich meist negativ auf Portugal auswirkten) bezieht.

Die politischen und wirtschaftlichen Beziehungen der beiden Länder sind heutzutage partnerschaftlich ausgerichtet. Der interkulturelle Austausch floriert vor allem im Bereich des Tourismus. Iberische Eurostädte wie Valença do Minho-Tui, Chaves-Verín, Elvas-Badajoz oder Castro Marim/Vila Real de Santo António-Ayamonte kooperieren schon seit Jahren in den Bereichen Wirtschaft, Kultur und Sozialpolitik. Dennoch ist besonders auf portugiesischer Seite noch immer ein Hauch von Argwohn zu spüren. Zu oft wurde man von Spanien gedemütigt und diskriminiert. Vertrauen ist gut, Vorsicht noch besser, ist die Devise.

Die Spanier selbst scheinen Portugal allenfalls als günstiges Ausflugs- und Ferienziel wahrzunehmen. Die Portugiesen ihrerseits halten die „hermanos" (hinter vorgehaltener Hand wohlgemerkt) für laut und aggressiv. Gleichzeitig schauen sie oftmals neidisch hinüber zum Nachbarn. Im Grenzbereich, wo schon immer Handelsbeziehungen und Schmuggel mit den Spaniern florierten, sind die Animositäten nicht ganz so ausgeprägt.

Portugal ist ein kleines Land und kann im wirtschaftlichen Bereich kaum mit Spanien konkurrieren. Kaufkraft und Pro-Kopf-Einkommen der Portugiesen sind weitaus geringer als das ihrer Nachbarn. Dennoch ist das Land in vielen Dingen weiter entwickelt als Spanien. Dies wird insbesondere bei den digitalen Technologien deutlich, mobiles Internet war in Portugal schon lange vor Spanien weit verbreitet. Während Portugal massiv auf erneuerbare Energien setzt, beharrt Spanien auf seinen veralteten Atomkraftwerken. Mittlerweile hat das kleine Portugal das große Spanien sogar beim Abbau der Arbeitslosigkeit und der Staatsschulden überholt. Auch bei der öffentlichen

Hygiene geht es sehr unterschiedlich zu. Niemand wird an der Theke, wie in Spanien oft üblich, Pistazienschalen, Zigarettenkippen oder sonst irgendwelchen Müll auf den Boden werfen; oder in Geschäften offene Lebensmittel wie Brot oder Wurst mit bloßen Händen anfassen. Auch das Nichtraucherschutzgesetz von 2008 hat sich in Portugal ohne große Probleme durchgesetzt. Während es in Spanien fast nur Raucherlokale gibt, sind in Portugal alle gastronomischen Betriebe rauchfrei, mit Ausnahme von kleinen Bars und Pubs.

Der größte Unterschied zwischen den beiden Völkern liegt eindeutig in der Mentalität. Die Portugiesen sind reservierter und weniger spontan als die Spanier. Die in Spanien frenetisch gefeierte Osterwoche „Semana Santa" beispielsweise nimmt im ebenso katholischen Portugal nicht ansatzweise solche theatralischen Ausmaße an. Es gibt zwar auch Umzüge und Prozessionen, die aber im Gegensatz zu den pompösen „Romarias" in Südspanien wie Trauerzüge wirken. Überhaupt sind Portugals „festas" generell weniger temperamentvoll als die „fiestas" der Nachbarn. Fernando Pessoa beschrieb die Spanier als „Volk der Intensität", während er seine Landsleute als „Volk der Gefühle und Angst" charakterisierte. Vielleicht ist die Musik hier das beste Barometer: die Portugiesen weinen beim Fado, die Spanier tanzen zum Flamenco. Man streitet sich über grenznahe Atomkraftwerke der Spanier, die Wasserregulierung der gestauten Grenzflüsse oder Fangquoten in der Fischerei.

Ein Stichwort darf bei einer Spanien-Portugal-Diskussion nicht fehlen: der Dauerstreitfall Olivenza. Olivenza oder Olivença (portugiesische Schreibweise) ist eine Stadt mit 12.000 Einwohnern in der Provinz Badajoz, das zur spanischen Extremadura gehört. Sie liegt 25 Kilometer von Portugal entfernt und stand einstmals unter portugiesischer Verwaltung. Grund für die hitzigen Gebietsstreitigkeiten ist der Friedensvertrag von Badajoz aus dem Jahr 1801, in dem Olivenza Spanien zugesprochen wurde. Die Portugiesen erkennen diese Regelung nicht an, da der Vertrag eine Nichtangriffsklausel beinhaltete, welche Spanien später verletzte. Also sei die Abtretung Olivenzas an Spanien rechtlich ungültig. Die Einwohner des Ortes wurden nie gefragt, ob sie zu Portugal gehören wollen und diese Frage stellt sich auch nicht, da die Menschen sich als Spanier fühlen. Auf der Homepage der Stadtverwaltung wird eine Zugehörigkeit zu Portugal klar abgelehnt. Die spanische Bevölkerung weiß von den Gebietsansprüchen der Portugiesen kaum etwas. Dies ist nur ein Thema auf der anderen Seite des Flusses. Offiziell hat Portugal die Stadt nie eingefordert, die Souveränität Spaniens aber auch nie anerkannt.

Seit 1986 geht der Disput mit anekdotischen Zügen über die Organe der Europäischen Union weiter, die portugiesischen Abgeordneten bringen das Thema immer wieder auf die Tagesordnung. Bisher wurde diesem Anliegen seitens der anderen EU-Mitglieder allerdings wenig Beachtung geschenkt.

die Mädchen ab ihrem 10. Lebensjahr vom Unterricht fern gehalten werden. Die Eltern fürchten vor allem Beziehungen und Heiraten außerhalb ihrer Gemeinschaft und sehen die Bildungseinrichtungen als Gefahr für ihre Kultur an. Auch in Portugal herrscht Schulpflicht, doch die Gerichte drücken oft aus Rücksicht auf die Kultur der Ethnie ein Auge zu. Der Großteil der Familien lebt weitgehend abgeschottet ohne Einflussmöglichkeit der staatlichen Jugendbehörden.

Die Beziehung der restlichen Bevölkerung zu den Cigano-Clans ist nicht einfach. Viele Portugiesen beklagen sich darüber, dass die Gemeinschaft **größtenteils keine Steuern zahlen** und mehrheitlich von Sozialhilfe leben würde. Obwohl man sich offiziell gern von jeglichem Rassismus freispricht, sind die Angst und das unterschwellige Misstrauen gegenüber der Minderheit deutlich zu spüren.

Leben am Rand Europas

Portugal ist ein überschaubares Land. Mit 92.000 Quadratkilometern Fläche ist es gerade mal **so groß wie Bayern und Hessen zusammen.** Die Entfernungen sind schnell zurückgelegt. Von Nord nach Süd misst die längste Strecke um die 700 Kilometer, von Ost nach West knapp 220 Kilometer. Von Porto kommt man beispielsweise mit dem Auto in knapp fünf Stunden bis zum südlichen Faro, von Lissabon zur spanischen Grenze dauert die Fahrt weniger als drei Stunden.

Die **wichtigsten Städte** von Nord nach Süd sind Braga, Bragança, Porto, die Hauptstadt Lissabon, Coimbra, Évora, Beja und Faro. Auf der Landkarte erscheint Portugal als schmales Rechteck am südwestlichen Ende des europäischen Kontinents. Es nimmt gerade mal ein Sechstel der Iberischen Halbinsel ein, umgeben vom einzigen Nachbarn Spanien, zu dem es eine 1200 km lange Landesgrenze im Norden und Osten gibt. Die Portugiesen bestehen darauf, dass die natürlichen Grenzen zwischen beiden Ländern gottgewollt seien.

Ein Wermutstropfen für die portugiesische Seele ist, **dass drei der vier wichtigsten Flüsse im Nachbarland entspringen.** Der Tejo ist mit 1007 Kilometern der längste von ihnen. Er durchquert als Tajo weite Teile Spaniens, bis er in Lissabon in den Atlantik mündet. Der Douro (span. Duero) ist 895 Kilometer lang, seine Täler beheimaten sowohl Portugals als auch Spaniens wichtigste Weinbaugebiete. Der Guadiana mit 744 Kilometern ist über weite Strecken ein Grenzfluss. Er entspringt in der spanischen La Mancha und mündet bei Vila Real de Santo António an der Algarve ins Meer. Ein rein portugiesischer Fluss ist der Mondego mit 234 Kilometern

Länge. Er entspringt in der Serra da Estrela, fließt an der Universitätsstadt Coimbra vorbei und mündet bei Figueira da Foz in den Atlantik.

Der Westen und auch der Süden Portugals liegen am Meer. Die 943 Kilometer lange **Atlantikküste** ist abwechslungs- und facettenreich: Von flachen weißen Sandstränden bis hin zu ockerfarbenen Felsenbuchten und steilen Schieferklippen ist alles zu finden. Der Atlantik war und ist für Portugal das Tor nach Amerika, Asien und Afrika. Dazwischen liegen das Azorenarchipel (neun Inseln) und Madeira (mit Porto Santo) als grüne Tupfer im endlosen Blau. An der Westküste befinden sich gleich zwei geografisch bedeutende Orte: Das Cabo da Roca nördlich von Lissabon markiert den westlichsten, das Kap São Vicente bei Sagres an der Westalgarve den südwestlichsten Punkt Kontinentaleuropas. Dort steht auf 60 Meter hohen wellenumtosten Klippen Europas lichtstärkster Leuchtturm. Das Kap ist dem Heiligen Vinzenz (Schutzpatron von Lissabon) geweiht, weil laut Legende dessen Gebeine nach seinem Märtyrertod hier in einem Boot begleitet von zwei schwarzen Raben angeschwemmt worden sein sollen. In der Antike und bei den Römern galt das benachbarte Felsplateau der Ponta de Sagres als eine heilige Stätte. Promontorium Sacrum hieß dieses mystische in den Atlantik ragende „Ende der Welt".

Die **Präsenz des Ozeans** als Fenster zur Welt hat das kleine Land von jeher geprägt, viel mehr als die östliche Grenze zum restlichen Europa, denn Spanien wirkte über Jahrhunderte wie ein Bollwerk gegen die kon-

⌃ Das westlichste Ende Europas: Cabo da Roca

tinentalen Nachbarn. Nicht umsonst basieren Portugals ruhmreichste Zeiten auf der Erkundung der Welt über das Wasser. Die Nähe zum Meer ist nach wie vor der größte Trumpf des Landes, der Atlantik ist sowohl Transportweg und Lebensgrundlage als auch wichtigste Touristenattraktion. Die Verbindung aus Sonnenschein, mildem Klima und paradiesischen Stränden lässt vor allem Südportugal zunehmend zum Fluchtort für Mittel- und Nordeuropäer werden.

Die Regionen im Überblick

So klein das Land flächenmäßig ist, so vielfältig sind seine Naturräume und deren Bewohner. Verwaltungstechnisch gesehen ist Portugal heute in sieben Regionen (fünf auf dem Kontinent und zwei autonome Regionen der Azoren und Madeira) und diverse Subregionen unterteilt. Vorgänger waren die historischen 18 Distrikte, die durch die administrative Einteilung in 308 *Municípios* (Kreise, entsprechen den früheren *concelhos*) und, als kleinste Einheit, die *Freguesias* (Gemeinden) ersetzt wurden.

Der Norden mit den Regionen Minho und Trás-os-Montes ist grün und feucht, Zentralportugal (heute Centro, früher Beiras) birgt mit der Serra da Estrela ein (wenn auch bescheidenes) Skigebiet und die höchste Bergkette des Festlandes mit dem 1993 Meter hohen Torre. Den mit 2351 Metern höchsten Berg Portugals, den Pico, findet man auf der gleichnamigen Azoreninsel. **Südportugal** besteht aus den Regionen Lisboa e Vale do Tejo, Alentejo und der Algarve, der bekanntesten Tourismusdestination des Landes. 112 Menschen leben laut Statistik auf einem Quadratkilometer portugiesischen Bodens (im Vergleich dazu: in Deutschland sind es 230 Einwohner/km², in Spanien 91 Einwohner/km²). Abseits der dicht besiedelten Küstenregionen gibt es noch viel Platz in Portugal. Die meisten Menschen aber zieht es aus wirtschaftlichen Gründen in **die Metropolen Lissabon und Porto.** Hier sind die Arbeitsplätze, hier spielt das moderne Leben, hier laufen die Motoren der por-

tugiesischen Wirtschaft. Das **Hinterland** dagegen wirkt verschlafen und ist stark von Landwirtschaft und Viehzucht geprägt. Trás-os-Montes (wörtlich: „hinter den Bergen") und Alentejo sind die ärmsten Regionen des Landes und haben zudem mit den Problemen der Überalterung und des Dörfersterbens zu kämpfen (siehe auch das Kap. „Stadt und Land", S. 189).

Die Bewohner der Regionen, die *Minhotos, Transmontanos, Portuenses, Beirões, Lisboetas, Ribatejanos, Alentejanos, Algarvios, Madeirenses* und *Açoreanos* **pflegen ihre jeweils eigenen Traditionen,** eine regionalspezifische Gastronomie und haben ihre eigene Aussprache. Dabei pocht jeder darauf, seine Heimat sei der schönste Teil Portugals. Wie überall gibt es auch hier Gespött, Anekdoten und Sticheleien. Die Nordportugiesen lästern gern über die *Mouros* aus dem Süden, die lieber dem Müßiggang als der Arbeit huldigten. Die Südportugiesen spotten dafür über das „britische" Wetter im Norden. Die Hauptstädter schauen leicht snobistisch von oben herab auf all die „Landeier". Dabei sind die meisten Einwohner Lissabons selbst einmal aus einer ländlichen Region eingewandert.

Norte

Der Norden umfasst die historischen Unterteilungen Alto Douro und Trás-os-Montes im Nordosten sowie den Minho und den Großraum Porto im Nordwesten. Die Region grenzt im Norden an Galicien und im Osten an Kastilien-Leon, im Süden an die Region Centro, der Westen liegt am Atlantik mit einer Küste von knapp 150 Kilometern. Etwa 40 % der portugiesischen Bevölkerung lebt im Norden. Die Landstriche gelten als geografische Einheit und gehören zu den ältesten und traditionsreichsten Teilen des Landes. In den Bergregionen herrscht kontinentales Klima, die Winter können sehr kalt und die Sommer sehr heiß werden. Ein altes Sprichwort aus Trás-os-Montes klagt: *Nove meses de inverno, três meses de inferno.* – „Neun Monate Winter, drei Monate Hölle." Im Douro-Tal herrschen ebenfalls sehr hohe Temperaturen. Der Teilabschnitt des Alto Douro gehört zum UNESCO-Welterbe. Hier wird der berühmte Portwein angebaut. In den östlich gelegenen Ortschaften Sendim oder Rio de Onor werden noch historische Dialekte gepflegt und die Bewohner von Miranda do Douro sprechen die im Jahr 1989 anerkannte Minderheitensprache *Mirandês*. Landwirtschaft und Rinderzucht bilden die Lebensgrundlage der Einwohner in dieser Gegend Portugals. Trás-os-Montes mit der Hauptstadt Bragança ist eine sehr ländliche arme Region mit zeitvergessenen Dörfern. Junge Familien finden

◁ Sendeturm am Torre, dem höchsten Punkt Kontinentalportugals

„Nortenhos" – die Menschen aus dem Norden

„Eu sou do Norte" - „Ich bin aus dem Norden" -, hört man in Portugal von stolzen Männern und Frauen aus dem Minho, aus Porto und der Douro-Region oder aus Trás-os-Montes. Für die Nordportugiesen ist alles, was sich südlich von Lissabon befindet, maurisch, aber nicht typisch portugiesisch. Portos Name geht auf die Staatsgründung zurück und leitet sich von der Siedlung „portus cale" ab. Die Mädchen aus dem Minho seien die hübschesten im Land, der Douro-Wein und der „Vinho Verde" sind die besten, die grünen Landschaften die schönsten, die Traditionen die ältesten und überhaupt alles authentischer. Kurz, man ist anders als der Rest Portugals. Manche gehen sogar so weit, zu behaupten: „Lissabon ist nur eine Stadt - Porto eine Persönlichkeit."

Fakt ist, das historische Herz Portugals schlägt hier im Norden und in Guimarães liegt die Wiege der Nation. Deren Begründer und erster König Portugals Afonso Henrique soll hier im Castelo von Guimarães zur Welt gekommen sein, einige Historiker sprechen allerdings auch von Coimbra als Geburtsort.

Man sagt den „Nortenhos" nach, sie seien fleißig und zuverlässig. Attribute, die die Nordportugiesen ihrerseits den südlichen Landsleuten gern absprechen. Der Norden ist auch konservativer und katholischer. Die traditionelle Rollenverteilung zwischen Mann und Frau ist ebenso ausgeprägter. Andererseits sind die Minhotas sehr selbstbewusst und man sagt, zu Hause hätten sie die Hosen an.

hier kaum ein Auskommen und ziehen in wirtschaftlich besser gestellte Gegenden.

Zur ältesten Region des Landes gehören die Metropole Porto und die Minho-Städte Braga, Guimarães und Viana do Castelo. Während es im Landesinnern empfindlich kalt werden kann und viel regnet, herrschen an der Atlantikküste selbst im Winter moderate Temperaturen. Im Minho werden traditionelle Volksfeste und die regionale Folklore ganz besonders gepflegt. Fischfang an der Küste und Rinderzucht im Landesinnern bestimmen die Wirtschaft.

Portugals einziger Nationalpark Peneda Gerês, der auf der spanischen Seite als grenzübergreifender Parque Nacional do Xurés weiterverläuft, liegt hier und birgt eine der ursprünglichsten Landschaften der Iberischen Halbinsel. Dichte Eichenwälder, kristallklare Flussläufe, Wasserfälle, Wölfe, der seltene *Lince* (Iberischer Luchs), die Garrano-Wildpferde und historisch interessante Dörfer markieren diesen Winkel des Minho im äußersten Nordwesten Portugals. In den historischen Ortschaften Lindoso und Soajo trifft man noch auf die traditionellen *Espigueiros,* Getreidespeicher aus Granit, die für die Lagerung von Mais und Weizen genutzt werden. Insgesamt leben nur 9000 Menschen auf der 72.000 ha großen Fläche des einzigen staatlichen Nationalparks Portugals.

Centro

Zum Einzugsgebiet Zentralportugals gehören bedeutsame Städte wie das kanaldurchzogene Aveiro am Mündungsdelta des Rio Vouga, Viseu, Coimbra, Leiria oder die alte Bischofsstadt Castelo Branco. Einige von Portugals wichtigsten Weltkulturerbestätten wie die Klöster von Batalha, Alcobaça und Tomar finden sich hier, ebenso wie die höchste Bergregion, die schönsten historischen Dörfer und der wichtigste Wallfahrtsort Fátima. Die Region Centro grenzt im Norden an die Region Norte, im Osten an das spanische Kastilien-Leon, im Süden an den Alentejo und im Westen an den Atlantik. Die Küste ist abgesehen von Kap Carvoeiro bei Peniche weitgehend flach und verfügt über schöne Strände und noch recht wenig Tourismus; das Landesinnere ist felsig. Mittelständische Industrien und **landwirtschaftliche Betriebe prägen das Bild** dieser Region, in der es reiche Vorkommen an Schiefer, Granit und Wolfram gibt.

In der höchsten Bergkette Portugals, der **Serra da Estrela** (Sternengebirge), sind Winter- und Sommertourismus, Milch- und Käseproduktion die Hauptwirtschaftszweige. Noch immer ziehen Schäfer mit ihren Herden durch die Heidelandschaft. Guarda liegt in 1056 Metern Höhe und ist die höchste Stadt Portugals. Sie nimmt für sich in Anspruch, die Stadt mit der saubersten Luft der Iberischen Halbinsel zu sein. Im südlichen Teil sind starke Einflüsse der mozarabischen Kultur (zum Christentum konvertierte Araber aus der Zeit nach der *Reconquista*) zu finden.

Die Region umfasst auch einen Großteil des historischen Distrikts Leirias und einen Kreis von Santarém, die Hauptstadt der portugiesischen Stierkampfs.

An der Küste findet man Thermen wie Caldas da Rainha, beliebte Strandorte wie Peniche, Nazaré und Figueira da Foz oder die Glasmetropole Marinha Grande.

Lisboa e Vale do Tejo

Zur Region Lisboa e Vale do Tejo gehören nun Teile der historischen Regionen Estremadura und des Ribatejo mit Santarém. Im fruchtbaren Tejo-Tal werden Gemüse, Früchte, Wein, Getreide und Oliven angebaut. Auf den weiten Feldern des Ribatejo grasen Stiere und Pferde. Die *Ribatejanos,* vor allem die aus der Gegend um Vila Franca de Xira, pflegen ihren eigenen Volkstanz, den *fandango,* bei dem die typische Figur des *campesino* („Bauer") mit roter Weste und grüner Zipfelmütze auftritt.

Die grüne Küste nördlich und südlich von Lissabon reicht vom Surfort Ericeira über das romantische Sintra, die noblen Küstenorte Cascais und Estoril, die touristischen Strände von Caparica, die Hafenstädte Setúbal und Sesimbra bis hin zum Naturschutzgebiet des Sado und hinein nach Alcácer do Sal. Eine interessante Region, die von Tourismus, Salzanbau und Fischfang geprägt ist. Freilich ist die Hauptstadt selbst die größte Attraktion und Wirtschaftsmotor für das Umland. Bei Palmela, südlich von Lissabon erhebt sich die Serra da Arrábida auf 500 Meter Höhe. Etwa 40 % der Portugiesen leben in dieser Region.

Alentejo

Zum Alentejo gehören die historischen Distrikte Beja, Évora und Portalegre sowie Odemira und Teile des Bezirks Setúbal, darunter Alcácer do Sal und die Halbinsel von Tróia. Die Region unterteilt sich in die Subregionen Alentejo Central, Alentejo Litoral, Alto Alentejo, Baixo Alentejo und Lezíria do Tejo. Im Gegensatz zur vorherrschenden Meinung ist die Landschaft des Alentejo alles andere als eintönig. Die flachen Weiten der Landschaft steigen in der Serra de Marvão auf 865 Meter und in der Serra de São Mamede auf knapp 1000 Meter an. Dies ist die Region mit der geringsten Bevölkerungsdichte innerhalb Portugals, nur ca. 5 % der Gesamtbevölkerung leben hier.

▷ Typisch Alentejo: Olivenplantagen um das mittelalterliche Evoramonte

Entschleunigung im Alentejo

„Depressa e bem, não faz ninguem" - „Eile mit Weile" oder „Schnell und gut macht niemand" - sagt ein volkstümliches Sprichwort aus dem Alentejo. In den kleinen Dörfern scheint die Uhr langsamer zu ticken als anderswo. Alles geht gemächlich zu. Keine Spur von Hektik oder Stress. Schwarz gekleidete „Senhoras" mit Kopftuch und Strohhut halten einen Schwatz vor ihren weiß gekalkten Häuschen. Männer mit Schiebermützen auf dem Kopf und Zigarette im Mundwinkel werfen im Park ihre Petanca-Kugeln, tratschen auf den Parkbänken oder schlürfen in den Bars ihren „vinho". Warten und Schauen ist die Hauptbeschäftigung. Bei Sommertemperaturen bis zu 45 Grad Celsius ist dies leicht nachvollziehbar. Die Trägheit der Alentejanos ist Anlass für zahlreiche Anekdoten, die vorwiegend von Lissabonnern zum Besten gegeben werden. Ähnlich wie bei unseren Ostfriesenwitzen überspannen sie dabei auch schon mal den Bogen.

Hier ein Beispiel:

Ein „Alentejano" liegt mit offenem Mund unter einem Feigenbaum. Vom Ast fällt eine Frucht in seinen Mund. Er verharrt regungslos. Ein anderer kommt dazu und fragt: „Warum isst du die Feige nicht?" Der erste: „Ich warte, bis die nächste runterfällt und diese im Mund nach unten schiebt".

Der „Alentejano" hingegen meint: „Warum ist das Alentejo eine Wüste? Damit die Kamele aus Lissabon in Karavanen an die Algarve reisen können."

Was sich auf die jährlichen Autobahnstaus der Sommerurlauber aus der Hauptstadt bezieht, die im August durch das Alentejo in Richtung Algarve fahren.

Das bzw. der Alentejo ist Portugals flächenmäßig größte Provinz und zugleich die ärmste und trockenste. Die Einheimischen sprechen scherzhaft von ihrer „portugiesischen Wüste". Immer noch von Latifundienwirtschaft geprägt, gehören die großen Ländereien wenigen einflussreichen Familien. Einst die Kornkammer des Landes, sind **Korkeichen- und Olivenanbau, Viehzucht** und ein aufstrebender **Tourismus** die vorherrschenden Wirtschaftszweige der Region. Die *Montes Alentejanos,* meist auf einem Hügel stehende abgelegene Höfe, sind bei Künstlern und Medienleuten als Zweitresidenzen sehr beliebt, viele wurden zu Ferienhäusern als Teile des *turismo rural* (ländlicher Tourismus) umgebaut. Die einfachen Menschen hier sind Bauern, Fischer oder Landarbeiter.

Das Alentejo hat ein ganz eigenes Flair und ist eine der charmantesten Gegenden des Landes. Die Alentejoküste, bzw. der von der Algarve übergehende Naturpark Costa Vicentina und Südwest-Alentejo zwischen Odeceixe und Porto Covo birgt einige der schönsten Küstenabschnitte des Landes.

Algarve

Mit dem historischen Distrikt Faro ist dies die kleinste und dennoch bekannteste Region Portugals. Schon in den 1950er-Jahren entdeckte zunächst die Bourgeoisie das Potenzial der ockerfarbenen Felsenstrände und Buchten. Die Praia da Rocha bei Portimão und Albufeira waren ihre bevorzugten Ziele. Später kamen die ausländischen sonnenhungrigen Badegäste. Sie ist Ziel von 60 Prozent der nach Portugal reisenden

Touristen, auch wenn sich hier leichte Abweichungen zu anderen Zielen abzeichnen. Die Algarve ist nach Lissabon und Madeira die wirtschaftlich stärkste Region des Landes.

Geografisch und touristisch gesehen unterteilt sich die Algarve in die Serras (Serra de Monchique, Serra da Caldeirão), das fruchtbare Barrocal, wo Zitrusfrüchte, Oliven, Wein und Gemüse wachsen und die Küste (Litoral). Diese wiederum ist aufgeteilt in die Fels- und Sandalgarve sowie die westliche Costa Vicentina, die von Burgau über Sagres bis nach Odeceixe den Algarve-Teil des Naturparks Costa Vicentina und Südwest Alentejo mit wilden naturbelassenen Stränden bildet. Es ist die Region Portugals mit dem angenehmsten und ausgeglichensten Klima. Es gibt keine großen Wetterextreme und die Wasser- und Lufttemperaturen am südlichen Atlantik sind selbst im Winter badetauglich. Die Algarve darf sich mit über 3000 Sonnenstunden im Jahr als **eine der sonnenreichsten Regionen Europas** bezeichnen. Obwohl sich der Klimawandel auch hier mit zunehmenden Wetterextremen bemerkbar macht.

Azoren

Die Azoren, das sind neun kleine grüne Punkte mitten im Atlantischen Ozean. Sie bescheren uns mit dem Azorenhoch (manchmal) schönes Wetter. Die autonome Region besteht aus drei Inselgruppen. Ganz im Westen liegen die üppig-grüne Insel Flores (auf deutsch „Blumen") und die kleinste im Bunde, Corvo („Rabe"/„Krähe") mit nur einer Straße und einem gigantischen Vulkankrater. Die Zentralgruppe besteht aus der architektonisch und historisch bedeutsamen Ilha da Terceira („die Dritte"), der Windmühleninsel Graciosa („die Liebliche"), dem Wander- und Käseparadies São Jorge („Sankt Georg"), der ursprünglichsten aller Inseln, Pico („Gipfel", mit dem höchsten Berg des Landes) und der kosmopolitischen Seglerdestination Faial. Ganz im Osten liegen das saftig-grüne São Miguel mit der Verwaltungshauptstadt Ponta Delgada und die sonnige kleine Ilha de Santa Maria, die damals als erste von den Seefahrern gesichtet wurde. Die winzigen unbewohnten Ilhas de Formiga („Ameiseninseln") gehören auch noch dazu.

Die Azoreninseln sind **vulkanischen Ursprungs.** Jede hat ihren eigenen Vulkankrater und verträumte blaue und grüne Seen. Alle sind unterschiedlich und auf ihre Weise bezaubernd. Die Azoren sind seit einigen Jahren ein stark nachgefragtes Tourismusziel, vor allem für Individualisten und Naturliebhaber.

◁ Typisch Algarve: Badefreuden an der Felsenbucht Dona Ana bei Lagos

Madeira

Die zweite verwaltungspolitisch autonome Region ist der Archipel der Inseln Madeira und Porto Santo. Entgegen ihrem Namen („Holzinsel") ist die Ilha da Madeira von jeher als **Blumeninsel und Wanderziel** bekannt. Tatsächlich kann man Madeira als „schwimmenden Garten" bezeichnen, wie in den Tourismusprospekten gern geworben wird – wenn auch in den letzten Jahren viele Schnellstraßen, Brücken, Tunnel und Beton entstanden sind. Früher allerdings war das Eiland ganz von Wäldern bedeckt. Ein Teil des Urwaldes, der Lorbeerwald Laurisilva, ist seit 1999 UNESCO Weltnaturerbe.

Madeira ist vor allen Dingen eine **international bekannte Tourismusregion.** Wegen ihres milden Klimas ist die Insel vor allem bei Briten und Deutschen beliebt. Manche meinen gar, es ginge hier eher britisch als portugiesisch zu. Vor allem die Inselhauptstadt Funchal ist weitgehend in der Hand britischer Investoren. Berühmte Besucher waren u.a. Kaiserin Sissi, die hier in monatelangen Aufenthalten zwischen 1860 und 1893 ihre Schwermut und ein Lungenleiden auskurierte. Premierminister Sir Winston Churchill kam 1950 nach Madeira, um seinem Hobby, der Malerei, zu frönen.

Die kleine Schwesterinsel Porto Santo dagegen ist trocken und sandig, eine Ergänzung für strandsuchende Urlauber, denn Madeira selbst kann nicht mit hellen Sandstränden aufwarten.

Die Autonome Region Madeira ist die launische Diva unter Portugals Verwaltungsregionen. Von 1978 bis 2015 regierte der egozentrische **Alberto João Jardim** (PSD) mit absoluter Mehrheit wie ein König auf der Insel. Seit 2015 ist sein Nachfolger Miguel Albuquerque (ebenfalls PSD) im Amt. Die Opposition, hauptsächlich bestehend aus Abgeordneten der PS, ist bei den Wahlen faktisch chancenlos.

Die Einwohner sehen sich in erster Linie als Madeirenser, erst danach als Portugiesen. Zwar werden *Jardim* die wirtschaftliche Entwicklung und wesentliche Verbesserungen der Infrastruktur Madeiras zugerechnet, doch leben im Inselinneren bis heute **viele Menschen in Armut.** Statistiken sprechen von 15 Prozent der Inselbevölkerung, die von Bedürftigkeit betroffen sind. Hinzu kommt, dass aufgrund der politisch und wirtschaftlich instabilen Situation in Venezuela 2017 tausende ausgewanderte Madeirenser mit ihren Familien wieder zurückgekommen sind, was für soziale Spannungen auf der Insel sorgt. Camara de Lobos beispielsweise, ein kleiner Fischerort im Westen der Insel, ist eine der ärmsten Gemeinden Portugals, obwohl Madeira insgesamt mit den Tourismuseinkünften zur zweitreichsten Region des Landes gehört. Der heute bekannteste Sohn der Insel ist der Fußball-Star Cristiano Ronaldo, nach dem 2017 sogar der Internationale Flughafen von Funchal benannt wurde.

Lissabon und Porto – Alfacinhas versus Tripeiros

„Lissabon gibt das Geld aus, das Porto verdient", spöttelt ein altes Sprichwort, das die Einwohner Portos auch heute noch gern verwenden. Es zielt auf die aufgeblasenen Verwaltungsbehörden in Lissabon ab, die lange Zeit als unwirtschaftlich, bürokratisch und ineffizient galten, und dies in vielen Bereichen auch heute noch sind. Porto dagegen war das geschäftige Handelszentrum mit den finanzstärksten Banken, florierendsten Industrien und erfolgreichsten Mittelstandsbetrieben. Auch künstlerisch und architektonisch hatte Porto lange Zeit die Nase vorn. Die bedeutendsten Architekten Portugals stammen aus Porto, wie Álvaro Siza Vieira oder Fernando Tavora. Letzterer gründete die bekannte Architektenschule Portos, aus der berühmte Projekte für das ganze Land entstanden.

Die beiden Metropolen sind sehr unterschiedlich und jede hat ein ihr ganz eigenes Flair. Auch im alltäglichen Sprachgebrauch gibt es eine ganze Reihe von abweichenden Begriffen und Redewendungen. Die alteingesessenen *Lisboetas* nennen sich z. B **Alfacinhas.** Zum Ursprung dieser Bezeichnung gibt es ein halbes Dutzend kuriose Theorien. *Alface* ist eigentlich ein Kopfsalat bzw. eine grüne essbare Blattpflanze, die schon die Mauren kannten und die es rund um Lissabon reichlich gab. Manche Quellen meinen auch, dass der Name mit den Gemüsegärten der alten Stadtviertel zusammenhängt.

Die Portuenser nennen sich **Tripeiros,** was so viel wie „Kuttelesser" heißt. Der Name geht auf eine geschichtliche Begebenheit aus dem 15. Jh. zurück. Die Einwohner Portos spendeten Heinrich dem Seefahrer und seinen *Navegadores* für deren Ceúta-Expedition all ihr Fleisch als Proviant, genauso wie sie es schon einmal im Krieg gegen Kastilien für den König getan hatten. Sie behielten einzig die Innereien *(tripas)* zurück, woraus für die Stadt typische Gerichte entstanden. Heute ist der in Streifen geschnittene Kalbsmagen eine lokale Spezialität. Die *Lisboeatas* sind also die „Salatköpfe" und die Portuenser die „Kuttelesser". Das ist nicht der einzige Unterschied, die Mentalitäten der beiden sind komplett verschieden. *Lisboa* ist im portugiesischen weiblich, *o Porto* ist männlich. Im englischen Sprachraum heißt Porto wohl auch deshalb nur *Oporto,* weil die Engländer die portugiesische Art von „o Porto" zu sprechen, einfach als ein Wort übernahmen. Auch eine von vielen Theorien.

Besonders im Fußball ist die Rivalität immer noch aktuell – *Benficistas* und *Sportingistas* stehen meistens mit den *Portistas* auf Kriegsfuß.

Die Landeshauptstadt **Lissabon** liegt am Mündungsdelta des Tejo und hat derzeit knapp 500.000 Einwohner. In ihrem Einzugsbereich leben an die 2,8 Millionen Menschen. Beide Städte erleben seit einiger Zeit einen

Europas größter Stausee – der Grande Lago und das verschwundene Dorf

Dona Adelina sitzt im Schatten ihres frisch gekalkten weißen Häuschens. Die Sonne sticht und die gebeugte Senhora, ganz in Schwarz, hält ihr von tiefen Falten geprägtes Gesicht in die leichte Brise, die von Westen her ein bisschen Erfrischung bringt. Ihr altes Haus war anders, meint sie wehmütig, doch klagen wolle sie nicht. Das frühere Heim stand in dem Örtchen Aldeia da Luz, das für den Stausee Barragem da Alqueva „geopfert" wurde, wie die Einwohner sagen. Das 400-Seelen-Dorf lag inmitten des Flutplans und musste weichen. Die Kopie nennt sich Vila Ribeirinha da Luz und liegt wenige Kilometer nördlich am Ufer des neuen Sees. Die Familien verabschiedeten sich von Häusern und Andenken und bezogen ein adrettes, sauberes Dorf. Zu adrett und sauber vielleicht. Denn glücklich sind sie seither nicht mehr. Es scheint, als sei die Seele der Gemeinde in den Fluten des Guadiana untergegangen. Die Wallfahrtskirche Nossa Senhora da Luz wurde Stein um Stein versetzt, die gleiche ist sie deshalb noch lange nicht. „Das Schlimmste war die Umsiedelung des Friedhofs", erzählt Senhor Manuel mit feuchten Augen. Im modernen Dorfmuseum wird das alte Aldeia da Luz mit Ausstellungsstücken, Fotos und Dokumentarfilmen lebendig. Nicht selten gesellen sich zu den Besuchern die Einwohner, die ihr Heimweh zu lindern suchen. Das neue Dorf wirkt verwaist. Nur wenige junge Familien leben hier. Die Grundschule hat Mühe, die vorgeschriebene Mindestanzahl von Kindern zu erreichen. Das einzige Restaurant hat schon wieder geschlossen. Schlimmer noch: Der Umzug hat Unfrieden in die Gemeinde gebracht. Einstmals gute Nachbarn verfeindeten sich wegen der Größe ihrer Grundstücke und dem Verlauf der Grenzen.

Die Barragem da Alqueva ist der größte Stausee Europas und ein Gemeinschaftsprojekt Portugals und Spaniens. Der Grenzfluss Guadiana wurde im Jahr 2002 bei Alqueva im portugiesischen Alentejo gestaut und hat heute als See eine Fläche von über 250 km², 85 km Länge und 1200 km Uferlänge, davon 1000 km allein auf portugiesischer Seite. Heute zieht sich der See von Alqueva im Alto Alentejo über 85 Kilometer bis nach Villareal in Spanien. Doch mehr als Zahlen beeindruckt die grundlegend veränderte Landschaft, die mit dem Grande Lago geschaffen wurde. Das einst trockene Weideland präsentiert heute ein liebliches Seenszenario und ist Wasserspender für eine landwirtschaftlich geprägte Region. Burgen und mittelalterliche Städte, Minidörfer mit Namen wie „Licht" oder „Stern" erzählen von alten Zeiten.

Fortschritt und Zukunft sollte der Stausee für die Region bringen. Der von extremen Trockenperioden geplagte Alentejo benötigte dringend Was-

ser und man erhoffte sich wirtschaftlichen Aufschwung durch einen verstärkten Tourismus. Die Bilanz zum Jahr 2018 sieht positiv aus. Es hat sich doch gelohnt, sagen die heutigen Politiker und Experten. Die Barragem da Alqueva hat nicht nur die Landschaft, sondern auch die Arbeits- und Geschäftsmodelle in der Agrikultur verändert. Mehr als 120.000 Hektar Land werden durch das moderne Bewässerungsprojekt versorgt und eröffneten komplett neue Anbaumöglichkeiten. Wo früher nur trockene Weizenfelder lagen, sind heute Gemüseplantagen zu sehen. Mehrere kleinere Stauseen und eine weitverzweigte Kanalisation bringen das Leitungswasser zu den umliegenden Gemeinden. Gerade in den heißen Sommermonaten mit vielen Waldbränden war der Alqueva-Stausee eine fundamentale Hilfe.

Auch für den Tourismus in der Region brachte der See grundlegende Veränderungen und einen regionalen Aufschwung. In dem kleinen mittelalterlichen Dorf Monsaraz auf einem Hügel über dem See haben sich die Besucherzahlen nahezu verdreifacht. Der Alentejo war noch nie so international wie heute.

Trotz einiger noch zu lösender Umweltschutzprobleme sieht die Mehrheit der Anwohner das Projekt Alqueva heute als zukunftsweisend an.

⌂ Die Staumauer von Alqueva hat die Landschaft verändert

enormen Tourismusboom. Lissabon insbesondere hat sich seit 2014 zu einem Top-Tourismusmagneten entwickelt. Das bringt Vor- und Nachteile mit sich. Einerseits führt es zu höheren Einnahmen für die Hauptstadt und dem Staat, andererseits droht das authentische Leben in den historischen Vierteln von Hostels und Miethäusern vereinnahmt zu werden. Die vorwiegend älteren Einwohner können sich die Mieten nicht mehr leisten und werden aus ihren Häusern verdrängt. Die Einheimischen werden immer weniger und das Alltagsleben verändert sich.

Das am nördlichen Douro-Ufer gelegene **Porto** zählt 237.000 Einwohner, Grande Porto (der Großraum Portos) knapp 1,7 Millionen Menschen. Auf den ersten Blick fehlen der Stadt die südländische Leichtigkeit und Unbeschwertheit der Hauptstadt. Porto wirkt mit seinen dunkelgrauen Granitbauten zunächst düster und abweisend. Das mag auch am Wetter liegen: Während sich Lissabons pastellfarbene Häuser und Kalksteinpflaster meistens in strahlendem Licht vor blauem Himmel sonnen, herrscht in Porto oftmals britischer Nebel vor. **Portos Stärken liegen im Detail.** Die alte Handelsstadt kann mit prachtvollen historischen Gebäuden und architektonischen Leckerbissen aufwarten. Porto definiert sich selbst als eine

03fcgl-la

Stadt des Volkes, eines rebellischen freiheitsliebenden Volkes, das stets für Gleichheit und Gerechtigkeit eintritt. *Invicta,* die Unbesiegbare, nennen sie die Einwohner voller Lokalstolz. Da ist der malerische Douro-Fluss, an dessen Ufern im gegenüberliegenden Vila Nova de Gaia die *barcos rabelos* (traditionelle Portweinboote) bestückt mit schweren Eichenfässern ankern. Gerade so, als würde der berühmte Portwein noch immer auf den alten Holzschiffen hinaus in die Welt transportiert. Die Konstruktion für **das Markenzeichen Portos,** die Eisenbrücke D. Luis I., stammt aus der Feder eines Gustav-Eiffel-Schülers. Eine ältere Eisenbrücke, die Ponte Maria Pia, hatte Eiffel im Jahr 1877 selbst geschaffen. Sie verbinden Vila Nova de Gaia mit Porto. Die passende Kulisse liefert das romantische Hafenviertel Ribeirinha mit jahrhundertealten bunten Häuserfassaden. Ähnlich wie in Lissabon hat sich auch Porto und hier insbesondere das Ribeirinha-Viertel sehr verändert. Massen an Touristen schieben sich heute durch die engen Gassen und man hört alle Sprachen, nur kaum mehr Portugiesisch.

Lisboa dagegen war **die melancholische Schöne:** Eine manchmal verwirrende Mischung aus nostalgischem Charme und futuristischer Moderne, verteilt auf sieben Hügel, zeichnet sie aus. Während sich ruckelnde Trams aus der Zeit um 1900 durch die steilen Gässchen des ältesten Stadtteils Lissabons, die Alfama, schlängeln – vorbei an Fenstern mit Vogelkäfigen, Blumentöpfen und Wäscheleinen – erwartet den Besucher auf dem Gelände der Weltausstellung von 1998 eine hypermoderne Infrastruktur mit Kongresszentren, Messehallen, Shoppingcentern, Museen und Restaurants. Lissabons Lebensader ist der Tejo. Ruhig bahnt er sich seinen Weg entlang der Stadt, weitet sich zwischen Montijo, Alcochete und dem einstigen Expogelände am Parque das Nações zu einem kilometerbreiten „Strohmeer" (Mar de Palha), lässt weiter westlich die rote Hängebrücke 25 de Abril (einst Ponte Salazar) hinter sich, fließt am Lissabonner Wahrzeichenviertel Belém vorbei, wo das Entdeckerdenkmal und der manuelinisch verspielte Torre de Belém sein Ufer schmücken, bevor er sich in den Fluten des Atlantiks verliert.

In Lissabons Palácio de São Bento residiert das portugiesische Parlament und lenkt von hier aus die Geschicke des Landes. Obwohl die zentralistische Ausrichtung der portugiesischen Politik von den anderen Regionen immer wieder beklagt wird, wurde beim letzten Referendum 1998 gegen eine Regionalisierung mit mehr Zuständigkeiten für die Distrikte votiert.

Das Ribeirinho-Viertel in Porto ist eines der traditionsreichsten der Stadt

Religion und Kirche

Braga reza, Porto trabalha, Coimbra estuda e Lisboa diverta-se. – „Braga betet, Porto arbeitet, Coimbra studiert und Lissabon feiert." Das populäre portugiesische Sprichwort gibt einen vagen Hinweis auf das **religiös-kulturelle Nord-Süd-Gefälle Kontinentalportugals.** Der Norden ist traditionell konservativ-katholisch geprägt. Was sich auch daraus ergibt, dass der rein christliche Einfluss hier wesentlich stärker war: Einige Teile Nordportugals standen gar nicht oder nur kurz unter dem islamischen Einfluss des Maurenreichs.

Der Wallfahrtsort Fátima

An einem Sonntagabend am 13. Mai 1917 kamen die drei Hirtenkinder („pastorinhos") Lucia dos Santos, ihr Cousin Francisco und dessen jüngere Schwester Jacinta Marto vom Schafehüten auf einer Anhöhe namens Cova da Iria zurück in ihr kleines Bauerndorf Fátima. Lucia war damals 10 Jahre alt, Francisco 9 und Jacinta zählte 7 Lenze. Voller Aufregung berichtete die kleine Jacinta (trotzdem sich die drei gegenseitig gelobt hatten, zu schweigen) von der Erscheinung einer Madonna in einem weißen Kleid, die von Wolken und Licht umgeben gewesen sei. Die weiße Frau hätte zu ihnen gesprochen und gesagt, sie sollten jeweils am 13. Juni, Juli, September und Oktober wiederkommen. Insgesamt sechsmal zwischen Mai und Oktober 1917 sahen die Kinder die weiße „Senhora" am Himmel. Bei der letzten Erscheinung soll sie Lucia drei Geheimnisse anvertraut haben, die diese erst preisgeben dürfe, wenn sie ein Zeichen bekäme. Die Gespräche mit der Madonna führte nach Aussagen der Kinder nur Lucia. Zunächst wollte ihnen niemand glauben, nicht einmal der Ortspfarrer. Die Eltern fürchteten die Republik-Polizei, denn Berichte über Wunder waren zu dieser Zeit gesetzlich verboten. Die Kirche wurde von der neuen linken Regierung streng kontrolliert. Trotzdem kamen jeden Monat mehr und mehr Menschen nach Cova da Iria. Bald schon waren es Zehntausende aus dem ganzen Land. Francisco und Jacinta starben 1919 und 1920 an der Spanischen Grippe. Ihr Tod war laut Lucia von der Jungfrau angekündigt worden.

In Fátima wurde eine Kapelle gebaut und nachdem der Vatikan die Wunder im Jahr 1927 offiziell anerkannte, entwickelte es sich, ähnlich wie das französische Lourdes, zu einem der bedeutendsten Wallfahrtsorte der Katholischen Kirche. 1941 schrieb die einzige noch lebende Zeugin Lucia das erste und zweite, 1944 das dritte Geheimnis von Fátima auf. Erst 1960

Extrainfo 9 (s. S. 7): Filmklassiker
„Das Wunder von Fátima" aus dem Jahr 1951

Das besagte Braga ist **eine der ältesten christlichen Städte** der Welt und die „katholischste" in ganz Portugal. In Braga wird man kaum auf einen Protestanten treffen und auch andere Glaubensgemeinschaften haben hier einen schweren Stand. Leben und Alltag der Menschen sind ausgesprochen stark von den kirchlichen Wert- und Moralvorstellungen geprägt. Obwohl der katholische Glauben traditionell und kulturell mit dem Land verbunden ist, hat auch die portugiesische Katholische Kirche des 21. Jh. damit zu tun, dass ihre Schäfchen nicht davonlaufen. Im kommunistisch gefärbten Alentejo beispielsweise sind die Kirchenbänke deutlich leerer. Gerade mal ein Fünftel der Alentejanos besucht laut Statistiken die Sonntagsmesse.

durfte der versiegelte Brief geöffnet werden. Unter anderem waren darin Hinweise auf den Zweiten Weltkrieg, den Fall der Berliner Mauer und den Untergang der kommunistischen Sowjetunion sowie das Attentat auf Papst Johannes Paul II. im Jahr 1982 zu lesen. Francisco und Jacinta Marto wurden im Jahr 2000 bei einem Fátima-Besuch von Johannes Paul II. seliggesprochen. Lucia selbst verbrachte ihr ganzes Leben als Nonne und starb 2005 in Coimbra im Alter von 98 Jahren. Ihr Begräbnistag, der 15. Februar 2005, wurde in Portugal zum Staatstrauertag erklärt.

Das Heiligtum von Fátima ist mittlerweile zu einem riesigen Wirtschaftsunternehmen geworden. Eine Basilika, eine Erscheinungskapelle, eine 2007 gebaute Megakirche und eine touristische Infrastruktur für alle Bedürfnisse warten auf die Pilger. Millionen Besucher kommen jedes Jahr in den mittlerweile zu einer Kleinstadt herangewachsenen Ort, mehr als 8 Millionen waren es im Jahr 2017 zum 100. Jahrestag. Alleine 400.000 Pilger wohnten der Heiligsprechung der beiden Hirtenkinder Jacinta und Francisco am 13. Mai 2017 während des Besuchs von Papst Franziskus bei. Nächtliche Lichterprozessionen, Gläubige, die auf den Knien bis zur Kapelle rutschen, Fahnen und Wallfahrergruppen aus aller Welt kann man dort vorfinden. Die drei „pastorinhos" sind in der Basilika beigesetzt.

Es gibt auch viele kritische Stimmen zu den Fátima-Erscheinungen, u. a. ein 2016 veröffentlichtes Buch eines portugiesischen Priesters, der das Phänomen „entmystifiziert". Auch Fernando Pessoas machte sich so seine Gedanken zu dem Phänomen Fátima. Zur Zeit der Marienerscheinungen war er 29 Jahre alt. Skeptisch schreibt er von „einer mythischen Konstruktion eines katholischen Nationalismus". Dem streng katholischen Diktator Salazar kam das religiöse Massenphänomen gerade recht, um seine politischen Manifeste und den Zusammenhalt der portugiesischen Nation zu untermauern.

Seit der Staatsgründung war Portugal **ein rein katholisches Land.** Auch die Entdeckungen der Seefahrer basierten auf der Motivation, das Evangelium zu verbreiten. Die portugiesischen Jesuiten waren besonders an der Missionierung der heidnischen Völker beteiligt, allen voran Pater António Vieira, der im Nordosten Brasiliens tätig war. 85 Prozent der heutigen portugiesischen Bevölkerung ist römisch-katholischen Glaubens. Die Kinder werden getauft; die meisten Paare, die sich zur Ehe entschließen, heiraten auch kirchlich. Die älteren Damen treffen sich zum Rosenkranzgebet in der Kirche und auch die Beichtstühle werden rege frequentiert. Portugal wird von vielen Besuchern als liberal empfunden und ist dies auch in weiten Teilen. Dennoch ist die portugiesische Gesellschaft im Kern noch sehr konservativ, was auch mit der Religion zusammenhängt.

Protestanten, Zeugen Jehovas, Juden, Muslime, Hindus, orthodoxe Christen und andere kleinere Glaubensgemeinschaften bilden zusammen die restlichen 15 Prozent. Besonders die Zahl der orthodoxen Christen steigt kontinuierlich mit Einwanderern aus der Ukraine, Russland und Weißrussland.

Nach einer landesweiten Umfrage aus dem Jahr 2011 bekannten sich mehr als 80 Prozent der Befragten zum Glauben an ein „göttliches Wesen" oder eine „höhere Gewalt". Sechs Prozent gaben an, an keinen Gott zu glauben. Portugal ist ein laizistischer Staat, d. h., Staat und Kirche sind getrennt. Es gibt keine Kirchensteuer wie in Deutschland. Die Religionsfreiheit ist seit 2001 in der portugiesischen Verfassung festgesetzt. Den-

⌂ Wallfahrtskirche Bom Jesus do Monte in Braga

noch haben die Kirchenoberhäupter wie Kardinäle und Bischöfe **nach wie vor großen Einfluss auf die Gesellschaft,** wenn auch der Kirche nicht mehr die Bedeutung wie früher zugemessen wird. *Patriarca* – was auch „väterliches Familienoberhaupt" bedeutet – heißen die katholischen Repräsentanten der größten Diözesen in Lissabon und Porto. Wenn sich die Kirchenvertreter zu gesellschaftspolitischen Themen wie der Abtreibung oder der gleichgeschlechtlichen Ehe äußern, werden ihre Meinungen mit gespitzten Ohren gehört und auch ernst genommen. Zum im Dezember 2009 beschlossenen Recht auf Eheschließung für Homosexuelle äußerte sich der damalige Bischof von Lissabon, Dom José Policarpo, umgehend: „Die katholische Kirche Portugals werde diese Verträge nicht als Ehen anerkennen", wetterte er in der Sonntagspredigt. António Costa, zu dieser Zeit noch Stadtoberhaupt von Lissabon, wollte gleichgeschlechtliche Paare in die traditionellen Kollektivhochzeiten „Bodas de Santo António" des Stadtfeiertags zu Ehren des Heiligen Antonius mit einschließen, aber das Kirchenoberhaupt schob diesem Vorhaben rasch einen Riegel vor.

In Portugal kommt der **Marienverehrung** traditionell eine große Bedeutung zu. Im ganzen Land verteilt trifft man auf kleine Madonnenkapellen und Einsiedlerkirchen. In jedem noch so winzigen Dorf steht eine meist beeindruckende Pfarrkirche. Bekanntester Wallfahrtsort ist Fátima: Das einst kleine Bauerndorf erlangte weltweite Berühmtheit durch eine angebliche Marienerscheinung und ist heute eine internationale Pilgerstätte mit modernster Infrastruktur.

Judentum in Portugal

Erste Belege für jüdisches Leben in Portugal gibt es bereits aus den Zeiten des Westgotenreichs im 5. Jh. Die Juden werden hier wie ihre Glaubensbrüder aus dem Mittelmeerraum Sepharden genannt. Bis zum Vertreibungsdekret von 1496 unter König Manuel I. übten die jüdischen Gemeinschaften einen **entscheidenden Einfluss auf die portugiesische Kultur** aus. Viele von ihnen waren wesentlich an der finanziellen und wissenschaftlichen Unterstützung der Entdeckungsfahrten beteiligt und arbeiteten eng mit Heinrich dem Seefahrer zusammen. Jüdische Händler, Wissenschaftler, Schriftsteller und Philosophen trugen dazu bei, die lusitanische Sprache in die Welt hinauszutragen. In vielen Städten und Gemeinden gab es Judiarias genannte Stadtteile, in denen hauptsächlich jüdische Familien lebten. Covilhã, Trancoso, Gouveia, Belmonte, Monsanto und Penamacor waren die wichtigsten jüdischen Gemeinden im Zentrum des Landes, im Süden waren Castelo de Vide, Faro und Óbidos die Heimat zahlreicher jüdischer Familien.

Belmonte im Landesinnern der Serra da Estrela ist bis heute die einzig existierende **krypto-jüdische Gemeinde** der Iberischen Halbinsel und eine der ältesten jüdischen Gemeinden weltweit, die seit dem 13. Jahrhundert überlebt. Krypto-Juden waren zum Christentum konvertierte Juden, die aber ihren jüdischen Glauben im Verborgenen weiter praktizierten. Über Jahrhunderte hinweg wurden hier geheime Rituale gelebt und weitervererbt. In den letzten Jahren wurde Belmonte für den Export von koscheren Weinen und Speisen bekannt. Von den knapp 200 Nachkommen der ursprünglichen Gemeinde sind allerdings viele Mitglieder, vor allem jüngere, während der Finanzkrise nach Israel ausgewandert. Seit 1996 gibt es wieder eine Synagoge mit einem Rabbiner. Die Juden überlebten zahlreiche Verfolgungen durch die Katholische Kirche, die Inquisition und Zwangstaufen.

Viele Juden mussten unter Manuel I. das Land verlassen oder als sogenannte Neuchristen zum Christentum konvertieren. Die Haustüren der *Novos Cristãos* in den Judenvierteln *(Judiarias)* wurden mit Kreuzen markiert, wovon viele noch heute erhalten sind.

Zur Zeit der Naziherrschaft in Deutschland **flüchteten verfolgte Juden nach Portugal,** um von dort aus weiter in die USA oder andere Zielländer auszureisen, darunter z. B. auch die deutsche Philosophin Hannah Arendt. Lissabon war nach der Kapitulation Frankreichs das letzte „freie Tor" in die nicht-europäische Welt. Die Politflüchtlinge wurden unter Salazar zwar geduldet, gleichzeitig hielten sich aber Spione und Spitzel der Gestapo in Lissabon auf. Sie sorgten für alltäglichen Psychoterror unter den Flüchtlingen, verursachten eine ständige Angst entdeckt und an die Nazis übergeben zu werden, da die PIDE mit der Gestapo kooperierte.

Ab Juni 1940, nach der Kapitulation Frankreichs, bis zum Eintritt der USA in den Krieg im Dezember 1941 fanden über 70 deutschsprachige Schriftsteller für Tage, Wochen oder Monate vorübergehend Zuflucht in Portugal, bevor sie in ein Aufnahmeland weiterreisen konnten – unter ihnen waren Alfred Döblin, Lion Feuchtwanger, Leonhard Frank, Hans Habe, Arthur Koestler, Annette Kolb, Jan Lustig, Franz Werfel, Golo Mann und Heinrich Mann.

In den letzten Jahren vermelden die jüdischen Gemeinden Portugals wieder einen **verstärkten Zuwachs,** insbesondere aus Osteuropa und den Ländern der ehemaligen Sowjetunion, aber auch aus England aufgrund des nahenden Brexit. Ebenso gibt es einen Anstieg von Anträgen auf die portugiesische Staatsangehörigkeit von Nachkommen im Mittelalter vertriebener Sepharden. Die größten jüdischen Gemeinen leben in Lissabon und Porto, die älteste in Belmonte.

Glaube und Aberglaube

Figo tat es vor jedem Spiel, Cristiano Ronaldo tut es auch, sobald er den Rasen betritt. Die Fußballhelden bekreuzigen sich. Anders als bei uns üblicherweise mit der ganzen Hand, führen die Portugiesen das Kreuzzeichen mit drei Fingern (Daumen, Zeige- und Mittelfinger) aus und das gleich dreimal: an der Stirn, an Mund, Brust (Herz) und küssen dann noch den Daumen. Auch beim Fußball muss *Deus* („Gott") herhalten: In der Hoffnung auf ein gutes und erfolgreiches Spiel geht der Blick flehend zum Himmel.

Glaube und Aberglaube liegen in Portugal eng beieinander. Vor allem die **Wundergläubigkeit ist weitverbreitet.** Besonders große Verehrung finden die diversen Orts- und Volksheiligen (*santos populares*). Fast jedes Dorf hat seinen eigenen **Schutzpatron** oder seine Schutzpatronin. Und alle haben ihre Berechtigung: Der heilige António, Schutzpatron von Lissabon, ist zuständig für glückliche Ehen und verlegte Gegenstände. São João, Johannes der Täufer, auch Schutzpatron der Stadt Porto, soll für eine bessere Zukunft sorgen. Zu diesem Zweck schlägt man sich in der Johannisnacht in Porto mit Plastikhämmerchen gegenseitig auf den Kopf, um negative Gedanken auszutreiben. Selbst Lauchstangen, die man sich gegenseitig vor der Nase herumwedelt, müssen herhalten. Sie sollen die Libido in Schwung und dazu noch Glück bringen. São Pedro (der heilige Petrus) ist wie bei uns für das Wetter verantwortlich, außerdem kümmert er sich um die Linderung von Fußproblemen, Fieber und sonstigen Malheurchen. Santa Luzia ist die Hüterin des Augenlichts und São Mamede sorgt für reichlich Muttermilch.

In den Dorfkirchen und Wallfahrtskapellen gibt es separate **Räume für Opfergaben als Dank für Heilungen** oder überstandene Lebenskrisen. Da sieht man alle möglichen Körperteile aus Wachs oder Plastik geformt, mit fein säuberlich geschriebenen Briefen und Fotos dazu. Füße, Ohren, Arme, Köpfe liegen aufgereiht in kleinen geschmückten Kapellen. Bekannte Devotionskapellen (Kapellen für Dankesgaben) sind natürlich in Fátima, aber auch in Wallfahrtsorten wie Braga, Viana do Alentejo, Lamego und anderen im Land verstreuten *Santuários* („Heiligtümern") zu bestaunen.

Eine andere Besonderheit des portugiesischen Glaubens sind die **Knochenkapellen.** Sie sind vor allem im Süden zu finden, beispielsweise in Évora und Campo Maior im Alentejo oder in Faro und Alcantarilha an der Algarve. Diese Gebetshäuser sind mit Tausenden Knochen und Totenschädeln ausgeschmückt. Meist wurden sie von Mönchen errichtet und waren den Seelen im Fegefeuer gewidmet. Am Eingang der Capela de Ossos in Évora steht: „Nos, Ossos que aqui estamos, pelos Vossos esperamos." (frei übersetzt: „Wir, Knochen, die hier liegen, warten bis wir Eure kriegen".) Der Kult um die *Almas do Purgatório,* **die Seelen des Fegefeuers,** ist in Portugal nach wie vor präsent. Es gibt sogar einen Ort im Hinterland der Algarve, der *Purgatório,* also Fegefeuer heißt. Wer hier durchfährt, sollte sich dreimal bekreuzigen. Sicher ist sicher.

Auch in Portugal ist die **13 eine Unglückszahl.** Bei Geschenken sollte man auch darauf achten, dass es keine drei sind, z. B. drei Blumen oder drei Flaschen Wein, denn das könnte Unglück bringen: *Um é para hoje, um para amanha e um para nunca mais.* – „Eines ist für heute, eins für morgen und eins für nimmer mehr." Es gibt das dreimal-auf-Holz-klopfen genauso wie den Aberglauben, dass man nicht unter Leitern hindurchgehen soll. Jeder abergläubische Portugiese wird um eine an eine Wand gelehnte Leiter einen Bogen machen. Beim Hausbau oder -kauf ist darauf zu achten, **dass die Fenster farbige Umrahmungen haben.** Dies soll unerwünschte Geister fernhalten. Tatsächlich glauben daran aber wohl die wenigsten. Eher waren die bunten Fenster eine regionale Tradition und die Farben ein Zeichen von Standesdünkel. Blau stand für billige Anilinfarben, die die Armen benutzten. Gelb repräsentierte Gold und war eine Farbe, die selten und teuer und deshalb nur besser gestellten Familien vorbehalten war. Das Eintreten in ein Haus oder eine Wohnung zuerst mit dem rechten Fuß ist allerdings zwingend. **Dass schwarze Katzen Unglück bringen** sollen, glauben viele Portugiesen. Cristiano Ronaldo zieht sich generell die Stutzen bis über die Knie, weil er glaubt, dass ihm dies *Sorte* („Glück") beschere. Mit seiner fünfmaligen Wahl zum Weltfußballer scheint die Wirkung bestätigt.

Portugiesische Sagen und Legenden

Die volkstümliche portugiesische Literatur ist voller Sagen und Legenden. Die meisten entstanden im Mittelalter und wurden von Generation zu Generation weitergegeben.

Der Hahn von Barcelos

Das Nationalsymbol Portugals ist seltsamerweise ein bunter Gockel. Der *Galo* repräsentiert ähnlich wie in Frankreich das Land. Noch kurioser erscheint die Legende um den Hahn von Barcelos.

▷ „O Galo de Barcelos" in Riesenversion von Joana Vasconcelos in Barcelos

Ein mittelalterlicher Pilger aus Galicien machte auf seinem Weg nach Santiago de Compostela Halt in Barcelos im Norden Portugals. Der Ort gehört zu dem streng katholischen Distrikt von Braga. Als ein Silberbecher im Ort verschwand, gab man dem Fremden die Schuld. Der Stadtrichter verurteilte ihn zum Tod durch Erhängen. Der Pilger bat um eine Anhörung beim Richter, als dieser gerade ein gebratenes Hähnchen zu Mittag aß. Der fromme *Gallego* (Galicier) beteuerte seine Unschuld und schwor, der Hahn werde sich erheben und vom Teller fliegen, wenn er unschuldig sei. Als der Richter die Gabel ins Fleisch stecken wollte, krähte der Gockel dreimal und flog davon. Beschämt musste die Gemeinde ihren Fehler eingestehen und der Pilger konnte seine Reise zum heiligen Jakobus fortsetzen. Die gleiche Geschichte erzählt man übrigens in Santo Domingo de la Calzada, einer wichtigen Station des spanischen Jakobswegs. Nur dass hier der arme Pilger ein Deutscher aus Xanten gewesen sein soll. Die Moral von Glaube, Glück und Gerechtigkeit bleibt die gleiche und wurde zum Symbol für alle Regionen Portugals.

Rainha Santa Isabel

Rainha Santa Isabel ist eine der am meisten verehrten Volksheiligen Portugals. Sie wurde 1271 in Aragon geboren und starb 1336 in Estremoz im Alentejo. Zahlreiche Sagen und Legenden handeln von ihr. Isabel war die älteste Tochter des spanischen Königs Peter III. von Aragon und Konstanze von Hohenstaufen und somit eine Urenkelin des römisch-deutschen Kaisers Friedrich II. Durch ihre Heirat mit dem jungen Dom Dinis wurde sie zur Königin von Portugal. Die Ehe mit dem untreuen Gemahl war nicht

sonderlich glücklich und Isabel widmete sich bald der Religion und der Wohltätigkeit. Eines Tages soll Santa Isabel wie üblich an einem Wintermorgen die Burg von Sabúgal verlassen haben, um Brot an die Armen zu verteilen. Der König, der diese Aktionen missbilligte, folgte ihr und stellte sie zur Rede. Daraufhin soll Isabel geantwortet haben: „Es sind nur Rosen, Senhor." „Rosen im Winter?", misstraute Dom Dinis, doch als er in den Korb schaute, den die Königin mit sich trug, lagen darin tatsächlich nur Rosen. Die Großtante von Isabel (dt. Elisabeth) war die Heilige Elisabeth von Thüringen, auch Elisabeth von Ungarn genannt, die ebenfalls als katholische Heilige bekannt ist und auf deren Namen sie getauft wurde.

Lenda da Moura Encantada

Was die Loreley für die Deutschen, sind die *Moiras* oder *Mouras Encantadas* für die Portugiesen: mythische Wesen von betörender Schönheit, die die Männer mit ihrem Gesang verzaubern. Dabei kämmen sie sich mit einem goldenen Kamm ihre langen Haare, die entweder „blond wie Gold" oder „schwarz wie die Nacht" sind. Die *Mouras Encantadas* sind verzauberte Geister und leben in den Körpern von Schlangen. Jedem, der ihre Seelen befreit, versprechen sie einen reichen Schatz. Die Legende dieser übernatürlichen Feen geht auf keltische Ursprünge zurück und ist tief in der portugiesischen wie auch der galicischen Folklore verwurzelt. Obwohl das Wort *Moura* vom keltischen Wort *marwo* – „tot" – abstammt, entstanden viele Variationen rund um die „verzauberte Maurin". Die Märchen von der *Moura Encantada* kennt in Portugal jedes Kind.

Feste, Bräuche, Traditionen

Gefeiert wird auch in Portugal gern. Meistens sind die Festlichkeiten religiösen Ursprungs, vermischt mit weltlichen Ritualen. Speis und Trank dürfen dabei nie fehlen. Die meisten Feierlichkeiten konzentrieren sich auf die Sommermonate Juni bis August, aber auch im restlichen Jahr ist der Festtagskalender gut gefüllt.

Der Norden ist traditionell stärker in der Folklore verwurzelt, doch auch im Süden werden **lokaltypische Feste und Traditionen** gepflegt. Die Azoren sind dabei ein Sonderfall mit ausgeprägtem inseltypischem Brauchtum.

Auch wenn die jungen Portugiesen bei Weitem nicht so stark mit ihren kulturellen Wurzeln verbunden sind wie noch ihre Eltern, so gibt es doch auf dem Land durchaus auch Nachwuchsgruppen, die sich dem **Erhalt der traditionellen Kultur** verschrieben haben. Ein Beispiel sind die Adufeiras de Monsanto. Die Folkloregruppe hat sich dem Spiel der historischen *adufa* verschrieben, ein quadratisches Schlaginstrument, das mit Ziegenhaut bespannt ist. Es wird senkrecht vor dem Körper gehalten und mit den Fingern beklopft. Dazu singen die in traditionelle Trachten gekleideten Frauen überlieferte Lieder aus der Bergregion um das historische Dorf Monsanto. In der Region gibt es auch die in Trachten gekleideten und auf ein Holzkreuz genähten gesichtslosen Marafona-Puppen. Diese gehen auf ein altes Hochzeitsritual zurück. Sie werden den Frischvermählten als Glücksbringer unter das Hochzeitsbett gelegt, um für Nachwuchs zu sorgen. Damit sie nichts sehen, hören oder weitersagen können, haben die Marafonas weder Augen noch Ohren oder Mund. Monsanto wurde von Salazar im Jahr 1942 zur *aldeia mais portuguêsa,* zum portugiesischsten aller Dörfer gekürt. Der silberne Hahn auf dem Kirchturm, das Geschenk des Regimes, zeugt heute noch davon.

Beliebt im ganzen Land sind **mittelalterliche Feste,** *Feiras Medievais,* mit Showkämpfen und geschichtlichen Schauspielen. Santa Maria da Feira beispielsweise ist bekannt für seine Burgfestspiele und mittelalterlichen Festbankette.

Wichtigste Feste und Traditionen im Überblick

Jedes Dorf und jede Gemeinde im Land hat ihren eigenen Festkalender, hier nur die wichtigsten und traditionsreichsten Feste und Bräuche nach Jahreszeiten geordnet.

◁ Portugiesische Karnevalistin beim Umzug in Loulé

Frühjahr – „Primavera"

Das Frühjahr ist eine der schönsten Reisezeiten in Portugal. Überall blüht es auf den Feldern und Wiesen und die Frühlingssonne wärmt Körper und Gemüt. Es ist die Zeit der meisten religiösen Feste und Prozessionen.

Ostern *(Páscoa)* ist auch im katholischen Portugal ein traditionell bedeutendes Fest. Die *Semana Santa* („Heilige Osterwoche") wird im ganzen Land mehr oder weniger dramatisch gefeiert. Es beginnt mit den feierlichen Karfreitags-Prozessionen. In Braga begleiten schwarz verhüllte, Kapuzen tragende Büßer den Trauerzug *Enterro do Senhor* („Zugrabetragung des Herrn") um den gekreuzigten Christus. Auch andere Gemeinden feiern die *Semana Santa* mit Prozessionen und nächtlichen Lichterumzügen. Am Ostersonntag kommt dann der weltliche Teil des Festes dazu: Die offizielle Stierkampfsaison beginnt. Generell wirken die portugiesischen Osterfeierlichkeiten in Portugal im Vergleich zu Spanien weniger theatralisch.

Ende April bis Anfang Mai beginnen die **„Festas das Flores" auf der Insel Madeira.** Die Hauptstadt Funchal hüllt sich dann in ein buntes Blumenkleid und Umzüge durch die Stadt erfreuen vor allem die Touristen aus aller Welt.

Barcelos feiert am 3. Mai das Kreuzfest *Festa das Cruzes*. In dem Ort soll im 15. Jh. ein großes Kreuz am Himmel erschienen sein.

Der **13. Mai steht ganz im Zeichen von Fátima.** Hunderttausende Menschen strömen an diesem Tag in den Wallfahrtsort (siehe dazu den Exkurs „Der Wallfahrtsort Fátima", S. 112).

Mitte Mai beginnen auch die ausschweifenden **Studentenfeiern „Queima das Fitas" in Coimbra.** Kurioserweise feiern Coimbras Studenten schon vor den Abschlussexamen das Ende ihres Studiums. Junge bierselige Menschen mit schwarzen Umhängen, Zylindern und den jeweiligen Farben ihrer Fakultät bevölkern dann sechs Tage lang die Innenstadt Coimbras. Rockkonzerte, Fado-Wettbewerbe, viel Alkohol und vor allem das feierliche Verbrennen der Studienbänder gehören dazu. Ein paar Tage später muss der Kopf wieder klar sein für die Prüfungen (siehe auch den Exkurs „Coimbra – viel besungene Universitätsstadt am Rio Mondego", S. 140).

Ebenfalls im Monat Mai begehen die Azoreaner die *Festa do Senhor Santo Cristo dos Milagres* zu Ehren von Christus, dem „Herrn der Wunder". Den Höhepunkt bilden die Heilig-Geist-Feste, eine den Azoren eigene Tradition. Früher wurden **die Espirito-Santo-Feste** auch auf dem Festland gefeiert, heute sind sie nur noch auf den neun Azoreninseln zu finden (s. S. 132).

Das Fest der „Mãe Soberana" („Höchste Muttergottes") in Loulé

*Entrückte Gesichter, enthusiastische „Viva"-Rufe zu zügigem Blasmusikgleichschritt, blank geputzte Instrumente blitzen in die Frühlingssonne. In die Sonntagstracht gehüllt stapft eine Menschenmenge dem blumengeschmückten Altar mit Abbildern der Jungfrau Maria und ihrem vom Kreuz genommenen Sohn hinterher. Dicht an dicht gedrängt schieben sich schwarz gekleidete „Senhoras" neben Müttern mit Kindern, Jungen und Alten durch die immer enger werdende Straße. Kilometer um Kilometer geht es den Berg hinauf zur Capela da Nossa Senhora da Piedade, wo bereits eine Zuschauermenge auf **die Ankunft der „Mãe Soberana"** (der „Höchsten Muttergottes") wartet.*

Applaus und Ave-Maria-Gesänge erklingen. Den Altarträgern tropft der Schweiß von der Stirn, doch der Stolz steht ihnen ins Gesicht geschrieben. Schließlich wird dieses Ehrenamt nur den angesehensten Männern des Ortes anvertraut und geht vom Vater auf den Sohn über.

Jedes Jahr am zweiten Sonntag nach Ostern zieht die Schutzheilige der Stadt in feierlicher Prozession von der Pfarrkirche Igreja Matriz zur Wallfahrtskapelle um. An diesem Tag verwandelt sich das ansonsten eher ruhige Städtchen Loulé im Hinterland der Algarve in einen wahren Hexenkessel, nur vergleichbar mit dem Menschenauflauf in der ebenso beliebten Karnevalszeit.

▷ Die Altarträger der „Mãe Soberana" sind Ehrenbürger in Loulé

Zur traditionellen Mai-Wallfahrt pilgern Tausende Büßer zum **Heiligtum von Bom Jesus do Monte.** Dann quälen sich Junge und Alte, Gesunde und Kranke an 14 Leidenskapellen der Via Sacra vorbei auf den Knien die Freitreppe zur Basilika hoch. Sei es als Dank für eine kurierte Erkrankung, als ein Versprechen oder eine „Seelenreinigung" zur Vergebung der Sünden. Manche verausgaben sich dabei derart, dass die Kirchenoberhäupter immer wieder darauf hinweisen müssen, dass diese Art der Sühne von der Kirche nicht eingefordert werde.

Im krassen Gegensatz dazu steht der portugiesische Ableger des brasilianischen Rockfestivals Rock in Rio, das im Mai fünf Tage lang als **Rock in Rio Lisboa** eine Mega-Open-Air-Party steigen lässt. Alle zwei ungeraden Jahre im Mai verwandelt sich die Alentejo-Stadt Mértola während des Islamischen Festivals in einen marokkanischen Souk.

Sommer – „Verão"

Mit der Sommerhitze kommen auch die Touristen aus aller Welt nach Portugal. Im August sind im ganzen Land Ferien und viele Einheimische machen sich auf den Weg an die Küste zum Badeurlaub. Es sind auch die Monate der Ausgewanderten, die dann in ihr Heimatland zurückkommen, um ihre Familien zu besuchen und Urlaub zu machen. Im August ist Portugal heiß und voll, aber es gibt auch besonders viele Festlichkeiten.

Die Sommermonate gehören den Volksheiligen und Musikfestivals. Der Juni steht **ganz im Zeichen der Santos Populares** („Volksheiligen"): Der 13. Juni ist der Tag des heiligen Antonius von Padua, Schutzpatron von Lissabon. Gefeiert wird ausgiebig vom 12. bis 14. Juni. Bunte Girlanden und Lampions sind dann quer über die engen Gassen der Alfama gespannt. Und Lissabons Prachtstraße Avenida da Liberdade wird zur Bühne für die farbenfrohen *Marchas Populares* („Volksmärsche"), wo Gruppen aus verschiedenen Stadtvierteln in Umzügen mit bunten Kostümen und viel Einfallsreichtum miteinander konkurrieren. Der Wein fließt in Strömen in diesen langen lauen Sommernächten.

Am 23. und 24. Juni wird São João geehrt. Im ganzen Land brennen in dieser Nacht riesige Johannisfeuer. Es ist das Fest mit den ältesten Traditionen, die bis in die Keltenzeit zurückgehen und deren genaue Ursprünge niemand mehr kennt. Besonders ausgiebig feiert die Stadt Porto ihren Stadtpatron. **Die wilde Mittsommernacht von São João do Porto** vereint alle abergläubischen und heidnischen Riten des Landes unter dem Mantel des katholischen Heiligen in sich. In der Sankt-Johannes-Nacht wird die Zukunft beschworen, kommende Hochzeiten und das Wetter werden vorausgesagt. Merkwürdig riechende Kräuter sollen böse Gedanken vertreiben, Lauchstangen durch Unter-der-Nase-Herumfuchteln der Potenz nachhelfen, Plastikhämmerchen Glück bringen, wenn man sie den anderen auf den Kopf schlägt. Was über den Abend hinweg anstrengend werden und einige Beulen verursachen kann. Pärchen schenken sich gegenseitig Basilikumtöpfchen als Zeichen der Treue. Vor allem aber wird getanzt, gesungen, gelacht, gegessen und viel getrunken. Um Mitternacht erstrahlt die Eisenbrücke São Luis I. im bunten Lichterzauber der Feuerwerkskörper (siehe auch das Kap. „Religion und Kirche", S. 112). Der heilige Petrus, **São Pedro,** wird am 29. Juni nicht minder ausgiebig zelebriert. Hier tut sich besonders Évora mit Prozessionen und reichlich Speis und Trank hervor.

Im Juli geht es etwas profaner weiter mit dem **Fest der Roten Westen** *(Festa do Colete Encarnado)* in Vila Franca de Xira, wo die Stierkampfarenen im Mittelpunkt stehen. Die roten Westen sind die typische Tracht der *campesinos,* der Bauern des Ribatejo. Alle vier Jahre Mitte Juli feiert Tomar seine *Festa dos Tabuleiros.* Junge Frauen tragen dort in Umzügen die *Tabuleiros* – riesige blumengeschmückte Kronen – auf dem Kopf durch die Straßen. Die lang gezogenen Metallgestelle sind jeweils mit 30 Broten gefüllt und wiegen bis zu 20 Kilogramm. Eine Taube oder ein Kreuz sitzen obenauf. Tomars Tradition hängt mit den Espirito-Santo-Festen zusammen, die ansonsten nur noch auf den Azoren gefeiert werden (s. S. 132). Die Brote symbolisieren die wohltätige Armenspeisung der Königin Rainha Santa Isabel.

Im August sind es vor allem die Wasserprozessionen, die die größte Aufmerksamkeit finden. In Peniche wird am ersten Augustwochenende die **Schutzpatronin der Fischer** Nossa Senhora da Boa Viagem in einem geschmückten Fischkutter übers Meer gefahren und von Tausenden Menschen mit Kerzen am Kai erwartet. Am vorletzten Augustwochenende feiert Viana do Castelo seine Romaria da Nossa Senhora da Agonia mit einer farbenfrohen Prozession durch die Stadt und auch auf dem Meer. Dazu gibt es die typischen Trachten des Minho, Musikgruppen und Tanzvorführungen.

Eher **dem jungen Publikum gewidmet** ist das MEO Sudoeste im malerischen Küstenort Zambujeira do Mar im Alentejo, das 1997 ins Leben gerufen wurde. Der ansonsten verschlafene Ort platzt Mitte August aus allen Nähten, wenn internationale Rock- und Popbands Tausende Besucher aus dem ganzen Land anlocken. Bis in den September hinein bieten Städte und Gemeinden im ganzen Land Sommerprogramme mit Livemusik sowie kulturellen Veranstaltungen für Besucher und Einheimische. Die Termine findet man im Internet oder bei den Tourismusinfos.

Herbst – „Outono"

Der Herbst ist die Zeit der Ernten und der Weinlese. Die Bäume tragen ein goldgelbes Blätterkleid, die Sonne ist nicht mehr so stechend und die Temperaturen angenehm. Nach dem quirligen Sommer kehrt wieder etwas mehr Ruhe im Land ein.

Der September ist der **Monat der Romarias** („Wallfahrten") zu Ehren der Nossa Senhora dos Remédios in Lamego und der Nossa Senhora da Nazaré im Küstenort Nazaré. Neben den Prozessionen um die Schutzheiligen gehören immer Folkloredarbietungen, Stierkämpfe und viele kulinarische Genüsse zu den Feierlichkeiten dazu. Eines der bekanntesten Feste des Minho sind die traditionsreichen *Feiras Novas,* die am dritten Septemberwochenende in Ponte de Lima mit bunten Trachtenumzügen, Pferdemarkt, Rinderprämierungen und Tänzen gefeiert werden.

Am Douro und im Alentejo wird im September die **Ernte der kostbaren Weintrauben** in zahlreichen Weinfesten zelebriert. Es ist auch der Monat der Kastanien, die jetzt im offenen Feuer gegart am besten schmecken. Verschiedene Orte begehen die Festa da Castanha im September und Oktober.

Ein ebenso traditionsreiches Fest ist die Feira Nacional do Cavalo im November, wo sich im Ribatejo-Ort Golegá alles um das Pferd dreht. Am St.-Martins-Tag (11. November) gibt es Pferderennen, Reitturniere, Stierkämpfe und **Umzüge mit herausgeputzten Rassepferden** und stolzen Reitern.

Das maurische Algarve-Städtchen Aljezur rüstet sich zu seinem Festival da Batata Doce. Die **Süßkartoffel** ist der Schatz der Region und wird dementsprechend ausgiebig gefeiert. Dazu werden allerlei kreative Gerichte rund um die Knolle angeboten.

Fast überall im Land ist der Herbst die Zeit der Räucherwurst-, Käse- und Kunsthandwerksmärkte.

Winter – „Inverno"

Der Winter taucht die Nordregionen in tiefen Nebel oder umhüllt sie mit einem weißen Schneemantel. Am Torre, dem höchsten Punkt des Festlandes in der zentralen Serra da Estrela, kann man dann Ski fahren. Die Algarve und das Alentejo sonnen sich dagegen meist in milden Temperaturen. Zwischen Dezember und Februar **blühen im Süden die Mandelbäume,** ein schönes Naturspektakel aus rosa und weißem Blütenschnee.

Adventskonzerte und Krippen in allen Variationen stimmen in Kirchen und Städten auf das wichtigste katholische Fest ein. Am 25. Dezember ist **Weihnachten (Natal)** in Portugal. In einigen Regionen im Norden hat auch die Noite da Consoada am 24. Dezember Tradition. Auf den Festtisch kommen dann *Bacalhau* und die obligatorischen Rabanadas-Kalorienbomben in Form von in heißem Fett ausgebackenem Teig, der zudem noch in Zucker und Zimt gebadet wird. Auch der *Bolo Rei,* eine Art Hefezopf mit Rosinen und gelierten Früchten, darf bei keinem portugiesischen Weihnachtsfest fehlen. Jedes Jahr ruft die portugiesische Umweltschutzorganisation *Quercus* zu einem ökologischeren Fest mit weniger Müll und sinnvollen Geschenken auf. Vor allem der *Bacalhau* solle doch durch andere Gerichte ersetzt werden, da er durch Überfischung vom Aussterben bedroht ist – was sich allerdings schlecht durchsetzen lässt. Auf der Insel Madeira und in einigen anderen Regionen hat der Honigkuchen *(Bolo de Mel)* Tradition. Um Mitternacht folgen noch viele Familien, zumindest in den traditionell sehr katholischen Regionen, dem Brauch der *Missa do Galo* („Mitternachtsmette") am 24. Dezember. In heutiger Zeit sieht man die Menschen aber eher durch die *Centros Comerciais* (Einkaufszentren) hetzen, die selbst an Heiligabend bis 21 Uhr geöffnet haben. Da werden noch auf die Schnelle die letzten Geschenke besorgt. Denn die Bescherung ist natürlich auch in Portugal Tradition. In manchen Gegenden ist es üblich, nicht nur der Familie, sondern auch Bekannten eine Kleinigkeit

◁ Trommler während des Festumzugs der Feiras Novas in Ponte de Lima

zu schenken. Beim Stammfriseur, der Marktfrau oder dem hilfsbereiten Apotheker bedankt man sich so für die Freundlichkeit während des letzten Jahres. Im Durchschnitt gibt ein Portugiese 300 Euro für Weihnachtsgeschenke aus.

Das Aufstellen eines Weihnachtsbaums ist keine portugiesische Tradition, hat sich aber über die Jahre hinweg eingebürgert. Dieser Brauch kommt aus den nordischen Ländern. Figuren wie das Christkind oder Knecht Ruprecht kennt man in Portugal nicht. Den Weihnachtsmann, der hier „Vater Weihnacht" (*Pai Natal*) heißt, erwarten dagegen auch die portugiesischen Kinder sehnsüchtig. Und auch hier ist er dickbäuchig, langbärtig und kommt in seiner Rentierkutsche. Die Radios spielen die immer gleichen englischsprachigen Weihnachtsklassiker; überall blinken und leuchten bunte Lampen in den Straßen und Jingle Bells schallt aus Lautsprechern auch der winzigsten Dörfer. Wohltätigkeitsorganisationen veranstalten in den Städten Weihnachtsessen für Obdachlose und Bedürftige. In den Supermärkten erhält der Kunde Plastiktüten, um diese am Ausgang gefüllt mit Grundnahrungsmitteln für notleidende Familien zu spenden, was viele Einkäufer auch tun. Am 25. Dezember kommt die Großfamilie zusammen und es beginnt **das eigentliche Festessen** mit allerlei Fleischsorten, Gemüse, Frittiertem und Süßem. Meistens bleibt soviel übrig, dass man einen guten Grund hat, sich nochmals zum Resteverzehren zu treffen. *Roupa Velha* („Alte Klamotten") nennen die Portugiesen diesen Brauch. Der 26. Dezember ist kein offizieller Feiertag und der ganze Spuk ist ganz plötzlich vorbei. Dann beginnt das große Umtauschen der Geschenke und die Shoppingcenter sind wieder voll.

Zwischenzeitlich beginnen schon die Vorbereitungen für das nächste Fest, das auch im katholischen Portugal große Tradition hat. *Passagem do Ano* und *Ano Novo:* Der **Silvesterabend** (auch *Dia de São Silvestre* oder heute oft *Reveillon* genannt) und das neue Jahr werden im ganzen Land mit Marathonläufen, Bällen, Open-Air-Konzerten und dem obligatorischen Mitternachtsfeuerwerk gefeiert. Zum Neujahrstoast gibt es Sekt und Rosinen *(passas)*, die Glück für das Neue Jahr bringen sollen. Man isst 12 Rosinen, für jeden Monat eine, verbunden mit jeweils einem Wunsch. Manche schwören darauf, dass man das neue Jahr mit neuer und am besten blauer Unterwäsche beginnen und einen Geldschein in der Hosentasche haben sollte. Besonders in den Touristenregionen gibt es zahlreiche Angebote zum Jahreswechsel. Bekannt ist das Neujahrsfeuerwerk von Madeira, wenn im Hafen von Funchal Kreuzfahrtschiffe und Hotels in den Feuerwerksreigen einstimmen. Auch an der Algarve wird Silvester ausgiebig gefeiert. Zum Jahresende gehen die Leute lieber in ein Hotel oder auf öffentliche Feiern, niemand bleibt in dieser Nacht gern zu Hause.

In der Nacht zum 6. Januar machen in Bragança junge Männer während der **Festa dos Rapazes** („Fest der jungen Männer") die Straßen unsicher. Nach einem uralten Brauch ziehen sie mit Holzmasken und Röcken verkleidet durch die Stadt und spielen jedem Streiche, der ihnen begegnet. Die *Festa dos Rapazes* ist einer der ältesten Bräuche in Trás-os-Montes.

Im ganzen Land werden die **Janeiras** gefeiert, ein Brauch, der auf römische Neujahrstraditionen zurückgeht. In der ersten Woche des neuen Jahres gehen Gruppen von Männern von Haus zu Haus, singen alte Neujahrsverse und wünschen den Familien Glück. Die Melodie ist immer die gleiche, der Text variiert von Region zu Region.

Hier die gängigste Version, frei übersetzt:

„Vamos cantar as janeiras
Vamos cantar as janeiras
Por esses quintais adentro vamos
Às raparigas solteiras"

„Lasst uns die *Janeiras* singen
Lasst uns die *Janeiras* singen
In jedes Haus hinein werden wir
sie zu den Mädchen bringen"

Der 6.1. ist der *Dia dos Reis*. Der **Tag der Heiligen Drei Könige** ist ein normaler Arbeitstag, traditionell gibt es auch zu diesem Anlass den mit glasierten Früchten gespickten Hefekuchen *Bolo Rei*. In einigen Dörfern ziehen Kinder in Kostümen der Heiligen Drei Könige auf Pferden oder Eseln durch die Gassen und singen vor den Häusern. In der zweiten Januarwoche feiert Aveiro sein Fest „Festa das Cavacas" zu Ehren des São Gonçalinho, dem Schutzpatron der Stadt. Vom Dach der São-Gonçalo-Kapelle werfen die Einwohner an diesem Tag *cavacas doces* (süße Brötchen) in die Menschenmenge, als Dank für kurierte Knochenleiden oder gelöste Eheprobleme. Mit Netzen an langen Stielen werden die Brötchen aus der Luft aufgefangen.

Mit dem **Februar** rückt die Zeit des Karnevals näher. Der **Carnaval à Portuguesa** bietet von brasilianisch anmutenden Umzügen bis zu heidnisch geprägten Ritualen alles. Während sich die Veranstaltungen in den Touristenregionen, hier vor allem der *Carnaval von Loulé,* dem bunten Treiben von Sambatänzern und rhythmischer Musik verschrieben haben, ziehen während der traditionellen *Festa dos Rapazes* von Lazarim in Trás-os-Montes junge Männer, heute auch schon Mädchen, mit handgeschnitzten fratzenartigen Holzmasken durch die Straßen. Der Brauch ist der gleiche wie in Braganca, nur dass er diesmal zu Karneval veranstaltet

Stierkampf auf Portugiesisch

*Das Kräftemessen zwischen „cavaleiros" und „touros" hat auch in Portugal
Tradition, obwohl das blutige Treiben im eigenen Land umstritten ist. Bei
der portugiesischen tourada geht es hauptsächlich um Geschicklichkeit und
das Können von Reiter und Pferd im gefährlichen Spiel mit dem gereizten
Stier. Dabei spielt die klassische Reitkunst eine große Rolle. Die „toureiros"
und Reiter tragen Kostüme aus dem 18. Jh., als der Stierkampf in Portugal
seine Blütezeit erlebte. Daneben erfreut sich die nur in Portugal existierende
Variante pega mit unberittenen Treibern großer Beliebtheit.*

*Obwohl nach portugiesischem Gesetz das Töten des Stiers in der Arena
verboten ist, verläuft das Spektakel keineswegs unblutig. Das vor Wut to-
bende Tier wird mit pinkfarbenen Mänteln, den „capas" (auch „capotes"
oder „muletas"), provoziert. Während seiner gewagten Ausweichmanöver
stößt der festlich gekleidete „cavaleiro" immer wieder geschmückte „farpas"
(Spieße mit Widerhaken) in den Nacken des „touros". Das Publikum tobt
und johlt auf den Rängen. Wenn die „farpas", deren Größe und Anzahl unterschiedlich ist, platziert sind, wird das Tier aus der Arena geführt und je
nach Verletzungsgrad entweder sofort oder erst am nächsten Tag getötet.
Grausam bleibt auch diese Variante.*

*Eine „tourada" dauert normalerweise um die drei Stunden und führt sechs
Stiere vor. Bei der pega begeben sich acht bis zehn wagemutige Stiertreiber,
die forcados, zu Fuß in die Arena, um den jeweils hereingelassenen Stier mit
bloßen Händen zu überwältigen. Meist handelt es sich hier um Amateure,
die als Preis nur die Anerkennung des Publikums erhalten und nicht selten
dabei ihr Leben aufs Spiel setzen. Eine Gruppe von „peões" (wörtlich: „Fußgänger") lenkt den Stier ab, während der führende Stiertreiber, der „cara",
den Stier frontal angreift und sich zwischen die Hörner wirft. Die anderen
kommen von der Seite und von hinten, bis das Tier zum Erliegen gebracht
ist. Die bedeutendsten Stierkampfzentren finden sich im Ribatejo: Vila Franca de Xira, Santarém, Coruche und Golegã sind bekannt für ihre festlichen
Aufführungen. An der Algarve wird der Stierkampf hauptsächlich für die
Touristen veranstaltet. In Barrancos im Grenzbereich Alentejo/Spanien darf
der Stier seit 2002 mit einer gesetzlichen Ausnahmeregelung in der Arena
getötet werden, was in der Bevölkerung auf geteilte Meinungen stößt.*

*Eine Stierkampfvariante ähnlich der von Pamplona gibt es auf den Azo-
ren. Dort wird auf der Insel Terceira die „Tourada à corda" praktiziert. Dabei werden in der Regel nacheinander vier Stiere mit einem 80 Meter langen
Strick um den Hals durch die Straßen gejagt und in einem ziemlich archai-
schen Spektakel von wild herumlaufenden Menschen provoziert. Immer wieder gibt es dabei Verletzte.*

wird. Die Maskierten toben wild durch die Gegend, machen mit Rasseln und Geschrei einen Heidenkrach und erschrecken jung und alt. Karnevalsumzüge gibt es von Nord bis Süd mit Tanz- und Musikgruppen, mal mit politischen Themenwagen, Großkopfpuppen und mancherorts auch mit lokalhistorischen Themen. Einer der typischsten Karnevalsumzüge ist beispielsweise der *Desfile de Carnaval* von Alte im Algarve-Hinterland. Besonders schön und farbenprächtig ist der *Carnaval da Madeira,* der jedes Jahr Touristen aus aller Welt anzieht.

Zeitgenössische Kinofreunde kommen derweil beim international anerkannten **Filmfestival Fantasporto** in Porto auf ihre Kosten. In der zweiten Februarhälfte widmet sich die Stadt ganz der cinematografischen Kunst.

Regionale Besonderheiten

Drei Brauchtümer sollen besonders hervorgehoben werden, weil sie einerseits typisch portugiesisch und andererseits regionalspezifisch sind.

Cantes Alentejanos – Bewegende Stimmen aus dem Alentejo

Die Gemeinde Monsaraz im Alentejo hat den Choralgesang der *Cantes Alentejanos* („Alentejanische Gesänge") zum lokalen Kulturerbe erklärt und im Jahr 2014 wurde der *Cante Alentejano* von der UNESCO in die Liste des immateriellen Weltkulturerbes aufgenommen.

⌃ Cante Alentejano: Männerstimmen aus dem Alentejo,
Chor aus Vila Nova de São Bento beim Umzug in Serpa

Die *Cantes* sind eine Eigenart der Alentejo-Provinz. Traditionell von Männern gesungen, **verbinden sie volkstümliche Weisen mit polyphonen Stimmen.** Die genauen Ursprünge sind nicht bekannt. Manche bringen die *Cantes* mit Gregorianischen Gesängen in Verbindung, andere schreiben sie wegen den Ähnlichkeiten mit arabischem Gesang dem maurischen Erbe zu. Wieder andere meinen, sie seien ein regionalspezifischer Ausdruck der hiesigen Landbevölkerung.

Es gibt zahlreiche Chöre, fast jedes Alentejo-Dorf hat einen eigenen *Rancho* (Folkloregruppe). Die Männer treten meist Arm in Arm auf, gekleidet mit Halstüchern und Hüten. Der Gesang wird von zwei Parallelstimmen und einer höheren Stimme getragen, Tenor, Bariton und Chor sind die Grundlagen. Die Melodien sind sehr melancholisch und emotional. Es geht um das Leben, die Liebe, um Leid und Nostalgie und seit 1974 auch manchmal um Politik. Vor der Revolution waren kritische politische Texte und Äußerungen verboten. Hauptthema bei den *Cantes Alentejanos* ist und war jedoch die Heimatverbundenheit. Sorgen macht den Gruppen der Nachwuchs, denn die meisten Mitglieder sind zwischen 50 und 70 Jahren alt – und es kommen wenige nach.

Das Heilig-Geist-Fest, „Espirito Santo", auf den Azoren

Das Heilig-Geist-Fest ist der feierliche Höhepunkt des Festkalenders der neun Azoreninseln. Am intensivsten wird es auf der Insel Terceira gefeiert. Dort stehen auch die schönsten und ausgefallensten **Heilig-Geist-Kapellen,** die *Impérios de Espirito Santo.* Zuckerbäckerbunt und wie kleine Häuschen sehen sie aus, geschmückt mit Taube, Krone und Zepter, eine architektonische Besonderheit, wie sie nur auf den Azoren vorkommt.

Das Brauchtum der *Festas do Espirito Santo* kam mit Königin Isabel von Aragon im 13. Jh. nach Portugal (siehe auch das Kap. „Religion und Kirche", S. 112). Ursprünglich stammte das Fest aus Frankreich und war als Wohltätigkeitshilfe für Kranke und Bedürftige gedacht. *Rainha Isabel* führte den Brauch ein, einen armen Bauern für einen Tag lang zum Kaiser zu ernennen. Dies geschieht auch heute noch. Jedes Jahr wird symbolisch ein anderer „Kaiser" aus dem Dorf bestimmt, der feierlich mit Zepter und Silberkrone zum Alleinherrscher gekrönt wird. Auf manchen Inseln ist dies traditionsgemäß ein Kind. Vor dem Haus des Auserwählten wird ein Altar aufgebaut. Die Familie des Kaisers verteilt während des Festes Brot und Fleisch an die arme Bevölkerung. Der Weg vom Haus des *Imperador* bis zum *Império* („Kaiserreich", in diesem Fall Kapelle) im jeweiligen Ort ist während der Festtage mit Blumen und Fähnchen geschmückt. Es gibt Umzüge und Prozessionen, die Mädchen tragen weiße Spitzenkleidchen und Kronen im Haar. Höhepunkt ist die Ausgabe der „Heilig-Geist-

Extrainfo 10 (s. S. 7): Trailer zur Dokumentation „Alentejo, Alentejo" des brasilianischen Regisseurs Sérgio Tréfaut, der sich hier der Tradition des Chorgesangs Cante Alentejano widmet

Suppe", *Sopa do Espirito Santo,* die an jeden Anwesenden verteilt wird. Der *Imperador* hat für ausreichend Nachschub zu sorgen und erhält dafür zuvor Spenden von Dorfbewohnern und Besuchern. Organisiert wird das Ganze von den Heilig-Geist-Bruderschaften.

Die Espirito-Santo-Feste finden jedes Jahr zwischen Pfingsten und der ersten Oktoberwoche statt. Jede Insel und jeder Ort feiert an einem eigenen Termin mit jeweils unterschiedlichen Abläufen. Die ausgewanderten Azoreaner kommen dann zum Mitfeiern aus Kanada oder den USA zurück auf ihre Insel. Heute werden die Heilig-Geist-Feste in dieser Form nur noch auf den Azoren gefeiert, auf dem Festland gibt es nichts Vergleichbares mehr.

Matança dos Porcos – die alte Tradition des Schlachtfestes

Seit Jahrhunderten waren Hausschlachtungen in Portugal Tradition. Heutzutage sind sie aus hygienischen Gründen vom Staatlichen Gesundheitsamt untersagt. Trotzdem finden immer wieder private Schlachtfeste statt, was kaum kontrolliert werden kann. Auch Tierschützer sprechen sich vehement gegen die „Tierquälerei" aus, denn **die Schweine werden geschächtet** und nicht jeder Schächter beherrscht den exakten Todesschnitt mit dem Messer, was dem Tier schreckliche Todesqualen bereiten kann. In der jüdischen Tradition wie auch bei den Muslimen ist die Schächtung seit Jahrtausenden gang und gäbe.

⌃ Detail einer Espirito-Santo-Kapelle auf der Azoreninsel Terceira

Früher besaß fast jede Familie auf dem Land wenigstens ein *porco,* das im Hinterhof gemästet und **meistens kurz vor Weihnachten geschlachtet** wurde. Wohlhabendere Familien konnten gar fünf- bis sechsmal pro Jahr ein Schlachtfest feiern. Vor allem auf der Insel Madeira und den Azoren, aber auch auf dem Festland erfreuten sich Dorfschlachtungen großer Beliebtheit. Heute ist die Hausschweinhaltung selten geworden.

Da viele junge Familien die Dörfer verlassen und die Alten wegsterben, hat sich der Brauch inzwischen als **gemeinsames Fest mehrerer Familien** durchgesetzt. Das Schwein wird mit dem Messer getötet, muss dann ausbluten, wird mit einem Feuerbrenner enthaart und dann ausgenommen. Die Männer schneiden das Fleisch in Portionen, die Frauen rühren derweil das Blut und beginnen mit dem Kochen, Darmauswaschen und Wurstmachen. Dann wird gemeinsam gegessen und getrunken bis in die Nacht hinein.

Besonders schön anzusehen ist das Ganze freilich nicht und nichts für empfindliche Seelen und Mägen. Bei der jüngeren Generation ist dieses Ritual auch deshalb nicht sonderlich beliebt und droht allmählich in Vergessenheit zu geraten.

Volkstänze

Auch Tänze und Trachten variieren von Region zu Region. Die Algarve tanzt den *Corridinho,* ein schneller Paartanz, bei dem die Mädchen innen und die Männer außen tanzen und sich im Duett um die eigene Achse drehen. Auf der Insel Madeira gibt es **diverse regionale Tänze,** der bekannteste ist der *Bailinho da Madeira,* ein Gruppentanz, bei dem Frauen und Männer die Arme nach oben halten und sich wiegend hin- und herschwingen. Begleitet werden sie vom *Brinquinho,* ein kastagnettenähnliches Holzinstrument, das typisch für die Insel ist. Traditionelle Tänze *(Vira, Chula, Cana Verde, Malhão)* aus dem Minho sind vor allem wegen der farbenfrohen Trachten der Frauen bekannt. Im Ribatejo wird der *Fandango* getanzt, eine Art Werbungstanz, bei dem Männer in traditionellen roten Westen (der typischen Bauerntracht) rund um die Frauen kreisen und ihnen enthusiastisch zurufen, um ihre Aufmerksamkeit zu gewinnen.

Tanz der Pauliteiros aus Miranda do Douro

Miranda do Douro im Nordosten Portugals ist eine Region, die besonders stark in ihren Traditionen und Bräuchen verwurzelt ist. Abgesehen von der einzigen Minderheitensprache im Land, dem *Mirandês,* gibt es hier auch einen Tanz, der für Portugal außergewöhnlich ist. Acht Männer in kiltähnliche Röcke gekleidet schlagen 45 cm lange Stöcke gegeneinan-

Extrainfo 11 (s. S. 7): Youtube-Video zum
Tanz der Pauliteiros de Miranda

der und drehen sich dabei schnell im Kreis und durcheinander. Traditionell finden die Auftritte vor Kirchen und Kapellen statt, sie werden von Dudelsackmusik und Triangelklängen begleitet. Zum Abschluss des Tanzes bilden sieben Männer eine Menschenpyramide, die der achte überspringen muss.

Historiker sind sich uneinig über die genauen **Ursprünge dieses Tanzes.** Man geht davon aus, dass der Brauch auf die Eisenzeit zurückgeht und sich von Transsilvanien aus in ganz Europa verbreitete. Andere meinen, es handele sich hier um einen typischen Kriegstanz der griechischen Antike. Einen ähnlichen Tanz gab es im Mittelalter auch im Süden Frankreichs und in der Schweiz, weshalb wieder andere Experten den Römern die Urheberschaft zuordnen. Woher auch immer, die Tradition des *Dança dos Pauliteiros* wird in den Dörfern der Region Miranda sehr ernst genommen.

Sonstige Feiertage

Einige der von der Troika während der Finanzkrise abgeschafften Feiertage wurden unter der Regierung Costa wieder eingeführt. Die Portugiesen nutzen Feiertage gerne für ein verlängertes Wochenende, das sie mit Vorliebe an der Küste verbringen.

- 1. Januar *(Ano Novo)* – Neujahrstag
- 14. Februar *(Dia dos Namorados)* – Valentinstag, kein offizieller Feiertag
- Faschingsdienstag *(Carnaval)*
- Karfreitag *(Sexta-Feira Santa)*
- Muttertag *(Dia da Mãe)* – 1. Sonntag im Mai, nicht wie im Rest der Welt am 2. Maisonntag, kein offizieller Feiertag
- 25. April *(Dia da Liberdade)* – Nationalfeiertag anlässlich der Nelkenrevolution von 1974
- 1. Mai *(Dia do Trabalhador)* – Tag der Arbeit, wird mit Gewerkschaftskundgebungen begangen
- 10. Juni *(Dia de Camões)* – Nationalfeiertag zum Todestag des Dichters *Luís de Camões*
- 15. August *(Dia da Asunção)* – Mariä Himmelfahrt
- 5. Oktober *(Dia da República)* – Tag der Ausrufung der Republik
- 1. November *(Todos os Santos)* – Allerheiligen
- 1. Dezember *(Dia da Restauração)* – Tag der Befreiung von der spanischen Fremdherrschaft 1640
- 8. Dezember *(Dia da Imaculação)* – Mariä Empfängnis
- 25. Dezember *(Natal)* – Weihnachten

Ser e Sentir – vom Sein und Fühlen

„Wenn das Herz denken könnte, stünde es still."
(Fernando Pessoa, aus „Buch der Unruhe")

Das Land der drei „F" – Fado, Fußball, Fátima

Es besteht kein Zweifel, dass das heutige Portugal nicht mehr mit dem rückständigen, armen Land des vergangenen Jahrhunderts zu vergleichen ist. Dennoch ist es immer noch offensichtlich, wie Denkweisen und Verhalten aus der Zeit des *Estado Novo* bis in die Gegenwart hineinwirken. Die drei „F", die Salazar für seine staatliche Propaganda nutzte, sind auch heute noch aktuell. **Fado** ist nach wie vor die beliebteste Musik im Land und die bekannteste im Ausland. **Fußball** ist das nationale Fieber, von dem Männer, Frauen und Kinder gleichermaßen befallen sind. **Fátima** ist nicht nur Portugals wichtigstes Heiligtum, sondern auch einer der vier weltweit bedeutendsten Wallfahrtsorte der Katholischen Kirche. Obwohl viele der heute 20- bis 30-Jährigen wenig über die Geschichte der Ära Salazar wissen, sind die psychischen Traumata der Eltern präsent. „Der Salazarismus war eine Krankheit, die das portugiesische Volk in die Knie zwang und am Boden zerstört zurückließ. Eine Krankheit des Geistes (und des Körpers)", schreibt der Soziologe José Gil in seinem (leider nur auf Portugiesisch erhältlichen) Buch „Portugal hoje, o Medo de Existir", übersetzt heißt das „Portugal heute, die Angst zu existieren".

Mythos Saudade – Sehnsucht mit Ansteckungspotenzial

Man sagt den Portugiesen nach, sie seien rückwärtsgewandt und schicksalsergeben: *É assim a vida!*

Natürlich gibt es nicht nur mit dem Schicksal hadernde Portugiesen, sondern sehr wohl auch viele tatkräftige, positiv denkende junge Menschen mit Visionen. Häufig sind dies erfolgreiche Leute, die vor allem im Ausland ihren Weg gehen und später wieder zurückkommen. Vielleicht flüchten sie auch vor der noch bis vor Kurzem hemmenden pessimistischen Grundstimmung im Land. Mit den entsprechenden Rahmenbedingungen fällt es leichter, seine Stärken zu entwickeln. Aber Heimweh nach Portugal haben alle, auch die, die ihr Glück im Ausland fanden.

Denn **die Melancholie liegt wie ein dunkler Schleier über Portugal** – und immer wenn etwas schief geht, ist von Verschwörung die Rede. Die Vorstellung vom *país pequeno,* dem kleinen Land, das von den großen ausgetrickst wird, ist noch immer ein Thema. Sei es im Sport, in der Politik oder der Wirtschaft, immer fühlt man sich als Opfer. Kritische Stimmen im Land halten dagegen, dass Opfer nur der ist, der sich selbst in die Passivrolle begibt. Der Sieger sei immer der Aktive. Leicht gesagt, wenn die Seele schwermütig ist, entgegnen die anderen. Also verharrt man in einer Art Wartehaltung. **Warten und Hoffen,** dafür haben die Portugiesen ein und dasselbe Wort: *esperar.* Bei den jüngeren Portugiesen kann man einen wesentlichen Mentalitätswandel erkennen. Sie sind viel optimistischer und aktiver, was die Gestaltung der Zukunft Portugals betrifft.

Womöglich ist Portugal das einzige Land der Welt, das in selbstversunkener Melancholie schwelgt und sich ausdrücklich dazu bekennt. Wenn man es genau nimmt, lebt es gar davon. Ob in Reiseführern oder bei Schriftstellern aus aller Welt: An der *saudade* kommt niemand vorbei, wenn von Portugal die Rede ist.

Das Wort hat wahrscheinlich seinen Ursprung im lateinischen *solitudo* – „Einsamkeit". Daraus wurde später *solidade, soldade* und letztendlich *saudade.* Eine Empfindung von Einsamkeit oder besser ausgedrückt ein „Sich-unverstanden-Fühlen" scheinen die Portugiesen mit der Muttermilch aufzusaugen. Mit dem lange Zeit feindlich gesinnten Spanien als Bollwerk gegen den Rest Europas blieb nur der Blick aufs weite Meer, der manch einen zur Schwermut verleitete. Salazar erklärte die **Isolierung vom Rest der Welt** zum Ideal, auf das man stolz sein solle.

◁ Kerzenopfer im Wallfahrtsort Fátima

Von „Sodade" singt auch die kapverdische Sängerin Cesária Évora in einem ihrer bekanntesten Lieder über die portugiesische Kolonialzeit. Die *saudade* gehört zu Portugal wie der *Fado* und der Wein. Ein Meister der in Worte gefassten Sehnsucht war unbestritten Fernando Pessoa, der seiner Schwermut gleich in verschiedenen eigens erschaffenen Charakteren Ausdruck verlieh.

Fernando Pessoa – ein einsames Genie

„Wir alle, die wir träumen oder denken, sind Buchhalter und Hilfsbuchhalter in einem Stoffgeschäft oder in einem Geschäft mit einem anderen Stoff in irgendeiner anderen Altstadt. Wir führen Buch und erleiden Verluste; wir summieren und gehen dahin; wir schließen die Bilanz und der unsichtbare Saldo spricht immer gegen uns."
(Quelle: „Das Buch der Unruhe")

Ein unscheinbarer magerer Mann mit schwarzem Anzug und schwarzem Hut, blass, Brillenträger, mit einem kleinen Schnauzbart, im Café sitzend oder ernst durch die Straßen Lissabons spazierend - so kennt man ihn von Abbildungen oder nach eigenen Beschreibungen. Fernando Nogueira de Saabra Pessoa, der bekannteste portugiesische Dichter und Schriftsteller des 20. Jahrhunderts ist ein Phänomen. 1888 in Lissabon geboren, teilweise in Südafrika aufgewachsen, verdiente er sich sein Geld als Buchhalter und Schreiber für verschiedene Zeitungen. Er vereint vieles in sich: umstrittenes Genie und schwermütiger Philosoph, Meister des Verses und der Prosa, Magier der Worte, der die portugiesische Sprache wie kein anderer zu nutzen wusste. „Pessoa" bedeutet wörtlich Person und sein Nachname mag ein Omen für die „Vervielfältigung seiner selbst" gewesen sein. Nicht nur eine Person, zahlreiche Charaktere prägten Pessoas Werke. Er war der eigenbrötlerische Álvaro de Campos, der dichtende Arzt Ricardo Reis, der grübelnde Bernardo Soares oder der romantische Poet Alberto Caeiro: Persönlichkeiten, die er erfand und als „Heteronyme" benutzte. In jedem von ihnen steckte ein Teil von Pessoa selbst und er war alle zusammen. Die Einmaligkeit seiner Sprachgewalt drückt sich in seinen komplizierten Satzkonstellationen aus, die von unglaublicher mentaler Wachheit zeugen.

⊳ Poet mal drei: Heteronyme von Fernando Pessoa auf der Tourismusmesse BTL in Lissabon

Extrainfo 12 (s. S. 7): Beitrag des Deutschlandfunk von 2015: „Eine Lange Nacht über Fernando Pessoa"

Aber was bedeutet eigentlich dieser vage Begriff, für den es noch nicht einmal eine wörtliche Übersetzung gibt? Ist es Wehmut, Sehnsucht, Nostalgie, Schwermut, Weltschmerz, Fernweh oder Heimweh? Eigentlich umfasst die *saudade* alles zusammen. Es ist **ein trauriger Gemütszustand, dessen Grund der Betroffene selbst nicht definieren kann.** Viele meinen, die *saudade* hänge mit dem Sebastianismus zusammen, dem ewigen Hof-

Eines seiner Meisterwerke ist das „Livro do Desassossego": Das „Buch der Unruhe des Hilfsbuchhalters Bernardo Soares" erschien 1982, 47 Jahre nach Pessoas Tod. Darin fasste er die Gedanken und Aufzeichnungen seines Heteronyms Bernardo Soares zusammen. Der lebt als einfacher Angestellter in der Rua dos Douradores in Lissabon, hinterfragt die Welt und stellt gleichzeitig seine eigenen Antworten in Zweifel.

1935 starb Fernando Pessoa in Lissabon einsam und fast unbekannt an Leberzirrhose. Sein Genie wurde erst viel später entdeckt. Sein einziges zu Lebzeiten veröffentlichtes Buch ist „Mensagem" (Botschaft) mit 44 Versen zur Geschichte Portugals. In einer Truhe in seinem Haus fand man die handgeschriebenen Manuskripte und immer wieder tauchen unveröffentlichte Schriften auf. Vielleicht war Fernando Pessoa die Personifizierung der portugiesischen Seele und Andersartigkeit. Der Schweizer Historiker Georg Rudolf Lind (1926–1990) erschloss das Werk Fernando Pessoas im Züricher Amman Verlag erstmals für die deutschsprachige Welt.

Coimbra –
viel besungene Universitätsstadt am Rio Mondego

Die Kleinstadt mit dem großen Namen ist vor allem wegen ihrer ehrwürdigen „Universidade" und den traditionsreichen Fakultäten der Medizin, Literatur, des Rechts und der Ökonomie bekannt. Die „Biblioteca Joanina" beherbergt eine der schönsten Barockbibliotheken des Landes und eine der wichtigsten Sammlungen portugiesischer Literatur. Viele bedeutende Führungspersönlichkeiten waren einst Studenten in Coimbra, darunter sechs Staatspräsidenten und drei Premierminister. Wer in Coimbra studiert, dem stehen die Türen zur Macht offen, sagt man in Portugal.

Die studentischen Traditionen werden in Coimbra sehr ernst genommen, manche sind seit dem Mittelalter unverändert. Immer noch üblich sind die „capas negras" oder „capa e batina", die schwarzen Umhänge. Darunter trägt Mann Anzug und Frau Kostüm, dazu einen Zylinder mit farbigem Band, das die Fakultätszugehörigkeit markiert. Rote Bänder kennzeichnen Jurastudenten, gelbe die Mediziner und blaue die Literaten. Dieses Studentenoutfit ist für besondere Feierlichkeiten gedacht, manche tragen es auch in der Uni zu normalen Vorlesungen. Das jährliche Spektakel der „Queima das Fitas" - das Verbrennen der Fakultätsbänder, ist ein jahrhundertealtes Ritual der Studenten Coimbras. Zum Ende des Studienjahrs, aber noch vor dem Monat der Abschlussprüfungen, werden die traditionellen Fakultätsbänder symbolisch verbrannt und dann wird eine Woche lang ausschweifend gefeiert, bis die Examen beginnen. Auch die sogenannten „praxes" - die Einführungsriten für Studienanfänger, die teilweise wegen ihrer diskriminierenden und gewaltsamen Natur umstritten sind, werden noch immer praktiziert. Dabei kam es auch schon zu Todesfällen. Die Methoden sollen nun reguliert werden, was sich aber in den einzelnen Fakultäten sehr schlecht kontrollieren lässt.

Die Studenten leben in Privatzimmern, Wohnheimen oder Wohngemeinschaften. Letztere heißen in Coimbra „Repúblicas". Deren Gründung geht auf das Jahr 1309 zurück, als König Dinis den Bau spezifischer Wohnhäuser als Studentenresidenzen im historischen Stadtviertel Almedina anordnete. Die „Repúblicas" sehen sich ihrer langen Tradition auch verpflichtet. Von den einst 25 geschichtsträchtigen „Repúblicas" sind acht übrig geblieben. Sie werden von der Universität subventioniert und bieten entsprechend günstige Wohnmöglichkeiten. Manche leisten sich dafür auch eine Köchin und Putzfrau. In einer „República" wohnen normalerweise 6 bis 10 Studenten. Das Bleiberecht besteht auf Lebenszeit und viele Ehemalige kommen noch nach Jahrzehnten auf einen Sprung vorbei. Die Türen einer

Extrainfo 13 (s. S. 7): Link zur Seite der Deutschen Welle mit einem Videobeitrag über die Studentenstadt Coimbra

*República" stehen immer für jeden offen. Wer nur zum Essen und Disku-
tieren kommen will, setzt sich mit an den Tisch und lässt danach ein paar
Münzen da. Ansonsten herrscht das geregelte, strikt demokratische Chaos.
Jedes Mitglied ist für eine Aufgabe veranwortlich, sei es die Führung der
Haushaltskasse, Reparaturen oder die Organisation der Feste. Mittag- und
Abendessen werden immer gemeinsam eingenommen. Vor allem gilt eine
Regel: Ein Tag ohne Party ist kein República-Tag. Wer hier wohnt, muss
trinkfest sein und Durchhaltevermögen haben. Die Bewohner der „Repúblicas" sind von jeher politisch engagiert und setzen auf linke Kritik. Viele stu-
dentische Bewegungen und politische Aktionen wurden von hier aus organisiert. Auch der für Coimbra typische „Fado" ist hier entstanden. Er wird
traditionell von Männern vorgetragen und handelt von den Themen Politik, Studentenleben und Liebe. Weltruhm erlangte das Fado-Stück „Coim-
ra", besser bekannt als „Abril em Portugal", 1930 komponiert, durch Amália Rodrigues bekannt geworden und von berühmten Interpreten wie Louis
Armstrong und Bing Crosby gesungen. Coimbras „Fado" wird vor allem
bei den „Serenatas" am Ende des Studiums gesungen. Dann stehen gerühr-
te Studenten des Abschlussjahrganges um Mitternacht vor der Kathedrale
von Coimbra und singen von der „Guitarra portuguêsa" begleitet ihr Ab-
schiedslied an die Stadt und die Studienzeit. Dies sind meist sehr emotionale
Momente, wo schöne Männerstimmen Balladen wie „Lacrima" vortragen,
während wahrhaftige Tränen fließen.*

◹ Die Universidade de Coimbra (hier Uhrenturm, Via Latina und Faculdade de
Direita) kann man auch besichtigen

fen auf bessere Zeiten und der Trauer über das Vergangene (siehe auch den Exkurs „Dom Sebastião – die verloren gegangene Zukunft", S. 58) Ihren Ausdruck findet sie im melancholischen *Fado,* der Musik der Nation. Liebe, Schmerz und Tragik werden in bittersüßen Versen zu weinender Gitarre besungen. Was auf ausländische Besucher oft depressiv wirkt, ist für die Portugiesen ein Normalzustand. Fröhlichkeit und natürliche Ausgelassenheit sind nicht unbedingt ein Markenzeichen des Landes. Im Gegenteil, man ist stolz auf diese typisch portugiesische Seele mit Tiefgang. Es gibt auch kritische Stimmen, die in der *saudade* die Quelle allen Übels des Landes sehen. Der portugiesische Essayist und Literaturwissenschaftler Edurardo Lourenço, der in den 1950er-Jahren auch in Hamburg und Heidelberg als Universitätsdozent lehrte, widmete ihr ein ganzes Buch. In „Mythologie der Saudade" spricht er den Portugiesen einen Mangel an Realismus zu. (Vielleicht erklärt dies, warum die Portugiesen lieber von vergangenem Ruhm träumen, als sich der Wirklichkeit auszusetzen.) Die *saudade* sei eine „Schwermut ohne wahre Tragik", sagt er. Und: „Die Portugiesen sehen in der *saudade* das, was ihr Geheimniss ausmacht, die Grundlage ihres Existenzgefühls; so ist ein Mythos aus ihr geworden."

Fado – portugiesischer Blues

Das Wort *Fado* stammt vom lateinischen *fatum* („Schicksal") ab. Es gibt verschiedene Theorien zu den Ursprüngen dieses einzigartigen in Portugal heimischen Musikstils. **Der Fado ist die vertonte Seele Portugals.** Er erzählt von Licht und Schatten, Freude und Nostalgie, der Lust am Leid und am Leben. Die einen meinen, der schwermütige Gesang wäre mit den Mauren und deren religiösen Gebetsmelodien nach Portugal gekommen. Andere vertreten die These, brasilianische Sklaven hätten ihr Wehklagen in traurigen Liedern zum Ausdruck gebracht und die Seefahrer sollen die Texte und Melodien dann mit ihren Erlebnissen vermischt und weiterentwickelt haben. Wieder andere bringen den *Fado* mit dem Minnegesang des Mittelalters in Verbindung. Schließlich wurden auch hier Liebe, Leid und Heldentum thematisiert. Wer auch immer Recht behält, ihren Anfang nahm die Geschichte der schicksalsschwangeren Weisen in Moll in den Spelunken der Hafenviertel. Dort wurde sie von *marinheiros* („Seemännern"), Gaunern und Prostituierten als Musik des einfachen Volks gesungen.

▷ Das berühmte Gemälde „Fado" von José Malhoa im Museu do Fado in Lissabon

Auf dem Festland **haben sich zwei Stile herausgebildet.** Der *Fado* der Universitätsstadt Coimbra ist politisch geprägt und wird von Studenten vorgetragen, die in kritischen Liedern Missstände anprangern. Er ist sehr emotional und wird traditionsgemäß von Männern interpretiert. In Lissabon treten meistens Frauen als *fadistas* auf, begleitet von zwei Männern, die mit der zwölfsaitigen metallisch klingenden *Guitarra portuguesa* und einer tieferen Akkustikgitarre den Rhythmus vorgeben. Die Künstlerinnen sind traditionell in Schwarz gekleidet und tragen eine Stola in Erinnerung an die erste berühmte *fadista* Maria Severa Onofriana (1820–1846), die als *A Severa* („Die Intensive") in die portugiesische Musikgeschichte einging. Julio Dantes widmete ihr einen Roman, der 1931 als erster portugiesischer Tonfilm mit dem Titel „A Severa" in die Kinos kam. Eine richtige *fadista* singt nicht einfach ihr Repertoire herunter. Sie lebt und verkörpert die Lieder. Die Portugiesen sagen, **nach einem guten Fado muss man weinend aus der Vorstellung gehen.**

Vorgetragen wird der *Fado* in Lokalen und Tavernen, heutzutage meist in touristischen Restaurants. Oft werden Gesangsdialoge inszeniert, die rhythmischer gesungene improvisierte Wortgefechte darstellen *(fado vadio)*. Die unvergessene Amália Rodrigues brachte es mit ihrem bekanntesten Lied auf den Punkt: „ ... *isto existe, isto é triste, tudo isto é Fado!"* – „ ...das existiert, das ist traurig, all das ist *Fado!"* Amália selbst erklärte kurz vor ihrem Tod die junge Sängerin Mísia zu ihrer offiziellen Nachfolgerin.

okápia

Wenn Mísia mit bleich geschminktem Gesicht, schwarzem Pagenschnitt und kirschrotem Mund auf den Bühnen des In- und Auslands steht und singt, wirkt sie wie eine zerbrechliche Porzellanpuppe aus einer Märchenwelt. Auch andere junge Künstlerinnen treten in Amálias Fußstapfen. Im Ausland erfolgreich ist neben Mísia vor allem Mariza, die den traditionellen *Fado* mit modernen Akzenten und Texten präsentiert. Die stimmgewaltige *Dulce Pontes* mischt ihre Fado-Interpretationen auch schon mal frech mit Synthesizern auf. Ana Moura, Gisela João, Mafalda Arnaulth, Cristina Branco, Cuca Roseta, Joana Amendoeira, Raquel Tavares oder Katia Guerreiro sind bekannte zeitgenössische *fadistas*. Die erfolgreichsten männlichen Vertreter sind der Veteran Carlos do Carmo und sein Nachfolger Camané.

Amália Rodrigues – die Stimme Portugals

Die bekannteste portugiesische Künstlerin wurde 1920 in Lissabon geboren. Amália enstammte einer armen Familie und wuchs im Lissabonner Stadtteil Alfama auf. Sie begann ihre Karriere mit 19 Jahren im Nachtklub Retiro da Severa. Musikproduzenten wurden auf sie aufmerksam und sie erhielt ihre ersten Plattenverträge. Sie nahm mehr als 170 Platten auf und spielte in unzähligen Filmen mit. Als **„Königin des Fado"** begeisterte sie auf allen bedeutenden Bühnen der Erde. Sie trug den *Fado* und damit die portugiesische Kultur in den 1950er- bis 1970er-Jahren in die Welt hinaus, 50 Jahre lang war sie die Stimme Portugals.

Der in Lissabon geborene und aus einer jüdischen Traditionsfamilie stammende **Komponist Alain Oulman** schrieb einige der größten Erfolge Amálias. Später wurde er als Aktivist der kommunistischen Widerstandsbewegung gegen das Salazarregime von der PIDE verhaftet. Amália konnte zwar seine Befreiung ermöglichen, er musste aber nach Frankreich ins Exil emigrieren.

Amália Rodrigues erhielt Standing Ovations in Japan, den USA, Brasilien, Frankreich ebenso wie in Rumänien oder China. Sie machte Schlagzeilen mit einem für die damalige Zeit freizügigen Lebensstil. Sie ließ sich scheiden, hatte zahlreiche Affären und heiratete einen brasilianischen Unternehmer. Sie war eine der letzten großen Diven Europas. Trotz ihres Erfolges litt die Sängerin an Depressionen und psychischen Problemen, trank, rauchte und nahm Beruhigungstabletten. Oft wurde ihr vorgeworfen, keine eindeutige politische Stellung gegenüber Salazar einzunehmen, was ihr besonders im Ausland angekreidet wurde. Oulman nahm sie vor diesen Anschuldigungen immer in Schutz. Ihr musikalischer Verdienst für Portugal hingegen steht außer Frage. Sie war **die musikalische Botschafterin** des kleinen Landes. Ihre Ausdruckskraft war so stark, dass selbst je-

Extrainfo 14 (s. S. 7): Video eines Liveauftritts der noch jungen Amália 1962 in Cannes mit „Barco Negro", einem ihrer berühmtesten Fados (englische Untertitel)

ne, die den Text nicht verstanden, von der Stimme angerührt waren. Der letzte große Auftritt Amálias fand auf der Weltausstellung Expo 1998 in Lissabon statt.

Sie starb am 6. Oktober 1999 in ihrem Haus in Lissabon. Der damalige Premierminister António Guterres legte ihr zu Ehren eine dreitägige Staatstrauer fest. **Ganz Portugal weinte.** Ihre sterblichen Überreste wurden zunächst auf dem Cemitéro dos Prazeres beigesetzt, im Jahr 2001 aber ins Pantheon von Lissabon überführt. Eine Ehre, die ihr als erster und bisher einziger Frau zuteil wurde. 2008 kam der Film „Amália" über das Leben der *fadista* in die portugiesischen Kinos. Es gibt es einen ihr gewidmeten Radiosender, Radio Amália, der ausschließlich *Fado* spielt.

„Guitarra portuguêsa" – die Gitarre, die weinen kann

Zum *Fado* gehören nicht nur die Stimmen der *fadistas*. Die *guitarra portuguêsa* legt die Basis für den sehnsüchtigen Klang der Lieder.

Wenn sie erklingt, fühlt man Schauer über den Rücken laufen und man bekommt unweigerlich eine Gänsehaut. Die *guitarra portuguêsa* lässt niemanden kalt. Ihre Akustik ist einzigartig und charakteristisch ihr sentimentaler, metallisch vibrierender Klang. Sie hat Ähnlichkeit mit der Mandoline, ist jedoch ein Erzeugnis portugiesischer Kultur und spiegelt wie kein anderes Instrument Portugals Seele wieder.

Es gibt Versionen mit acht, zehn oder zwölf Saiten, die jeweils paarweise angeordnet in Oktaven oder *unisono* gestimmt sind und die beim richtigen Einsatz des *vibrato* das unverwechselbare schluchzende Singen hervorbringen. Ihr bauchiger sonorer Klangkörper unterscheidet sie von der klassischen Gitarre oder der spanischen *viola*. Die ersten Modelle der *guitarra portuguêsa* entstanden im 19. Jh. und waren noch recht einfach gestaltet. Die Ursprünge gehen bis ins Mittelalter zurück. Iberische Troubadoure und Bänkelsänger spielten die *cítola* als Begleitinstrument. Im Europa der Renaissance war die *cistra* (französisch) oder *cither* (englisch) oder Zither (deutsch) das weitverbreitetste Instrument. In Portugal wurde aus der *cítara* im 18. Jh. die *guitarra*.

Für den *Fado* ist sie unerlässlich, gibt die Melodie des Gesangs vor und begleitet die *fadista* gemeinsam mit einer Akkustikgitarre auf stimmungsvolle Weise. Es gibt aktuell drei verschiedene Formen. In Coimbra wird die *guitarra portuguêsa* als Begleitung für die Serenaden der Studenten eingesetzt. Sie ist größer, runder und einen Ton tiefer gestimmt als die Version von Lissabon, die hauptsächlich für den klassisch getragenen *Fado* (den *sentidofado*) verwendet wird. In Porto und Braga gibt es eine dritte Form, die zwischen den beiden Modellen liegt. Das Spiel der *guitarra portuguêsa* wird an Musikschulen und Konservatorien unterrichtet.

Meister auf dem Instrument sind António Portugal, António Pinho Brojo und war vor allem der begnadete **Carlos Paredes,** der die bis dahin nur als Begleitinstrument bekannte Gitarre mit Soloaufnahmen berühmt machte. Der 1925 in Coimbra geborene Musiker und Komponist lernte das Gitarrespielen von seinem Vater Artur Paredes, ebenfalls ein bekannter Musiker war. Der junge Carlos begleitete Amália Rodrigues auf einigen Tourneen und machte selbst Karriere. Unter Salazar wurde er inhaftiert, weil ihm kommunistische Verbindungen nachgesagt wurden. Sein berühmtestes Stück ist das wunderschöne „Verdes Anos", das 1962 aufgenommen wurde. Der „Mann der tausend Finger" musste die Musik wegen eines Nervenleidens aufgeben, das ihm in den letzten elf Jahren seines Lebens das Gitarrenspiel unmöglich machte. Portugals Genie an der Gitarre starb am 23. Juli 2004 an Nierenversagen in Lissabon.

⌃ In Memoriam: Sr. Aleixo dos Santos (1938–2017) war ein besonders leidenschaftlicher Poet aus dem Volk.

Extrainfo 15 (s. S. 7): Der begnadete Carlos Paredes spielt „Verdes Anos", sein berühmtestes Stück, auf der Guitarra Portuguesa

Land der Poeten

Vom Mittelalter bis zur Neuzeit ziehen sich große Namen von Poeten und Dichtern durch Portugals Geschichte. Ob Luís Vaz de Camões, Almeida Garret, Fernando Pessoa, Eugénio de Andrade, Camillo Castelo Branco, Miguel Torga, Vergílio Ferreira, Sophia de Mello Breyner Andresen, Augustina Bessa Luis, Herberto Helder, Ary dos Santos, Manuel Alegre oder andere. Die Liste der bereits verstorbenen und der zeitgenössischen Dichter, die über die Landesgrenzen hinaus bekannt wurden, ist lang.

Doch könnte man fast sagen, in jedem Portugiesen stecke ein kleiner Poet. Nicht selten trifft man in verschlafenen Dörfern auf alte Männer und Frauen, die kaum lesen und schreiben können, aber blumige Verse dichten, die sie mit Vergnügen vortragen oder vorsingen.

Nationale Identität und Patriotismus

Portugal ist die älteste Nation Europas und doch wird es oft zum Unmut der Bevölkerung zu einer Art spanischer Provinz degradiert. Viele Portugiesen empfinden Unbehagen darüber, dass Fremde ihre Sprache als spanischen Akzent ansehen und damit die portugiesische Identität ignorieren. Portugal ist als Nation **fast 350 Jahre älter als Spanien** und hält seine Landesgrenzen unverändert seit mehr als 800 Jahren. Das Land kann weitgehend als homogen bezeichnet werden. Die Mehrheit der Bevölkerung bekennt sich zum römisch-katholischen Glauben, die einheitliche Landessprache ist Portugiesisch, es gibt keine separatistischen Bewegungen und **die nationale Einheit ist stabil** und stand nie in Frage.

Doch selbst als EU-Mitglied der ersten Stunde war Portugal lange Zeit kaum in der Wahrnehmung seiner Nachbarn präsent. Dabei war der Präsident des wichtigsten europäischen Organs Portugiese. José Manuel Durão Barroso stand der Europäischen Kommission von 2004 bis 2014 während zwei Amtszeiten vor. Sein Heimatland galt oft als Synonym für eine Art nebulöser Melancholie. Drei Generationen von Fußballstars – Eusébio, Figo und Cristiano Ronaldo kickten sich in die Herzen von Fußballfans aus aller Welt. Auch die Algarve mag den meisten ein Begriff sein, obwohl diese touristische Ferienregion längst kein typisch portugiesisches Leben repräsentiert. Und doch schien dieses 10-Millionen-Einwohner-Land im vereinten Europa unterzugehen, **fristete sein Dasein eher unbemerkt,** dem Atlantik zugewandt. Selbst der Wetterbericht trägt dazu bei. Abgesehen vom Azorenhoch, das uns in Mitteleuropa (manchmal) Sonne beschert, fehlt Lissabon regelmäßig in den internationalen Wettermeldungen der europäischen

Hauptstädte. Meistens fehlt sogar die Landesgrenze auf der Wetterkarte der TV-Meteorologen und die Iberische Halbinsel erscheint als ein Land. In den letzten fünf Jahren hat sich in Portugal sehr viel bewegt. Der Tourismus boomt wie nie zuvor und jedes Jahr werden neue Besucherrekorde gebrochen. Dies ist nicht nur eine Folge der Krisen in Regionen auf der ganzen Welt, die deshalb keine Touristen mehr verzeichnen, von denen das Urlaubsland Portugal sicherlich profitiert, sondern auch ein Ergebnis der Investitionen und steten strukturellen Verbesserungen. Das oft vergessene Portugal ist heute eine der am meisten nachgefragten Urlaubsdestinationen und ein neues Ziel für zahlreiche Auswanderer.

Die portugiesische Flagge

*Die portugiesische Nationalflagge („Bandeira Repúblicana Portuguêsa")
existiert in dieser Form seit 1911. Sie wurde von Columbano, João Chagas
und Abel Botelho entworfen und symbolisiert einerseits die Seefahrerzeit,
andererseits die christliche Rückeroberung des Landes.*

*Der grüne Farbstreifen links steht für Hoffnung. Der breitere rote Strei-
fen rechts für das Blut der für die portugiesische Nation Gefallenen. Die
gelbe Kugel in der Mitte repräsentiert eine Armillarsphäre - eigentlich
eine Darstellung des Universums nach Kopernikus. Das mittelalterliche
Nautikinstrument zur Messung der Himmelsrichtungen war das Wap-
pen König Manuels I. und symbolisiert die Entdeckerepoche. Die sieben
Burgen markieren die wichtigsten Rückeroberungen des ersten portugiesischen Königs Afonso Henriques. Die fünf blauen Schilde auf weißem*

*Grund erinnern an die fünf in der
Schlacht von Ourique besiegten
Maurenfürsten, die weißen Pünkt-
chen innen stellen die fünf Wund-
male Jesu dar. Eine Legende sagt,
der gekreuzigte Jesus Christus sei
Afonso Henriques in einer Schlacht
erschienen und hätte ihn zum Sieg
geführt. Portugal ist das einzige
Land der Welt, dass das Universum
in den Mittelpunkt seiner Nationalflagge stellte und es dazu noch mit
den christlichen Symbolen der Wun-
den Jesu verband.*

„Ser Português" – die Eigenart des Andersseins

Heróis do mar, nobre povo,
Nação valente, imortal,
Levantai hoje de novo
Os esplendor de Portugal
Entre as brumas da memória.
Ó Pátria sente-se a voz
Dos teus egrégios avós.
Que há-de guiar-te à vitória.

Refrain:
Às armas, às armas!
Sobre a terra, sobre o mar,
Às armas, às armas!
Pela Pátria lutar
Contra os canhões marchar, marchar!

„Helden der See, edles Volk,
Tapfere und unsterbliche Nation,
Nun ist die Stunde gekommen, um
Portugals Glanz erneut zu zeigen.
Aus dem Nebel der Vergangenheit,
Oh Vaterland, hören wir die Stimmen
Unserer altehrwürdigen Vorväter.
Dies soll uns zum Siege führen.

Refrain:
An die Waffen, die Waffen!
Zu Land und zur See,
An die Waffen, die Waffen!
Um unser Vaterland zu verteidigen,
marschiert gegen die Kanonen, marschiert!"

(Erste Strophe und Refrain der portugiesischen Nationalhymne A
Portuguesa, Text von Henriques Lopes de Menonza, 1890, Musik
von Alfredo Keil)

Ser Português – „Portugiesischsein" – ist etwas, das in der portugiesischen
Gesellschaft intensiv diskutiert wird. Dabei ist es alles andere als einfach,
die nationale Identität zu definieren. Die sieben Provinzen Portugals pfle-

gen sehr unterschiedliche Traditionen und Mentalitäten. Die *Algarvios* sehen sich ganz anders als die *Alentejanos* oder die *Minhotos* aus dem Norden. Dennoch scheinen alle *Lusitanos,* wie sich die Portugiesen selbst bezeichnen, das Gefühl zu teilen, **anders zu ticken als der Rest Europas.** Verbunden fühlen sie sich in dem gemeinsamen Empfinden, Nichtportugiesen könnten sie eigentlich nicht verstehen. Sie isolieren sich (nicht offensichtlich, sondern eher still) von ihren europäischen Nachbarn und solidarisieren sich untereinander in ihrer selbst empfundenen Fremdartigkeit.

José Gil, zeitgenössischer portugiesischer Philosoph, Soziologe und einer der anerkannten zwanzig wichtigsten Denker unserer Zeit, analysierte in seinem 2004 veröffentlichten Buch „Portugal hoje, o Medo de Existir" die aktuelle Gesellschaft und löste damit heftige Kontroversen aus. Ist das portugiesische Volk tatsächlich **gelähmt von Passivität** und „Sich-nicht-Einbringen", wie er in seinem Buch ausführt? Ist Portugal ein Land, „in dem nichts passiert", „in dem alle nur reden und keiner etwas unternimmt"? Gil beschreibt eine komplexe Gesellschaft, die in einer Art Vakuum lebt, in dem sich real nichts verändert. Zu Zeiten Salazars war ganz Portugal eine große Familie. Man identifizierte sich mit der Heimat, der Seelenverwandtschaft, dem Bekannten. Salazar ließ einmal an den portugiesischen Botschafter in Paris eine Kiste Ananas schicken. Dazu kommentierte er: „Sie kommen aus unserer *Quinta.*" Ganz Portugal war im übertragenen Sinn eine *Quinta,* ein landwirtschaftlicher Familienbetrieb mit trügerischer Idylle. Fremde, Nicht-Portugiesen und Ausländer störten nur und stellten eine Bedrohung dar in dieser abgeschotteten Welt. Diese tief verwurzelte Angst vor dem Fremden zeigt sich bisweilen bis heute in einem misstrauischen Argwohn allem gegenüber, das von außen auf die Heimat Einfluss nehmen könnte. In der Isolation fühlten sich die Menschen vermeintlich sicher und behütet. Man ließ einfach alles geschehen. Die Obrigkeit regelte das tägliche Leben und man schaute teilnahmslos zu. Seit sich Portugal Europa und der Welt öffnete (öffnen musste), steht man dieser Situation oftmals überfordert gegenüber. Plötzlich wird alles analysiert, verglichen und in Statistiken festgehalten, bei denen Portugal oft schlecht abschneidet. Die einstige Größe droht sich im europäischen Mit- und Gegeneinander in Nichts aufzulösen. Dem globalen Wettbewerb kann das Land nur mit Kreativität und Ausdauer standhalten. Das Empfinden, in die Bedeutungslosigkeit abzudriften, wiegt schwer auf der nationalen Seele. Bei der jüngeren Generation ist dies freilich nicht mehr so ausgeprägt, eine gute Schul- und akademische Bildung verhelfen den Portugiesen zwischen 20 und 30 Jahren zu einem gesunden Selbstbewusstsein.

Fernando Pessoa, universeller Dichter und Denker des 20. Jh., beschrieb das Problem Portugals als „... alles sein wollen und sich mit nichts Geringerem zu begnügen ...". Der Stolz auf die glorreiche Geschichte der See-fahrer, die Wehmut über die verlorene Weltmachtstellung und das ver-gangene Kolonialreich – all dies ist tief verankert in der nationalen Psyche. Gestärkt und gefördert wurde dieses Empfinden noch in der Zeit des *Estado Novo*. Man sprach von *cá dentro, lá fora* – heißt **„hier drinnen, dort draußen".** Bis heute sind diese Formulierungen im Alltag und in den Me-dien gängig, wenn es um inländische oder internationale Themen geht. Nicht von ungefähr sprachen die Portugiesen noch vor gar nicht allzu langer Zeit von „nach Europa fahren", wenn sie die Grenze überquerten.

Salazar lebt, meint José Gil provokativ. Und diese Aussage lässt sich im Alltag des heutigen Portugal leicht nachvollziehen. Fast ein halbes Jahr-hundert Diktatur gehen nicht spurlos vorüber, zumal die Demokratie in Portugal gerade mal 44 Jahre jung ist. Die ersehnte und unblutige Nel-kenrevolution des 25. April 1974 brachte zwar die Freiheit, aber nicht die ursprünglich erhoffte idealistische Erneuerung der Gesellschaft. Vie-le **Verhaltensweisen aus der Ära Salazar** sind nach wie vor präsent: Das Misstrauen anderen Nationalitäten gegenüber, ein fast trotziger Stolz auf die eigene Geschichte, Neid und ein gewisser Minderwertigkeitskomplex dem stets dominanteren spanischen Nachbarn und dem sich erfolgreich abgenabelten, selbstbewussteren Brasilien gegenüber. Auch die Passivität und der Fatalismus, die die Eigeninitiative lähmen, gehören dazu. Immer wartet man auf jemanden, der kommt und den Karren aus dem Schlamas-sel zieht. Bezeichnenderweise wurden nach 1974 die am Unrechtsregime Beteiligten weder angeklagt oder je zur Verantwortung gezogen. Die Pro-bleme und verursachten Konsequenzen wurden ignoriert. Es war gerade so, als hätte man mit einem nassen Schwamm die Kreide auf der Tafel ausgewischt. Vielleicht fällt es dem Land deshalb so schwer, mit Kritik von außen umzugehen. Gleichzeitig lieben viele Portugiesen das Lamentieren über „die da oben" und überhaupt. Man prangert gern die politischen und sozialen Missstände an und diskutiert über alles und jedes.

Als Fremder im Land sollte man sich ungefragte Kritik lieber verknei-fen. So wie es einem Portugiesen nie in den Sinn kommen würde, seine ehrliche **Meinung über das Herkunftsland** eines Fremden kundzutun, so erwartet er das Gleiche auch vom Gegenüber. Wer von einem Portugie-sen gefragt wird: „Und wie gefällt Ihnen unser Land?" – und das wird oft vorkommen –, der sollte eventuelle Klagen lieber für sich behalten und Themen wie die „Sympathie und Gastfreundschaft" der Landsleute, das „herrliche Klima" und „gute Essen" ansprechen. Sonst könnte es schnell vorbei sein mit der Freundschaft. Kritik von Außenstehenden gilt als ext-rem unhöflich und unangebracht. Das **Image im Ausland** und wie man von außen wahrgenommen wird, nehmen einen hohen Stellenwert im kollektiven Denken ein. Die Portugiesen definieren sich selbst gern als höflich, gut erzogen und tolerant und erwarten dieses Verhalten auch von Besuchern in ihrem Land. Die Betonung liegt auf „ihrem" Land, denn ihr „lusitanisches Haus" (Camões' Metapher für Portugal) betrachten die Portugiesen als ihr absolutes unanfechtbares Eigentum. *No meu país eu faço o que eu quero* – „In meinem Land mache ich, was ich will" –, ist ein häufig gehörter Satz. Portugal ist ihre Insel der lusitanischen Gewohnheiten, wo man sich nicht reinreden lassen bzw. in die Karten schauen lassen möchte.

Das Warten auf das Unwiederbringliche, von Historikern als „Sebastianismus" bezeichnet, ist ein anderer Ausdruck der nationalen Identität. Viele angeblich typisch portugiesische Charaktereigenschaften wie die vermeintlich depressive Grundhaltung, der Weltschmerz der *saudade,* das stete Pendeln zwischen Vergangenheit und Zukunft werden ihm zugeschrieben (siehe auch den Exkurs „Dom Sebastião – die verloren gegangene Zukunft", S. 58).

Die Portugiesen halten sich durchaus für überzeugte Europäer, immerhin ist das Land seit 1986 Mitglied der EU, und empfinden sich darin dennoch als Exoten. Im europäischen Kontext fühlt man sich stets als Stiefkind. In den Kolonien aber war man der Repräsentant des reichen Europa. Immer war der Blick auch Richtung Atlantik gewandt, nach Amerika, Afrika und bis zum Orient. Aktuell leben **mehr als zwei Millionen lusofone Auswanderer** in der ganzen Welt verstreut. Die größten portugiesischen Kommunen gab es in den USA, Brasilien, Frankreich, Luxemburg, Kanada, Venezuela, Südafrika, Großbritannien, Macau und Hongkong. Heutzutage wandern junge Portugiesen auch in andere Länder aus. Brasilien, Venezuela und die USA sind eher weniger, Holland, Skandinavien und Frankreich stärker gefragt. In Deutschland leben (Stand 2016) ca. 136.000 Portugiesen, die meisten in Nordrhein-Westfalen, Baden-Württemberg, Hessen, Bayern und in Hamburg. Gerade die im Ausland lebenden Portugiesen versuchen, ihre Identität mithilfe ihrer Traditionen und einer eigenen Gastronomie aufrecht zu erhalten, auch wenn sich die meisten sprachlich schnell in die neue Heimat integrieren. Das bekannteste Wesensmerkmal der Portugiesen sei „ihre Anpassungsfähigkeit an ein fremdes Milieu", schreibt Eduardo Lourenço in seiner „Mythologie der Saudade". Damit gelänge es ihnen, ihre Fremdartigkeit zu verbergen, sich also einerseits anzupassen und gleichzeitig in ihrer eigenen Welt weiterzuleben.

> Volksmusik ist auch eine Form des Patriotismus: Folklore aus Ponte de Lima

Patriotismus

Portugiesischer Patriotismus spiegelt sich wohl am ehesten im Sport und hier vor allem im Fußball wider. Die Aussage „Ich bin stolz, ein Portugiese zu sein" fällt im allgemeinen Sprachgebrauch sehr oft. Insbesondere die jüngere Generation zwischen 20 und 30 Jahren besinnt sich wieder auf die portugiesischen Tugenden und positven Eigenschaften wie Kreativität, Flexibilität, Zähigkeit und Ausdauer. „Portugiesisch-Sein" wird mit „Besonders-Sein" gleichgesetzt. Vor allem, wenn es um erfolgreiche oder **berühmte Persönlichkeiten** geht, die international Anerkennung erlangten. Der polemische, aber erfolgreiche Fußballtrainer José Mourinho bezeichnete sich selbst in einem Interview für die britische Presse (er war damals beim FC Chelsea unter Vertrag) als *special one,* also als jemand Besonderes. Bei den Engländern kam diese Selbstbeweihräucherung nicht besonders gut an, die meisten Portugiesen hingegen bewunderten ihn für sein Selbstbewusstsein. Mourinho ist ein Erfolgsmensch, und das ist es, was Portugal als Bestätigung nach außen braucht. Es ist, als wolle man sagen: „Seht her, wir sind doch noch wer." Als ob es darum ginge, ein tief verwurzeltes Minderwertigkeitsgefühl zu bekämpfen. Ein Politiker brachte dies gar so auf den Punkt: „Wenn wir gut sind, dann sind wir die Besten!".

Auch die Musik ist eine Plattform für Patriotismus. Gerade bei den Exil-Portugiesen und Emigranten galt der *Fado* lange Zeit **als musikalische**

Heimat und Stolz des Volkes. Die Fado-Ikone Amália Rodrigues verkör-
perte wie keine andere die *pátria lusitana,* das lusitanische Vaterland, und
trug sie hinaus in die Welt. Auch die luso-kanadische Popsängerin Nelly
Furtado wurde zum Objekt des nationalen Stolzes, obwohl sie nach eigenen Angaben kaum Portugiesisch spricht. Ihre azoreanischen Wurzeln
werden immer besonders betont. Nicht von ungefähr war sie mit ihrem
Hit *Força* ("Kraft") das musikalische Maskottchen der Fußballeuropameisterschaft 2004 in Portugal.

Alma Lusa – tiefgründige Volksseele
mit komplexer Wirkung

Wie oben schon angesprochen, gehen Stolz und ein latenter Minderwertigkeitskomplex bei den Portugiesen oft gemeinsam daher. Stolz ist man
auf die Geschichte als Seemacht – das mangelnde Selbstbewusstsein begründet sich darin, dass man eine kleine wirtschaftlich und politisch oft un-
terschätzte Nation ist. Das eine verstärkt das andere. Je mehr sich die Nation auf ihre einstige Weltmachtstellung besinnt, umso mehr wächst das
Minderwertigkeitsgefühl, das sich aus dem Abstieg zu einem der ärmsten
Länder Europas ergibt. In Portugal besteht ein allgemeiner Konsens über
die "Einzigartigkeit des Portugiesischseins". Andererseits wird nirgendwo
so oft von der **Schande der Umstände** gesprochen. *É uma vergonha, que
somos tão mediocres.* – "Es ist eine Schande, dass wir heute so unbedeu-
tend sind." Auch die Politiker, die EU, die Korruption, das Gesundheitssystem sind laut Radioforen und Umfragen immer wieder Grund für eine *vergonha* ("Schande"). Im Fußball puscht man sich gern gegenseitig
hoch oder beschuldigt sich, je nach Sieg oder Niederlage der *seleçao,* der
Nationalmannschaft. Selbst heute zu einer Zeit des Optimismus bleiben
beim "Normalvolk" Skepsis und Misstrauen in Bezug auf die Zukunft des
Landes.

Zum Minderwertigkeitskomplex gesinnt sich auch der **Neid: auf den
Nachbarn Spanien,** das emanzipierte und lebensfrohe Brasilien, die großen EU-Länder, auf das neue Auto des Nachbarn, die hübschere Freundin,
die reichen Sonnenrentner etc. Oft ist zu hören: "Wir Portugiesen zer-
fressen uns noch selbst mit unserer *inveja* ('Neid', Anm. d. A.)". Ein altes
Sprichwort sagt: *A galinha da vizinha é mais gorda do que a minha.* Frei
übersetzt: "Das Huhn des Nachbarn ist fetter als das meine."

Nur in einem sind sich alle Portugiesen einig: Das Essen *(comida),* der
Wein *(vinho)* und die Strände *(praias)* sind die besten der Welt. Punkt.

Selbsteinschätzung versus Realität

In Portugal sind die Extreme euphorische Selbstbeweihräucherung und depressive Lethargie allgegenwärtig. Kurioserweise sprechen alle Portugiesen immer von *„den* Portugiesen", wenn es um nationale Verhaltensanalysen geht. Gerade so, als ob sie selbst nicht Teil dieser Identität seien und sich von den negativen Aspekten abgrenzen möchten. Jeder beschwert sich über die *falta de civismo,* den fehlenden Bürgersinn, die fehlende Rücksicht, das ewige Jammern ohne zu Handeln. Jeder sieht das und doch sind immer die anderen schuld. José Gil bezeichnet dies beispielsweise als „Nicht-Einschreibung", d.h., man bringt sich selbst nicht in die Realität ein, lebt in einer Art verhüllendem Nebel. Dazu gehört auch, dass das **Eigenbild der Portugiesen** meistens nicht mit dem Fremdbild seitens des Betrachters übereinstimmt. Die Selbsteinschätzung reicht von himmelhochjauchzendem Ego bis Selbstmitleid, von „Wir sind die Besten" bis „Es ist sowieso alles nichts".

Portugal bezeichnet sich selbst gern als *país dos brandos costumes* – **„das Land der sanften Sitten".** Damit meinen die Portugiesen die in ihren Augen wesensbestimmende moderate, nicht aggressive Art. Bei manchen Fremden kommt jedoch gerade diese Eigenschaft oft als Passivität, Apathie und fehlende Eigeninitiative an. Irgendwie steht der Nichtportugiese immer vor einem Rätsel. Die tiefer sitzenden Traumata werden nur in näheren Analysen für eingeweihte und langjährige Kenner des Landes sichtbar. Der Kurzbesucher wird die Fassade kaum durchdringen können und bleibt meist in einer eher oberflächlichen Begegnung stecken. Der Tourist nimmt generell die **ersten Eindrücke von diskreter Freundlichkeit** und höfliche Reserviertheit mit nach Hause. Was ganz im Sinne der Portugiesen ist: Den Schein zu wahren, ist eine wichtige Grundlage für ein gutes Image und ein Schutz vor allzu tiefen Einblicken.

(Un-)Zufriedenheit

Man könnte meinen, bei all der positiven Stimmung im Land müsse sich dies auch auf die Zufriedenheit der Portugiesen auswirken. Studien liefern freilich immer nur relative Zahlen und können nicht verallgemeinert werden. Dennoch landeten die Portugiesen auch 2016 wieder auf den hinteren Plätzen des World Happiness Report. Im europäischen Vergleich waren nur die Bewohner von Bosnien-Herzegowina, Mazedonien und Bulgarien unzufriedener als die Portugiesen. Eine interne Studie der Katholischen Universität von Lissabon sprach dagegen von über

70 % extremer Zufriedenheit unter den Portugiesen im ersten Halbjahr des Jahres 2017.

Die Autoren interpretierten die Zufriedenheitswerte im Zusammenhang mit der wirtschaftlichen Entwicklung und Situation eines Landes. Je höher entwickelt und je besser die finanzielle und wirtschaftliche Lage eines Landes, umso zufriedener seien die Menschen. Wie immer man zu solchen Statistiken steht, **die ewige Unzufriedenheit der Portugiesen** mit ihrer aktuellen Situation liegt sicherlich auch am erwähnten Blick zurück auf den verlorenen Ruhm. So bleiben immer Gefühle von Hilflosigkeit und Fatalismus, da man ja sowieso nichts ändern kann und es nie mehr sein wird, wie es einmal war. Während der Finanzkrise war das nationale Ehrgefühl wieder einmal angekratzt. Seit 2017 kann man eine positivere Grundstimmung im Land feststellen. Dennoch steigt die Einnahme von Antidepressiva in der Bevölkerung stetig. Auch ist die Suizid-Rate vor allem bei den Senioren und im Hinterland sehr hoch.

Stereotypen – wie sich die Portugiesen selbst parodieren und parodiert werden

Der Begriff „Stereotyp" stammt ursprünglich aus der Buchdruckerkunst und geht auf die griechischen Begriffe *stereós* (starr, fest, standhaft) und *typos* (Gestalt) zurück. In der modernen Sozialwissenschaft wird er als „vorgefasste Meinung über soziale Gruppen" definiert.

Ein Stereotyp ist im Grunde eine karikaturistische Verallgemeinerung bestimmter Verhaltensweisen, die durch ständige Wiederholung von der Allgemeinheit als „Normalzustand" aufgenommen und so zu einem gängigen Klischee werden. Ungerecht ist ein Stereotyp mit Sicherheit immer. Manche stereotype Klischees geben dennoch ein wenig Aufschluss über die Denkweisen von Kulturen. Hier werden drei Figuren vorgestellt, mit denen sich die Portugiesen selbst identifizieren.

Zé Povinho

Man begegnet ihm in Souvenirläden und Geschäften, in Zeitungscartoons und als Keramik- oder Stofffigur. Immer rundlich, mit abgewetzten Kleidern und Hut, den rechten Arm mit der vorgestreckten Faust gebeugt und resigniert prustend. Meistens steht noch *Toma* („Da hast du!" oder „Hier, nimm!") auf der Figur. „Hier, nimm!", ruft er vor allem den Mächtigen und Politikern zu. *Zé Povinho* (wörtlich „Josef Völkchen") ist eine sozialkritische Karikatur, erdacht von Rafael Bordalo Pinheiro im Jahr 1875. Mit der Zeit wurde die Figur zum **Sinnbild für den personifizierten portugiesischen „kleinen Mann".** Zé Povinho erschien erstmals in einer

Ausgabe der satirischen Zeitschrift Laterna Mágica als sich einfältig am Kopf kratzender Bauer, dem die Politiker das schwer verdiente Geld aus der Tasche ziehen, während die Polizei aufmerksam zuschaut. Bis heute wird die Figur als Protestsymbol für soziale Ungerechtigkeit und elitäre Machtpolitik angesehen.

O Chico Esperto

O Chico Esperto ist das genaue Gegenteil des *Zé Povinho*. Er ist **der Gewitzte,** Schlitzohrige, der immer eine Gesetzeslücke findet, um sich so einen Vorteil zu verschaffen. „Franz Schlaumeier" könnte man ihn auf deutsch nennen. Er umgeht geschickt Verbote und Regelungen, zahlt keine Rechnungen, ist korrupt und lacht sich dabei ins Fäustchen. Und er hält sich immer für klüger als die anderen und hat zu allem eine vorgefertigte Meinung. Eigentlich ist aber auch er eine tragische Figur, denn er merkt nicht, dass er sich mit seinem Verhalten nur selbst aushebelt. Schließlich wird die Demokratie mehr und mehr untergraben, Korruption wird Alltag, die Wirtschaft ist wie mit einer Seuche infiziert. Der Soziologe José Gil nennt den *Chico Esperto* den typischen Portugiesen, der sich sinngemäß wie ein Virus durch die Gesellschaft zieht.

O Tuga

Die Portugiesen machen sich auch gern über sich selbst lustig. Der peinliche Landsmann und primitive Zeitgenosse in Vollendung ist für sie der *Tuga*. Das Wort leitet sich von *Portuga* ab, eine hämische Bezeichnung für Portugiese. Der *Tuga* repräsentiert **all das, was kein Portugiese sein möchte** und wofür sich jeder Portugiese schämt. Er putzt sich Nase, Ohren und Fingernägel mit dem Autoschlüssel. Er zieht lautstark den Schleim hoch und spuckt genüsslich auf die Straße. Er hat den Mund voller Zahnlücken, fährt aber einen Mercedes. Der *Tuga* muss nicht oft duschen, „denn er ist ja kein Schwein". Er weiß zu allem und auf alles eine Antwort, grillt Sardinen und Steaks in kurzen Hosen, trägt mit Vorliebe weiße Tennissocken und braune Schuhe. Wenn er eine hübsche Frau sieht, lässt er einen anzüglichen Spruch los und findet sich dabei großartig. Der *Tuga* spricht mit vollem Mund und lässt diesen beim Essen immer offen, damit er auch Luft bekommt. Er kommt mit Kind und Kegel, Hund und Kühltasche an den Strand und breitet sich lautstark aus. Wenn er telefoniert, spricht er so laut, dass ringsum alle mithören können ...

Es gibt unzählige Sprüche über die Eigenarten des *Tuga* – und wenn man einen trifft, wird man ihn mit Sicherheit sofort erkennen.

Educação – das portugiesische Bildungssystem

Das Bildungswesen unterliegt der Kompetenz des Ministério de Educação e Ciência (Ministerium für Bildung und Wissenschaft). Der Soziologe und Philosoph José Gil kritisierte in seinem Buch „Portugal hoje, o Medo de Existir" („Portugal heute, die Angst zu Existieren"): „Der 25. April hat es nicht geschafft, die Aufteilung ‚gebildet/ungebildet', die mehr oder weniger der Konstellation Macht–Wissen/Armut–Unwissen in der Zeit des *Salazarismo* entspricht, abzuschaffen."

Das war seine Sicht im Jahr 2004. Die Situation hat sich seither wesentlich verändert. Die heute auf den Arbeitsmarkt strebende Generation ist die am besten ausgebildete, die Portugal je hervorgebracht hat und Ergebnis von jahrelangen Anstrengungen im Bildungssektor. Das tragische daran ist, dass die **Arbeitsplätze** für diese qualifizierten jungen Leute **nicht zur Verfügung stehen.** Das heißt in der Praxis, dass die Informatiker, Kommunikationswissenschaftler oder staatlich geprüften Kräfte im Gesundheitswesen nach Deutschland, Luxemburg, Holland oder in andere Teile der Welt gehen.

Dennoch, in Sachen Bildung und Erziehung hat Portugal in den letzten Jahren aufgeholt. Das Land investiert mittlerweile mehr in die Bildung als beispielsweise Deutschland. Konnten bis zur Jahrtausendwende noch knapp 1 Mio. Portugiesen weder lesen noch schreiben, haben heute ca. 35 % der 25–34-Jährigen einen **akademischen Abschluss.** Das ist zwar noch unter dem EU-Durchschnitt, aber ein Riesenschritt nach vorne. Andererseits verfügen 30 % der Portugiesen nur über die Grundbildung. Dass die deutsche Bundeskanzlerin Angela Merkel im Jahr 2014 ausgerechnet kritisierte „Portugal und Spanien hätten zu viele Hochschulabsolventen" *(licenciados),* stieß im Land auf großes Unverständnis. Jahrelang wurde man dafür gerügt, dass nicht genug Reformen im Bildungswesen erfolgten und nun sollte man zu viele Akademiker haben?! Bei den letzten **Pisa-Studien** konnten sich portugiesische Schüler jedenfalls deutlich verbessern. Doch gibt es noch einiges zu tun. Vor allem die Berufsgruppe der Lehrkräfte ist chronisch unzufrieden mit ihren Arbeits- und Karrierebedingungen. Es fehlen junge *professores* in allen Schulen und Unterrichtsfächern. Ein portugiesischer Grundschullehrer muss im Schnitt Klassen mit 30 bis 40 Schülern betreuen. Weil **Fachlehrer fehlen,** fallen manchmal wochenlang Unterrichtseinheiten zu Mathematik oder Portugiesisch aus. Auch die Ernährung der Schüler ist steter Diskussionspunkt. Die Kantinen der Ganztagsschulen geraten immer wieder in die Kritik; es würde nicht genug auf gesunde Lebensmittel geachtet. Es gibt Familien, die das Geld für das Schulessen erst gar nicht aufbringen können und deren Kinder hungrig in die Schule gehen.

Wer es sich leisten kann, greift auf **privaten Nachhilfeunterricht** zurück. Eine ganze Reihe nicht im Staatsbetrieb untergekommener Lehrer und Lehrerinnen finanzieren ihren Lebensunterhalt mit Privatstunden *(explicações),* vor allem für Mathematik und Physik. Die Klassenzimmer und Materialien vieler staatlicher Schulen sind unzureichend ausgestattet, die Lehrmethoden veraltet. Auch 2017 gab es wieder großangelegte landesweite **Streiks und Proteste,** die von der Lehrergewerkschaft FENPROF organisiert werden. Generell jedoch hat sich Portugals Investition in die Bildung gelohnt. Dass für die gut ausgebildeten jungen Berufseinsteiger zu wenig Arbeitsplätze und Karrierechancen zur Verfügung offenstehen, ist wieder ein anderes Thema, das von vielen Faktoren der portugiesischen Wirtschaft abhängt. Die Alphabetisierungsquote unter den 18- bis 65-Jährigen beträgt heute über 95 %. Bei den Jüngeren ist diese noch höher, bei den Älteren ist sie geschichtlich bedingt wesentlich niedriger. Der Besuch staatlicher Bildungseinrichtungen ist kostenlos, der Unterricht an privaten Institutionen kann für bedürftige Familien gefördert werden. Portugals Schulen sind generell **Ganztagsschulen.** Der Unterricht erfolgt in der Regel von 8.30 Uhr bis 15.30 Uhr, an manchen Schulen auch bis 17.30 Uhr. Es wird sogar über eine gesetzliche Verlängerung bis 19.30 Uhr und bis zur 9. Klasse nachgedacht, um den berufstätigen Eltern entgegenzukommen. Portugiesische Schüler verbringen mehr Zeit in den Schulen als der europäische Durchschnitt. Sie kommen sehr spät nach Hause und gehen auch spät zu Bett, müssen aber morgens früh aufstehen, was von Kinderpsychologen immer wieder angemahnt wird. **Schulferien** beginnen in Portugal in der letzten Juniwoche und dauern bis zum 15. September. Dazu kommen zwei Wochen Weihnachtsferien, drei bis vier freie Tage an Karneval und 15 Tage Osterferien.

Das portugiesische Schulsystem

Bis 1974 bestand in Portugal nur eine vierjährige **Schulpflicht.** Aktuell beträgt die gesetzliche Mindestschulzeit zwölf Jahre. Sie setzt sich aus einer vierjährigen **Grundschule,** beginnend mit dem sechsten Lebensjahr, und einer fünfjährigen **Oberschule** zusammen. Bis zum neunten Schuljahr spricht man von der Basiserziehung *(ensino básico),* die aus drei Zyklen besteht. Weitere drei Jahre (10.–12. Schuljahr) umfassen die Phase der weiterführenden Erziehung *(ensino secundário).* Bis zum dritten Zyklus der Grundbildung sind die Lerninhalte für alle Schüler gleich. **Englisch** ist Pflichtfach und fast alle Schulen bieten noch eine zweite Fremdsprache an, meist **Französisch** oder **Spanisch,** manchmal auch **Deutsch.** Ab der 10. Klasse müssen sich die Schüler für eine von vier Richtungen bzw. einen von vier Kursen entscheiden. Zur Wahl stehen ein wissenschaftlich-technologischer Kurs, Betriebs- und Volkswirtschaft, Sprachwissenschaft und Sozialwissenschaften oder bildende Künste. Es gibt auch noch die Möglichkeit, sich für einen Kurs in Musik einzuschreiben. Dieser wird aber ausschließlich am Konservatorium gelehrt. Damit haben die Schüler bereits eine Ausgangsbasis für ein eventuelles Hochschulstudium *(ensino superior)*.

88 % der portugiesischen Schulen waren laut Zahlen der Statistikagentur aQeduto 2016 **staatlich** *(Escolas Públicas)*, 6 % halbstaatlich *(Escolas Privadas Dependentes,* das heißt privat, aber vom Staat subventioniert), ca. 6 % sind rein **private Schulen** *(Escolas Privadas Independentes)*. Letztere werden fast ausschließlich von den Kindern der Eliten besucht. Es gibt auch drei deutsche Schulen *(Escola Alemã)* in Lissabon, Porto und Silves an der Algarve.

Die Notengebung entspricht im *Ensino Secundário* dem des *Ensino Superior* und basiert auf einer Bewertungsskala von 1 bis 20, wobei es auch halbe Werte gibt.

Es besteht zwar Schul- und Bildungspflicht, doch ist in Portugal auch ein **Heimunterricht** möglich. Die Prüfungen müssen allerdings an den Schulen absolviert werden. Immer noch gehört Portugal zu den Ländern der OECD mit den höchsten Abbrecherquoten beim *Ensino Secundário,* die Zukunfts-Prognosen sind aber immerhin optimistisch.

Ensino Superior

Die Hochschulbildung kann in Universitäten oder Polytechnischen In-
stituten erfolgen. Was Hochschulen betrifft, sind in Portugal einige
der ältesten Universitäten weltweit zu Hause, z. B. die **Universidade de
Coimbra** (s. S. 140), die 1290 zunächst in Lissabon gegründet und dann
nach Coimbra verlegt wurde. Coimbra wird auch gern als „das Heidelberg Portugals" bezeichnet. Die Kleinstadt am Rio Mondego nennt sich
selbst *Capital do saber português* – die „Hauptstadt des portugiesischen
Wissens". Von den knapp 100.000 Einwohnern sind 20 Prozent Studenten, die aus allen Regionen Portugals stammen. **Lissabon** und **Porto** sind
weitere traditionelle Universitätsstandorte. Im weltweiten Vergleich des
Center of World University Rankings 2017 (die Portugiesen lieben Rankings) lag die am besten positionierte portugiesische Hochschule mit der
Universidade de Lisboa auf Platz 257. Die Polytechnischen Institute sind
in anderen diversen Vergleichen meist etwas weiter vorne platziert. Insgesamt gibt es auf das ganze Land verteilt **14 staatliche Universitäten, zehn
private Hochschulen und 20 Polytechnische Institute** (die den deutschen
Fachhochschulen entsprechen und praxisorientierter sind). Davon sind 15
staatlich und fünf privat. Ergänzend gibt es eine Reihe öffentlicher und
privater Ausbildungseinrichtungen *(Escolas Superiores)*, die nicht direkt
an die Hochschulen angebunden sind, hier vor allem in den Bereichen
Gesundheit und Pflege, Tourismus und Hotelfach, Kunst und Erziehung.

Viele Vertreter der portugiesischen Eliten studierten und studieren lieber
an prestigeträchtigeren Universitäten in den USA oder Großbritannien.

Weitere Informationen bietet die Seite des Ministerio de Educação e
Ciência (www.studyinportugal.edu.pt).

◁ Studentin an der Eingangstür der
traditionsreichen WG Real República Bota Abaixo in Coimbra

Die Gesellschaft – Staat, Politik, Wirtschaft

◁ Von Staat und Politik oft vergessen: die alten Menschen im Hinterland
(054pgl-la)

Staatsaufbau, Regierungsform und Parteien

Seit 1974 ist Portugal eine parlamentarische Republik. Es gibt vier Hoheitsorgane: den *Presidente da República* (Staatspräsident), die *Assembleia da República* (das Einkammern-Parlament), die Regierung *(Governo)* und die Gerichtsbarkeit *(Tribunais)*. Staatsoberhaupt und Befehlshaber der Streitkräfte ist der Staatspräsident, der direkt vom Volk für fünf Jahre gewählt wird. Er bestimmt den Premierminister, wobei er sich nach den Wahlergebnissen richten muss. Der Premierminister bildet die Regierung und stellt einen Ministerrat, der dem Parlament ein Regierungsprogramm vorlegt. Das Parlament heißt **Assembleia da República** und tagt im Palácio de São Bento in Lissabon. Es besteht aus einer Kammer mit 230 Abgeordneten, die für vier Jahre im Verhältniswahlverfahren gewählt werden. Der Staatspräsident kann das Parlament in Ausnahmesituationen auflösen, was zuletzt 2005 geschah.

Das Land war verwaltungspolitisch in 18 **Distrikte** und zwei autonome Regionen unterteilt. Die historischen Distrikthauptstädte sind Aveiro, Beja, Braga, Bragança, Castelo Branco, Coimbra, Évora, Faro, Guarda, Leiria, Lisboa, Portalegre, Porto, Santarém, Setúbal, Viana do Castelo, Vila Real und Viseu. Die Archipele der Azoren und Madeira bilden die *regiões autónomas* (autonom verwaltete Regionen mit Regionalparlament). Bei Besuchern sind die geografischen Regionen bekannter als die verwaltungstechnischen (siehe auch das Kap. „Leben am Rand Europas", s. S. 96). Über die Jahre verteilt entstanden verschiedene hierarchische und mitunter komplexe regionale Einteilungen, die hauptsächlich statistischen Zwecken dienen. Bürokratisch heißen sie „Nomenclatura das Unidades Territoriais para Fins Estatísticos" (NUTS I-III und NUTS 2013). Die aktuelle Gliederung umfasst sieben Regionen (fünf auf dem Festland und zwei der Inselarchipele) und 308 Munizipien.

Innerhalb dieses Gefüges sind die **Kreise und Städte** *(municípios)* und die Gemeinden *(freguesias)* auf lokaler Ebene mit ihren Gemeinderäten *(Assembleia da Freguesia)* und dem Stadtparlament *(Assembleia Municipal)* vertreten. Die entprechenden Lokalregierungen heißen *Junta da Freguesia* (Gemeindevorstand) und *Camara Municipal* (Stadtregierung). Der städtische Bürgermeister ist der *Presidente da Camara Municipal*. Eine Regionalisierung wie von vielen Portugiesen immer wieder eingefordert, wurde aber durch ein Referendum im Jahr 1998 abgelehnt. Die politische und wirtschaftliche Zentrale des Landes ist Lissabon, was die lokal-politischen Entscheidungen und viele Finanzierungsprojekte in den ländlichen Gemeinden Portugals immer wieder erschwert.

Politische Landschaft und Parteien

Portugal verfügt über ein Mehrparteiensystem. Die verschiedenen politischen Richtungen verteilen sich derzeit auf fünf bzw. sechs Parteien, wenn man die seit 2015 im Parlament vertretene kleine Partei PAN (Pessoas- Animais- Natureza) mit berücksichtigt, die für Mensch, Tier und Natur steht. Sie hat zwar nur einen Abgeordnetensitz, ist aber sehr aktiv am politischen Geschehen beteiligt. Die größten Volksparteien wurden alle, ausgenommen die wesentlich ältere PCP, in den 1970er-Jahren gegründet. Dazu gehört auch die **Partido Socialista (PS),** die allerdings weniger eine sozialistische als vielmehr eine sozialdemokratische Mitte-links-Ausrichtung hat, ähnlich der deutschen SPD. Bekannteste Persönlichkeit und Mitbegründer der PS war Mário Soares (1924–2017): 1973 fuhr er aus seinem damaligen Pariser Exil nach Bad Münstereifel, wo er die portugiesische PS mit Unterstützung von Willy Brandt ins Leben rief.

Die **Partido Social Democrata** lässt sich mit der deutschen CDU vergleichen. Die PSD entstand 1974 und (auch hier verwirrt der Name) ist mehr christlich-konservativ und wirtschaftsliberal als sozialdemokratisch geprägt. Von dieser Partei sind der ehemalige Staatspräsident und einstige Premierminister Cavaco da Silva und der derzeitige Staatspräsident Marcelo Rebelo de Sousa im Ausland bekannt. Nachdem der umstrittene ehemalige Regierungschef Passos Coelho das Amt des Parteivorsitzenden abgab, ist seit Februar 2018 der als pragmatisch geltende Rui Rio Präsident der PSD.

Die **Kommunistische Partei Portugals** (Partido Comunista Português) ist eine der ältesten kommunistischen Parteien Europas (gegründet 1921) und wird von knapp acht Prozent der Portugiesen gewählt. Im Alentejo erreicht die PCP bei Wahlen traditionell etwa zwanzig Prozent, in manchen Gemeinden sogar über 50 Prozent der Wählerstimmen. Sie ist mit den Grünen (Os Verdes) in der CDU (Coligação Democrática Unitária), bzw. der CDU/PCP vereint, beide treten bei Wahlen gemeinsam an. Os Verdes, die Grünen Portugals, sind nur ein Anhängsel der Kommunisten mit wenigen Mitgliedern und nicht vergleichbar mit der deutschen Ökopartei.

Seit 1999 gibt es den Linksblock **Bloco de Esquerda,** der u. a. von Francisco Louçã und Miguel Portas (1958–2012) gegründet wurde. Miguel Portas, bis 2004 Europaabgeordneter, war der ältere Bruder von Paulo Portas, der bis 2015 den Vorsitz der entgegengesetzten rechtskonservativen PP innehatte. Letzterer war von 2013 bis 2015 Vize-Premierminister der Regierung unter Pedro Passos Coelho – ein ungleiches und doch sehr verbundenes Brüderpaar der portugiesischen Politikgeschichte. Nach dem frühen Tod seines Bruders zog sich Paulo Portas aus der Politik zurück.

Viele der Mitglieder des BE kamen ursprünglich aus der Kommunistischen Partei oder dem linken Flügel der PS. Die Theaterschauspielerin und Politikerin Catarina Martins übernahm 2014 die Parteiführung. Die PCP und BE sind beide erklärte Gegner der EU und deren „Bevormundung".

Die **CDS/PP** (Centro Democrático e Social, später Partido Popular = Portugiesische Volkspartei) wurde 1974 gegründet. Sie war die einzige der neuen Parteien, die gegen die Verfassung der Nelkenrevolution 1975 stimmte, weil sie ihr zu sozialistisch war. Die streitbare Assunção Cristas übernahm 2016 den Vorsitz der PP als Nachfolgerin von Paulo Portas.

Die PSD und die PS wechseln sich seit 1974 in den Regierungsgeschäften ab, mal mit, mal ohne Koalitionspartner. Eine Große Koalition wie beispielsweise in Deutschland aus beiden Hauptparteien ist in Portugal schwer vorstellbar.

Die portugiesischen Präsidenten und Premierminister zeichnen sich bis auf wenige Ausnahmen durch autoritätsbestimmtes Auftreten und einen sehr **personenbezogenen Führungsstil** aus. Besonders Cavaco da Silva genoss dieses Image. Seine disziplinär geführte Regierungszeit als Premierminister wird als *Cavacismo* bezeichnet. Dagegen ist der volksnahe und beliebte Präsident Marcelo Rebelo de Sousa eine verehrte Vorbildfigur.

Die portugiesischen Volksparteien sind bis auf die Kommunistische Partei relativ jung. Eine linke Studentenbewegung, wie es sie in den 1968er-Jahren im restlichen Europa gab, gingen an dem salazaristischen Portugal spurlos vorbei. So ist auch heute noch eine grundlegende Autoritätshörigkeit in der Bevölkerung zu spüren, die die Führungspersonen auch dementsprechend bedienen. Trotzdem ist der Respekt vor den Politikern gering.

Innenpolitik

Seit 2015 regiert die PS unter Premierminister António Costa mit einem parlamentarischen Linksbündnis aus Kommunistischer Partei (PCP) und dem Linksblock BE. Von der Opposition und den Medien bissig *geringonça* (frei übersetzt: „wacklige Angelegenheit") betitelt, hat sich die Regierung bis dato allen pessimistischen Prognosen aus In- und Ausland zum Trotz behauptet. Das Haushaltsdefizit konnte auf historische Werte gedrosselt werden. Bis Ende 2017 wurde Portugal von allen Ratingagenturen hochgestuft und gilt nicht mehr als „Risikoland". Die Arbeitslosenquote sank leicht und das private Konsumverhalten steigt wieder. Selbst von der EU bekam Portugal wieder einmal positive Rückendeckung und auch die deutsche Skepsis verstummte. Es gibt auch kritische Stimmen, die einen Rückfall in alte Gewohnheiten vorhersagen. Der Schwerpunkt der Innenpolitik liegt auf Energie, Arbeitsmarkt und Bildung.

Die portugiesische Verfassung sieht das direkte Abstimmungsrecht der Bürger per Referendum vor. Die Frage der Regionalisierung und das Abtreibungsgesetz wurden beispielsweise per Volksentscheid geregelt. Den Lissabonner Vertrag ratifizierte das Parlament selbst, schon um eine Situation wie in Irland zu vermeiden.

Außenpolitik

Außenpolitisch sieht sich Portugal von jeher als Vermittler zwischen Europa einerseits und Afrika und Südamerika andererseits. Derzeit fokussiert das Land seine Außenpolitik auf die europäische Einigung, die transatlantischen Beziehungen und die Verbindung zu den Portugiesisch sprechenden Staaten (CPLP). Portugal ist eines der Gründungsmitglieder der NATO im Jahr 1949 und gehört der UNO seit 1955 an.

Zu den USA und Kanada hat Portugal schon aufgrund seiner nur durch den Atlantik getrennten maritimen Nachbarschaft enge Beziehungen. Mehr als eine Million portugiesischer Emigranten leben in den beiden Ländern. Auf den Azoren unterhalten die Amerikaner seit 1948 einen Luftwaffenstützpunkt, den sie zuletzt während des Irak-Krieges unter George W. Bush nutzten.

◁ Der Solarpark Amareleja im Alentejo: das derzeit größte Solarkraftwerk der Welt

Portugal und die EU – eine Zweckverbindung mit gemischten Gefühlen

Bis in die 1980er-Jahre war Europa in der Vorstellung der Portugiesen weit weg. Wer die Grenze nach Spanien überschritt, reiste schon nach Europa. *Lá fora* – „dort draußen" – sagt man auch heute noch, wenn es um die Länder östlich des Guadiana oder auf der anderen Seite des Ozeans geht. 1986 begann der politische und wirtschaftliche Weg mit der Europäischen Gemeinschaft. Zusammen mit Spanien reihte sich **Portugal in den Kreis der Mitgliedsländer** ein. Die Hoffnungen waren groß.

Würde man das Ergebnis der Eingliederung in Kubikmetern von Beton messen, so müsste man von einer rein positiven Erfolgsgeschichte sprechen. Veraltete Infrastrukturen, fehlende oder schlechte Straßen, Autobahnen und Brücken waren die als Priorität definierten Probleme. Dementsprechend wurde gebaut, was der Betonmischer hergab. Das meiste Geld aus den EU-Fonds allerdings floss nach Lissabon und in die Machtzentren. Investitionen in die Bereiche Bildungs- und Gesundheitswesen wurden hingegen lange vernachlässigt.

Der 1923 in Guarda geborene portugiesische Essayist und Philosoph Eduardo Lourenço veröffentlichte 1988 in seiner Wahlheimat Frankreich eine Textsammlung unter dem Titel „Das unauffindbare Europa". Darin heißt es: „Im Unterschied zu manch anderen europäischen Kulturen haben wir in unserer Tradition keine dieser Menschen, die man in den dreißiger Jahren und danach „große Europäer" nannte [...] Aber es darf gewettet werden, dass Portugal in Kürze mit größter Selbstverständlichkeit selbst ein ‚großer Europäer' wird. Ein gerechter Ausgleich, denn dieses kleine Volk, dass sich auf Wagnisse fern von Europa eingelassen hat, war insofern das europäischste aller Völker."

Drei Jahrzehnte später können sich die Portugiesen sicherlich große Europäer nennen, auch wenn der gerechte Ausgleich in der öffentlichen Meinung nicht angekommen ist. Als zu starr und unbeweglich, manchmal gar als bedrohlich werden die EU-Gremien empfunden. Eine Meinung, die auch andere in Europa teilen. Dennoch **hat sich Portugal immer für die EU ausgesprochen.** 1992, 2000 und 2007 hatte es die EU-Ratspräsidentschaft inne und ist im ersten Halbjahr 2021 wieder an der Reihe. Weder wurde die Einführung des Euro abgelehnt (wie beispielsweise in Schweden oder England) noch der Lissabonner Vertrag (wie beim ersten Referendum in Irland). Einige Portugiesen hatten bzw. haben einflussreiche Ämter innerhalb der EU und weltweit inne: José Manuel Durão Barroso war von 2004 bis 2014 Präsident der EU-Kommission. Der portugiesische Notenbankchef Vítor Constâncio ist seit 2010 Vizepräsident der Europäischen Zentralbank (EZB). João Vale de Almeida war EU-Botschafter in den USA und ist seit 2015 Leiter der EU-Delegation bei den Vereinten Nationen. Der ehemalige Premierminister António Guterres ist UNO-Generalsekretär; der portugiesische Finanzminister Mário Centeno ist seit 2018 der neue Eurogruppenchef.

Eine besondere Genugtuung für die vom ehemaligen Eurogruppen-chef Jeroen Djisselbloem geschassten südländischen Portugiesen war die Wahl des portugiesischen Finanzministers Mario Centeno zu dessen Nachfolger. Djisselbloem löste mit einer polemischen Aussage zu den verschwenderischen Südländern einen Sturm der Entrüstung aus, vor allem in Portugal, wo dies als eine diskriminierende Beleidigung aufgefasst wurde und einen offiziellen Protest zur Folge hatte. Sinngemäß sagte er „Es könne nicht sein, dass manche Länder ihr Geld für Schnaps und Frauen verschwendeten und dann den EU Rettungsschirm anfragten". Das war natürlich Benzin ins Feuer der eh schon gedemütigten Portugiesen.

Die **Osterweiterung der EU** machte dem kleinen Land zu schaffen: Billigere Löhne, besser ausgebildete Arbeitskräfte und attraktivere Standorte in den neuen Mitgliedsländern beschworen abermals komplizierte Zeiten für Portugal herauf. Dennoch konnte sich Portugal aus der Finanzkrise und vom Rettungsschirm befreien und sieht nun hoffnungsvoll in die Zukunft.

Portugal und die Ex-Kolonien – keine einfache Beziehung

Massaker, Vergewaltigungen, Massenerschießungen und viele andere Gräueltaten wurden von Missionaren in den ehemaligen afrikanischen Kolonien Portugals in den 1960er- und 1970er-Jahren immer wieder bezeugt und angeprangert. Von den damaligen portugiesischen Verantwortlichen wurden diese Aussagen stets dementiert und doch waren sie durch Zeugenaussagen bestätigt. Selbst innerhalb der NATO wurde **der blutige Kolonialkrieg** des Mitglieds Portugal zum Problem. Im Grunde konnten die Kolonialherren in Übersee lange Jahrzehnte nach Belieben schalten und walten, wie sie wollten. Die Aktivitäten des isolierten Mutterlandes in den noch isolierteren afrikanischen Kolonien blieben der Welt lange verborgen. Der öffentliche Druck begann ab 1973, nachdem das britische Nachrichtenmagazin Times einen erschütternden Augenzeugenbericht über ein Massaker in Mosambik veröffentlicht hatte. Der britische Pater Hastings berichtete von schwangeren Frauen, denen die portugiesischen Soldaten die Bäuche aufschlitzten und die Föten ins Feuer warfen. Einige europäische Länder wie Deutschland, Frankreich und England forderten von der UNO Aufklärungsmaßnahmen.

Bis dahin dominierte die Gruppe der Kolonialherren die afrikanische Bevölkerung mit der uneinsichtigen Arroganz der herrschenden Klasse. Die Sklavenhaltermentalität hatte sich kaum geändert. Die von Salazar im eigenen Land propagierte „vielrassige Gesellschaft" war eine reine Legende. Der Diktator selbst setzte übrigens in seiner ganzen Regierungszeit keinen Fuß auf afrikanischen Boden. Die koloniale Gesellschaft war in vier Klassen unterteilt: die weißen Portugiesen nannten sich *civilizados* („Zivilisierte"), danach kamen Farbige ohne „negroiden" Einfluss, dann die *assimilados,* sogenannte „angepasste" Schwarzafrikaner oder Mischlinge, die eine Grundbildung besaßen und ein Minimum an Bürgerrechten erhielten. Dann gab es noch die „Untermenschen" der eingeborenen Bevölkerung, die kein Portugiesisch sprachen. Sie fielen unter das Eingeborenengesetz. Das heißt, diese Menschen hatten keinerlei Bürgerrechte, durften sich nur in bestimmten Stadtvierteln aufhalten und mussten Arbeitsdienst leisten. Erwähnt sei, dass die Bildungsunterschiede zwischen der einheimischen Bevölkerung und den ankommenden portugiesischen Soldaten und Siedlern im Gegensatz zu anderen Kolonialgebieten wie England

Kolonialreich Portugal: Windrose vor dem Entdeckerdenkmal in Lissabon

oder Frankreich nicht allzu groß waren. Die Mehrheit der *Civilizados* hatte selbst nur eine sehr geringe oder gar keine Schulbildung.

Das Leben in den Kolonien war rein portugiesisch geprägt. Afrikanische Musik beispielsweise war in angolanischen oder mosambikanischen Radios bis 1974 verboten, nur *Fado* durfte über den Äther laufen. Als der *Estado Novo* endete und die Kolonien u. a. auf Verlangen der UNO befreit wurden, **befanden sich die Länder in desolatem Zustand.** Angola gar versank in einem 30-jährigen blutigen Bürgerkrieg, der erst 2002 endete. Die Wirtschaft basierte auf Latifundien und die farbigen Einheimischen waren mehrheitlich Landarbeiter. Nur wenige kamen in den Genuss, eine Schule zu besuchen. Afrikanische Führungsschichten mussten nach Erlangung der Unabhängigkeit erst heranwachsen.

Obwohl Angola, Mosambik, Kap Verde und Guinea-Bissau bereits seit über 40 Jahren unabhängig sind, war das Verhältnis zum einstigen Mutterland lange Jahre alles andere als entspannt. Die Narben waren tief. Brasilien nahm in diesem Gefüge eine andere Rolle ein, da es sich selbst bereits 1822 unabhängig erklärt hatte und wesentlich selbstbewusster auftrat als die afrikanischen Länder. Spannungen gab es vor allem zwischen Portugal und den Regierungen von Guinea-Bissau und Angola.

Dennoch sind die Beziehungen heutzutage **mehrheitlich partnerschaftlich geprägt,** vor allem der interkulturelle Austausch floriert. Man kooperiert in der „Vereinigung der afrikanischen Länder mit offizieller portugiesischer Sprache" (PALOP) wie auch in der „Gemeinschaft der Portugiesisch sprechenden Länder" (CPLP), die seit 1996 besteht. Viele der ehemaligen Kolonien haben sich wirtschaftlich erholt und manche haben Portugal im Wirtschaftswachstum gar hinter sich gelassen. Heute kommen angolanische Jungunternehmer nach Portugal, um zu investieren und Portugiesen emigrieren nach Angola, weil es dort inzwischen lohnende Arbeitsplätze im Bildungswesen oder Tourismus gibt. Auch Mosambik und Kap Verde verzeichnen verhaltenen Fortschritt und wachsen vornehmlich im Tourismussektor. Guinea-Bissau und die der westafrikanischen Küste vorgelagerten Inseln São Tomé und Príncipe sind eher landwirtschaftlich geprägt.

Das kleine **Ost-Timor** (Timor-Leste) ist erst seit 2002 unabhängig. Nach dem Abzug der Portugiesen 1975 hatte Indonesien die Ostseite der Pazifikinsel besetzt. Ost-Timor hegt im Gegensatz zu den anderen Ex-Kolonien keine negativ belegten Gefühle für Portugal. Im Gegenteil, es fühlt sich immer noch sehr mit dem einstigen Mutterland verbunden und bewahrte neben der Landessprache Tetum auch Portugiesisch als Amtssprache. Die portugiesische Bevölkerung hatte sich sehr intensiv für die Befreiung Ost-Timors aus der indonesischen Besatzung eingesetzt und das Land mit Spenden und Demonstrationen unterstützt.

Der Fall José Sócrates – vom Regierungschef zum Angeklagten

Ein Korruptionsskandal nach dem anderen beschäftigt seit 2014 die portugiesische Öffentlichkeit. Banken, Politik und Wirtschaft waren in etliche Prozesse verwickelt. Der Innenminister musste wegen der zwielichtigen Vergabe von „Goldenen Visa" zurücktreten, gegen einige frühere Bankmanager der BES (Banco de Espirito Santo = Heiliggeist-Bank) wurden Ermittlungsverfahren eingeleitet. Der bis heute größte und nachhaltigste Schock aber war die Verhaftung des ehemaligen Premierministers José Sócrates. Am 22.11.2014 wurde er auf der Gangway seines aus Paris kommenden Fliegers festgenommen. Die Presse war kurioserweise schon informiert und stand am Flughafen bereit, um das Spektakel direkt in die Wohnzimmer der perplexen Zuschauer zu senden. Die Nachricht schlug ein wie eine Bombe. Nach dreitägiger Befragung blieb Sócrates für zehn Monate in einem Provinzgefängnis in Évora in Untersuchungshaft. Ihm wurden passive und aktive Korruption, Geldwäsche und Steuerhinterziehung vorgeworfen. Danach stand er unter Hausarrest und durfte erstmals im Oktober 2015 (nach der Parlamentswahl) das Haus verlassen.

Das sind sehr schwerwiegende Anschuldigungen für einen hochrangigen Repräsentanten eines Landes. Die Portugiesen sind immer noch geschockt, wütend und fassungslos. Dies ist eine einmalige Situation in der Landesgeschichte, noch nie wurde ein ehemaliger Regierungschef angeklagt oder gar verhaftet, noch dazu in dieser spektakulären Art und Weise. Immerhin war Sócrates von 2005 bis 2011 über zwei Legislaturperioden Regierungschef und einer der wenigen, die mit absoluter Mehrheit gewählt wurden.

Der Journalist Luís Delgado sprach von einer tiefen Spaltung der portugiesischen Gesellschaft: Da seien einerseits die treuen Sócrates-Anhänger, die von politischer Verfolgung und Intrigen sprächen, andererseits diejenigen, die den ehemaligen sozialistischen Premierminister schon immer in Frage gestellt hätten und sich jetzt in allen Punkten bestätigt sähen. Immer mehr Details und Verwicklungen kommen mit dem Fall, der unter dem Decknamen „Operação Marquês" bei den Justizbehörden geführt wird, an die Oberfläche.

Nach dem portugiesischen Gesetz gilt das Unschuldsprinzip bis zur Verurteilung. Dennoch hört man dieser Tage öfter denn je auf den Straßen und in den Cafés: „Die Politiker sind alle gleich und bestehlen uns nur, damit sie ihre eigenen Taschen füllen können!"

José Sócrates war im Laufe seiner Regierungszeit mehrfach Mittelpunkt von Anschuldigungen wegen dubioser Verwicklungen mit der Wirtschaft.

Es konnte ihm jedoch nie etwas nachgewiesen werden. Er soll nach Angaben der Tageszeitung SOL 24 Mio. Euro auf einem Schweizer Konto angesammelt haben, welches unter dem Namen seines Jugendfreundes Santos da Silva geführt wurde. Sein luxuriöser Lebensstil bot stets Anlass zur Diskussion in den Medien. Mit dem Gehalt eines Premierministers und ausschließlich einer politischen Karriere wäre der Kauf seiner noblen Immobilien in Lissabon und Paris kaum möglich gewesen. Sócrates selbst beschwört seine Unschuld und spricht von einer Erbschaft seiner Mutter und des Großvaters. Aus dem Gefängnis wandte er sich mehrfach in Briefen an die Medien, er veröffentlichte ein Buch und spricht bis heute von Verschwörung und Rufmord.

Wahr ist, dass trotz Justizgeheimnis einmal mehr Details an die Öffentlichkeit gelangten, die eigentlich nicht hätten publik werden dürfen. Die Verletzung des Justizgeheimnisses ist in Portugal nichts Neues. Wahr ist allerdings auch, dass die Anschuldigungen derart schwerwiegend sind, dass sich wohl kaum ein Richter die Anordnung einer Untersuchungshaft erlauben könnte, ohne fundierte Anhaltspunkte zu haben. Der für den Fall verantwortliche Untersuchungsrichter Carlos Alexandre klagte mehrfach über Drohungen und auf ihn ausgeübten Druck von verschiedenen Seiten.

Für die Sozialistische Partei PS kam dieser Paukenschlag zu einer gänzlich ungelegenen Zeit. Die Verhaftung erfolgte einen Tag vor der Wahl des neuen Parteivorsitzenden António Costa und den Parlamentswahlen 2015.

Die größte Sorge vieler Portugiesen und der Analysten dreht sich darum, wie man all dies im Ausland aufnehmen werde. Die Frage ist: Wird damit das Image Portugals beschädigt? Wird es heißen „Dort sind eh alle korrupt".? Oder wird man zugestehen, dass die Justiz doch funktioniert und die staatlichen Institutionen die Korruption bekämpfen?

Zum Welttag gegen Korruption am 9.12. befragte der Radiosender Antena 1 einige Jurastudenten in Lissabon zu ihrer Meinung zu Korruption in der Gesellschaft. Die Antworten waren verblüffend nüchtern. Die Mehrheit der angehenden Juristen meinte, die Korruption sei tief in der portugiesischen Gesellschaft verwurzelt und würde banalisiert.

Die 4000 Seiten lange Anklage gegen den ehemaligen Premierminister und weitere 28 Persönlichkeiten, u. a. den ehemaligen Bankdirektor Ricardo Salgado, wurde im Oktober 2017 veröffentlicht. Darin werden José Sócrates 31 Verbrechen vorgeworfen. Der Beginn des Gerichtsverfahrens wurde schon mehrfach verschoben und kann sich über Jahre hinziehen. Sollte Sócrates schuldig gesprochen werden, drohen ihm mehrere Jahre Gefängnis.

Gesetz und Korruption

Die portugiesische **Gesetzgebung** ist komplex und selbst für Fachleute teilweise schwer zu durchschauen. An Gesetzen und Regelungen fehlt es nicht im Land – das Problem ist die Umsetzung in die Praxis. Der Journalist und Architekt José António Saraiva schrieb in einem Kommentar in der Zeitung SOL sinngemäß: „In Portugal ändern sich die Gesetze ständig, weil sie nicht eingehalten werden. Da der Eindruck einer generalisierten Ineffizienz überwiegt, existiert eine Notwendigkeit, andauernd alles zu ändern."

Die Portugiesen sind stolz auf ihre moderne **Verfassung.** Gleichzeitig haben sie ein rebellisches Verhältnis zu allem, was nach Regelung oder gesetzlicher Obrigkeit aussieht. Verbote mag man generell nicht leiden, „É proibido proibir" – „Verbieten verboten" lautet ein gängiges Sprichwort. Dass man es mit den Gesetzen in der Praxis nicht so genau nimmt, empfinden viele Besucher als angenehm. Es vermittelt bei vielen das Gefühl der Freiheit im Sinne von leben und leben lassen. Der Portugiese an sich liebt das Improvisieren und ist ein Meister darin. Irgendein Weg findet sich immer, eine unliebsame Vorschrift zu umgehen. Von *desenrascar* spricht der Volksmund, wörtlich könnte man dies mit „vereinfachen" übersetzen, es ist sozusagen eine Art Lösung für alles. *O Chico Esperto* ist derjenige, der sich schlitzohrig und gewitzt immer einen Vorteil verschafft (siehe dazu auch das Kap. „‚Alma Lusa' – tiefgründige Volksseele mit komplexer Wirkung", S. 154). Mit etwas Glück sitzt irgendwo ein Bekannter auf einem wichtigen Posten, der die Sache unbürokratisch regelt.

Selbst die **Polizei** genießt kein großes Vertrauen in der Bevölkerung und wird deshalb auch nicht wirklich als Autorität angesehen. „Strafzettel?", meinte einmal ein portugiesischer Bekannter, „Fliegen grundsätzlich in den Papierkorb." Autofahren mit dem Handy am Ohr? Macht doch jeder! Fahren mit Promille? Normal. Portugiesen (Polizisten eingeschlossen) parken mit Vorliebe, wo es ihnen Spaß macht: auf Straßenbahnschienen, vor Verbotsschildern, auf dem Gehweg. Fairerweise sei gesagt, dass sich in den letzten Jahren in dieser Hinsicht doch einiges verbessert hat, nicht zuletzt durch strengere Kontrollen. Als Fremder empfiehlt es sich nicht, „Regelumgehungen" nachzuahmen, mit Sicherheit erfolgt eine prompte Reaktion seitens der Gesetzeshüter.

Wie lässt es sich erklären, dass die Bevölkerung „großen Fischen" selbst **bei bewiesenen Gesetzesbrüchen großzügig verzeiht,** ja ihnen beinah Heldenstatus verleiht? Wie kommt es, dass ein der Korruption und Veruntreuung von Staatsgeldern überführter Politiker als Bürgermeister kandidiert und die Unterstützung der Einwohner findet? Berühmte Beispiele gab es dazu in den letzten Jahren einige und sie ziehen sich durch alle Parteien.

Was bei den meisten Menschen unverständliches Kopfschütteln auslöst, erklärt ein tieferer Blick in die portugiesische Kultur und Mentalität. Im Verständnis der meisten Portugiesen ist die **Korruption ein notwendiges Übel,** um im Alltag bestehen zu können. Viele schreiben dies der mangelnden Vorbereitung der portugiesischen Gesellschaft auf eine funktionierende Demokratie zu. Korruption wird nicht als direkte Gefahr für die demokratischen Organe empfunden. Zudem kennt man es nicht anders und hält es für normal, weshalb man auch bei den Politikern beide Augen zudrückt. Obwohl mehr als achtzig Prozent der Portugiesen angeben, einen in Korruptionsfälle verwickelten Politiker nicht zu wählen, wurden zahlreiche Kandidaten in Regionalparlamente gewählt oder in ihrem Amt bestätigt, die schon mit einem Fuß im Gefängnis standen. Ein besonders krasses Beispiel war die Wiederwahl des Politikers Isaltíno Morais, der wegen Korruption mehrere Jahre im Gefängnis gesessen hatte und im Herbst 2017 kurz nach Freilassung mit großer Mehrheit zum Bürgermeister von Oeiras bei Lissabon gewählt wurde.

Kriminalität

Was hat Portugal mit Island und Neuseeland gemeinsam? Alle drei sind vom Meer umgeben und alle drei gehören nach dem Global Peace Index 2017 zu den „friedlichsten" Ländern der Welt. Die Plätze 1, 2 und 3 gebühren laut dieser Stude Island, Neuseeland und Portugal. Portugal selbst bezeichnet sich von jeher als „país pacifico" und tatsächlich gibt es zum Glück keine extremistischen Gruppierungen oder rechtsradikalen Parteien im Land. Bisher blieb es von Terroranschlägen verschont. Auch das ist ein Grund für seine große Beliebtheit bei Reisenden weltweit. Die Kriminalitätsrate ist von der Korruption einmal abgesehen, **im Vergleich zu anderen EU-Ländern noch relativ niedrig.** Trotzdem hört man in den Medien immer wieder von Gewaltverbrechen und bewaffneten Überfällen. Dies bezieht sich hauptsächlich auf die Metropolen Lissabon und Porto und die Ballungsräume der Küstenregionen. Die Anzahl der Taschendiebstähle steigt mit dem zunehmenden Tourismus. *Carteiristas* gab es zwar schon immer in der Hauptstadt, doch es werden immer mehr. Am häufigsten kommt es zu Diebstählen von Geldbörsen oder Mobiltelefonen, vor allem an viel besuchten Orten in Lissabon. Deshalb lieber zu wenig als zu viel auf den Ausflug mitnehmen und an gut besuchten Stränden keine Wertsachen sichtbar im Auto liegen lassen.

Extrainfo 16 (s. S. 7): ZDF-Reportage zu den „Carteiristas" (Taschendieben) in Lissabon

Justiz – die Mühlen der Gerechtigkeit mahlen langsam

Die portugiesische Gerichtsbarkeit hat einen langen Atem. Wer hier je in eine gerichtliche Verwicklung geraten sollte, braucht einmal mehr viel *paciência* – „Geduld". Über Jahre ziehen sich die Justizfälle mangels Personal und aufgrund von bürokratischem Hin und Her oder technischen Problemen. Mal fehlen die Richter, mal sind die Staatsanwälte überlastet, mal streikt die Software, mal sind Sommerferien ...

Die beiden folgenden Fälle der portugiesischen Justizgeschichte waren die bisher langatmigsten und diejenigen, die für das größte internationale Echo sorgten.

Der Fall „Casa Pia"

„Portugal ist ein Paradies für Pädophile" waren die reißerischen Schlagzeilen in der internationalen Presse zum Jahresende 2002. Der Satz stammte von Pedro Namora, ehemaliges Heimkind und Zeuge zahlreicher Vergewaltigungen. Als Rechtsanwalt vertrat er einige Opfer des größten Justizfalls der portugiesischen Geschichte. Damals meinte er: „Wenn die Namen aller Beteiligten ans Licht kommen, wird dies ein Erdbeben im Land auslösen." Der Fall Casa Pia schlug tatsächlich wie eine Bombe in der portugiesischen Gesellschaft ein und das „Erdbeben" hat viele Trümmer hinterlassen, die bis heute nicht beseitigt sind.

Die Casa Pia ist ein staatlich geführtes Hilfswerk mit im ganzen Land verteilten **Kinderheimen für elternlose und bedürftige Minderjährige.** Die Einrichtung existiert seit dem 18. Jh., hier wurden viele Generationen von Waisenkindern aufgezogen und später in die Gesellschaft entlassen. Das Haupthaus liegt in der Nähe des Hieronymusklosters im Lissaboner Stadtteil Belém. Der davor liegende Stadtpark war als „Kinderstrich" in Verruf geraten. Dort sollen gut betuchte Pädophile mit Luxusautos minderjährige Jungen aus dem Heim aufgelesen haben. Bereits in den 1960er- und 1970er-Jahren gab es Anzeigen wegen Missbrauchs von Minderjährigen. Selbst der damalige Staatspräsident Eanes wurde informiert, doch nichts geschah.

Im September 2002 erstattete der jugendliche Heimbewohner Joel **Anzeige wegen Vergewaltigung** gegen Carlos Silvino, auch *Bibi* genannt, einen damaligen Fahrer des Hilfswerks. Joel ist die Schlüsselfigur des Falls, bis heute muss er polizeilich geschützt werden. Die Journalistin Felicia Cabrita rollte den Fall in der Wochenzeitung Expresso auf und veröffentlichte

die heiklen Ergebnisse ihrer Recherchen, die einen landesweiten Skandal auslösten. Morddrohungen und Beleidigungen an die Adresse der Reporterin waren die Folge. Hunderte von Missbrauchsvorwürfen wurden seither von der Staatsanwaltschaft untersucht. Silvino legte ein umfassendes Geständnis ab und gab an, auch als Vermittler für die Nachfrage nach Kindern gedient zu haben. Im Jahr 2004 begann der Megaprozess. Silvino wanderte ins Gefängnis und brachte andere, prominente Namen ins Spiel. Darunter waren Diplomaten und Politiker, ein Anwalt, ein Kinderarzt und Medienleute.

Bald wurden **Vermutungen über einen organisierten Pädophilenring** laut. Im Mittelpunkt stand ein vom Heim angemietetes Haus in Elvas, das als Treffpunkt für die Pädophilen mit den von *Bibi* gebrachten Kindern gedient haben soll. Die Heimleiterin Gertrude Nunes war eine der Hauptangeklagten. Dem bekannten Arzt Ferreira Diniz wurde vorgeworfen, die Kinder untersucht und die als „clean" erachteten ausgewählt zu haben. Der ehemalige Diplomat Jorge Ritto, der lange Jahrzehnte portugiesische Botschaften in Afrika leitete, war ebenso angeklagt wie der Rechtsanwalt Hugo Marcal. Auf Ritto wurden auch deutsche Behörden aufmerksam, als er in Stuttgart 1969–1971 als Konsul tätig war. Der größte Schock für

⌃ Ansprechpartner bei Problemen: die Touristenpolizei in Lissabon die Portugiesen war die Anklage gegen *Mr. Televisão,* den beliebten Fernsehmoderator Carlos Cruz. Das Werbegesicht der EM 2004 war in Portugal ungefähr so berühmt wie Thomas Gottschalk in Deutschland. Alle Beschuldigten bis auf *Bibi* selbst streiten die Vorwürfe ab. Nach jahrelangen Ermittlungen und Anhörungen wurde das Urteil im September 2010 gesprochen. Darin wurden die Angeklagten zu sechs bis fünfzehn Jahren Haft verurteilt, die sie noch verbüßen. Der bekannteste Angeklagte, Carlos Cruz, kam im Juli 2016 frei, ein Jahr vor Ablauf seiner siebenjährigen Strafe. Die Verwicklungen rund um die Institution Casa Pia gehen aber weiter.

Der Fall „Maddie"

In der Nacht des 3. Mai 2007 **verschwand die dreijährige Madeleine McCann** unter mysteriösen Umständen aus einer Ferienanlage in dem Küstenort Praia da Luz westlich von Lagos an der Algarve. Das Kind der britischen Ärzte Kate und Gerry McCann ist seither wie vom Erdboden verschluckt. Die Eltern starteten eine bisweilen umstrittene weltweite Medienkampagne. Zeitweise stufte die portugiesische Polizei das Elternpaar selbst als Vedächtige ein, was sich jedoch nicht aufrecht halten ließ.

Der Fall löste sowohl in Portugal als auch in England riesige Wellen der Empörung aus und **sorgte für diplomatische Verstimmungen.** Gegenseitig klagte man sich der Verleumdung und Ermittlungsfehler an und erschöpfte sich in diversen Schuldzuweisungen. Der ehemalige Ermittler der portugiesischen Kriminalpolizei Gonçalo Amaral veröffentlichte das umstrittene Buch „A Verdade da Mentira" („Die Wahrheit der Lüge") zu dem Fall. Die Verbreitung seiner Aussagen wurde Anfang 2010 auf Klage der Eltern vom portugiesischen Gerichtshof verboten, dann aber wieder aufgehoben. In Praia da Luz erklärten sich die Bewohner besonders am Anfang solidarisch mit den Eltern. Mittlerweile werden auch andere Stimmen laut. Man befürchtet wegen der weltweiten Berichterstattung Einbrüche im Tourismus und negative Schlagzeilen für die Region. Der Fall ist verworren und verleitet Menschen aus aller Welt zu den wildesten Spekulationen. Zehn Jahre nach dem Verschwinden des Mädchens nahm das britische Scotland Yard den Fall wieder auf und präsentierte Ende 2017 neue Spuren, die zu einem osteuropäischen Kinderhändlerring führen könnten. 2018 steuerte der britische Staat weitere Finanzhilfen für abschließende Untersuchungen bei. Die Portugiesen dagegen würden am liebsten einen Schleier des Schweigens über die ganze Sache legen. Das wird allerdings nicht geschehen, solange es keine Gewissheit über den Verbleib des Mädchens gibt.

Wirtschaftslage und Konjunktur

Der Beitritt in die Europäische Gemeinschaft 1986 war zunächst eine Erfolgsstory für Portugal. Mithilfe der EU-Fördermittel ging es rasch bergauf mit der Wirtschaft. Im gleichen Maß wie die Landwirtschaft rückläufig war, wuchsen Industrie und Dienstleistungssektor. Dennoch versickerten die meisten Gelder im Straßenbau und in Projekten zur Verbesserung der Infrastruktur. Weder das Bildungs- und Gesundheitswesen noch die Forschung bekamen viel vom Förderkuchen ab.

Die Wirtschaft machte und macht sich von importierten Industriezweigen wie der Auto- und Maschinenbauindustrie abhängig. Etwas mehr als 50 portugiesische **Exportbetriebe** agieren auch auf dem globalen Markt, einige davon sind sogar Weltmarktführer, wie die Firma Corticeira Amorim in der Korkproduktion. Die bisher verfolgte Strategie der Billiglöhne ist mit der Osterweiterung der EU und der starken Konkurrenz in Asien kein Vorteil mehr und wird von der Mehrheit der Bevölkerung abgelehnt. Nur etwa ein Prozent der portugiesischen Firmen beschäftigt mehr als 500 Mitarbeiter, die Mehrheit bilden mittelständische Betriebe mit bis zu zwanzig Angestellten. Die größten „global player" aus Portugal sind die VW-Produktionsfirma Autoeuropa, der Ölproduzent Repsol, der Energiekonzern EDP, die Fluggesellschaft TAP, der Petroleumriese GALP, die SONAE-Gruppe (mit u. a. den Supermarktketten Continente und Modelo sowie NOS-Telekommunikation) und Jerónimo Martins (mit der Supermarktkette Pingo Doce).

Im globalen Wettbewerb ist das kleine Portugal besonders verletzlich. Durch Standortverlegungen hat das Land **zahlreiche Arbeitsplätze verloren.** Die einst florierende Textil- und Schuhindustrie im Norden kam fast gänzlich zum Stillstand. Mittlerweile erholen sich einige mittelständische Firmen im Textil- und Modesektor und es geht langsam wieder aufwärts. Dagegen stehen schmerzhafte Rückschläge wie im Januar 2018 die Werksschließungen der beiden Textilindustriebetriebe der Firmen Triumph und Rincon, von denen Hunderte Arbeitnehmer betroffen waren. Seit 2012 ist eine verstärkte Nachfrage ausländischer Investoren zu verzeichnen, vor allem in strategischen Bereichen wie Energie, Telekommunikation, Verkehrs- und Wasserwirtschaft sowie im Finanzsektor. Die Hauptinvestoren sind Holdings aus Frankreich, Spanien, Luxemburg, den Niederlanden und China, was auf attraktive Steueranreize und die Privatisierungspolitik der Regierung Passos Coelho zurückzuführen ist. In den letzten zehn Jahren nahmen die Investitionen ausländischen Kapitals um 57 % zu, was vom Durchschnittsbürger einerseits begrüßt, andererseits aber auch als Ausverkauf des Landes angesehen wird. Schon ist die Rede von einer wirtschaftlichen „Kolonialisierung".

Zwischen 2009 und 2014 stagnierte die Wirtschaft Portugals. Die globale Finanzkrise warf das Land wieder zurück. Die **Arbeitslosenquote stieg gar auf 16 %** an. 2017 konnte ein Rückgang auf bis zu 8,5 % verbucht werden. Das Haushaltsdefizit sank auf unter 1 % – entgegen aller negativen Prophezeiungen der konservativen Opposition. Mindestlohn und Renten wurden erhöht, einige Feiertagsstreichungen und Gehaltskürzungen im öffentlichen Dienst teilweise zurückgenommen. Dem parteilosen Finanzminister **Mário Centeno** gelang die Quadratur des Kreises. Zum Ende des Jahres 2017 wurde Portugal von keiner Ratingagentur mehr als „Risikoland für Investitionen" geführt. Ausgerechnet vom damaligen deutschen Finanzminister Wolfgang Schäuble erhielt Centeno den Ritterschlag, als dieser ihn den „Cristiano Ronaldo" der EU-Finanzminister nannte. Mário Centeno wurde im Dezember 2017 zum neuen Euro-Gruppenchef gewählt und trat 2018 die Nachfolge des niederländischen Finanzministers Jeroen Dijsselbloem an. Er wurde von der deutschen Regierung genauso favorisiert wie von Krisenländern wie Griechenland oder Italien. Als ehemaliger Krisenmanager im eigenen Land könnte er neue Strategien und Ansätze in die Finanzpolitik der EU einbringen.

Momentan basieren knapp 60 % der portugiesischen Wirtschaft auf Handel und Dienstleistung, darunter der Tourismussektor mit einem Anteil von 7 % am Bruttoinlandsprodukt. Die Industrie trägt mit 28,5 %, die Landwirtschaft mit 11,7 % zum BIP bei. Die wichtigsten **Handelspartner** sowohl beim Export wie beim Import sind Spanien, Frankreich und Deutschland. Portugal exportiert vorwiegend Textil- und Lederprodukte, Kork und Wein, Papier, Autoteile und Derivate der Schwerindustrie. Ins Land kommen dafür Lebensmittel, landwirtschaftliche Produkte, Technologie- und IT-Produkte und Maschinenbauteile. Während der Regierungszeit Passos Coelhos wurden einige staatliche Betriebe privatisiert, darunter die portugiesische Fluggesellschaft TAP und öffentliche Verkehrsbetriebe wie Carris und die Metro in Lissabon und Porto. Dazu gehört auch die Post, die seit 2014 als Correios/CTT S.A. an der Börse geführt wird. Die neuen Investoren legten den Schwerpunkt auf die Finanzsparte und weniger auf das klassische Postgeschäft, was sich negativ auf die Qualität der Brief- und Paketzustellung auswirkte und seither zu vielen Kundenreklamationen führte. Die PS-Regierung unter António Costa denkt nun laut über einen Rückkauf im Jahr 2020 nach, wenn der Vertrag mit dem Privatinvestor ausläuft.

Das größte Industrieunternehmen und der wichtigste Arbeitgeber Portugals ist die **Volkswagenproduktionsstätte „Autoeuropa"** im sechzig Kilometer südlich von Lissabon gelegenen Palmela mit rund 3300 Arbeitsplätzen und zwei Milliarden Euro Investitionsvolumen. Hier werden vor allem Familienvans hergestellt. Bisher konnte sich die Firma gegenüber der Ostkonkurrenz tapfer behaupten, obwohl sich auch hier die Folgen des Dieselskandals bemerkbar machten. Im Dezember 2017 gab es Streit zwischen der Belegschaft und der Konzernleitung um die Einführung von Samstagsschichten für eine neue Produktionsserie. Die Samstagsarbeit wird von der Mehrheit der Arbeitnehmer abgelehnt und zwei Tarifvereinbarungen wurden in einer Urwahl wieder aufgelöst. Das sorgte für Unruhe im Wirtschaftsministerium. Nachdem die Firmenleitung die Samstagsarbeit unilateral anordnete, organisierte die Konzerngewerkschaft Streiks, auch 2018 sind neue *greves* angekündigt, sollte es keine Einigung geben. Eine Abwanderung dieses Konzerns käme einer Katastrophe für Portugal gleich.

Fischer mit Problemen

Als Land am Meer war und ist Portugal traditionell mit dem Fischfang verwurzelt. Seit Eintritt in die EU und angesichts der zunehmend globalisierten Wirtschaft kämpft die portugiesische Fischerei ums Überleben. Die EU-Fangquoten machen den portugiesischen *pescadores* zu schaffen und veraltete Fangflotten sind das größte Hindernis in der Konkurrenz mit dem wesentlich moderner ausgerüsteten spanischen Nachbarn. Dazu kommt, dass die Meere zunehmend überfischt sind und nicht mehr genug Erträge einbringen. Schon heute stammen die meisten Fische in Portugals Supermärkten aus dem Ausland.

Tradition versus Profit – Jahrhundertealte Fischfangmethoden

Bis in die 1970er-Jahre war der Fischerberuf zwar körperlich hart, doch weniger von Wettbewerb und Fangquoten geprägt als aktuell. Nur noch ein paar bunt bemalte Boote im Sand künden von der nostalgischen Idylle. Und doch existieren einige Eigenarten traditioneller Fischfangmethoden bis heute.

Arte Xávega heißt eine traditionelle Methode der *pesca artesanal* – „kunsthandwerklichen Fischerei"–, die in **ganz Portugal** praktiziert wurde. Eine Gruppe von Männern legt dabei mit einem Ruderboot Netze im Meer aus, um die Fischschwärme einzukreisen. Einige Stunden später werden die Netze *(redes)* mitsamt dem Fang von zahlreichen Helfern, früher kamen dabei auch Ochsen zum Einsatz, an den Strand gezogen. Diese Fangmethode wurde von den Arabern eingeführt, das Wort *xávega* kommt vom arabischen *Xabaka* („Netz"). Heute wird diese Art von Fischfang an einigen Küstenorten der Region Centro (z. B. bei Ovar, Praia de Mira, Praia da Vieira) praktiziert, im Süden wird diese Fangmethode nur noch als touristische Attraktion vorgeführt.

Auch **Tintenfische** lassen sich noch auf traditionelle Weise überlisten. Der kleine Fischerort **Santa Luzia** in der östlichen **Algarve** nennt sich *Capital do Polvo* – „Hauptstadt des Tintenfischs". Hier, wie in vielen anderen kleinen Fischereihäfen der Algarve, sieht man häufig tönerne Vasen übereinandergestapelt am Kai liegen, meist sind sie von einer feinen weißen Muschelschicht überzogen. Was zunächst aussieht wie entsorgte Wasserkrüge, ist nichts anderes als eine Tintenfischfalle, Teil einer jahrhundertealten Fangtechnik der Algarve-Fischer. Die bauchigen Gefäße, die *alcatruzes,* werden in der Abenddämmerung an Nylonseilen im offenen Meer ausgeworfen. Dann können die Fischer wieder nach Hause tuckern und beruhigt abwarten, denn die langarmigen Kraken kriechen von allein in die Pseudo-Schutzhöhlen, sie suchen die Dunkelheit. Am nächsten Morgen werden die Krüge samt ihren neuen Bewohnern aus dem Wasser geholt. Damit sich die Tiere nicht an den *alcatruzes* festsaugen, streut man etwas Salz hinein, dann verlieren die Saugnäpfe ihre Kraft und der *polvo* („Tintenfisch") flutscht mühelos in den Sand.

⌃ Bei der Arte Xávega wird das Netz wie hier in Praia de Mira manuell oder per Traktor eingeholt

Der **Thunfischfang** war in den 1950er- bis 1970er-Jahren die Haupteinnahmequelle an der Algarve-Küste. Es gab eine ganze Reihe von thunfischverarbeitenden Hafenstationen, Konservenfabriken und andere davon abhängige Industrien. Ganze Städte und Dörfer lebten vom Thunfisch. Seit die Schwärme ihre Route geändert haben, gibt es vor der Algarve-Küste fast keine Vorkommen mehr. Die Fabriken und Thunfischstationen stehen schon lange still. Nur noch ein paar Fabrikschornsteine und Museen erinnern an die Ära des *atum*.

Auf der **Insel Madeira** ist die traditionelle Methode den *peixe espada preta,* **den seltenen schwarzen Schwertfisch,** zu fangen, besonders interessant. *Nunca ninguém viu um peixe-espada preto vivo* – „Niemand hat je einen lebenden schwarzen Schwertfisch gesehen" –, sagt ein altes Fischersprichwort. Dieser ungewöhnliche Fisch kommt nur vor der Küste Madeiras an Japan vor und lebt in Meerestiefen bis zu 4000 Metern. Er wird an einfachen Angelschnüren mit Haken gefangen, die bis auf 1800 Meter ins Meer gelassen werden. Wenn der Fisch anbeißt und nach oben gezogen wird, ist er aufgrund des Druckunterschieds bereits tot. Ein lebendes Exemplar hat bis heute niemand zu sehen bekommen, weshalb sich unter den Fischern Mythen und Legenden um den aalähnlichen Fisch drehen. Der schwarze Schwert- oder Degenfisch zählt gerade wegen der Tiefe seines Lebensraums zu den Fischen mit der höchsten Schwermetallbelastung im Körper. Das ist jedoch den wenigsten Feinschmeckern bewusst und steht auch auf keiner Speisekarte. Die Portugiesen lassen sich davon sowieso nicht abschrecken.

Im 19. Jh. war der **Walfang** auf den **Azoren** die wichtigste Einnahmequelle. Blutige Kämpfe zwischen Mann und Wasserriese spielten sich vor allem auf der Insel Pico ab. Szenen wie aus „Moby Dick" kommen in Erinnerung, wenn die alten *Baleeiros* („Walfänger") von ihren Abenteuern mit den Meeresriesen erzählen – immer mit einer Träne im Auge und Wehmut in der Stimme. Obwohl sie die Tiere töteten, hatten sie doch einen enormen Respekt vor den Walen. In Acht-Mann-Ruderbooten und mit Harpunen ausgerüstet fuhren sie hinaus, wenn der Ruf „Wal in Sicht" über die Inseldörfer hallte. Seit der Walfang 1984 international verboten wurde, können die Wale friedlich durch die Gewässer der Azorenarchipels gleiten. Heute folgen ihnen nur Touristen bei Whale-Watching-Touren in modernen Hartgummibooten und mit Ferngläsern versehen.

Die *pescadores* aus **Aveiro** waren nicht Fischen, sondern *moliços* (**Algen und Seetang**) auf den Fersen. In ihren bunten Booten, den *moliceiros,* ernteten sie die Wasserpflanzen, die hauptsächlich als Dünger für die Landwirtschaft, später auch in der Kosmetik- und Lebensmittelindustrie Verwendung fanden. Die Boote aus Pinienholz sind speziell für Niedrigwasser konstruiert und in der Regel 15 Meter lang, der gebogene Bug ist 2,50 Meter breit und mit humoristischen Alltagsszenen bemalt. Die *moliceiros* schipperten die Ria de Aveiro entlang und transportierten ihren grünen Fang über die Kanäle zur Lagunenstadt am Rio Vouga. Früher fuhren die Boote mit Segeln und Heckruder, heute kommt der Motor zum Einsatz – und sie fahren nur noch zu touristischen Zwecken mit Besuchern aus.

An der **Westalgarve** ist ein anderes Meerestier das Objekt waghalsiger Fangmethoden. Vor allem in der Gegend von Vila do Bispo hat der Fang der **Felsen-Entenmuschel** *(Pollicipes pollicipes),* auf portugiesisch *perceves* genannt, Tradition. Um ein paar dieser Kostbarkeiten auf die Teller der Restaurants zu bringen, gehen junge und weniger junge Männer lebensgefährliche Abenteuer ein. Die zur Familie der Seepocken gehörenden Entenmuscheln sitzen festgesaugt an steilen Klippen und an vom Atlantik umtosten Felsvorsprüngen. Sie einzusammeln ist reinste Knochenarbeit und extrem risikoreich. Viele *percebeiros* sind dabei schon tödlich verunglückt. Sie hängen sich an Seile und lassen sich die Klippen hinabgleiten oder klettern auf abenteuerlich geformte Felsen, von denen oft nur die Spitze aus dem Meer ragt. Die Erträge der gefährlichen Ausflüge landen in den Kühlbecken der Restaurants. Sie sehen aus wie Überbleibsel aus prähistorischen Zeiten und sind doch eine Delikatesse. *Perceves* (auch *percebes* geschrieben) sind hierzulande wenig bekannt, an der westlichen Algarve sind sie eine teure Spezialität. Das rosafarbene Muskelfleisch, das im hornähnlichen Fuß des Muschelkrebses sitzt, ist zart und schmeckt nach Meer – süß und salzig zugleich und irgendwie anders als alles bisher Gekannte. Früher galten die eigentümlichen Tierchen als Arme-Leute-Meeresfrucht *(marisco do pobre),* heute sind sie bei Gourmets gefragt.

Einkommensverhältnisse und Sozialsysteme

„Fartos de Ser Pobres!", „Genug davon, arm zu sein", lautet der Titel eines 2015 anlässlich der Finanzkrise erschienenen Buchs des Journalisten und Wirtschaftswissenschaftlers Camilo Lourenço. Der Autor vertritt darin die These, dass Portugal in den nächsten 20 Jahren eines der reichsten Länder Europas sein könnte, wenn die politische Elite effektiv und kompetent zusammenarbeiten würde. So viel zur Theorie. Die Praxis ist noch weit von diesem Szenario entfernt.

Die reale Einkommenssituation der Portugiesen steht in krassem Missverhältnis zu den Lebenshaltungskosten. Portugal ist eines der Länder mit den niedrigsten Löhnen der Euro-Zone. Der **durchschnittliche monatliche Bruttoverdienst** liegt bei 1130 € im Privatsektor und 1642 € im öffentlichen Dienst. Mehr als die Hälfte der abhängig Beschäftigten verdient aber weniger als 700 Euro brutto. Selbst junge, gut ausgebildete Akademiker, seien es Ingenieure, Volks- oder Betriebswirtschaftler, verdienen kaum mehr als 1000 bis 1200 € monatlich. Andererseits liegen die Monatslöhne für Bankdirektoren oder Firmenmanager im zweistelligen Bereich. Es gibt natürlich auch große regionale Unterschiede und die Löhne und Gehälter in der Hauptstadt Lissabon sind im Vergleich zum Landesdurchschnitt wesentlich höher. Der gesetzliche Mindestlohn wurde zumindest 2018 auf 580 € angehoben, laut Plänen der aktuellen Regierung soll er bis 2019 auf 600 € ansteigen. Im Vergleich dazu: In Luxemburg beträgt der Mindestlohn 1999 €, in Bulgarien 235 €.

Die Lebenshaltungskosten sind dagegen nur in einigen Bereichen geringer als im übrigen Europa. Im Gegenteil, Kraftstoff, Gas und technische Produkte, manche Lebensmittel und vor allem Hygieneartikel sind in Portugal teurer als beispielsweise in Deutschland. Die Stundenlöhne und Kosten für Dienstleistungen sind dagegen wesentlich niedriger. Seit 1997 gibt es eine steuerfinanzierte Sozialhilfe für Bedürftige, die derzeit bei knapp 200 Euro im Monat liegt.

Im Jahr 2017 lebten 2,6 Millionen der zehn Millionen Portugiesen **an der Armutsgrenze.** 20 % davon beziehen ein Einkommen aus einem Arbeitsverhältnis, das aber zum Leben nicht ausreicht. 200.000 Menschen leiden Hunger – Tendenz steigend. Das ist auch ein Grund, warum in Portugals Haushalten in der Regel beide Partner, sofern möglich, berufstätig sind. Mit einem einzigen Gehalt kann kaum jemand auskommen, wenn

◁ Fischkonserven haben eine lange Tradition in Portugal und erleben aktuell ein Revival

davon auch noch Kinder zu versorgen sind. Es sind nicht nur die alten und schlecht qualifizierten Menschen, die von Armut bedroht sind. Auch ein Hochschulabschluss schützt nicht vor Arbeitslosigkeit und Misere. Dazu kommt, dass viele portugiesische Haushalte überschuldet sind. Mit Glanz und Gloria tappten die Menschen in die Schuldenfalle: Viele kauften nicht nur die Wohnung, sondern auch Auto, Plasmafernseher und die Überseereise auf Pump.

Besonders die Mittelschicht wurde von der Finanzkrise hart getroffen. Viele Eltern müssen ihre erwachsenen Kinder unterstützen, weil diese keine Arbeit finden. Einige portugiesische Familien aus der Stadt haben Land- oder Ferienhäuser an der Küste, manche besitzen auch noch landwirtschaftliche Flächen. Auch gibt es in fast jedem Ort einen Wochenmarkt, wo man heimische Gemüse, Obst und Fisch noch zu fairen Preisen bekommt. Oft helfen die Verwandten vom Land mit selbst angebauten Lebensmitteln, frischen Eiern, Gemüse oder Fleisch aus.

Die **Arbeitslosenversicherung** ist in Portugal ebenso wie die Rentenversicherung beitragsfinanziert. Anspruch auf Arbeitslosengeld hat, wer innerhalb von zwei Jahren mindestens 360 Tage beitragspflichtig beschäftigt war und Abgaben an die Segurança Social geleistet hat. Das Arbeitslosengeld beträgt 65 % des letzten Gehaltes, mindestens aber 421,32 € und maximal 1053,30 €. Der Leistungszeitraum richtet sich nach Alter und Beitragdauer und reicht von 270 bis 900 Tagen.

Viele Arbeitnehmer werden allerdings von ihren Firmen erst gar nicht offiziell angemeldet und haben somit auch bei Stellenverlust **keinen Anspruch auf Arbeitslosenunterstützung.**

Der portugiesische Arbeitnehmer muss mindestens 40 Jahre lang Beiträge in die Rentenkasse zahlen, bevor er eine *reforma* oder *pensão* erhält. Auch Selbstständige sind rentenversicherungspflichtig. Angesichts der demografischen Entwicklung wird die Altersgrenze für die gesetzliche Altersrente schrittweise von 66 Jahren und vier Monaten im Jahr 2018 bis auf 67 Jahre ab 2019 angehoben. Kritische Stimmen halten dagegen, dass dies die Arbeitslosigkeit der jungen Menschen weiter verschärfen würde, da die Firmen dann keine neuen jungen Mitarbeiter einstellen würden.

Die durchschnittliche **Rente** lag 2017 bei 365 € monatlich. Das ist ein Drittel des Betrags, den die Portugiesen laut Umfragen und angesichts der Lebenshaltungskosten für ein würdevolles Leben im Alter als notwendig erachten. Viele Rentner erhalten noch weniger als diesen Betrag und sind damit akut von Armut bedroht.

▷ Das Notarztfahrzeug der INEM kommt beim Ruf der 112

Krankenversicherungen und Gesundheitssystem

In Portugal gibt es ein **staatliches Krankenversicherungssystem** (Sistema Nacional de Saúde= SNS), das ähnlich wie in England oder Irland steuerfinanziert ist und jeden Bürger einschließt. Es umfasst eine Grundversorgung aus ärztlicher Behandlung, Krankenhausversorgung in öffentlichen Häusern, Mutterschaftsvorsorge und Behandlung bei Arbeitsunfall. Zahnärztliche Versorgung und weitergehende Untersuchungen sind dabei nicht eingeschlossen. Dafür gibt es diverse private Krankenversicherungen.

Durchschnittlich zwanzig Prozent der Portugiesen, meist aus der Mittel- und Oberschicht, verfügen über eine solche Zusatzkrankenversicherung (*plano de saúde*). Dabei handelt es sich um Verträge mit privaten Versicherungsgesellschaften.

Die portugiesische Verfassung garantiert theoretisch jedem portugiesischen Staatsbürger eine **kostenlose medizinische Grundversorgung.** Im ganzen Land verteilt gibt es dafür Gesundheitszentren mit Arztsprechstunden, die *Centros de Saúde*. Das portugiesische Gesundheitssystem hat sich in den letzten Jahren wesentlich verbessert. Mittlerweile liegt es im EU-Ranking nach Statistiken des Euro Health Consumer Index 2016 auf Rang 14, noch vor Großbritannien und Spanien. In Portugal spricht man gerne davon, das nationale Gesundheitssystem sei eines der besten der Welt. Man bezieht sich dabei auch auf die Kindersterblichkeitsrate bis zum fünften Lebensjahr, die laut UNICEF in Portugal eine der niedrigsten weltweit ist und in den letzten 25 Jahren um 76 % verringert wer-

den konnte. Dennoch, die Theorie ist das eine, die Praxis etwas anderes. Auch wenn sich Prävention, onkologische Therapien, Information der Patienten etc. verbessert haben, sind das Hauptproblem immer wieder der Ärztemangel und die Wartezeiten vor allem für chirurgische Eingriffe. Portugiesische Patienten sehen sich in manchen Fällen mit monate- oder gar jahrelangen Wartezeiten für eine notwendige Operation konfrontiert. Auch die Gesundheitszentren sind vor allem in den ländlichen Regionen meistens hoffnungslos unterbesetzt und die Patienten müssen lange Wartezeiten in Kauf nehmen. Blutwerte werden in speziellen Laboren (*Laboratórios de Análises Clínicas*) bestimmt. Manche Apotheken (*farmácias*) bieten auch einen Blutabnahme-Service an.

Der **Hausarzt** (*Médico de Família*) ist der erste Ansprechpartner in Gesundheitsfragen. Ohne eine zusätzliche private Absicherung müssen manche Besuche bei Fachärzten und auch Medikamente aus eigener Tasche bezahlt werden, was gerade für ältere Menschen oft ein finanzielles Problem darstellt. Inzwischen gibt es zumindest eine Reihe neuer Präventionsmaßnahmen im Bereich der Krebsvorsorge, die kostenlose Vorsorgeuntersuchungen einschließen.

Die staatlichen **Krankenhäuser** leiden unter einer chronischen Unterversorgung an Fachärzten und Pflegepersonal. Um dem Ärztemangel entgegenzuwirken, wurden Mediziner aus Kuba und osteuropäischen Ländern angeworben. Den Krankenhäusern fehlt das Geld für notwendige Modernisierungen und das vorhandene medizinische Personal ist schlecht bezahlt. Viele examinierte Krankenschwestern und -pfleger sind nach England oder in andere europäische Länder ausgewandert, weil sie dort bessere Karrierechancen haben. Als Alternative für diejenigen, die es sich leisten können, gibt es eine Reihe guter Privatkliniken, die allerdings recht teuer sind und nur wenigen Privilegierten und Ausländern zugute kommen.

Für **ausländische Besucher** gilt das Krankenversicherungsabkommen. Mit der europäischen Gesundheitskarte hat man auch als Nichtportugiese Anspruch auf eine kostenfreie Behandlung in einem *Centro de Saúde*. Dies gilt aber meist nur für Akutfälle. Normale Kontrolluntersuchungen werden gerne auch mal abgelehnt, wenn man keine „Numero do Utente" vorweisen kann. Eine Auslandskranken- oder Zusatzversicherung ist jedoch unbedingt zu empfehlen. Medikamente (*remédios* = Hausmittel, *medicamentos* = pharmazeutische Produkte) müssen generell selbst bezahlt werden. Man bekommt sie in der *farmácia* (gekennzeichnet mit einem grünen Kreuz). Nicht verschreibungspflichtige Mittel gibt es auch im Supermarkt oder in Fachgeschäften rund um Gesundheit und Schönheitspflege (*Lojas de Saúde e Beleza*). Seit 2005 ist der Medikamentenmarkt in Portugal liberalisiert.

Im Schnitt sind die gängigen **Medikamente** etwas günstiger als in Deutschland, Zusatzprodukte allerdings teurer. Viele Portugiesen kaufen aber auch Medikamente online oder fahren dafür sogar nach Spanien. *Drogarias* sind übrigens keine Drogerien wie man sie im deutschen Sprachraum kennt, sondern traditionelle Gemischtwarenläden, wo es so ziemlich alles für den Haushalt gibt (vergleichbar einem amerikanischen Drugstore).

Stadt und Land

Ein großer Nachteil der zentralisierten Politik in Portugal war von jeher, dass die Städte bevorzugt und die ländlichen Regionen benachteiligt wurden und werden. Die unumstrittene **Machtzentrale ist Lissabon** – dort wird über Wohl und Wehe des Landes entschieden. Der Großteil der EU-Fördermittel kam daher nicht von ungefähr dem Großraum Lissabon zugute. Die Dörfer und ländlichen Regionen sahen davon nur wenig. Die junge Landbevölkerung zieht es in die Städte und Ballungsräume der Küstenregionen, wo es Chancen auf Arbeitsplätze gibt. Kaum jemand mag sich mehr wie noch die Eltern oder Großeltern der Landwirtschaft widmen, mit der Folge, dass viele Dörfer vom Aussterben bedroht sind.

⌂ Getreidespeicher „espigueiros" mit Heuhügeln in Lindoso (Nationalpark Peneda-Gerês)

Aldeias Históricas – historische Dörfer in neuem Gewand

Almeida, Belmonte, Castelo Mendo, Castelo Novo, Castelo Rodrigo, Idanha-a-Velha, Linhares, Marialva, Monsanto, Piódão, Sortelha und Trancoso sind die „Aldeias Históricas de Portugal" - Zeitzeugen einer langen Geschichte. Alle liegen in der Region Centro, die meisten rund um die Serra da Estrela.

Die Zukunft der zwölf „Historischen Dörfer Portugals" sah noch vor einigen Jahren sehr bedrohlich aus. Die Bevölkerung starb aus, die Dörfer drohten zu verschwinden. Bis sich die verbleibenden Einwohner und die Denkmalschützer darauf besannen, dass hier ein wichtiges nationales Kulturerbe auf dem Spiel stand. Mit EU-Fördermitteln und spezifischen Anreizen für junge Familien konnten die Dörfer restauriert und wieder animiert werden. Einige wie Monsanto wurden zu regelrechten Tourismusmagneten.

Die Bezeichnung „Historische Dörfer Portugals" erhielten die „aldeias" aufgrund ihrer kulturhistorischen Bedeutung und Geschichte. Die zwölf Dörfer bergen ein außergewöhnliches architektonisches und historisches Erbe. Im Zentrum stehen die „Castelos", die wehrhaften Burgen. Drei der Dörfer tragen die Burg im Namen und liegen nicht von ungefähr in der Nähe der spanischen Grenze. Schwerer Granitstein bestimmt die Ortsbilder, in Piódao ist der braune Schiefer charakteristisch.

Monsaraz und Marvão im Alentejo sind ebenfalls mittelalterliche Schmuckkästchen, auch wenn sie nicht zu den offiziell klassifizierten historischen Dörfern Portugals gehören. Sie reihen sich in die Liste der zahlreichen „Aldeias típicas de Portugal".

Stichwort Dörfersterben – „Desertificação"

Eine Reise ins Hinterland von Portugal kommt einer Fahrt mit der Zeitmaschine gleich. Im Kontrast zu den modernen Küstenregionen ist an manchen Dörfern Portugals **der Fortschritt einfach vorbeigezogen,** ohne Halt zu machen. Vor allem im Norden und im Alentejo sind es meist die Alten, die das Ortsbild bestimmen: Gebeugte, sonnengegerbte Menschen, deren Alltag, geprägt von Arbeit auf den Feldern und im Haus, von der Globalisierung der modernen Welt kaum beeinflusst wurde.

Das Hinterland der Algarve, Alentejo und Trás-os-Montes sind am meisten vom Dörfersterben betroffen. EU-Fördermittel sollen Infrastrukturen und Angebote für die Ansiedelung junger Familien schaffen, was teilweise bereits geschah, aber nicht überall erfolgreich verlief. Die Stadt Idanha-a-Nova im Osten Portugals war ein Vorreiter für attraktive Angebote zur Ansiedlung junger Paare und Familien, viele kamen aus anderen Ländern und gründeten alternative Lebensgemeinschaften. Im Alentejo ist beispielsweise schon seit 1995 die pazifistisch-humanistische und ökologische Selbstversorger-Gemeinschaft Tamera, 1978 in Deutschland gegründet, zu Hause. Die verlassenen Dörfer und Felder bringen auch ökologische Probleme mit sich: Wenn die landwirtschaftlichen Flächen nicht genutzt werden, nehmen Erosion und Versteppung zu. *Desertificação* hat deshalb auch zwei Bedeutungen: die Versteppung der Regionen durch Trockenheit und das Aussterben der Orte durch Überalterung.

⌃ Einstiges „Cigano-Camp", nach einem Sturm blieb auch hiervon nichts übrig

⌃ Das historische Dorf Idanha-a-Velha ist besonders idyllisch

Ein- und Auswanderung

Lange Zeit war Portugal ein Land der **Emigranten.** 2,3 Mio. Menschen, also 23 % der portugiesischen Staatsbürger, leben aktuell im Ausland. Schätzungen sprechen von insgesamt 5 Mio. Portugiesen, die auf allen Kontinenten in der Diaspora leben, teilweise bereits in der zweiten Generation. Heute sieht sich das Land auch vor die Herausforderungen eines Einwanderungslandes gestellt, das mit Vor- und Nachteilen der importierten Arbeitskraft zu kämpfen hat. Die Portugiesen sind in alle Welt verstreut, während ihr Land seit den 1980er-Jahren zur Heimat von Menschen unterschiedlichster Nationalitäten wird, die sich mehr oder weniger gut integrieren. Während der Finanzkrise ab 2009 ging die Zahl der **Einwanderer** zurück. Wirtschaftlich war das Land kein bevorzugtes Ziel mehr. Seit 2014 kommen aber mehr und mehr Menschen aus aller Welt nach Portugal, um dort zu leben. Was ist passiert? Die politische Weltlage, die Sicherheit, Steuervorteile und das Klima spielen unter anderem eine Rolle. Die Regierung unter Pedro Passos Coelho lockte mit Goldenen Visa für Investoren und EU-Rentner und mit interessanten Immobilienangeboten. Gleichzeitig verließen Hunderttausende junge Akademiker und gut ausgebildete Fachkräfte das Land, weil sie in ihrer Heimat keine Arbeit fanden.

Auswanderung

Die portugiesische Emigration begann bereits im 15. Jh. mit der Entdeckung der Kolonien. Vor allem **Brasilien** sollte mit Missionaren und christlichen Familien besiedelt werden. Zunächst kamen die *Bandeirantes* („Fahnenträger"), die die Aufgabe hatten, die neuen Gebiete auszukundschaften. Danach wurden Häftlinge und Strafgefangene als Landarbeiter in die fremde Welt abgesandt. Gleichzeitig schuf man damit Platz in den heimischen Gefängnissen. Aristokratenfamilien erhielten vom König riesige Plantagen und Ländereien zur Bewirtschaftung. Später machten sich Goldsucher und Abenteurer auf die Suche nach dem Glück im brasilianischen Urwald.

Die afrikanischen Kolonien wurden erst später, im 18. und 19. Jh., besiedelt. Sie galten lange Zeit als wirtschaftlich uninteressant. Nur die dort lebenden Menschen dienten als einträgliches Kapital für den Sklavenhandel. Als die Kolonialmächte England, Frankreich, Holland und Deutschland 1884/1885 auf der Berliner Konferenz einen Vertrag aushandelten, der die „effektive Nutzung" der Kolonialgebiete als Grundvoraussetzung für den Status einer Kolonialmacht festlegte, machte sich Lissabon eilig daran, **weiße Siedler nach Afrika** zu schicken. Bis dahin lebten nur um die

15.000 weiße Portugiesen in den Kolonien. Da es dem Mutterland selbst wirtschaftlich schlecht ging, kam es vor allem in der Zeit des *Estado Novo* zu großen Auswanderungswellen. Die Landbevölkerung hungerte und konnte ihre Familien nicht ernähren.

Viele Portugiesen sahen sich genötigt, ihren Lebensunterhalt fern der Heimat zu verdienen. In den 1950er- und 1960er-Jahren emigrierten Millionen Portugiesen nach Frankreich, Deutschland, Brasilien, Luxemburg, in die Schweiz, die Vereinigten Staaten, Brasilien oder nach Venezuela. Es gibt ein volkstümliches portugiesisches Sprichwort, das sinngemäß sagt: „Es gibt keinen Ort auf der Welt, auf dem nicht wenigstens ein Portugiese anzutreffen ist." – *Não tem um lugar no mundo onde não tem um Português.*

Portugiesische Emigranten in Deutschland

Im März 1964 schloss die Bundesrepublik Deutschland mit Portugal ein **Abwerbeabkommen für Arbeitskräfte.** Deutschland benötigte dringend Arbeiter für den Aufbau des Landes. 2014 im Rahmen der Jubiläumsfeier zum 50-jährigen Bestehen schaute man auf ein erfolgreiches Miteinander zurück. Die Integration der Portugiesen in Deutschland verlief diskret und unauffällig.

Am 10. September 1964 kam **Armando Rodriguez de Sá** nach Deutschland und wurde per Zufall als „Millionster Gastarbeiter" ausgewählt. Der schüchterne Portugiese wusste kaum, wie ihm geschah, als er nach drei Tagen Zugfahrt völlig übernächtigt am Bahnhof in Köln-Deutz von dem Blitzlichtgewitter deutscher Journalisten empfangen wurde. Als sein Name ausgerufen wurde, erschrak der Ärmste fast zu Tode. Reichte der Arm von Salazars Geheimpolizei gar bis nach Deutschland? Salazar machte seinen Landsleuten trotz Vereinbarung die Ausreise nicht leicht. Es war mit großen Schwierigkeiten verbunden, einen Pass zu bekommen, besonders für Männer im militärdienstfähigen Alter. Aber am Bahnsteig von Deutz standen nur der portugiesische und spanische Botschafter zusammen mit dem damaligen Arbeitgeberpräsidenten, um die Neuankömmlinge und den „Vorzeigegastarbeiter" zu begrüßen. Der hagere 38-jährige Zimmermann aus Nordportugal wurde mit einem Moped der Marke „Zündapp" beschenkt. Mit ihm kamen an diesem Tag noch 1100 andere Spanier und Portugiesen in Sonderzügen nach Deutschland. Es waren einfache verschüchterte Menschen mit Pappkoffern in der Hand und verschlissenen Kleidern am Leib.

Armando de Sá galt als **Stereotyp eines Gastarbeiters in Deutschland.** Lange Zeit begleitete ihn die Presse im Arbeiterwohnheim und am Arbeitsplatz, sogar seiner Familie in der Heimat Canhas de Senhorim wurden Blumengrüße überbracht. Reich wurde Armando de Sá nicht in Deutschland. Mit 53 Jahren erkrankte er an Magenkrebs, den Großteil seines Ersparten verbrauchte er für die Medikamente und Behandlungen. Als er 1979 in seinem Heimatdorf starb, war dies keine Schlagzeile mehr wert. Sein Moped steht heute im Haus der Geschichte in Bonn.

Derzeit leben um die **136.000 Portugiesen in Deutschland,** die mehrheitlich gut integriert sind. Die Portugiesen sind im Gegensatz zu den Italienern, Spaniern oder Türken in der öffentlichen Wahrnehmung kaum präsent. Die meisten passen sich problemlos an, andere leben in einer portugiesischen Einwanderergemeinschaft und haben neben der Arbeit kaum Kontakt zur deutschen Bevölkerung. *Somos um povo pacífico com uma imagem positiva que soube manter o seu orgulho nacional* – „Wir sind ein friedliebendes Volk mit einem positiven Image, das seinen nationalen Stolz zu erhalten verstand" –, war die Bilanz der Organisation Portugiesischer Einwanderer im Jahr 2014 zum 50-jährigen Bestehen des Emigrationsabkommens zwischen Deutschland und Portugal.

Nordrhein-Westfalen, Baden-Württemberg, Hessen, Bayern und Berlin sind die bevorzugten Zuzugsorte portugiesischer Migranten. **Hamburg aber ist die portugiesischste Stadt Deutschlands** mit der längsten Geschichte lusofoner Einwanderung. Bereits im 16. Jh. kamen jüdische Portugiesen in die Stadt. Da die Juden während der spanischen Herrschaft ab 1580 in Portugal zunehmend religiöser Intoleranz ausgesetzt waren und zur Zwangstaufe genötigt wurden, flüchteten Hunderte von ihnen nach Norddeutschland. Sie brachten die portugiesische Sprache und Kultur mit in die neue Heimat. In Hamburg widmeten sie sich dem Handel mit Zucker, Gewürzen und Silber. Dreizehn portugiesische Familien gründeten im 17. Jh. **in Altona eine jüdische Gemeinde.** Im 18. und 19. Jh. begannen die ersten Verfolgungen, die portugiesische Synagoge wurde 1842 in Brand gesetzt, danach aber wieder aufgebaut. Angesichts des Naziterrors kehrten viele dieser Familien nach Portugal zurück. In den 1960er-Jahren kamen die angeworbenen Gastarbeiter nach Hamburg, die ihren Lebensunterhalt meist in den Fischfabriken verdienten. Auch heute gibt es in der Hansestadt zahlreiche Spuren vergangener und aktueller portugiesischer Einwanderung: Restaurants, Geschäfte, Folkloregruppen und Fado-Lokale.

Portugiesische Rückkehrer

Egal ob es sich um die Rückkehrer aus den freigegebenen afrikanischen Kolonien handelte, ob es um die Heimaturlauber aus Frankreich oder Deutschland oder ganz aktuell um Madeira-Rückkehrer aus Venezuela geht – mit den *Retornados* haben die Heimatportugiesen so ihre Probleme.

Die **Rückkehrer aus Afrika** hatten Schwierigkeiten, mit der Enge im Mutterland zurechtzukommen und die einheimische Bevölkerung sah sie als Fremde und nicht als Portugiesen an.

Die **„reichen Emigrantes" aus Frankreich und Deutschland** haben den Ruf der Aufschneider. Neidvoll blickt man auf die neuen BMWs und Mercedes, mit denen sie in ihre bäuerlichen Heimatdörfer kommen, um hier ihren Jahresurlaub mit den Verwandten zu verbringen. Viele vor Jahrzehnten **nach Venezuela ausgewanderte Familien** aus Madeira sehen sich angesichts der heutigen chaotischen politischen und wirtschaftlichen Situation des Landes gezwungen, (oft mittellos) wieder in ihr Heimatland zu kommen. Dies sorgt in den Dörfern und Städten der Insel Madeira für soziale Spannungen. Da die Portugiesen meist schnell die Sprache ihres Auswanderungslandes annehmen, sprechen sie häufig ein buntes Kauderwelsch aus Portugiesisch, Spanisch und Französisch oder Deutsch, was wiederum die Heimatportugiesen als Koketterie und Prahlerei empfinden. Die ausgewanderten Verwandten werden nicht mehr als „richtige" Portugiesen angesehen, sind ebenso Fremde in der neuen wie in der alten Heimat. Gleichzeitig neidet man ihnen den im Ausland erworbenen Wohlstand. Die Auswanderer ihrerseits schauen ein wenig herablassend auf die Daheimgebliebenen, die nie etwas anderes als die Gegend ihrer Herkunft kennenlernten.

Leute wie du und ich –
Geschichten portugiesischer Ein- und Auswanderung

Fast jeder Portugiese hat Verwandte oder Bekannte, die schon einmal im Ausland arbeiteten oder noch dort leben. Auf Europa bezogen, emigrierten die meisten nach Frankreich, England, Deutschland, Luxemburg und in die Schweiz.

José Luis Elvas – Sohn von Deutschland-Auswanderern

José (Zé) Luis Elvas ist Fotograf, Soziologe und Hobbyautor. Die Eltern des heute zweifachen Vaters verbrachten praktisch ihr ganzes Leben bis zum Rentenalter in Deutschland. Als Einzelkind wurde Zé Luis in Lissabon geboren und da seine Eltern es sich finanziell nicht leisten konnten, ihn ins Ausland mitzunehmen, wuchs er bei seiner Tante auf. Nach dem Arbeitsleben in Deutschland kehrten die Eltern als Rentner wieder zurück nach Portugal, um ihren Ruhestand hier zu verbringen. Hier ist seine persönliche Sichtweise zum Emigrationsland seiner Eltern und den Deutschen – wörtlich übersetzt:

„Meine Erfahrung als Sohn von Auswanderern und sporadischer Besucher von Deutschland kann ich als mehrheitlich positiv beschreiben.

Meine Eltern haben sich in der deutschen Gesellschaft ohne große Probleme integriert – einerseits, weil sie die einzigen Portugiesen waren, andererseits wegen ihrer ganz persönlichen Charaktere. Die deutsche Gemeinde nahm sie ebenfalls problemlos auf. Dieser Prozess wurde durch das frühe Durchbrechen der sprachlichen Hürde erleichtert. Gleich von Anfang an haben sich meine Eltern bemüht, die deutsche Sprache zu beherrschen, um so leichter arbeiten und kommunizieren zu können.

Was ich hier beschreibe, beweist den Enthusiasmus, mit dem meine Eltern stets Deutschland und alles, was damit zu tun hatte, verteidigten, ohne dabei ihre eigene portugiesische Kultur zu verlieren. Sie nahmen lokale Eigenschaften an – ihre Art, sich zu kleiden, typisch deutsche Verhaltensweisen wie Pünktlichkeit oder andere Details gingen in ihr Leben über. Natürlich hatten sie dabei immer das Ziel vor Augen, Geld zu sparen, um ihren Ruhestand unbesorgt in Portugal zu verbringen. Dennoch kann man in ihrem Fall das alte portugiesische Zitat *Em Roma devemos ser Romanos* – „In Rom sollen wir Römer sein" – anbringen.

Ich lernte in all den Jahren aus den oben angeführten Gründen, Deutschland und die Deutschen zu respektieren, auch deshalb, weil ich selbst immer von den Leuten dort respektiert wurde und mich nie als Fremdling fühlte, wenn ich meine Sommerferien in Deutschland verbrachte. Im Gegensatz zu der hier oft gehörten Meinung, halte ich die Deutschen nicht für ein kühles Volk, ich halte sie für zivilisiert, respektiert und als sehr korrekt, was das Umsetzen der deutschen Regeln und Verhaltensweisen angeht. Sicherlich könnte ich hier oder da ein Problem finden, doch im Allgemeinen glaube ich, dass die deutsche Gesellschaft gut funktioniert und generell Einwanderer, die dort ein besseres Leben suchen, ebenso wie Touristen, die in Deutschland ihren Urlaub verbringen, freundlich aufgenommen werden.

Letztendlich kann ich sagen, dass Deutschland meinen Eltern und auch mir ein Leben ermöglicht hat, dass wahrscheinlich nie möglich gewesen wäre, wenn die beiden nicht so positiv von der deutschen Gemeinde integriert worden wären.

Was die deutschen Touristen angeht, die heute vorwiegend im Sommer mein Heimatland besuchen, habe ich ebenso eine überwiegend positive Meinung. Sicher gibt es immer Ausnahmen, aber da dies eine Minderheit ist, erscheint es mir nicht als fair, diese zu kommentieren.

Unabhängig davon, dass ausländische Touristen eine Quelle des Wissens und neuer Ideen und Erkenntnisse sind, bringen sie frische Euros und Dollars in unsere schwache Wirtschaft. Ich halte das für einen fairen Tausch: Sie bringen Wissen und Geld, wir bieten Sympathie und Sonne.

Ich könnte auch noch eine Verbindung ziehen zwischen den portugiesischen Auswanderern einerseits, die während des Salazarismus oft unter miserablen Bedingungen lebten und die Wahl der Ausreise trafen, in der Hoffnung, ihre Lebensqualität zu verbessern; manchmal auch, um der gnadenlosen politischen Polizei zu entgehen, – und den deutschen, holländischen oder anderen Einwanderern aus Nordeuropa andererseits, die sich in unseren Dörfern und Gemeinden niederlassen.

Während die Portugiesen politisches Asyl und ein besseres Leben suchten, aber immer mit dem Gedanken, wieder in ihr Heimatland zurückzukehren, suchen die nordeuropäischen Einwanderer in unserem Land in erster Linie die Ruhe und das gemächliche Leben, Sonne und vor allem die Flucht vor dem Stress.

Heißt, während wir den materiellen Reichtum vor Augen hatten, suchen die Nordeuropäer eine ganz andere Art des Reichtums: mentale Ruhe und inneren Frieden ... und wo sollte das besser möglich sein als in unserem Hinterland?"

Auswandererstimme: Veronica

Veronica ist heute 28 Jahre alt. Mit ihrer Mutter verließ sie Portugal, als sie sieben Jahre alt war. Gemeinsam mit dem Bruder ging die Reise nach Bad Liebenzell im Schwarzwald, wo der Vater der Familie schon seit einigen Jahren arbeitete und lebte und wo es eine große portugiesische Gemeinde gibt. Sie verbrachte ihre gesamte Schulzeit in Deutschland und erinnert sich an anfängliche Schwierigkeiten, die vor allem sprachlich bedingt waren. In ihrer Klasse in der Förderschule waren fast nur Kinder, deren Muttersprache nicht Deutsch war. Sie denkt oft zurück: „Das Leben als Emigrant heißt Arbeiten, Schlafen, Essen, Arbeiten. Eigentlich hatten wir wenig Kontakt mit der deutschen Gesellschaft. Man versucht, so viel Geld wie möglich zu sparen, um sich im Heimatland ein Haus und eine Existenz zu sichern."

Das war auch bei Veronicas Familie nicht anders. Ihre Mutter tat sich schwer mit der deutschen Sprache und so entschloss sich Veronica mit 17 Jahren, zusammen mit der Mutter in ihr Heimatdorf bei Peniche in Zentralportugal zurückzukehren. Vater und Bruder blieben im Schwarzwald und die Familientreffen müssen sich seither auf die Ferien beschränken. Dies ist keine seltene Konstellation bei portugiesischen Auswandererfamilien. Obwohl die junge Frau keine negativen Erinnerungen an Deutschland hat, würde sie Portugal, das Meer, das Klima und die Lebensweise nicht mehr eintauschen wollen. Politik, soziale Gerechtigkeit und die wirtschaftliche Lage im Land sieht sie sehr kritisch. „Wer hier sozial schwach ist, hat kaum Unterstützung vom Staat und wenige Möglichkeiten, aus dieser Lage herauszukommen. Man muss selbst sehen, wie man überlebt." Dennoch empfand sie das Leben in Deutschland als sehr viel stressiger, die Menschen als viel individualistischer und weniger kommunikativ. „Am meisten habe ich mich immer gewundert, wo denn die Leute alle waren, man sieht kaum jemanden auf der Straße oder selten Menschen, die sich unterhalten. Alles spielt sich im Haus ab. Hier trifft man sich im Café, schwatzt mit den Freunden und Nachbarn, hilft sich gegenseitig, wenn es irgendwo klemmt." Heute arbeitet Veronica in einem kleinen Café und kommt so ab und an auch in Kontakt mit deutschen Touristen. Sie freut sich, wenn sie ihre Sprachkenntnisse einsetzen und helfen kann. Aber in Deutschland leben?! Dann doch lieber nur für ein bis zwei Wochen während des Urlaubs.

Einwanderung

Seit dem Eintritt in die EU ist Portugal selbst zum Einwanderungsland geworden. Die wirtschaftliche Entwicklung und der Aufschwung in den 1980er- und 1990er-Jahren lockten auch Einwanderer an. Für die Bauwirtschaft benötigte das Land nun selbst Fremdarbeiter, zuerst waren es hauptsächlich Afrikaner und heute arbeiten in der Branche überwiegend Osteuropäer und Brasilianer.

Brasilianer und Ukrainer sind derzeit die zahlenmäßig größten Migrantengruppen in Portugal. Sie erhalten einen geringeren Lohn als die Portugiesen und sind daher für die Arbeitgeber aus Bauwesen und Gastronomie interessant. Viele arbeiten unter unzumutbaren Bedingungen, Lohndumping, fehlende Sozialversicherung und prekäre Wohnbedingungen kommen häufig vor.

Auch **Nord- und Mitteleuropäer** kamen in den letzten Jahren vermehrt nach Portugal, hier vorwiegend in den Süden. Nach Angaben der Deutschen Botschaft leben derzeit um die 10.000 Deutsche sowie knapp 750 Österreicher und 1550 Schweizer in Portugal. Die größten deutschen Gemeinden sind Aljezur und Odeceixe an der Westalgarve (hier vorwiegend jüngere Familien und Aussteiger) und Carvoeiro an der Südalgarve. Die Engländer sind vornehmlich in der Region um Porto, Madeira und der Südalgarve ansässig. Meistens handelt es sich bei den nordeuropäischen Einwanderern um Rentner, die ihren Ruhestand hier verbringen.

Seit 2014 ist Portugal nicht nur von Touristen verstärkt nachgefragt. Blogs, private Erfahrungsberichte, Steueranreize und das Klima tragen dazu bei. Viele **Franzosen** beispielsweise, traumatisiert von den Terroranschlägen und -drohungen im eigenen Land, suchen Sicherheit in Portugal. **Engländer** flüchten vor dem Brexit und beantragen gar portugiesische

Pässe. Alternative Wohngemeinschaften suchen Ruhe und Freiheit, die in Portugal noch eher lebbar ist als in vielen anderen europäischen Ländern. Viele schätzen die Gastfreundschaft der Bevölkerung. So hat ein jeder sein eigenes Motiv. **Nordeuropäer** kommen wegen Sonne und mildem Klima. Künstler sind auf der Suche nach kreativer Verwirklichung. Neuerdings sind es nicht vorwiegend die armen **Brasilianer,** die nach Portugal kommen. Viele Familien der Oberschicht verlassen das derzeit politisch chaotische und unsichere Brasilien. Portugal „profitiert" sicherlich von der Weltlage, hat aber gleichzeitig auch viele positive Schritte für eine interne Strukturverbesserung unternommen. So ist es nicht sehr verwunderlich, dass immer mehr Menschen in Portugal leben möchten.

Hier die derzeit zehn wichtigsten Einwanderungsgruppen in Zahlen: Brasilien (81.251), Kap Verde (36.578), Ukraine (34.490), Rumänien (30.429), China (22.503), Vereinigtes Königreich (19.384), Angola (16.994), Guinea-Bissau (15.653), Frankreich (11.293) und Spanien (11.133).

Portugal ist auch eines der wenigen Länder, die sich sofort bereit erklärt, **Flüchtlinge** aufzunehmen. Bis zu 4.500 Menschen sollen nach Portugal kommen, 1000 sind schon im Land und fühlen sich gut aufgenommen. Viele wollen aber nicht hier bleiben, sondern weiter nach Deutschland reisen, weil sie sich dort bessere wirtschaftliche Möglichkeiten erhoffen.

Portugal und Deutschland in den Augen von Chakall

Chakall (geb. 1972, eigentlich Eduardo Andrés Lopez) ist ein argentinischer TV-Koch, Journalist, Kochbuchautor und Globetrotter. Sein Markenzeichen ist ein bunter Turban. In Portugal ist er schon seit mehr als 20 Jahren zu Hause und wurde mit Koch-Shows im Fernsehen und kreativen Kochbüchern bekannt. In China ist er ein Star, ebenso mit eigener Koch-Show. Auch in Deutschland ist er mittlerweile mit seinen Fernsehauftritten und dem prämierten Kochbuch „Chakall kocht" eine Berühmtheit. Chakall eröffnete mehrere erfolgreiche Restaurants, darunter in Berlin (Sudaka) und Lissabon (El Bulo Social Club), wo er seine von vielen Ländern inspirierte Küche umsetzt. Der umtriebige Kosmopolit hat vier Kinder, die sowohl mit der deutschen als auch der portugiesischen Kultur aufwachsen. Sein Leben verteilt er auf Berlin, Lissabon, China und diverse andere Reiseziele. Chakalls Sichtweise auf das Thema Kulturschock, von der Autorin frei übersetzt, ist folgende: „Der Kulturschock ist in Europa etwas ähnlich und ich glaube, die menschliche Distanz ist generell ein europäisches Thema. Ich denke, jedes Volk hält sich für den Hüter der Wahrheit, aber diese vermeintliche Wahrheit endet, sobald man die Grenze überquert. In Portugal überrascht mich immer wieder die Engelsgeduld der Menschen im Alltag, in Deutschland vermisse ich oft ein Lächeln im Gesicht." (2010)

„Obwohl viele Leute glauben, Deutschland und Portugal seien wie Wasser und Öl, mischen sie sich doch auch gut. Ich glaube das Klima ist der prägende Faktor einer Gesellschaft, es beeinflusst die Essenskultur, die Art zu trinken oder sich zu treffen. Ausschlaggebend ist das Licht, bzw. dessen Mangel oder Überfluss. Ich lebe seit zwölf Jahren abwechselnd in beiden Ländern mit Restaurants, Fernsehprogrammen und Kindern aus beiden Kulturen. Es gibt kein perfektes Land für die ganze Welt, aber es gibt bessere Länder für bestimmte Personen. Ich mag Deutschland am liebsten zwischen Mai und September, im restlichen Jahr fehlt mir das Licht. Die kurzen dunklen Tage sind nicht für Latinos geschaffen, eher für Philosophen ... Was mir am meisten an beiden Kulturen auffällt, ist die Gemütslage zwischen den Jahreszeiten. In Berlin (wo ich normalerweise lebe) verwandelt der Frühlingsanfang die Menschen, die Stimmung, die Esplanaden ... In Lissabon sind gute und schlechte Laune über das ganze Jahr konstant. Der Winter ist hier nicht mehr als eine Reihe an kühlen Regentagen. Unabhängig von all dem wärmt die Sonne auf unterschiedliche Weise.

Ich denke, die Weltordnung erreicht alle modernen Gesellschaften auf die eine oder andere Art. Portugal ist heute ein ganz anderes Land als jenes, das ich vor 20 Jahren antraf. Ein deutsches Kind ist heute nicht anders als ein portugiesisches. Ich mag den Wechsel und die Unterschiede.“ (2018)

Einwandererpaar Die Hagenz

Auch Angelica und Daniel Hagen fanden mit Portugal ihre Wahlheimat. Hier ihre Sichtweise zum Land:

Wenn Weltenbummler sesshaft werden ... muss es an einem wirklich schönen Ort sein – mit viel Kultur, liebenswerten Menschen, einer tollen und abwechslungsreichen Landschaftskulisse, gutem Essen, feinem Wein und – ganz wichtig – mit einer halbwegs funktionierenden Infrastruktur. Für uns war das Portugal. Aber mal von vorne:

Wir, Angelica und Daniel Hagen, haben uns in Ägypten kennengelernt – vor mehr als 14 Jahren. Dort arbeiteten wir in verschiedenen Tauchbasen und haben dann im späteren Verlauf unsere kleine Übersetzungs- und Werbetextfirma „The HagenZ“ geründet. Dennoch war uns beiden klar, dass wir nicht am Ende unserer Reise waren. Wir wollten zurück nach Europa. Wir wollten ankommen, ein Zuhause finden, sesshaft werden.

Da wir uns auf einer Urlaubsreise in Lissabon verliebt hatten, war die Frage nach dem „Wohin“ quasi schon gefallen. Der Hausstand wurde bis

▷ Am Tejoufer des historischen Cais das Colunas in Lissabon

auf vier Koffer aufgelöst, die Katze in die Transportkiste verfrachtet und los ging es … zu unserem ganz persönlichen Kulturschock Portugal!

Lissabon – Liebe auf den ersten Blick!

14 Jahre lang Wüste und Meer trocknen einen aus – vor allem was Kultur, Nightlife, Shopping und Kulinarik angeht. Sich aber wechselnde Jahreszeiten sind auch schön und winterliches Schmuddelwetter einfach toll! All das und noch viel mehr bekamen wir in Lisboa in Hülle und Fülle. Ein Kulturschock im allerbesten Sinne also.

Lissabon hat uns in die Arme geschlossen wie lang vermisste Kinder, hat uns umsorgt, bespaßt und uns unser Glück kaum fassen lassen. Schon kurz nach unserer Ankunft haben wir eine wunderschöne, geräumige und günstige Altbauwohnung im Herzen der Alfama gefunden. Wir waren auf einmal nicht mehr nur Besucher – wir waren tatsächlich ein Teil dieser tollen City.

Was wir an Portugal lieben …

… ist die Herzlichkeit der Portugiesen. Natürlich gibt es auch hier Zeitgenossen, die alles andere als freundlich, tolerant und offenherzig sind. Aber die gibt es schließlich auf der ganzen Welt. Wir wurden hier aber fast immer mit offenen Armen empfangen. Schon nach wenigen Tagen waren wir zu Gast auf privaten Partys, uns wurde ohne mit der Wimper zu zucken viel mit Rat und Tat geholfen. Wir haben innerhalb kürzester Zeit unglaublich viele Menschen kennengelernt, von denen wir heute mit einigen gut befreundet sind. Die portugiesische Gastfreundschaft begegnet uns aber nicht nur im Privaten, sondern auch im Alltäglichen. Das Land selbst ist sagenhaft und hat so unglaublich viele Highlights zu bieten, aber für uns sind es tatsächlich die Menschen, die Portugal zu einem der schönsten Länder unserer Erde machen. Wir haben tatsächlich das Gefühl, endlich angekommen zu sein.

Was uns an Portugal Sorgen bereitet ...

... ist der zunehmende Tourismus. Eine Aussage, mit der wir uns hier auf dünnes Eis begeben – schließlich sind wir ja selbst Ausländer und unterstützen mit unserem Blog „Lissabon4Insider.com" im Kleinen diese Entwicklung. Portugal erlebt in den letzten Jahren einen wahren Tourismus-Boom. Das ist per se ja auch eine tolle Sache, da das Land aufgrund der Wirtschaftskrise jeden Cent gebrauchen kann. Aber unserer Ansicht nach wird der Tourismusstrom falsch gelenkt. Portugal ist so viel mehr als „nur" die Algarve, Lissabon und Porto! Wir leben seit einem Jahr unweit der Stadt Santarém, die ca. eine Stunde (per Auto oder Zug) von Lissabon entfernt liegt. Und so schön und geschichtsträchtig dieses kleine Städtchen am Tejo auch ist – Touristen verlaufen sich nur sehr selten hierhin. Lissabon platzt derweil aus allen Nähten; die Stimmung unter den „Lisboetas" schlägt um. Wir selbst haben miterlebt, wie sich die Alfama innerhalb weniger Jahre von einem noch recht authentischen Stadtviertel zu einem eher seelenlosen Ferienwohnungs-Mekka entwickelt hat. Die Einheimischen werden mit horrenden Mieterhöhungen aus ihren Vierteln regelrecht verdrängt, damit mit den Scharen von Touristen schnelles Geld verdient werden kann. Eine Rechnung, die unserem Erachten nach auf längere Sicht nicht aufgehen kann.

Eliten der portugiesischen Gesellschaft

Die Schere zwischen dem einfachen Volk und der politischen, kulturellen und wirtschaftlichen *burguesia* („Bourgeoisie") klafft in Portugal weit auseinander. Einige wenige einflussreiche Familien beherrschen die Entscheidungspositionen. Namen, die sich wie ein roter Faden durch die Geschichte des Landes ziehen. Es sind die Amorims, Azevedos, dos Santos, Mellos, Roquetes und Balsemãos, die die Geschicke des Landes im Wirtschafts- und Bankensektor mitbestimmen. Die wirtschaftlichen, kulturellen und politischen Eliten, sprich, die sogenannte Oberschicht, lebt ein Leben fern der Alltagsrealität eines Durchschnitts-Portugiesen. Viele Analytiker sehen dies als das Hauptproblem des Landes für einen sozialen Fortschritt an.

Titel, Ränge, Würden

Titel haben immer noch eine große Bedeutung in Portugal. Da die Mehrheit des einfachen Volkes lange Zeit kaum lesen und schreiben konnte, war jeder, der einen Beruf vorweisen und sich einigermaßen gewählt ausdrücken konnte, automatisch der **Senhor Doutor.**

Gleich danach kommen die **Senhores Engenheiros** (die „Herren Ingenieure"), abgekürzt Eng., die eine technisch ausgerichtete Universität

Good Boy – Bad Boy:
António Guterres vs. José Manuel Durão Barroso

Sie sind die international bekanntesten Persönlichkeiten der politischen Elite Portugals. Beide haben und hatten sowohl im Inland als auch im Ausland bedeutende Posten inne und könnten unterschiedlicher nicht sein.

António Manuel de Oliveira Guterres (geb. 1949), seit 2017 UN-Generalsekretär, war von 1995 bis 2002 Premierminister von Portugal, von 1992 bis 2002 Generalsekretär der Partido Socialista (PS) und von 1999 bis 2005 Präsident der Sozialistischen Internationale. Seine Regierungszeit fiel in eine Phase des Aufschwungs und Aufbruchs im Land. Ab 2005 bis 2015 war António Guterres Flüchtlingskommissar der Vereinten Nationen und seit 2017 ist er der Nachfolger von Uno-Generalsekretär Ban Ki-moon. Der bekennende Katholik wird parteiübergreifend und in der Bevölkerung sehr verehrt. Der derzeitige Staatspräsident Marcelo Rebelo de Sousa (selbst Angehöriger der gegnerischen Partei PSD) nannte Guterres sogar „den Besten von uns allen". Zu Zeiten des allgemeinen „Trump-Schocks" ist er eine Art Hoffnungsträger für eine gerechtere Weltordnung.

José Manuel Durão Barroso (geb. 1956) ist im eigenen Land umstritten. Er machte als Gastgeber des Krisengipfels „Cimeira das Lajes" (16. März 2003) Schlagzeilen. Auf der US-Militärbasis der Azoreninsel Terceira empfing er die Protagonisten der „Koalition der Willigen" im Zweiten Irakkrieg: den damaligen US- Präsidenten George W. Bush, Spaniens Ministerpräsidenten José Maria Aznar und den britischen Premierminister Tony Blair. In Portugal war damals die Rede vom „Gipfel der Schande", denn die Bevölkerung war mehrheitlich gegen eine Unterstützung der US-Invasion. Von 2002 bis 2004 war Barroso Premierminister einer PSD-Regierung. Dann ließ er die Regierung im Stich und verabschiedete sich mitten in der Legislaturperiode, um als Präsident der EU-Kommission nach Brüssel zu wechseln, wo er von 2004 bis 2014 in zwei Amtszeiten den Vorsitz hatte. Portugal bescherte er eine chaotische Regierungszeit unter seinem Stellvertreter Pedro Santana Lopes, dessen Regierung kurz darauf vom Staatspräsidenten Jorge Sampaio aufgelöst wurde. 2016 machte er sich nicht nur bei den Portugiesen unbeliebt, als er nach seinem EU-Mandat einen Berater-Posten bei der Investmentbank Goldman Sachs annahm und in dieser Eigenschaft an den Brexit-Verhandlungen teilnahm. Die EU-Kommission forderte 2018 eine erneute Überprüfung rund um den umstrittenen Wechsel des einstigen Kommissionspräsidenten, wie das Verfahren ausgehen wird, ist derzeit noch unklar.

Extrainfo 17 (s. S. 7): Video der ersten Rede des neu gewählten UN-Generalsekretärs António Guterres vor geladenen Gästen bei den Vereinten Nationen abgeschlossen haben. Die Titel werden von der Bildungselite auch dazu genutzt, sich vom Durchschnittsbürger und Volk (*povo*) abzugrenzen. Auf Außenstehende wirkt es etwas merkwürdig, dass sich die Politiker im portugiesischen Parlament sehr förmlich ansprechen. Bei Debatten benutzt man generell die Titel. Dem nicht genug, müssen der Regierungschef und der Präsident des Parlaments mit *Vossa Excelência* – „Euer Ehren" – angesprochen werden. Das verhindert aber nicht die möglicherweise darauf folgenden Schimpftiraden. Bei Universitätsdozenten ist die Anrede *Professor* (mit Betonung auf dem zweiten „o") üblich. Professor heißt gleichzeitig auch Lehrer. Im kirchlichen Bereich werden Würdenträger mit *Dom* angeredet. *Dom* (auch oft abgekürzt als D.) war eine Anrede für männliche Vertreter des Hochadels und wird ansonsten heute nicht mehr verwendet. Dom Sancho z. B. war ein portugiesischer König. „Dom/Dona" leiten sich aus dem lateinischen *dominus/domina* (Herr/Herrin, Gebieter/Gebieterin)ab. *Dona* (plus Vorname) für die Dame dagegen ist auch im normalen Sprachgebrauch noch üblich.

Freimaurer versus Opus Dei

Beide Vereinigungen werden gern als Geheimbünde mit mythischen Ritualen verklärt. Auch in Portugal wird über Opus Dei und die „Maçonaria", wie die Freimaurerei dort heißt, kontrovers diskutiert. Gemeinsam ist ihnen der bedeutende Einfluss ihrer meist elitären Mitglieder auf die portugiesische Politik, Wirtschaft und Gesellschaft.

Freimaurer

Freimaurervereinigungen gibt es in Europa bereits seit dem 18. Jh. Die erste Großloge wurde 1717 in England gegründet. Der Name geht auf das englische „freemason" zurück, das sich auf organisierte Steinbildhauer des 15. Jh. bezog. Die Symbole der Steinmetze gehören auch heute noch zum Logo der Freimaurer. Derzeit gibt es etwa 3,6 Millionen Mitglieder weltweit, davon allein 1,5 Millionen in den USA. Berühmte Freimaurer waren u. a. die amerikanischen Präsidenten George Washington und Theodore Roosevelt, Sigmund Freud und Gustav Stresemann, auch Johann Wolfgang von Goethe und Wolfgang Amadeus Mozart gehörten der Gesellschaft an. Die Freimaurer, in Portugal „Maçons" genannt, verstehen sich als ein ethischer Bund mit den Grundidealen Freiheit, Gleichheit, Brüderlichkeit, Toleranz und Humanität. Obgleich sich auch die Freimaurer auf christliche Grundlagen stützen, sehen sie sich nicht als Religion oder religiöse Vereinigung. In Portugal gibt es zwei Logen, den 1802 gegründeten „Grande Oriente Lu-

In amtlichen und offiziellen Briefen und schriftlicher Korrespondenz wird auf die Form geachtet. Bei behördlichen Schreiben benutzt der Verfasser die Anrede *Excelentíssimo/a Senhor/Senhora* – „Verehrteste(r) Frau/Herr" – meistens abgekürzt mit *Exmo./Exma.* Im Allgemeinen Schriftverkehr genügt ein *Prezado(a) Senhor/Senhora* – „Geschätzte(r) Frau/Herr" – mit Titel. In E-Mails und privater Korrespondenz geht es weniger förmlich zu. Hier kann man die Anrede *Cara/o* Liebe(r) oder einfach *Bom dia* oder *Olá* verwenden, je nachdem wie man zu dem Empfänger steht.

sitano" und die 1996 neu formierte „*Grande Loja Legal de Portugal*". Die Freimaurer hatten an Portugals Geschichte immer einen wesentlichen Anteil, besonders innerhalb der „*Partido Socialista*" (PS, „*Sozialistische Partei Portugals*") sind viele einflussreiche Logenmitglieder zu finden.

Opus Dei

Die Organisation *Opus Dei* ist eine Personalprälatur (d. h. eine an eine Person gebundene Rechtsform des Vatikans mit missionarischer Ausrichtung, die direkt dem Papst untersteht) der Römisch-Katholischen Kirche. Die Übersetzung aus dem Lateinischen bedeutet „*Werk Gottes*". Gegründet wurde *Opus Dei* von dem spanischen Priester José Maria Escrivá im Jahr 1928, seit 1982 hat das „*Werk Gottes*" seinen Hauptsitz in Rom. Mittlerweile zählt die Vereinigung weltweit 50.000 Mitglieder, in Portugal sind es 2000 eingetragene Mitglieder, darunter auch Prominente aus Politik und Wirtschaft.

Offiziell proklamiertes Ziel der Organisation ist die Verankerung des christlichen Glaubens im Alltag der Menschen. Dafür setzt *Opus Dei* auf einen „*Lebensplan*" mit „*Normen*" und Disziplin. Immer wieder wird der Vereinigung politische Einflussnahme mit sektenähnlicher Ausrichtung vorgeworfen. Umstritten ist auch die bisweilen forsche Art der Rekrutierung von Neumitgliedern und die Forderung nach „*blindem Gehorsam*". Portugals konservativ ausgerichtete Parteien und Meinungsmacher stehen den Ideen des Bündnisses durchaus wohlgesonnen gegenüber.

O dia a dia – der Alltag in Portugal

◁ Traditionelle Einkaufsstraße in Viseu (065pgl-la)

Vícios – Alkohol, Rauchen, Drogen

Alkohol, Spielsucht (dazu gehört auch das Internet), Tabak und Straßen-drogen bereiten den portugiesischen Gesundheitsbehörden die größ-ten Probleme. Ein Gläschen Wein zum Mittagessen, ein oder zwei zum Abendessen: Das ist eher die Regel als die Ausnahme in dem traditionel-len Weinbauland. Dazu kommen bei so manchem noch einige Schnäp-se zwischendurch. Nicht nur gestandene Männer, auch Jugendliche und Frauen greifen immer öfter zum Glas. Die durch Alkoholkonsum verur-sachten Verkehrsunfälle und -toten sprechen für sich. Die Portugiesen belegen beim Alkoholkonsum im europäischen Vergleich Platz acht der Tabelle.

Erst allmählich verändern Aufklärungsmaßnahmen und Präventionspro-gramme des Gesundheitsministeriums das gesellschaftliche Bewusstsein. Junge Portugiesen und Jugendliche trinken kaum unter der Woche, dafür aber zunehmend große Mengen am Wochenende, vorwiegend Hochpro-zentiges. Dies ist ein neuer Trend, der in dieser Altersklasse zunehmend gesundheitliche Folgen hat. Nach öffentlichen Angaben trinken mehr als 80 Prozent der Portugiesen regelmäßig Alkohol, zehn Prozent konsu-mieren ihn exzessiv. Das bedeutet, in Portugal gibt es **knapp 1 Million Menschen mit einem chronischen Alkoholproblem.** Die Auswirkungen auf das soziale, berufliche und private Leben stellen eine große Herausfor-derung an die portugiesische Gesellschaft.

Beim Rauchen macht sich das europäische **Nichtraucherschutzgesetz** von 2007 mittlerweile positiv bemerkbar. Seit in Portugals Restaurants und öffentlichen Einrichtungen nicht mehr geraucht werden darf, ist auch die Zahl der Nikotinabhängigen rückläufig. Dennoch sind viele Todesfälle auf die Folgen des Tabakkonsums zurückzuführen, allen voran Lungen-krebs und Herz-Kreislauf-Erkrankungen.

Der Konsum von illegalen Drogen wie **Heroin oder Ecstasy** ist in den letzten Jahren vor allem bei den Jugendlichen in Portugal etwas rückläufig und liegt unter dem Durchschnitt der EU-Länder. Die Nutzung von Opi-aten und Kokain dagegen steigt an. Ein großes Problem sind die durch verunreinigte Nadeln verursachten Infektionskrankheiten. Vor allem HIV-Infektionen breiten sich u. a. deswegen in Portugal erschreckend schnell aus. Derweil gilt Portugal in der Drogenpolitik als Vorreiter und internati-onal anerkanntes Beispiel. Es war 2001 eines der ersten Länder, das den Besitz von unerlaubten Drogen und den Konsum von kleinen Mengen zum Eigenverbrauch entkriminalisierte. Das heißt nicht, dass Drogen in Portugal legal sind. Im Gegenteil, aber man versucht, das Problem mit Prä-ventionsmaßnahmen anzugehen.

Extrainfo 18 (s. S. 7): Arte-Dokumentation zur Drogenpolitik in Portugal

Die vermehrte Einnahme von Aufputsch- und Schlafmitteln innerhalb der Allgemeinbevölkerung ist ein weiteres Problem, mit dem Portugal zu kämpfen hat. Seit zehn Jahren ist ein verstärkter **Konsum von Antidepressiva** und gleichzeitig von stimulierenden Wachmachern zu verzeichnen, was mit immer mehr Stress und zunehmender Angst vor der Zukunft in Zeiten des globalen Wettbewerbs und vor allem in den härtesten Zeiten der Finanzkrise zwischen 2011 und 2015 begründet wird.

Eine ganz andere, wenig beachtete Sucht ist der **Spielzwang.** Die Portugiesen lieben *raspadinhas,* Rubbel-Lose, die man mal schnell im Zeitungsladen oder am Kiosk kauft und gleich mit einer Münze oder noch besser einem kleinen Metallheiligen aufrubbelt. Und oft bleibt es nicht bei einem Los. Viele vor allem ältere *Senhoras* und *Senhores* kaufen sich mehrmals am Tag die bunten Papierkärtchen. Über 625 Millionen Euros wurden mit dem Verkauf des schnellen (oder auch weniger schnellen) Glücks allein 2015 umgesetzt, Tendenz steigend. Die Suchtgefahr ist nicht zu unterschätzen und der zwanghafte Wunsch nach einem Millionengewinn bringt immer mehr Portugiesen in finanzielle Schwierigkeiten. Die Lose kosten 1 bis 10 € und man kann sich ausrechnen, dass dies so manchen Kleinverdiener rote Zahlen schreiben lässt. Der Staat und soziale Einrichtungen wie die Santa Casa da Misericórdia verdienen dagegen gut daran.

⌃ Suchtpotenzial „raspadinhas": die Hoffnung auf das große Geld

Trabalho – Arbeitsleben

Über 88 Prozent der portugiesischen Berufstätigen sind abhängig Beschäftigte. Die meisten davon im Dienstleistungssektor, viele in der Industrie und immer weniger in der Landwirtschaft. Die Wochenarbeitszeit beträgt in Portugal 42 Stunden. Der gesetzliche Jahresurlaub umfasst mindestens 22 und maximal 25 Arbeitstage. Zum Ausgleich für diese recht geringe Zahl gibt es viele Feiertage, die immer wieder ein verlängertes Wochenende durch Brückentage (*pontes*) ermöglichen. Laut Angaben der EU-Behörden hat Portugal im Hinblick auf den Renteneintritt das **großzügigste Sozialsystem Europas.** Bei vorgezogenem Renteneintritt werden die letzten Einkünfte weniger gekürzt als in anderen Ländern. Auch gibt es umfangreichere Boni für längere als die gesetzlich festgeschriebenen Arbeitszeiten. Dafür sind die Durchschnittslöhne und -renten allerdings auch sehr gering. Trotz Zuwächsen im Export, Tourismus und anderen Wirtschaftszweigen ist die prekäre Arbeitssituation der vorwiegend unteren Lohnklassen noch immer eines der größten Probleme in Portugal (*trabalho precário*). Leiharbeit, fehlende soziale Absicherung, unbezahlte Praktika oder fehlenden Kündigungsschutz mahnen nicht nur die Gewerkschaften an. Ungelernte Arbeiter und auch viele junge Menschen arbeiten nicht selten unter miserablen Bedingungen, weshalb der Begriff „moderne Sklaven" in aller Munde ist.

So muss man sich auch nicht wundern, dass sich bis auf eine kleine Gruppe freier Berufe wie Ärzte, Architekten oder Vertreter kreativer Berufe die Mehrheit der portugiesischen Berufstätigen **unzufrieden mit ihrem beruflichen Umfeld** zeigt. Eine im Radiosender Radioclube Português veröffentlichte Studie wies gleichzeitig darauf hin, dass die Portugiesen zwar

Extrainfo 19 (s. S. 7): Sehr interessante WDR-Reportage zu den Arbeitsbedingungen und der sozialen Lage der Arbeiterfamilien in Portugal

mehr Stunden am Tag und in der Woche an ihrem Arbeitsplatz verbringen als der Durchschnitt der Europäer, aber weniger produktiv und effektiv seien. Es ist keine Seltenheit, in Dienstleistungsbehörden oder Geschäften Mitarbeiter in ein Privatgespräch vertieft anzutreffen, während die Kunden geduldig warten, bis sich ihrer jemand annimmt. Dies ist ein anderer Problempunkt des Arbeitsmarkts, der vorwiegend den öffentlichen Dienst betrifft. Die Staatsdiener stehen immer wieder in der Kritik, weil sie viele Privilegien hätten und sich dennoch immer nur beschweren würden.

Für den allgemein verbreiteten Frust im Beruf hat sicherlich auch die lange favorisierte ‚Politik der billigen Arbeitskraft' im Industriesektor gesorgt. Auch waren **berufliche Qualifizierungsmaßnahmen** lange Zeit vernachlässigt worden. Zur Weiterbildung der portugiesischen Arbeitnehmer hat die Regierung deshalb ein Gesetz erlassen, das jedem Mitarbeiter eine Freistellung von 20 Stunden pro Jahr für Qualifizierungsmaßnahmen zusichert. Andererseits sind die jungen Portugiesen zwischen 20 und 35 Jahren die am besten ausgebildete Generation und finden dennoch keine Arbeit im Heimatland. Die Akademiker kommen frisch von den Universitäten oder Fachhochschulen und sehen sich Arbeitslosigkeit und Existenzängsten ausgesetzt. Ein Grund dafür sind auch die Firmenchefs der älteren Generationen, von denen viele selbst schlecht ausgebildet sind und die sich nicht gerne Akademiker in die Firma holen, auch aus Kostengründen. Wieder einmal sind viele Portugiesen gezwungen auszuwandern. Andere

⌃ Wirt Fernando Lima in seinem Restaurant Vaca das Cordas in Ponte de Lima

⌄ Die Herstellung der Chocalhos (Kuhglocken) ist eine Kunst für sich. Sr. Francisco der Fabrica Pardalinho in Alcácovas ist ein Meister dieses alten Handwerks.

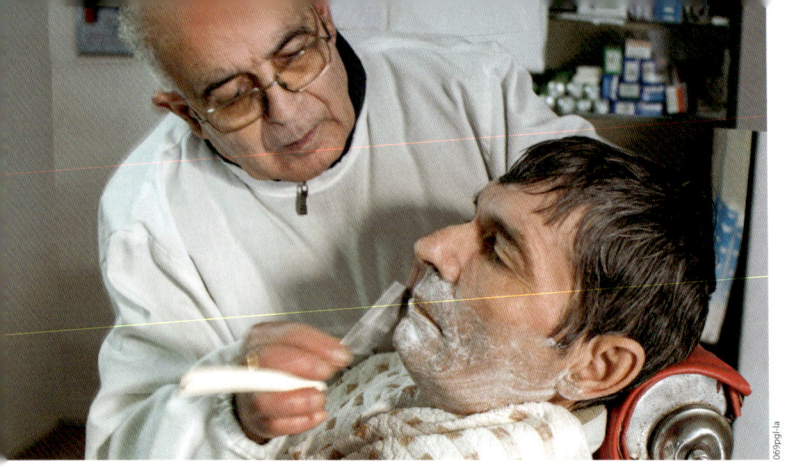

wagen das Risiko und investieren in Start-up-Unternehmen oder nutzen den Tourismusboom als Alternative.

Knapp 20 Prozent der portugiesischen Arbeitnehmer sind in sieben Gewerkschaftsbündnissen mit über 350 Einzelgewerkschaften organisiert. Mehr als die Hälfte (58,5 Prozent) der portugiesischen Bevölkerung halten **Gewerkschaften** (Sindicatos) für notwendig und wichtig. Die jeweiligen Berufsgruppen streiten auch dementsprechend für ihre Rechte. Fast wöchentlich ist von Streiks die Rede: Mal sind es die Krankenschwestern und Pflegekräfte, mal die Lehrer, mal die Busfahrer oder die Taxifahrer. Die Gewerkschaften des öffentlichen Dienstes und der Industrie hatten und haben einen wesentlichen Einfluss auf die Rechte der Arbeitnehmer. Bereits im 19. Jh. gab es portugiesische Arbeitnehmerorganisationen und Streikbewegungen. Zu Zeiten Salazars waren Gewerkschaften verboten, erst seit 1975 konnten sie sich neu formieren und aktiv werden. Das aktuelle **Arbeitsschutzgesetz** Portugals ist der Gesetzgebung der restlichen EU-Mitgliedsländer angepasst, wurde allerdings unter der Troika aufgeweicht – mit Nachteilen für die Beschäftigten. Neben einem gesetzlichen Kündigungsschutz gibt es diverse Sicherheitsvorschriften zum Schutz der Arbeitnehmer, vor allem in der Bauwirtschaft. In der Praxis allerdings werden diese von den Arbeitgebern nicht immer eingehalten und Arbeitsunfälle sind sehr häufig auf mangelnde Absicherung oder fehlende Schutzkleidung zurückzuführen. **Schwarzarbeit** ist auch in Portugal ein Thema. Dienste ohne Rechnungsstellung (sem factura) kommen vor allem im gewerblichen Bereich von KFZ-Werkstätten bis Handwerkerarbeiten häufig vor.

⌃ Immer seltener: Nassrasur beim traditionellen Barbier in Castro Verde

Aussterbende portugiesische Handwerksberufe

Der vielleicht typischste Handwerksberuf in Portugal ist der des Bäckers („padeiro"), der heutzutage mit der importierten Konkurrenz des „pão estrangeiro" zu kämpfen hat. Es gibt auch einige alte Handwerksberufe in Portugal, die vom Aussterben bedroht sind. Einer davon ist der Korkeichenschäler („Corticeiro"). Die Fertigkeit, eine Korkeiche zu schälen, ist nicht jedermann gegeben. Ein falscher Hieb kann den Baum beschädigen und damit die ganze Ernte verderben. Portugal ist Weltmarktführer im Export von Kork und benötigt für das Abnehmen der Baumrinde entsprechend qualifizierte Arbeiter. Da die Tätigkeit hart und schlecht bezahlt ist, gibt es ein großes Nachwuchsproblem.

Ein anderes sehr seltenes und über Generationen weitervermitteltes Handwerk, das vorwiegend in der Alentejo-Gemeinde Alcáçovas Tradition hat, ist das manuelle Herstellen von Kuh- und Weideglocken. Seit 2015 ist die Manufaktur der „Chocalhos de Alcáçovas" sogar Immaterielles UNESCO-Weltkulturerbe. In der Fábrica de Chocalhos Pardalinho in Alcáçovas wird die Tradition fortgeführt. Die handgeklopften Metallglocken werden in einem Lehmmantel im Hochofen „gebacken". Bis heute nutzen Schäfer und Viehhirten die Glocken für ihre Kühe, Ziegen oder Schafe.

Auch der „Calceteiro", der Steinesetzer der handgesetzten portugiesischen Gehwege, stirbt langsam aus. Das kunstvoll verzierte Kalksteinpflaster ist ein Erbe der römischen Epoche und eine Kunst für sich.

Wenige Menschen gibt es auch, die die traditionellen portugiesischen Scherenstühle („Cadeiras de Tesoura") per Handarbeit herstellen. Die letzten Schreiner dieser Klappstühle aus Eschenholz, die auf die Römer zurückgehen, findet man in Monchique im Bergland der Algarve.

Extrainfo 20 (s. S. 7): Portugiesischsprachiger Kurzfilm über die Herstellung der „Chocalhos" (Kuhglocken), seit 2016 immaterielles UNESCO-Weltkulturerbe

Hygiene

Was die öffentliche Hygiene angeht, hat Portugal in den letzten zehn Jahren Riesenschritte getan. Restaurants, Bars und Cafés sind mehrheitlich sehr sauber. In Bäckereien und Fleischereien werden Lebensmittel nie mit den bloßen Händen angefasst, wie es beispielsweise in Deutschland teilweise noch gehandhabt wird. Die portugiesische **Verbraucherschutzorganisation** ASAE kontrolliert in den letzten Jahren verstärkt die gastronomischen Betriebe und scheut sich auch nicht, diese bei Mängeln und Verstößen gegen die Hygienevorschriften zu schließen.

Auch **öffentliche Sanitäranlagen** sind in der Regel und vor allem in den Südregionen gepflegt. In manchen Dörfern des Alentejo und der Algarve gibt es noch öffentliche und kostenlose Duschen und WCs, da früher viele Haushalte weder fließend warmes Wasser noch ein Badezimmer besaßen.

Da selbst der Toilettengang in manchen Ländern zu einem Kulturschock werden kann, hier ein paar Anmerkungen zum Toiletten-Knigge:

071pgl-la

⌂ Dona Belmira, mit über 80 Jahren noch aktiv in ihrer Traditionskonditorei in Castelo de Vide

In portugiesischen **WCs** wurde das Klopapier früher nicht in die Schüssel geworfen, sondern in einen Papierkorb daneben. Seit der Sanierung der Abwasserkanalisation und Verbesserungen bei den Kläranlagen ist dies nicht mehr nötig. Zumindest nicht im städtischen Bereich, in manchen ländlichen Gegenden allerdings, wo die Kanalisation nicht auf Papiermüll vorbereitet ist, ist der Mülleimer noch häufig Standard. Im Idealfall hängt ein Schild aus, das einen Hinweis auf die korrekte Papierentsorgung gibt, z.B. „Por favor, não deite papéis ou objectos na sanita." („Bitte kein Papier oder Gegenstände in die Toilette werfen.")

Private WCs (auch in den meisten Restaurants) verfügen in der Regel über ein **Bidet** als hygienische Alternative. Wer mal schnell ein Örtchen sucht, fragt nach einer „Casa de Banho" oder einfach nach WC. Die Toiletten sind in Portugal normalerweise mit einem „M" für Frauen (*Mulheres*) und einem „H" für Männer (*Homens*) gekennzeichnet, meist aber nur mit einem Symbol. Im portugiesischen Flugzeug heißt das WC *lavabo*.

Kunst und Kultur

„Der Wert der Kunst besteht darin, dass sie uns aus dem Hier holt."
  (Fernando Pessoa, aus „Dichtungen")

Kunst und Kultur sind wie so oft auch in Portugal eher ein Thema der Mittel- und Oberschicht. Seit den 1980er-Jahren hat die Allgemeinbevölkerung leichteren Zugang zur portugiesischen Kunstszene erhalten und in den Schulen wird die Kunsterziehung intensiver gefördert.

Sonntags besucht man ab und an mit der Familie ein Museum (dann ist übrigens Eintritt frei), auch Film- und Theaterveranstaltungen haben ihr Publikum. Dennoch ist die Kunstszene außerhalb der Großstädte eher verhalten.

Literatur

Portugiesische Autoren sind, abgesehen vielleicht von Nobelpreisträger José Saramago und António Lobo Antunes, auf dem deutschen Buchmarkt relativ unbekannt. Dennoch genießt die portugiesische Literatur international hohes Ansehen.

Lange Zeit lag der Schwerpunkt der portugiesischen Literatur auf der Lyrik, mit der Blütezeit in der Renaissance. Später wurde die Prosa dominierend. Immer steht bei den Autoren die Kritik an der Gesellschaft im Vordergrund. Angefangen mit Eça de Queiroz, der es wie kein anderer

Extrainfo 21 (s. S. 7): Trailer zum anrührenden Film „José e Pilar", der den portugiesischen Nobelpreisträger José Saramago und seine spanische Ehefrau zwei Jahre lang begleitete

verstand, in spöttisch-bissigem Ton die Aristokratie und den Klerus aufs Korn zu nehmen. Bis heute verkaufen sich seine Romane, die in der Zeit der französischen Revolution spielen, sehr gut. Saramago gibt in seinen Historienromanen den armen Landarbeitern eine Stimme und kritisiert die Geld- und Kirchenelite. António Lobo Antunes war als Militärarzt im Kolonialkrieg in Angola und später als Psychiater tätig. Er geht hart mit der portugiesischen Gesellschaft, vor allem während und kurz nach der Zeit der Diktatur, zu Gericht. Auch Lídia Jorge, eine der erfolgreichsten Autorinnen nach 1974 lebte in Afrika und lässt ihre Erfahrungen in ihren Romanen aufleben. Clara Pinto Correia ist eine Autorin der jüngeren Generation, in Mosambik geboren und aufgewachsen. Sie bringt

Nobelpreisträger José Saramago (1922–2010)

José de Sousa Saramago wurde am 16. November 1922 in Azinhaga, einem kleinen Ort im Bezirk Golegã in der Provinz Ribatejo geboren. Seine Eltern waren einfache Landarbeiter in den Latifundien der Großgrundbesitzer, beide konnten kaum lesen und schreiben: „In meinem Elternhaus gab es keine Bücher." Daran erinnerte der Schriftsteller auch in seiner Dankesrede zur Verleihung des Literaturnobelpreises im Jahr 1998. Saramago würde eigentlich José de Sousa wie sein Vater heißen, hätte nicht der Standesbeamte von Azinhaga den Spitznamen, mit dem die Familie im Dorf bekannt war, in die Geburtsurkunde eingetragen. Der „Saramago" ist ein Ackerrettich, der den armen Bauern als Nahrungsgrundlage galt. Als der kleine José zwei Jahre alt wurde, zog die Familie nach Lissabon, wo der Vater eine Anstellung als Polizist bekam. Ein Gymnasium konnten sich die Eltern nicht leisten, also musste der Junge eine technische Schule besuchen und lernte zunächst KFZ-Mechaniker.

In autodidaktischen Studien begann Saramago, sich der Literatur zu nähern. Er arbeitete u. a. als Redakteur und Literaturkritiker, bis er 1976 freier Schriftsteller wurde. Nach zwei Ehen heiratete er 1988 seine Übersetzerin, die spanische Journalistin Pilar del Rio. Als bekennender Atheist, Kommunist und langjähriges Mitglied der PCP brachte er seine sozialen und politischen Anliegen auch immer wieder in seinen Romanen zur Sprache.

Sein 1991 erschienenes Buch „O Evangelho segundo o Jesus Cristo" wurde von der Katholischen Kirche in Portugal als blasphemische Provokation empfunden und löste einen Skandal aus. Darin lässt er einen sehr irdischen Jesus kritische Fragen zu Gott stellen und eine verwerfliche Beziehung zu Maria Magdalena erleben. Der damalige konservative Kulturstaatssekre-

in ihren Büchern viele frauenspezifische Themen zur Sprache. Mehr als ein Dutzend Beststeller auf dem portugiesischen Buchmarkt landete der Journalist des TV-Kanals RTP1 José Rodrigues dos Santos u. a. mit seinem in Ägypten spielenden Roman „Furia Divina", wo er das Thema des Al-Qaida-Terrorismus aufgreift. Er ist der erfolgreichste portugiesische Autor mit den meisten verkauften Exemplaren im In- und Ausland. Damit lässt er selbst José Saramago hinter sich, der Rang 2 belegt. Auch die Bücher des Journalisten Miguel Sousa Tavares kommen gut an. Sein Titel „Ecuador" verkaufte sich in Portugal sehr gut und wurde in diverse Sprachen übersetzt. Tavares ist der Sohn der bekannten Schriftstellerin Sophia de Mello Breyner.

tär Pedro Santana Lopes strich ihn daraufhin von der Kandidatenlisten für den Europäischen Kulturpreis. Aus Protest verlegten der Autor und seine Frau ihren Wohnsitz auf die Kanareninsel Lanzarote. Erst Jahre später sollte sich Saramago wieder mit seiner Stadt versöhnen. Die Portugiesen nahmen ihm den Umzug nach Spanien übel, obwohl er seinen Hauptwohnsitz in Lissabon beibehielt.

Seine international bekanntesten Werke sind „Todos os Nomes" („Alle Namen"), „Levantado do Chão" („Hoffnung im Alentejo") und „Memorial do Convento" („Das Memorial"). Seinen gesellschaftskritischen Roman „Ensaio sobre a Cegueira" („Die Stadt der Blinden") verfilmte der brasilianische Regisseur Fernando Meirelles im Kinodrama „Blindness", das 2008 das Filmfestival von Cannes eröffnete. Es folgten weitere Verfilmungen, darunter auch der autobiografische Dokumentarfilm „José e Pilar" über den Autor und seine Ehefrau Pilar del Rio, der 2010 in die Kinos kam (s. S. 215). Sein bibelkritisches Buch „Kain" (port. „Caím") wurde 2009 auf der Frankfurter Buchmesse vorgestellt. Nach seinem Tod erschien ein lange verschollen geglaubter früher Roman, „Claraboia oder Wo das Licht hinfällt" (Hoffmann und Campe).

José Saramago starb am 18. Juni 2010 in seinem Haus auf Lanzarote. Seine Witwe Pilar del Rio verwaltet sein literarisches Erbe seit 2012 mit der Fundação José Saramago. Die Stiftung ist im historischen Gebäude der Casa do Bico in Lissabon untergebracht. Das mit Pyramidenspitzen verzierte Haus wurde 1523 von Afonso Albuquerque in Anlehnung an den Diamantenpalast im italienischen Ferrara erbaut.

Ein Teil von José Saramagos Asche ist neben einem Olivenbaum beigesetzt, der vor dem Gebäude der Stiftung steht und der aus seinem Geburtsort Azinhaga stammt.

Stichwort Azulejo-Kunst

Die architektonische Idee, Wände bis zum Boden mit Kacheln zu schmücken, brachten die Mauren im 8. Jh. auf die Iberische Halbinsel und somit auch nach Lusitanien. Ab dem 16. Jh. begannen die Portugiesen ihre
eigenen Versionen der gebrannten Keramikquadrate zu produzieren, im
18. Jh. dominierten sie bereits den europäischen Markt. Bis heute sind die
bunten Fliesen ein wichtiger Bestandteil der portugiesischen Architektur
und Kunst.

Das Wort „azulejo" leitet sich aus dem arabischen „al-zuleiq" oder „al-
zuleich" ab, das wörtlich übersetzt „kleiner polierter Stein" bedeutet. Die
Mauren bemalten und brannten kleine Mosaiksteine in kunstvollen Variationen und Formen, um mit den farbenfrohen Kreationen Moscheen und
öffentliche Gebäude zu schmücken. Die Herstellungstechnik wurde von den
Portugiesen nach und nach verfeinert. Man variierte Ideen und Techniken
aus Spanien, Italien, China und Holland. Je nach Epoche tauchen unterschiedliche Farben und Motive auf, von einzelnen Figuren bis hin zu kom-
plexen Szenen.

Die Fayence-Technik und die blau-weiße Farbe dominierten im Portugal
des 18. Jh., diese Technik wird bis heute häufig verwendet. Die vorgebrann-
ten Tonfliesen werden mit einer weißen Zinnlasur überzogen, danach die
Farben mit einem Pinsel aufgemalt. Dazu gehört sehr viel Geschick und
eine ruhige Hand. Heutzutage werden die meisten „azulejos" maschinell

gefertigt. Zeitgenössische Kunst-
handwerker besinnen sich jedoch
allmählich wieder auf die alten
Herstellungsformen.

Die Kirche São Lourenço dos
Matos in Almancil, die Bahnhofs-
halle der Estação o de São Bento,
der Bahnhof von Pinhão am Douro, die goldene Kapelle Santo Antonio in Lagos und die Kathedrale
von Viseu bergen einige der wert-
vollsten und ältesten Azulejo-Bilder
Portugals.

◁ Azulejo-Detail der Barock-Freitreppe
von Lamegos Wallfahrtskirche Nossa
Senhora dos Remédios

Bildende Kunst

Mit weltberühmten Stars kann Portugal nicht aufwarten, doch gab es im Mittelalter einige große Maler wie Nuno Gonçalves (15. Jh.), Er ist der Schöpfer des berühmtesten Gemäldes Portugals, „Painéis de São Vicente de Fora". Das Altarbild über den Heiligen Vinzenz ist im Museu da Arte Antiga in Lissabon zu sehen. Grão Vasco war ein religiöser Renaissance-Maler aus Viseu, der im 16. Jh. Werke unter manieristischem Einfluss schuf. Josefa de Óbidos ist die bedeutendste Malerin des portugiesischen Barock (16. Jh.), zum Naturalismus im 19. Jh. werden Columbano Bordalo Pinheiro und José Malhoa gerechnet (Letzterer wurde vor allem durch sein Fado-Bild bekannt, heute im Museu do Fado zu sehen, siehe Bild S. 143). Ein surrealistischer Maler der Neuzeit ist Nadir Afonso (1920–2013), Julio Pomar und Paula Rego sind die bekanntesten zeitgenössischen Maler des Landes.

Eine der bedeutendsten Kunststiftungen des Landes hinterließ der **armenische Ölmagnat Calouste Gulbenkian** (1886–1955) dem portugiesischen Volk als Dank für die Gastfreundschaft. Er war vor den Nazis von Paris nach Lissabon geflüchtet und besaß eine der größten Kunstsammlungen der Zeit. Im Gulbenkian Museum im Lissabon können kunstinteressierte Einheimische und Touristen seine umfangreiche Sammlung aus Bildern, Schmuck, Teppichen, Skulpturen und mehr bewundern.

Ein zeitgenössischer Bildhauer aus der Algarve ist **João Cutileiro.** Seine abstrakten Figuren stoßen beim einfachen Volk nicht immer auf Gegenliebe. Seine Statue des Jungkönigs Dom Sebastião an der Praça Gil Eanes in Lagos löste einige Polemik aus. Ausgerechnet der *Desejado,* der Ersehnte, steht dort als zwei Meter hohe Karikatur, ja, Witzfigur für die ausländischen Touristen. So verstanden es die einen. Kunstliebhaber sahen dagegen die feinsinnige Idee des verloren ins Leere blickenden tragischen Königs, den Helm zu Füßen, die Arme hilflos herabhängend, als Ausdruck der portugiesischen Hoffnungslosigkeit. Joana Vasconcelos ist eine der derzeit gefragtesten bildenden Künstlerinnen aus Portugal.

Die Werke moderner bildender Künstler und Maler kann heute jeder Besucher Lissabons in einer der Metrostationen bestaunen. Wo andernorts triste Betonmauern die U-Bahn-Pendler empfangen, erwirbt man in Lissabon **mit dem Metroticket eine Reise in die Welt der Kunst.** Das gesamte U-Bahn-Netz der portugiesischen Hauptstadt ist sozusagen eine Kunstgalerie aus Kachelbildern, Skulpturen und Lichtspielereien der besten zeitgenössischen Künstler Portugals sowie einigen international renommierten Artisten. Am Bahnof Oriente ist z. B. ein buntes Kachelbild von Friedensreich Hundertwasser zu sehen.

Extrainfo 22 (s. S. 7): Kurze 3sat-Reportage „Streetart-Boom in Lissabon – Sogar Senioren greifen zur Spraydose"

Musik

Obwohl der *Fado* der im Ausland bekannteste portugiesische Musikstil ist und auch bei der älteren Generation der Portugiesen favorisiert ist, gibt es natürlich auch noch andere musikalische Richtungen im Land. Die Jugend ist dem Pop zugewandt und die Junggebliebenen dem Rock. Besonders beliebt sind **nationale Bands und Sänger.** Im Bereich Pop waren die Delfins um Miguel Ângelo lange Jahre die meistgehörte Gruppe der landesweiten Charts und die mit den meistverkauften CDs im Land. Auch die Solo-Künstler Pedro Abrunhosa, Paulo Gonzo, Sérgio Godinho und David Fonseca, der mit der Englisch singenden Gruppe Silence 4 auch international bekannt wurde, sind bei portugiesischem Publikum in. Die bekannteste Kult-Rockgruppe und seit rund 40 Jahren im Geschäft ist Xutos & Pontapés (was so viel wie „Schüsse und Fußtritte" heißt). Nach dem frühen Tod des Gitarristen und Mitgründers Zé Pedro im Dezember 2017 entschloss sich die legendäre Rockband um Leadsänger Tim weiterzumachen. Rui Veloso aus Porto ist einer der erfolgreichsten Rock, Pop- und Blues-Sänger und Komponisten im Land. João Gil ist ebenfalls ein bekannter Komponist und Gitarrist dieser Generation und Initiator bekannter Bands wie den Trovantes, Rádio Macau oder Ala dos Namorados, wobei er mit anderen nationalen Größen wie Jorge Palma, Luis Represas, Vitorino oder Sara Tavares zusammenarbeitete.

Seit den 1920er- und 1930er-Jahren wurde der **Jazz** in Portugal bekannt. Beginnend mit Lissabons Boheme und den entstehenden Nachtklubs entwickelte sich eine rege Jazzszene. Die Sängerin Maria João und der Pianist Mario Laginho sind als Duo nicht nur portugiesischen Jazzfans ein Begriff. Die in Mosambik geborene Maria João machte sich mit bisweilen gewöhnungsbedürftigen, aber immer außergewöhnlichen Interpretationen einen Namen.

Mit den luso-afrikanischen und brasilianischen Einwanderern kamen viele verschiedene musikalische Stilrichtungen nach Portugal. Die junge Sara Tavares aus Kap Verde gewann einen der TV-Gesangswettbewerbe im Stil von „Portugal sucht den Superstar" und macht seither mit ihren kreolisch gefärbten Fado-Interpretationen Karriere. Der deutsche Regisseur Wim Wenders verhalf der Gruppe Madredeus in den 1990er-Jahren mit der bezaubernden Teresa Salgueiro in dem Film „Lisbon Story" zu internationalem Interesse. Madredeus, die sich 2008 auflösten, war aber lange Zeit ein lusitanisches Aushängeschild. Sängerin Teresa Salgueiros arbeitete danach als Solointerpretin weiter, die Gruppe tritt mit einer anderen Sängerin auf. Auf **Dulce Pontes** und deren markante Stimme sind die Landsleute besonders stolz. Sowohl junge als auch erfahrene **Fado-Sängerinnen** sind

Extrainfo 23 (s. S. 7): Die derzeit erfolgreichste junge Fado-Sängerin Ana Moura gibt hier ihren Hit „Desfado" zum Besten.

bei allen Portugiesen beliebt. Neue Talente wie die international erfolgreiche Ana Moura, Gisela João, Cuca Roseta, Joana Amendoeira oder Carminho sind sehr aktiv und beliebt. Auch im Pop-Bereich sind vor allem weibliche Künstlerinnen gefragt. Rita Redshoes machte mit ihren englischsprachigen Songs über Youtube-Videos auf sich aufmerksam, Viviane wuchs in Frankreich auf, wurde mit der Gruppe Entre Aspas bekannt und covert heute u. a. erfolgreich Edith Piaf. Aurea ist eine neue junge Stimme und begeistert mit ihren jazzartigen Songs. Aktuelle portugiesische Musiker und Gruppen mit den meisten Facebook-Anhängern sind u. a. Boss AC, Valete, Mafalda Veiga, João Pedro Pais und Buraka Som Sistema. Vorwiegend im Norden Portugals widmen sich Folkloregruppen der Hausmusik, wobei das Akkordeon oder traditionelle portugiesische Instrumente wie die *gaita* („Dudelsack") gespielt werden.

Eine kleinere Gruppe von Musikliebhabern besucht klassische Konzerte oder schickt ihre Kinder auf das Konservatorium, damit sie dort auf klassischen Musikinstrumenten unterrichtet werden. In dieser Musiksparte ist das patriotische Aushängeschild des Landes die international anerkannte **Pianistin Maria João Pires.**

⌃ Isabel Raimundo ist eine der Interpretinnen im traditionellen Fado-Lokal Taverna del Rey in Lissabons Alfama

Film

Das *Cinema português* steht hauptsächlich für Autorenfilme und nicht so sehr für das kommerzielle Filmschaffen. Die Filmkunst hat in Portugal Tradition und geht bis ins Jahr 1869 zurück. In den 1930er- und 1940er-Jahren hatte Portugal sogar einige sehr erfolgreiche Filmproduktionen, u. a. auch mit „Amália" als Schauspielerin. „A Severa" war im Jahr 1931 der erste Stummfilm über die legendäre erste Fado-Interpretin. Während der Diktatur entstanden hauptsächlich Propagandafilme und in den 1970er-Jahren entwickelte sich das **Novo Cinema** mit einigen regimekritischen Filmen. Ab den 1980er-Jahren begann die Zeit des zeitgenössischen Films, der mit jungen aufstrebenden Regisseuren anspruchsvolles Kino zu den internationalen Festivals brachte. Neben João César Monteiro war das bekannteste Exportprodukt des portugiesischen Kinos der **Filmemacher Manoel de Oliveira,** geboren 1908 in Porto. Selbst in seinem hohen Alter von 107 Jahren war der fidele Regisseur noch aktiv und kreativ. 2007 kam der Film „Cristovão Colombo" in die Kinos, wo Oliveira die Idee des im Alentejo geborenen Kolumbus aufgriff (siehe das Kap. „Aufbruch zu unbekannten Ufern: mit Entdeckergeist zur Kolonialmacht", S. 46). Oliveira drehte mit Stars wie Catherine Deneuve und John Malkovich und erhielt insgesamt 40 Filmpreise. Dabei führte das Allroundgenie nicht nur Regie, sondern war auch an Drehbuch, Schnitt, Kamera und Produktion beteiligt. Bei den 53. Berliner Filmfestspielen im Februar 2009 erhielt er die Goldene Kamera für sein Lebenswerk. Sein Projekt „Angélica" stellte er im März 2009 in der Berliner Akademie der Künste vor, wo sein Lebenswerk in einer Ausstellung geehrt wurde. Manoel de Oliveira starb im April 2015 im Alter von 107 Jahren und galt von 2001 bis zu seinem Tod als der älteste aktive Regisseur der Welt und der einzige, der schon

074pgl-la

zu Stummfilmzeiten arbeitete. Seinen letzten Film „O Velho do Restelo" drehte er 2014.

Die neben Oliveira im Ausland bekannteste und sehr erfolgreiche Schauspielerin und Filmregisseurin ist **Maria de Medeiros,** die zuletzt 2009 mit Bruce Willis in „Pulp Fiction" zu sehen war. In dem Film zur portugiesischen Nelkenrevolution „Capitães de Abril" spielte sie die Hauptrolle und führte Regie. Ihr Kollege und Landsmann Joaquim de Almeida fasste in Hollywood Fuß und spielte dort u. a. neben Antonio Banderas in „Desperado".

In Deutschland ist vor allem der Schauspieler Paulo Pires bekannt, der in dem ZDF-Liebesfilm „Ein Sommer in Portugal" neben Gesine Crukowski die Hauptrolle spielt (siehe „Portugal im Kino"auf S. 335). In Portugal selbst gibt es eine ganze Reihe **Filmfestivals** wie das Fantasporto in Porto, DocLisboa für Dokumentarfilme oder IndieLisboa für unabhängiges Kino.

Comedy – worüber die Portugiesen lachen

Besonders beliebt sind politische Comedy-Programme, wo man sich so manchen Frust vom Herzen lachen kann. Es gibt eine Reihe guter Fernseh- und Radioshows, die Land und Leute sympathisch aufs Korn nehmen. Ausgerechnet ein Deutsch-Portugiese ist der wichtigste und bekannteste Humorist im Land, hält man doch die Deutschen an und für sich für ein sprödes, humorloses Volk.

Was für deutsche Comedy-Fans Hape Kerkeling ist, ist für die Portugiesen der Entertainer **Herman José Krippahl,** als Herman José bekannt. Der Komiker, Schauspieler, TV-Moderator und Sänger ist Sohn eines deutschen Vaters und einer portugiesischen Mutter. Seit mehr als 40 Jahren aktiv, ist er in Portugal schon beinahe eine Institution. Er wurde mehrfach mit dem nationalen Unterhaltungspreis, dem „Globo de Ouro" ausgezeichnet. Er machte sich vor allem mit seinen diversen TV-Shows wie „Herman SIC" einen Namen. Mit frechen Parodien und immer neuen Kunstfiguren nimmt er portugiesische und andere Eigenarten auf die Schippe. Besonders gut kamen beim Publikum seine witzigen Merkel-Parodien in seiner „Show Herman 2012" an.

Außer über das Multitalent Hermann José und seine ebenso beliebte Kollegin Maria Rueff lachen die Portugiesen u.a. über Radio-Humoristen und in den Theatern zu Stand-up-Comedys.

◁ Kaffee und Kultur als Wandkunst im Kaffeemuseum Centro de Ciência do Café von Delta Cafés in Campo Maior

Extrainfo 24 (s. S. 7): Der deutsch-portugiesische Humorist und Schauspieler Herman José spielt einen Sketch als Angela Merkel mit schwarzem Humor.

Medien

Das wichtigste Medium in Portugal ist das Fernsehen, auch wenn dieses zunehmend Konkurrenz vom Internet bekommt. Der Medienkonsum älterer unterscheidet sich von dem jüngerer Menschen, die vermehrt statt auf das Fernsehen auf soziale Medien zugreifen. Omnipräsent ist der *Televisor* (mittlerweile in High-End-Definition und Plasmaausführung) in allen Haushalten und flimmert farbenfroh von den Wänden in Cafés und Restaurants. Besonders beliebt sind Seifenopern. Die **„Telenovelas"**, erst nur aus Brasilien importiert, mittlerweile auch selbst produziert, ziehen Paare, Singles und ganze Familien in ihren Bann. Was für die Männer der Fußball, ist für die meisten Damen die nachmittägliche, abendliche oder auch vormittägliche TV-Serie mit Herz, Schmerz, Liebesleid und Intrigen.

Ansonsten sind vor allem die **20-Uhr-Nachrichten** beliebt. Die Journalisten und Journalistinnen der *Notícias da Noite* („Abendnachrichten") sitzen bei jedem portugiesischen Abendessen mit am Tisch. Sie kommunizieren mit dem Publikum, kommentieren auch Berichte, lachen und machen Scherze. Sie sind Teil der Familie. Insgesamt geht es etwas lebhafter zu, als wir dies von deutschen Nachrichtensendungen gewohnt sind. Sei es bei den öffentlich-rechtlichen Sendern: RTP 1, 2 und 3 oder bei den privaten SIC oder TVI. Die nationale Nachrichtenagentur heißt Agência de Notícias LUSA.

Der Fußball ist im Fernsehen des Zuschauers liebstes Kind. Ähnlich sieht es bei den Printmedien aus. Es gibt eine Reihe guter Tageszeitungen wie Diário de Notícias (DN), Público, Expresso, Correio da Manhã oder Jornal de Notícias (JN), beliebteste Sportzeitungen sind Record und A Bola. Obwohl immer weniger gelesen wird, sind doch in eine Zeitung vertiefte Menschen am Cafétisch, in der Straßenbahn oder an der Bushaltestelle in Portugal noch immer ein gängiges Bild zumindest bei der älteren Generation. Die Jungen vertiefen sich eher in ihr Smartphone. Alle portugiesischen Zeitungen sind auch als Online-Version verfügbar.

Radio wird trotz Internet immer noch viel gehört, wobei auch hier der Fußball die Sendezeiten dominiert. Manche Sender wie TSF oder Antena 1 bieten Meinungsforen, die von den Portugiesen fleißig genutzt werden. Wo sonst bekommt man jeden Morgen die Möglichkeit, über Politiker, Korruptionsfälle und die gesellschaftlichen oder wirtschaftlichen Probleme des Landes und der Welt Dampf abzulassen?

Überhaupt sind **Diskussionsrunden** in allen Radio- und TV-Sendern Teil des Programms. Darin äußern sich Spezialisten aus allen Bereichen zu gesellschaftspolitischen und aktuellen Themen der portugiesischen Gesellschaft und des Auslands. Ein beliebter Trend sind „Stammtischrunden" mit nichtportugiesischen Experten, die im Land leben. Journalisten, Medienleute und politische Analysten geben ihre Sicht als Fremder in Portugal zum Besten.

Der Einfluss der Medien, vor allem der Fernsehanstalten und digitalen Medien, hat in den letzten zehn Jahren enorm zugenommen. Der Direktor eines privaten Fernsehsenders meinte gar: „Wir können Wahlen entscheiden und wir können Politiker stürzen." Wenn man sich bewusst macht, dass es zu Zeiten der Diktatur über vierzig Jahre lang nur eine vom Staat herausgegebene Tageszeitung gab, ist die **heutige Medienvielfalt** eine demokratische Revolution.

Heutzutage nehmen die **sozialen Medien** im Leben der Portugiesen einen sehr hohen Stellenwert ein. Google+, Facebook, Twitter und Co. werden rege genutzt, nicht nur von jüngeren Generationen.

◁ Vielfalt portugiesischer Zeitschriften

Mode und Zeitgeschmack

Aparecer – „Aussehen und Auftreten" nehmen bei den meisten Portugiesen einen hohen Stellenwert ein. Das Outfit bestimmt häufig über Respekt oder Missachtung im Sinne von „Kleider machen Leute". In den jüngeren Generationen hat sich das wesentlich geändert und gelockert.

Die ältere Generation kleidet sich gern klassisch-konservativ. Geschäftsmänner sind generell mit Anzug und Krawatte ausgestattet.

Die Damen sind in der Regel von elegant bis sexy zurechtgemacht. Im Allgemeinen geben portugiesische Frauen **viel Geld für die Schönheitspflege** aus. Der regelmäßige Gang zum Friseur, und sei es nur zum Waschen und Frisieren, ist Pflicht. Ebenso die Maniküre: Portugiesinnen legen großen Wert auf gepflegte Hände und Füße sowie ein perfektes Make-up.

Touristen sind leicht inmitten der Einheimischen erkennbar.

In den Metropolen, allen voran Lissabon gibt es viele heimische Designerläden mit sehr kreativer und ausgefallener Mode. Portugal hat sich in den letzten Jahren mit einigen **namhaften jungen Designern** einen Platz auf dem internationalen Laufsteg erobert. Allen voran die gebürtige Madeirenserin Fátima Lopes: Mit ihren sehr femininen und sexy Kleidern begeisterte sie schon in Paris und Madrid die Szene. Ana Salazar, Ana Sousa, Dino Alves sind bereits etablierte Modemacher. Luis Carvalho, Patrick de Padua oder Carlos Gil beispielsweise sind andere zukunftsweisende Kreative der lusofonen Modewelt.

◁ Kreative Modenschau in Lissabon

Natur- und Umweltschutz

Lange Zeit machten sich die Portugiesen wenig Gedanken um den Schutz von Natur und Umwelt. Die vier Jahrzehnte der wirtschaftlichen quasi Nichtexistenz und die Isolation des Landes hatten zumindest für die Natur etwas Gutes. So finden sich in Portugal noch viele naturbelassene Landschaften. Ein großes Problem sind Monokulturen wie Eukalyptus- oder Pinienwälder, die in den letzten Jahren mehr und mehr entstanden und einheimische Spezies und Vielfalt verdrängten. Portugal ist nach Australien, China und Indien das Land mit der größten Anbaufläche an Eukalyptusbäumen. Die Spezies des schnellwachsenden Eucalyptus globulus wurde im letzten Jahrhundert eingeführt und nimmt heute knapp 10 % der Landesfläche ein.

Der wirtschaftliche Aufschwung brachte dagegen Probleme wie Luftverschmutzung durch Auto- und Industrieabgase mit sich. In den letzten zehn Jahren hat sich im Bewusstsein der Portugiesen viel bewegt. Vor allem beim Umgang mit Müll ist eine Veränderung zu sehen. Schon die Kindergartenkinder lernen heute die **Prinzipien von Mülltrennung** und Recycling kennen.

Die portugiesische Umweltschutzorganisation QUERCUS ist sehr aktiv in Aufklärung und Bewusstseinsbildung tätig.

⌃ Blick auf die Seenlandschaft des Alqueva-Stausees bei Monsaraz

Erosion – eine Gefahr für die portugiesische Küste

„An der Algarve sind die Felsen so porös, dass das Risiko einer Katastrophe besteht", schrieb die portugiesische Tageszeitung „O Independente" bereits im Frühjahr 1998. Die Katastrophe ließ nicht lange auf sich warten: An der Praia Maré dos Porcos bei Albufeira starb ein portugiesischer Hobbyangler, als sich eine Felsenmasse löste und ihn unter 35.000 Kubikmetern herabstürzendem Gestein begrub. 2009 kamen fünf portugiesische Urlauber bei einem Felseinsturz an der Praia Maria Luisa in Albufeira ums Leben. Immer wieder kommt es zu Unfällen. Mit dem steigenden Meeresspiegel und immer mehr Konstruktionen an der Küste wird das Problem in den kommenden Jahren weiter zunehmen.

Einige Strände wurden zwar befestigt, doch besteht an vielen Stellen noch immer ein hohes Risiko: Der Strand von Dona Ana bei Lagos gehört dazu, auch am Strand von Porto de Mós etwas weiter westlich ist Erdmasse abgebrochen, die Capela Santa Catarina des Fortalezas von Beliche ist schon seit Jahren einsturzgefährdet und hat sich bereits teilweise gelöst, auch die Capela Nossa Senhora da Rocha bei Armação de Pêra droht ins Meer zu stürzen, an der Praia da Falesia kann man die ständige Veränderung der Sandformationen wöchentlich verfolgen. Wellen, Gezeiten und starke Regenfälle im Winter verstärken den Erosionsprozess.

Die aufzuwendenden Kosten für die Sicherung der Felsenküste sind enorm, entlang der gesamten Küste sind Sofortmaßnahmen notwendig. Teile der gefährdeten Strände müssten abgesperrt, Strandbuden geschlossen und die Felsen befestigt werden. All dies sieht ein landesweiter Plan zum Schutz der Küste vor („POOC") und die regionale Umweltbehörde „Direção Regional do Ambiente" weiß um die Dringlichkeit. Das portugiesisch-spanische Gemeinschaftsprojekt MarRisk sammelt Daten zu den Gefahrenstellen an der Nordküste. Doch bis auf einige gezielte Maßnahmen im Rahmen der EU-geförderten Polis-Programme zur Küstenbefestigung ist noch kein flächendeckendes Projekt in Sicht. Bis 2028 werden nach Schätzungen ca. 900 Mio. Euro für Klippenbefestigungen und Strandaufschüttungen aufgrund des steigenden Meeresspiegels und Folgen des Klimawandels benötigt.

Hinweisschilder warnen Besucher an den verschiedenen Stellen davor, sich zu nahe an den Abgrund zu wagen, um keinen Erdrutsch auszulösen. Dennoch kommt es immer wieder zu Unfällen, weil Badeurlauber die Hinweise ignorieren und den Abstand nicht einhalten.

▷ Porös und empfindlich: die Sandklippen
der Praia da Falésia sind vom Einsturz bedroht

Geschützte Natur

Dem Instituto da Conservação da Natureza e das Florestas (ICNF) unterstehen die Forstwirtschaft und diverse geschützte Landschaften in Portugal, die in mehrere Hierarchieebenen unterteilt sind. An der Spitze steht der einzige staatliche **Nationalpark,** der 1971 gegründete **Parque Nacional Peneda Gerês** im äußersten Nordwesten des Landes, der grenzübergreifend in Galicien seine Fortsetzung findet. Hier trifft man auf eine der ursprünglichsten und wasserreichsten Regionen des Landes. Wildpferde und Wölfe streunen durch die Berge und Täler. Der am häufigsten besuchte Teilabschnitt des Parks ist die alte römische Heeresstraße Geira zwischen Portela do Homem und Gerês, die durch das Biosphärenreservat des Eichenwaldes Mata da Albergaria führt. Im Sommer verlangt das ICNF hier eine Umweltgebühr von 1,50 €/Tag für motorisierte Fahrzeuge auf einer Teilstrecke von 10 km. Dies soll die Abgasbelastung etwas reduzieren.

An zweiter Stelle der Naturschutz-Hierarchie folgen die **Naturparks.** Die 13 *Parques Naturais* verteilen sich von Nord nach Süd auf komplett unterschiedliche Landschaften in den folgende Regionen: Montesinho,

Waldbrände gefährden Portugals Zukunft

*Jedes Jahr in den Sommermonaten spielen sich in ganz Portugal die glei-
chen Szenen ab: Wälder stehen in lodernden Flammen, wertvolle Baumbe-
stände gehen unwiederbringlich verloren. Doch noch nie war es so schlimm
wie im Jahr 2017. Die Monate Juni und Oktober werden den Portugiesen
für immer im wahrsten Sinn des Wortes im Gedächtnis eingebrannt bleiben. Die verheerendsten und großflächigsten Waldbrände in Portugals Geschichte kosteten insgesamt (vorläufiger Stand März 2018) 115 Menschen
das Leben, davon starben 111 unmittelbar bei den beiden schlimmsten
Bränden im Juni und Oktober. Fast 500.000 ha Fläche verbrannten und
blieben als schwarze mahnende Landstriche zurück. Apokalyptische End-
zeitszenen wie aus einem Hollywoodfilm waren in den Nachrichten zu sehen und waren für die Betroffenen doch schreckliche Realität. Die portugiesische Gesellschaft erlebte mit Entsetzen, dass der Staat seiner Fürsorge-
pflicht für die Bürger nicht entsprechen konnte. Allein in Pedrogão Grande,
Figueiró dos Vinhos und Castanheira de Pêra im Zentrum Portugals fanden
im Juni 2017 66 Menschen einen grauenvollen Tod, viele, als sie in ihren
Autos aus der Flammenhölle über die N 236 fliehen wollten und dort eingeschlossen im Feuertunnel keine Chance mehr hatten. Häuser verbrannten,
ganze Familien verloren ihre Existenzgrundlage. Viele, die in Verzweiflung
die Notrufnummer 112 wählten, warteten vergeblich auf die rettende Feuerwehr. Der Funkkontakt war unterbrochen oder es waren einfach nicht
genügend Männer und Fahrzeuge verfügbar. Mit Eimern und Garten-
schläuchen versuchten Hunderte von Menschen, ihr Hab und Gut zu ret-
ten – bis auf wenige Ausnahmen ohne Erfolg. Der angebliche Blitzeinschlag
als Auslöser wurde im Nachhinein nicht bestätigt, denn laut Augenzeugen
brannte es schon vor dem Gewitter.*

Vier Monate nach dieser Tragödie erlebte Portugal Mitte Oktober erneut ein Feuerinferno mit dramatischen Folgen. Wieder gab es Todesopfer, 49 Menschen starben dabei unmittelbar oder an den Folgen der Waldbrände vom 15. auf den 16.10.2017. Mehr als 500 gleichzeitig wütende Feuer im ganzen Land verteilt brachten tausende Einsatzkräfte an die Grenzen ihrer Belastbarkeit. Am schwersten betroffen waren auch hier Regionen in Zentralportugal, vorwiegend die Distrikte Coimbra, Leiria, Castelo Branco und Viseu. In zwei Tagen wurden mehr Hektar Waldfläche als im gesamten bisherigen Jahr 2017 zerstört. Tausende von Tieren, davon alleine 5000 Schafe in der Serra da Estrela, sowie zahlreiche Kühe und Schweine starben qualvoll in den Flammen oder wurden schwer verletzt. Häuser und Industriebetriebe wurden schlicht dem Erdboden gleichgemacht. Strommasten wurden beschädigt, Telefon- und Wasserleitungen in Mitleidenschaft gezogen. Manche Ortschaften blieben tagelang ohne Strom und monatelang ohne Festnetztelefon.

Wenige Tage zuvor hatte ein unabhängiger Untersuchungsausschuss im Parlament den Bericht zu den Bränden von Pedrogão Grande im Juni 2017 vorgelegt und gravierende Mängel bei Organisation, Logistik, strukturellen Abläufen und Kommunikation angeprangert. Der Bericht zeigte auch, dass in den Monaten nach Pedrogão Grande kaum Vorkehrungen zur Prävention getroffen worden waren.

Nach langem Zögern und einem entscheidenden Paukenschlag des Staatspräsidenten Marcelo Rebelo de Sousa musste Regierungschef António Costa einlenken und seine schwer in Kritik geratene Innenministerin Constança Urbano de Sousa entlassen. Zu einer würdigen Entschuldigung den Opfern gegenüber konnte er sich trotz diverser Aufforderungen nicht durchringen.

Trotz der für Oktober ungewöhnlichen Wetterlage war die Waldbrandsaison nicht verlängert und zahlreiche Präventionsmaßnahmen schon Ende September eingestellt worden. Extrem hohe Temperaturen, sechs Monate ohne Regen und anhaltende Trockenheit, das Vorbeiziehen des Tropensturms Ophelia mit heftigen heißen Winden waren ebenfalls ausschlaggebend für diese erneute Katastrophe.

Der Hauptgrund allerdings waren nach Aussagen von Analysten einmal mehr kriminelle Brandstiftung und Fahrlässigkeit, sei es durch nicht genehmigte Feuer oder weggeworfene Zigaretten. Bei so extremer Trockenheit wie der im Jahr 2017 genügen ein kleiner Funke und etwas Wind, damit aus einem überschaubaren Feuerherd ein unkontrollierbares Flammeninferno wird. Gezielte Spekulation und wirtschaftliche Interessen zur Schaffung von Weide- oder Bauland, Eukalyptusanbau für die Papierindustrie oder die oft erwähnte „Löschmafia", die Geld mit den privat betriebenen Löschflugzeugen verdient, tun ihr übriges. Immer weniger Wald bedeutet auch immer mehr Trockenheit, ein Teufelskreis. In Portugal gibt es kaum Staatswald, über 90 %

der Forstbestände sind in privater Hand. Die notwendige Säuberung und Pflege der Wälder wurde erstmals 2018 eingefordert und kontrolliert. Auch viele Gemeinden kommen ihrer Sorgfaltspflicht beim Stutzen der leicht entzündlichen Vegetation an den Rändern der Straßen nicht nach. So können diese leicht zu lebensgefährlichen Flammentunneln werden.

Die Folgen sind für das Land gravierend und beeinträchtigen u. a. auch die sich langsam erholende Wirtschaft. Abgesehen von den Menschen, die grausam in den Feuern oder infolge starker Verbrennungen starben und deren traumatisierten Familien, ist die Natur der große Verlierer. Olivenanbau, Kastanien, Honig- und Käseproduktion und viele andere Bereiche der Agrikultur sind schwer betroffen und werden große Einbußen zu verzeichnen haben. Hunderte Kleinbauern haben ihre Lebensgrundlage verloren. Es besteht zudem akute Erosionsgefahr, wenn starke Regenfälle einsetzen und die verbrannte Erde abschwemmen. Asche kann in die Wasserleitungen gelangen, was bereits in einigen betroffenen Bezirken der Fall war. Auch der Tourismus wird darunter leiden, denn einst grüne und vegetationsreiche Landschaften wie die Serra da Estrela oder der historischen Pinienwald von Leiria im Hinterland von Pedrogão, sind nun dunkle deprimierende Flächen. Zahlreiche Neuinvestitionen in touristische Infrastrukturen wurden zerstört. Es wird Jahre dauern, bis sich die verbrannten Wälder erholt haben werden. Ein deprimierender Anblick, der bei vielen Portugiesen mittlerweile nicht nur Entsetzen, sondern auch Revolte auslöst.

In diversen Städten kam es zu Demos und die Medien diskutieren täglich neue Aspekte rund um das Thema. Die Regierung rief einen Aktionsplan aus, der die strukturellen Probleme verbessern soll. Ein zentraler Punkt dabei ist auch das nationale Notrufsystem, das seit Jahren in der Kritik steht und bei beiden Waldbrandkatastrophen wiederholt versagte. Die Feuerwehr soll professioneller werden und die Einsätze sollen besser gesteuert werden.

Doch bleibt bei vielen Portugiesen der Zweifel, ob wieder nur viel diskutiert wird oder ob sich tatsächlich ein für allemal etwas ändert. Viel Wald bleibt bald nicht mehr übrig, der noch verbrennen könnte. Sicher werden die Bäume wieder austreiben, nach und nach werden die schwarzen Narben wieder grün werden, aber die menschlichen Narben bei den Betroffenen werden bleiben. Die Hinterbliebenen der Opfer erhalten zwar auf Antrag finanzielle Entschädigung und Hilfe für den Bau neuer Häuser, doch die Angehörigen kann ihnen niemand zurückgeben. Die öffentliche Meinung neigt dazu, Tragödien schnell zu vergessen, wenn die mediale Aufmerksamkeit nachlässt. Deshalb besteht die Furcht, dass sich die gleichen Fehler immer wiederholen. Es bleibt zu hoffen, dass die allgemein verbreitete „memória curta" dieses Mal nicht die Oberhand gewinnt und alles getan wird, damit sich solche Horrorszenarien in Portugal nicht wieder abspielen.

Douro Internacional, Litoral Norte, Alvão, Serra da Estrela, Tejo Internacional, Serras de Aire e Candeeiros, São Mamede, Sintra-Cascais, Arrábida, Sudoeste Alentejano e Costa Vicentina, Vale do Guadiana und Ria Formosa. Wobei der Naturpark Costa Vicentina und Sudoeste Alentejo sicherlich zu den schönsten Küstenlandschaften Europas mit einer einzigartigen Flora und Fauna gehört.

Weiter gibt es neun **Naturreservate,** die *Reservas Naturais:* Berlenga-Inseln, Dünen von São Jacinto, Mündungsdelta des Sado, Mündungsdelta des Tejo, Lagunen Santo André e da Sancha, Paul de Arzila, Paul do Boquilobo, Sapal de Castro Marim e Vila Real de Santo António, Serra da Malcata.

Außerdem bietet Portugal eine Reihe **Naturschutzgebiete,** die *Paisagens Protegidas:* Arríba Fossil da Costa da Caparica, Serra do Açor, Serra da Gardunha und als zusätzliche Kategorie die *Monumentos Naturais,* wozu u. a. die Fußabdrücke der Dinosaurier Pegadas de Dinossáurios de Ourém und das natürliche Felsentor des Rio Tejo Portas de Ródão gehören. Für Naturliebhaber und Wanderer gibt es reichlich zu entdecken. Die Naturschutzbehörde und Naturparkverwaltung ist sehr streng und macht sich bisweilen bei der Bevölkerung unbeliebt, besonders wenn es um Baugenehmigungen oder Gemeindeprojekte innerhalb der Naturparks geht. Andererseits muss man sich beispielsweise wundern, dass der schönste Naturpark von Ölraffinerien flankiert ist, Fracking-Lizensen vergeben werden und Intensivlandwirtschaft mit riesigen Gemüse- und Obstplantagen direkt an der Küste und im Einzugsbereich des Naturparks Costa Vicentina und SW Alentejo erlaubt ist. Hier gibt es einige widersprüchliche „Kulturschocks".

Atomkraft nicht erwünscht

Energia nuclear não é uma opção para Portugal – „Atomenergie ist keine Option für Portugal" – ließ Premierminister José Sócrates 2008 verlauten. Die Aussage bezog sich auf den verstärkten Druck von Großinvestoren und auf diverse Gesetzeseinlagen der konservativen Opposition zur Einführung von Kernenergie und den Bau von Atomkraftwerken in Portugal. Die verantwortungsbewusste Entscheidung, mehrheitlich auf erneuerbare Energien zu setzen, kann Portugal vielleicht eine bessere Zukunft bescheren. Allein das ungelöste Problem der Atommüllentsorgung ist den kommenden Generationen nicht zuzumuten.

Im Jahr 1976 hatten sich die Einwohner des Dörfchens Ferrel aus Zentralportugal gegen den geplanten Bau eines Atommeilers zur Wehr gesetzt. Seither ist das Land eine atomkraftfreie Oase und wird dies hoffentlich auch bleiben.

Problemfall „Água"

Trockenperioden („Secas") sind ein Problem der Gegenwart und vielleicht die größte Herausforderung für die Zukunft des Landes. Der Klimawandel macht sich auf der Iberischen Halbinsel besonders stark durch Hitzewellen und fehlenden Regen bemerkbar.

Portugal ist zudem, was seine Wasserversorgung angeht, weitgehend von Spanien abhängig. Die wichtigsten Flüsse entspringen in Spanien. Dort eingerichtete Staustufen und die Abwasserverschmutzung lassen die Flüsse bereits halb ausgetrocknet und kontaminiert in Portugal ankommen. Besonders drastisch zeigt sich diese Entwicklung am Rio Tejo. Bevor dieser in Lissabon ankommt, muss er den Stausee Entrepeñas, zwei Atomkraftwerke, ein Wärmekraftwerk und zig Städte versorgen. Das Hauptproblem ist das Projekt Tejo Seguro, das in enormen Leitungssystemen Wasser aus dem Fluss über 297 km in die umliegenden gigantischen Gemüseplantagen, z. B bei Murcia, dem Hauptproduzenten für die EU, ableitet. Die Gefahr, dass der Tejo „stirbt" ist sehr real und portugiesische Umweltschutzorganisationen schlagen Alarm. Und auch in Portugal selbst kommt es immer wieder zu Industrieverschmutzungen. Gerade der Tejo ist besonders von illegalen Abwasserentsorgungen ortsansässiger Papierindustrien und Kläranlagen betroffen. Ein besonders gravierender Fall ereignete sich im Januar und Februar 2018 in den Regionen Abrantes und Vila Velha de Rodão, als der Tejo mit einem gräulichen Schaum bedeckt war. Analysen zeigten eine drastische Verminderung der Sauerstoffwerte und einen starken Anstieg der Cellulose-Anteile im Wasser.

Der private und gewerbliche Wasserverbrauch steigt ständig. Die Touristenregionen mit ihren Hotels, Pools und Golfplätzen haben einen enormen Bedarf. Trockenperioden werden dagegen häufiger. Zuletzt mussten im November 2017 nach sieben Monaten ohne Regenfälle nationale Wassersparmaßnahmen eingeleitet werden. Städte wie Viseu mussten per Tankwagen mit Trinkwasser versorgt werden. Die Priester riefen gar zu vereinten Gebeten um Regen auf. Zum Ende des heißen und trockenen Sommers und Herbstes waren die Stauseen bis auf wenige Ausnahmen auf Niedrigststand.

Allmählich wird den Portugiesen bewusst, dass Wassersparen das Thema der Zukunft sein wird. Das Problem ist nicht der Mangel an Wasserreserven, die in genügender Anzahl vorhanden sind. Portugal ist weitaus wasserreicher als Spanien. Grund für die Probleme sind die Verteilung und in vielen Teilen auch die Verschwendung. Mehr als 30 % des kanalisierten Wassers der portugiesischen Gemeinden geht im Durchschnitt aufgrund infrastruktureller Mängel verloren. Wasserhähne tropfen vor sich hin, Wasserleitungen sind undicht, der private Konsum müsste reduziert werden. Dabei gäbe es laut Expertenaussagen Alternativen zur effektiveren Wasserspeicherung.

Sonne, Wind und Wasser sind das größte Kapital Portugals. Die Nutzung der **Windenergie** hat in den letzten Jahren Aufschwung erhalten. Im ganzen Land entstanden *parques eólicos* („Windparks"). Der Anteil der Windenergie am landesweiten Stromverbrauch liegt bei knapp 25 %..

Auch **Solarparks** sind auf dem Vormarsch. In Moura und Amarelejo im Alentejo wurden 2007 und 2008 die größten Solarparks Europas in Betrieb genommen. 2018 kamen einige neue hinzu. An zahlreichen Stauseen *(Barragens)*, die vorwiegend in den 1950er- und 1960er-Jahren im ganzen Land entstanden, erzeugen Kraftwerke **Energie aus Wasser.** Das Megaprojekt der Barragem da Alqueva im Alentejo ist seit 2002 in Betrieb. Der Bau von zehn weiteren Wasserkraftwerken ist bis zum Jahr 2020 geplant. Die Energienutzung aus Wasserkraft könnte damit annähernd verdoppelt werden. Das erklärte nationale Ziel ist es, Portugal so weit als möglich energiepolitisch unabhängig zu machen.

Neu konzipierte Wellenkraftwerke sollen **Energie aus der Kraft des Atlantiks** gewinnen. Bei Peniche und Marinha Grande sind bereits Testtechnologien im Einsatz, ein weiteres Wellenkraftwerk soll folgen.

Auf den Azoren hingegen macht man sich die **natürliche Erdwärme** der Geysire und Vulkanböden zu Nutze. Auf der Hauptinsel São Miguel beispielsweise werden bereits 40 Prozent des Energiebedarfs durch drei Geothermik-Werke gedeckt.

Mülltrennung und -entsorgung

In Sachen **Müllproduktion** nähert sich Portugal dem EU-Schnitt, ein Portugiese produziert dennoch immer noch weniger Müll als ein Deutscher. Die **Recyclingquote** liegt aber noch weit entfernt vom Ziel und noch landen 30 % des urbanen Mülls auf Deponien. Das soll in den kommenden Jahren wesentlich verbessert werden. Vor 20 Jahren starteten die Aufklärungskampagnen zur Mülltrennung und heute sind es die Kinder und Jugendlichen, die ihre Eltern auf eine umweltgerechte Müllentsorgung aufmerksam machen.

Die Mülltrennung und -verwertung wurde von der EU 1994 im Europäischen Abfallkatalog für alle EU-Mitgliedsstaaten geregelt. In Portugal dauerte es etwas länger, bis Gemeinden und Haushalte begannen separate Müllcontainer und Recyclinganlagen zu nutzen. Heute verfügen die meisten Städte und Dörfer über **Wertstoffbehälter für die unterschiedlichen Abfallprodukte.** Mittlerweile geben drei von vier Portugiesen an, ihren Müll zu trennen, ein Fortschritt, der vor zehn Jahren noch utopisch gewesen wäre. Bei manchen heißt Müll trennen allerdings, den Abfall neben die Wertstoffbehälter zu werfen. Nicht selten lassen die Leute die Sachen einfach aus dem Autofenster fallen, um nicht aussteigen zu müssen. Nur zögerlich ist auch ein Umdenken bei der Nutzung von Plastikeinkaufstüten zu bemerken. Plastiktüten in den Supermärkten sind mittlerweile kostenpflichtig. Einwegtüten gibt es kaum mehr, höchstens beim Bäcker oder auf dem Markt. Dennoch sind Menschen mit Stofftaschen oder Einkaufskörben eher selten in Portugals Supermärkten zu sehen.

Ein ungelöstes Problem sind der **Elektromüll und technische Geräte,** für die es kaum Abgabe- oder Sammelstellen gibt. Portugal importiert auch Müll, z. B. aus Italien, der u. a. in den Abfallverwertungsanlagen von Setúbal verarbeitet wird. Von den Umweltschutzorganisationen wird dieser „Müllimport" mit Sorge beobachtet.

In den meisten Städten und Gemeinden Portugals kommt der dröhnende Müllwagen nachts oder im Morgengrauen, um die Container lautstark zu leeren, was viele Hausbesitzer heutzutage reklamieren, weil es die Nachtruhe vor allem in kleinen Orten stört. Immer wieder kommt es zu Streiks der Müllmänner, von denen die Mehrheit nicht mehr als 500 € monatlich verdient.

„Goooolo!" – Sport, Freizeit, Urlaub

Die Ballkünstler der Nationalmannschaft *(seleção)* sind die Vorbilder für Millionen portugiesischer Jungs und Mädchen sowie deren Eltern und Großeltern gleichermaßen. **Sport ist in Portugal immer noch weitgehend das verbreitete Synonym für Fußball.** Dies gilt noch mehr, seit Portugal erstmalig in seiner Geschichte 2016 Fußballeuropameister wurde. Dieser Erfolg war nach der tragischen Endspielniederlage gegen Griechenland bei der EM 2004 im eigenen Land Balsam für die nationale Seele. Neben dem nationalen Heiligtum *O Futebol* können andere Sportarten kaum bestehen. **Leichtathletik** ist vielleicht noch die einzige andere Disziplin, wo sich die Gemüter ebenfalls ein wenig regen. International erfolgreiche Athleten wie Weitspringerin und Olympiasiegerin Naide Gomes, Nelson Evora, bekommen ein wenig Aufmerksamkeit in der Öffentlichkeit und den Medien.

Ansonsten **gehört der Sport-Olymp dem Fußball,** den Vereinen und ihren Spielern. „Benfica" („Sport Lisboa e Benfica" oder „SL Benfica") oder „Sporting" („Sporting Clube de Portugal" oder „Sporting CP") sind die beiden beliebtesten Vereine in Süden und Mitte des Landes. Rot-Weiß oder Grün-Weiß, **Benfica oder Sporting?** Diese Frage stellt sich jedem Kind schon im Kindergarten. Die beiden Lissabonner Fußballklubs gehören zu den traditionsreichsten im Land. Besonders die *Benficistas* sind eine eingeschworene Gemeinschaft. Benfica Lissabon war lange Jahre laut Guinessbuch der Rekorde mit über 270.000 Mitgliedern der mitgliederstärkste Fußballverein der Welt. 2015 wurde er vom FC Bayern München überholt. Aktuell werden 182.000 Mitglieder angegeben. Laut UEFA sind 47 % der Portugiesen Benfica-Fans. Benfica ist der „Clube do Povo", der Klub des Volkes, Sporting dagegen der finanzstärkste Verein der portugiesischen Oberliga. Die Rivalitäten reichen bis in die Familien und werden sehr ernst genommen. Wenn Mann und Frau den beiden rivalisierenden Klubs angehören, kann der Haussegen schon mal schief hängen.

Im Norden heißt es eigentlich nur: Porto oder nicht Porto? Seit der **FC Porto** mit dem damaligen Trainer José Mourinho 2004 die Champions League gewann, ist die Verehrung der Blauen umso größer.

Während eines Fußballspiels vergessen die sonst zurückhaltenden Portugiesen ihre Melancholie. Die portugiesischen Fans leiden und fiebern mit ihren Spielern. Mehr als die Hälfte der Portugiesen sieht in den Fußballstars ihre größten Idole. Wenn ein „Goooolo!" aus den Radios und Fernsehern tönt, dann hält das ganze Land den Atem an.

Drei Generationen von Fußballhelden: Eusébio, Figo und Cristiano Ronaldo

Der erste Vorzeigefußballer Portugals war **Eusébio da Silva Ferreira.** Der 1942 in Mosambik geborene Sportler begann seine Karriere mit 15 Jahren bei einem afrikanischen Namensvetter von Sporting Lissabon in Lourenço Marques, wie die mosambikanische Hauptstadt Maputo in den 1960er-Jahren hieß. Eusébio kam als 18-Jähriger nach Portugal und unterschrieb einen Vertrag bei Benfica Lissabon. 1965 wurde er zum europäischen Fußballer des Jahres gewählt, ein Jahr später war er WM-Torschützenkönig. Als *Pantera Negra,* der „Schwarze Panther" wurde Eusébio im In- und Ausland bekannt. Später agierte er als Trainer und Funktionär für Benfica. Seine Profikarriere endete 1980. Bis heute ist er ein Vorbild für die Nachwuchsspieler. Eusébio starb am 5. Januar 2014 mit 71 Jahren in Lissabon. Zu Ehren des Nationalhelden wurde eine dreitägige Staatstrauer angeordnet. Als einziger afrikanischstämmiger Portugiese wurde Eusébio im Nationalen Pantheon beigesetzt.

Ins internationale Rampenlicht trat Portugal danach erst wieder mit der *Geração de Ouro* – der „Goldenen Generation" der 1990er-Jahre, zu der allen voran die Starspieler Luís Figo, Rui Costa, Vitor Baía und João Pinto gehörten. Sie ließen die Portugiesen endlich wieder vom großen Ruhm und portugiesischen Helden träumen.

Luís Filipe Madeira Caeiro Figo, kurz Figo, war der erfolgreichste Fußballer aus dieser Generation. Der Weltfußballer 2001 spielte zu Beginn seiner Karriere für „Sporting Lissabon", wechselte später zum FC Barcelona und dann zu Real Madrid, was ihm die Fans von Barcelona nie verziehen. Zum Schluss spielte Figo unter seinem Landsmann, dem bekanntesten portugiesischen Fußballtrainer José Mourinho bei Inter Mailand, wo er im Sommer 2009 seine Profikarriere beendete.

Figos Nachfolger war lange Zeit der teuerste Fußballer aller Zeiten. Der aus Madeira stammende, 1985 geborene **Cristiano Ronaldo dos Santos Aveiro** begann ebenso bei Sporting Lissabon, wurde 2003 von Manchester United unter Alex Ferguson verpflichtet, wo er bis Juni 2009 unter Vertrag stand. Eine zum damaligen Zeitpunkt Rekordablösesumme von über 90 Millionen Euro machte den Wechsel zu Real Madrid perfekt, wo der mehrfache Europa-Fußballer, fünffache Weltfußballer und fünfmalige Gewinner des Goldenen Fußballs als bester Torschütze seither seine Ballkünste zeigt. Ende 2017 waren Gerüchte um einen Wechsel im Umlauf und die Ära Ronaldo bei Real Madrid könnte bald ein Ende haben.

Cristiano Ronaldo ist allerdings nicht der einzige mehrfache Weltfußballer aus Portugal. Auch im **Hallenfußball** (futsal) trägt diesen Titel ein Portugiese. Der in Spanien spielende **Ricardinho** (Ricardo Filipe da Silva Braga) wurde 2017 zum fünften Mal, davon zum vierten Mal in Folge, zum weltbesten Hallenfußballer gewählt.

Freizeitsport

Diejenigen, die nicht gerade mit den außergewöhnlichen Talenten eines Cristiano Ronaldo gesegnet sind, begnügen sich mit Jogging, einer Mountainbike-Tour entlang des Tejo oder einer Runde Squash am Sonntagmorgen. Außer für Fußball begeistern sich die Portugiesen am ehesten für **Wassersport** jeglicher Art. Wie könnte es anders sein – Surfen, Segeln oder Hochseeangeln zählen zu den Lieblingsaktivitäten der Portugiesen. In Portugal gibt es einige der besten Surfspots der Welt, darunter den Supertubo-Strand in Peniche, wo jedes Jahr eine Etappe der Surf-WM ausgetragen wird. Für Big-Wave-Surfer wurde der einst verschlafene Küstenort Nazaré zum Nonplusultra. Der Amerikaner McNamara hält hier den Guinness-Buch-Rekord für die höchste gesurfte Welle. Auch Ericeira und die Südwestküste sind ein Mekka für Surfer aus aller Welt.

Beliebt ist auch der **Motorsport** – von Autorallyes bis Motorradrennen. **Tourenrad und Mountainbike** liegen ebenso im Trend.

„Férias" – Urlaub

Im August hat ganz Portugal Ferien. Das Land ist in dieser Zeit sozusagen „außer Betrieb". Dafür platzen Straßen, Strände und Cafés aus allen Nähten. Die Emigranten kommen ins Heimatland, die *Nortenhos* fahren an die Algarve und überhaupt will jeder an die Küste, wenn er nicht gerade ins Ausland fährt. Auch in den Weihnachts-, Oster- und Fastnachtsferien ist **ganz Portugal unterwegs.** Alle fahren gleichzeitig los und alle kehren zur gleichen Zeit zurück. Immer wenn Ferien sind oder Brückentage ein langes Wochenende ermöglichen, gleichen die Straßen gen Süden einem Ameisenzug. Die Schulferien beginnen bereits im Juni und enden Mitte September.

Vá para fora cá dentro – „Verreise nach draußen hier drinnen" – lautet seit 2008 eine Werbekampagne für den Urlaub im eigenen Land, die bis dato Früchte trägt. Bis vor einigen Jahren war der **Auslandsurlaub** bei Portugiesen favorisiert und jeder, der es sich leisten konnte, verbrachte seine Ferien so weit wie möglich außerhalb der Landesgrenzen. Zumal Portugals beliebteste Urlaubsregion, die Algarve, meist teurer war als eine Reise nach Kuba, New York oder in den Nordosten Brasiliens. Seit den verschärften Sicherheitsvorkehrungen im Flugverkehr und der Finanzkri-

◁ Surfer an der Praia do Tonel in Sagres

se zieht es viele Portugiesen allerdings vorzugsweise an die heimischen Strände, die es es ja zur Genüge gibt. Seit 2016 sind die Portugiesen zunehmend bereit, wieder mehr für Urlaub und Reisen auszugeben. Die Mehrheit entscheidet sich noch immer für Urlaub im eigenen Land und das vor allem zwischen Juli und September. Mehr als 44 % nutzen dafür Unterkünfte von Familie oder Freunden. Immerhin 30 % der Portugiesen haben eine eigene Ferienresidenz und diese vorwiegend an der Küste. Wenn Portugiesen in den Urlaub fahren oder ein verlängertes Wochenende nutzen, dann tun sie dies gerne in Gesellschaft, entweder zusammen mit der Großfamilie vom Enkel bis zu Oma und Opa oder mit Freunden.

⌃ Weinprobe in der Quinta do Bomfim im Alto-Douro-Tal

Sprache

A minha pátria é a lingua portuguêsa.
„Meine Heimat ist die portugiesische Sprache."
  (Fernando Pessoa, aus „Buch der Unruhe")

Portugiesisch – eine Weltsprache mit Tücken

Knapp 240 Mio. Menschen sprechen Portugiesisch als Muttersprache, 80 % davon sind Brasilianer. In neun Ländern verteilt auf vier Kontinente (Afrika, Amerika, Asien, Europa) „se fala Português". Etwa 30 Mio. Menschen sprechen Portugiesisch als Zweitsprache. Außer in Portugal ist **Portugiesisch** in Angola, Brasilien, Kap Verde, Guinea-Bissau, Äquatorial-Guinea, Mosambik, São Tomé und Príncipe und Ost-Timor **die offizielle Landessprache.** Diese Länder sind vereint in der „Gemeinschaft der Portugiesisch sprechenden Länder" – *Comunidade dos Paises de Lingua Portuguêsa,* CPLP. Die sechs afrikanischen Länder haben sich als PALOP (Países africanos de Língua Oficial Portuguêsa) zusammengeschlossen. In einigen Teilen der Welt wird Portugiesisch noch als inoffizielle Sprache genutzt, z. B. im chinesischen Macau, in Goa und Daman in Indien oder im malaysischen Malakka. In der Liste der Weltsprachen liegt Portugiesisch auf Rang acht nach Englisch, Chinesisch, Hindi, Spanisch, Französisch, Arabisch und Russisch.

Es gehört zur **Familie der indogermanischen und romanischen Sprachen** und ist aus dem Vulgärlatein entstanden, das die römischen Truppen mit nach Lusitanien brachten. Die Sueben hinterließen die typischen Zischlaute in der Sprache und aus der islamischen Epoche blieben viele arabische Wörter zurück. Das sind beispielsweise Worte und Ortsnamen, die mit *al* beginnen wie Algarve und Albufeira, aber auch *almoço* (Mittagessen) und *alface* (Kopfsalat). Eng verwandt mit dem Portugiesischen ist das *Gallego,* das in der nordspanischen Region Galicien gesprochen wird und auf die gleichen Ursprünge zurückgeht.

In Portugal gibt es **keine offiziell ausgewiesenen Dialekte.** Dennoch spricht man in einigen Regionen des Nordens und Zentrums von historischen *dialetos,* z. B. in Trás-os-Montes, im Minho oder den Beiras. In Miranda de Douro sprechen ca. 15.000 Menschen *Mirandês,* das als einzige Minderheitensprache im Land anerkannt ist.

Die Aussprache ist von Ort zu Ort sehr verschieden, man spricht dann von *sotaque* – „Akzent". in den einzelnen Regionen gibt es teilweise ortseigene Begriffe und Worte. Die *Nortenhos* beispielsweise verstehen viele Begriffe der *Algarvios* nicht. Reines „Hochportugiesisch" wird eigentlich nur in der Region zwischen Lissabon und Leiria gesprochen.

Für fremde Ohren problematisch ist die portugiesische Eigenart, Endungen und Vokale zu verschlucken. Das erschwert das Erlernen der portugiesischen Sprache in Portugal ungemein. Wer des Französischen, Italienischen oder Spanischen mächtig ist, kann viele geschriebene portugiesische Worte lesen und verstehen. Und doch unterscheidet sich Portugiesisch von anderen romanischen Sprachen. Charakteristisch sind Akzente wie die Tilde (˜), die den typisch gedehnten Nasallaut beispielsweise bei *cão* [caau] („Hund"), *mãe* [maai] („Mutter") oder *balões* [baloois] („Ballons") unterstreichen.

Alle Buchstaben des portugiesischen Alphabets kommen auch im Deutschen vor. Zusätzlich gibt es Betonungszeichen wie den *acento agudo* (´), den *acento grave* (`), den *acento circunflexo* (^) und eben den *til* (˜). Das „s" wird in manchen Regionen als „sch" gesprochen. „J" wird wie ein weiches „sch" betont. Das „o" wird oft als „u" ausgesprochen, was aus Portugal „Purtugal" werden lässt. Manchmal wird das „o" auch gleich verschluckt, aber dafür das „r" gerollt, so wird „Prrtugal" daraus. Ebenso hört man, dass das „e" wie „i" klingt. *Exactamente* kommt dann in den Ohren

Vorsicht Falle – Tücken der portugiesischen Sprache

Es gibt eine Reihe ähnlich klingender Wörter, die ausländische Besucher ganz schön in Verlegenheit bringen können.

So lässt man sich beim Friseur die „pontas" („Spitzen") schneiden: Mir ist es einmal passiert, dass ich um die Kürzung der „pontes" („Brücken") bat. Das verdutzte Gesicht der „Cabelereira" sprach Bände …

Peinlicher kann es werden, wenn man sich verabschieden will und dies laut kundtut. „Com licença, gostaria de me despedir" - „Mit Verlaub, ich würde mich gern verabschieden". „Despedir" heißt „sich verabschieden", „despir" „sich ausziehen". Wie leicht kann es da zu Verwechslungen kommen.

Im Café kann es lustig werden, wenn der Gast statt einer „torrada" („Toastbrot") eine „tourada" („Stierkampf") bestellt. Olé!

Auch zwischen brasilianischem und europäischem Portugiesisch gibt es einige Spitzfindigkeiten. In Portugal beispielsweise ist ein „puto" ein kleiner Junge, in Brasilien wird dieses Wort als ein wenig schmeichelhafter Ausdruck für einen Homosexuellen genutzt. In Portugal bedeutet „bicha" eine Warteschlange, in Brasilien ist es ein Synonym für „Schwuler".

Trotz aller Schwierigkeiten in Grammatik und Aussprache ist Portugiesisch eine wunderbar melodiöse Sprache mit einem unglaublich reichen Wortschatz, eine blumige Sprache wie geschaffen für die Poesie.

als *Ixactamente* an, was zu Verwirrungen führen kann. Für Deutschsprachige ist zudem kompliziert, dass viele Wörter im Portugiesischen das entgegengesetzte Geschlecht haben wie im Deutschen, so sind z. B. der Tisch und der Stuhl *(a mesa, a cadeira)* weiblich und die Jacht *(o yate)*, die Truhe *(o baú)* ist männlichen Geschlechts.

Die *Algarvios* haben eine etwas härtere Aussprache und verwenden noch mehr Zischlaute als sowieso schon üblich. Was auf ausländische Besucher oft wie eine Mischung aus Finnisch und Ungarisch wirkt. Die *Alentejanos* sprechen etwas gedehnter und langsamer. Im Norden gelten wieder andere Eigenarten. Bei näherem Hinhören und Lesen werden viele Begriffe klarer und das Gewirr an Vokalen und Konsonanten inmitten von „sch" und „zzs" löst sich von allein auf.

Das **brasilianische Portugiesisch** ist klarer und besser zu verstehen. 2010 trat in ganz Portugal und in den anderen portugiesischsprachigen Ländern eine Sprachreform *(Acordo Ortográfico)* in Kraft, die die in Brasilien bereits bestehenden Änderungen auch auf Portugal anwenden soll. Allerdings soll die Reform zunächst noch nicht in den Schulen angewandt werden. Darin entfallen beispielsweise Akzente und „überflüssige" Füllkonsonanten wie das „c" bei *doctores* oder *anecdota,* in Brasilien schon lange *dotores* bzw. *anedota* geschrieben. Ob sich die Änderungen bei den Portugiesen im Alltag durchsetzen, ist allerdings zweifelhaft. Viele sträuben sich noch dagegen. Auch von der Mehrheit der Lehrkräfte und vielen portugiesischen Akademikern wird die Reform abgelehnt. Manche Journalisten sprachen gar von einer „brasilianischen Kolonialisierung". Dennoch wird sich durch das Ausmaß der Muttersprachler (210 Millionen in Brasilien im Vergleich zu 10 Millionen in Portugal) das europäische Portugiesisch zwangsläufig weiter verändern. Im Internet, wo Akzente eher ein Hindernis sind, kann man dies bereits feststellen und auch im täglichen Sprachgebrauch der Portugiesen haben sich bereits viele brasilianische Wörter etabliert (was auch am Einfluss der brasilianischen Telenovelas liegt) . Auch die deutsche Sprache hat einige **portugiesischstämmige Wörter** integriert. Marmelade z. B. stammt vom portugiesischen *Marmelo* („Quitte"). *Marmelada* ist also eigentlich Quittengelee. Palaver kommt von *palavra* („Wort"). Im portugiesischen Sprachgebrauch gängig sind deutsche Wörter wie „Kitsch" oder „Diesel".

Sprachliche Kuriosität

Im Gegensatz zu anderen romanischen, aber auch germanischen Sprachen sind die Wochentage im Portugiesischen nicht nach Sonne, Mond, Mars oder Merkur benannt *(lunes, martes, miércoles* im Spanischen), sondern beginnen mit *Feira. Segunda-Feira/2a-Feira* (Montag), *Terça-Feira/3a-*

Feira (Dienstag), *Quarta-Feira/4a-Feira* (Mittwoch), *Quinta-Feira/5a-Feira* (Donnerstag), *Sexta-Feira/6a-Feira* (Freitag). Nur der Samstag ist als *Sábado* auch nach dem jüdischen Shabbat benannt, der Sonntag *(Domingo)* ist wie bei den anderen der Tag des Herrn. Diese Besonderheit gibt es nur im Portugiesischen und dies, weil der Bischof Martinho de Braga im 6. Jh. die heidnischen Götternamen ausmerzen wollte. *Feira* (abgeleitet vom lateinischen *feria*) heißt eigentlich Ruhetag, umso kurioser ist diese Benennung. Die Erklärung ist womöglich, dass die neuen Wochennamen zunächst nur nach der Osterwoche, der *Semana Santa,* benutzt werden sollten und diese war traditionell für Christen als Ruhezeit gedacht. Später hat sich diese Version eingebürgert, aber nur in Portugal.

Tagesrhythmus

Ein portugiesischer Arbeitstag beginnt im Durchschnitt früher als beispielsweise in Spanien, aber später als in Deutschland. Seit den 1990er-Jahren gibt es keine ausgedehnte Siesta mehr wie im iberischen Nachbarland. Die Mittagspause ist normalerweise zwischen 12.30 und 14.30 Uhr, manchmal auch von 13 bis 15 Uhr. Die Arbeitszeiten sind dennoch länger als bei uns: In der Regel gehen die Berufstätigen gegen 8 Uhr früh aus dem Haus und kommen gegen 20 Uhr zurück. Gefrühstückt wird meistens nicht, dafür fällt das Mittagessen üppiger aus. Abends wird auch in Familien mit Kindern erst spät gegessen. Auch gehen die meisten Portugiesen relativ spät ins Bett. Eine Statistik zum nationalen Schlafverhalten dokumentierte, dass die durchschnittliche portugiesische Bevölkerung nur zwischen 5 und 7 Stunden pro Nacht schläft. Vielleicht lässt sich damit der recht hohe Konsum von Aufputschmitteln und Koffein erklären. Studien belegen, dass immer mehr Portugiesen Schlafmittel einnehmen und dann nach dem Aufwachen „Wachmacher" schlucken.

Das portugiesische Gesundheitsamt hat auf diese gefährliche Entwicklung bereits mehrfach warnend hingewiesen.

Telefon und Kommunikation

Die Portugiesen lieben die Kommunikation. Kaum ein Haushalt, der nicht mindestens über ein Mobiltelefon (*Telemóvel*) oder Smartphone verfügt. Schon früh trat dieses Kommunikationsmittel seinen Siegeszug in Portugal an. Derzeit gibt es **mehr Handys im Land als Einwohner** (Stand 2017: 70 % der Portugiesen nutzen das Smartphone). Wer gerade einmal allein ist und sei es nur auf dem Weg zur U-Bahn, hat schnell das Mobiltelefon am Ohr, denn die meisten Portugiesen reden gern und viel. Da stört es auch nicht, wenn die anderen im Café oder am Bankschalter das ausgiebig und lautstark mitgeteilte Wochenenderlebnis oder die Qualitäten der neuen Freundin erfahren. Wenn man sich mit jemandem verabredet, wird nicht sofort ein Treffpunkt ausgemacht. Zunächst heißt es: „Wenn ich da bin, klingele ich durch." Also muss man erst noch fünfmal telefonieren, bevor man sich dann mit Telefon am Ohr winkend entgegenläuft: „Huhu, hier bin ich!" Immer und überall klingeln und dudeln die neuesten aus dem Internet heruntergeladenen *Toques* („Klingeltöne"). Zudem ist das *Telemóvel* ein wichtiges Statussymbol. Man legt es am besten immer strategisch platziert neben dem Luxusmarkenautoschlüssel auf den Tisch, damit auch jeder sieht, dass man Besitzer des neuesten und besten Modells ist. Auch die sozialen Medien wie Facebook, Twitter und Instagram werden von den Portugiesen eifrig genutzt. Selbst die ältere Generation kommuniziert heute per Messenger.

Die telefonische Kommunikation erweist sich so manches Mal als nicht ganz einfach. Abgesehen von der für fremde Ohren schlecht zu verstehenden, weil oftmals genuschelten Aussprache, ist die **Verständigung übers Funknetz noch schwieriger.** Die meisten Portugiesen haben die Angewohnheit, sich nicht mit dem Namen zu melden, wenn sie ein Telefongespräch annehmen. Meist ist dann nur ein *Estou, está lá?* zu hören. Manchmal wird auch der Anfang einfach verkürzt und es heißt *Tou, tá lá?* Was so viel bedeutet wie „Ich bin da. Bist du dort ?" Das kann bisweilen zu Verwirrungen führen. Der ausländische Anrufer erwartet ein „Hallo" oder *„Bom Dia",* was aber meistens ausbleibt. Manchmal sagt der Angerufene auch nur *Sim?,* „Ja?". Wenn ein Portugiese das Gespräch beendet, verabschiedet er sich mit einem *com licença,* „mit Verlaub". Dann folgt noch mehrmals *adeus* („Auf Wiedersehen"), *até logo* („Bis bald") usw., bis man dann endlich auflegen kann. Das Gespräch abrupt ohne diverse Höflichkeitsformeln zu beenden, wäre sehr schroff und unhöflich in portugiesischen Augen. Die Mobilfunktarife sind in Portugal geringer als die Festnetzgebühren, da kann man ruhig etwas ausführlicher parlieren. Übrigens ist dies ein Grund, warum viele Menschen hier gar keinen Festnetzanschluss mehr haben, und wenn, dann meist als Gesamtpaket aus TV/Internet und Telefon.

Auch das Internet hat früh Einzug in den portugiesischen Alltag gehalten. Im Vergleich zu Deutschland ist Portugals Mobilnetz wesentlich fortschrittlicher und flächendeckender ausgebaut. Das portugiesische LTE/4G-Netz ist z. B. besser als das in den USA. Im Bereich der Breitbandanschlüsse gehört Portugal zu den Ländern mit den meisten und attraktivsten Mobiltarifen. Mittlerweile hat Portugal in dieser Hinsicht die meisten

EU-Länder überholt. Die meisten Portugiesen haben einen DSL-Anschluss (in Portugal ADSL) und TV-Pakete in einem. Am häufigsten wird aber das mobile Internet genutzt und im mobilen Breitbandbereich ist Portugal günstiger als die meisten EU-Länder. Derzeit dominieren die Anbieter Vodafone, MEO und NOS den Markt. SIM-Karten für Telefon, Webstick oder mobilen Router kann man in Portugal problemlos und ohne persönliche Registrierung oder Angabe der Adresse kaufen, in Deutschland wäre das undenkbar. Die **Nutzung des Internets** ist immer noch stark abhängig vom Ausbildungsgrad. Allerdings geht es im Bereich der sozialen Medien demokratischer zu. Diese werden von allen Bildungsklassen und Gesellschaftsschichten sehr aktiv genutzt.

Morar – Wohnen

„Uma casa portuguesa com certeza" – so beginnt einer der bekanntesten Fadotexte über die nostalgische Idylle eines portugiesischen Hauses. Die portugiesische Architektur ist seit der Nelkenrevolution 1974 neue kreative Wege gegangen, wie sich im ganzen Land nachvollziehen lassen. Zeitgenössische Architekten wie Álvaro Siza Vieira (geb. 1933), Fernando

Pyramidendächer und arabische Türen

In der historischen Altstadt von Tavira gibt es zwei architektonische Besonderheiten zu sehen. Hier dominieren pyramidenartige Walmdächer, die wie Häubchen auf den Häusern sitzen. Die Portugiesen nennen sie „Telhados de Tesouro" oder auch „Telhados de Tesoura". Was die korrekte Bezeichnung betrifft, gibt es unterschiedliche Auffassungen, denn „tesouro" heißt „Schatz" und „tesoura" „Schere". „Tesoura" nennt man auch die Holzkonstruktion dieser Dachform. Womöglich könnte ein Schreib- oder Aussprachfehler zu dem zweiten Namen geführt haben. In Tavira selbst nennt man sie auch „quatro águas", weil sie steil in vier Richtungen abfallen. Am Ende ist das Dach immer durch eine Reihe Ziegel begrenzt, die verhindern, dass das Wasser die Hauswände entlangrinnt. Die Dächer breiten sich nicht über das ganze Gebäude aus, sondern begrenzen immer nur jeweils ein Zimmer oder eine Raumunterteilung. Die traditionellen Ziegel sind röhrenförmig gestaltet, wobei man mittlerweile auch flachere Marseille-Ziegel verwendet. Die Innenstruktur ist meist offen und mit Bam-

Távora (1923–2005) oder Eduardo Souto de Moura (geb. 1952) drücken den Städten ihre zukunftsweisenden Stempel auf.

Zu ihren eigenen vier Wänden haben die meisten Portugiesen ein anderes Verhältnis als beispielsweise die Deutschen. Zunächst setzt man auf Eigentum und ungern auf Mietobjekte. Gut drei Viertel der Portugiesen besitzen eine eigene Immobilie. Die Monatsmieten sind oft höher als die Hypothekenraten, so ist dies auch eine rein praktische Frage. Auch wird Neuem der Vorrang vor Altem gegeben. Die Portugiesen leisten sich lieber ein neues 2-Zimmer-Apartment als ein altes Bauernhaus, das noch renoviert werden muss. Die alten Sachen kaufen nur die Ausländer. In den Ballungszentren und Vorstadtsiedlungen sprießen Apartmentblöcke wie Pilze aus dem Boden. Die Zahl der Immobilienagenturen hat sich vervielfacht, diese warten vor allem auf ausländische Käufer. Überall sieht man Verkaufsschilder mit der Aufschrift *Vende-se* (zu verkaufen). Und die Nachfrage ist groß. Spekulanten und diejenigen, die auf einen schnellen Gewinn aus einer alten Ruine warten, reiben sich dieser Tage die Hände. Portugiesische Immobilien verkaufen sich seit 2016 wie warme Semmeln, 80 % der Immobilienangebote wechseln nach aktuellen Angaben innerhalb von 6 Monaten den Besitzer. Den größten Anteil der ausländischen Käufer haben Franzosen.

busrohr oder auch Holz verkleidet. Woher diese an der Algarve einzigartige Dachbauweise kommt, ist bisher ungeklärt. Manche vermuten, die Händler seien auf ihren Reisen von chinesischen Pagodendächern oder auch von Reisen aus dem indischen Goa beeinflusst worden. Außer in Tavira kann man solche Dächer auch in der historischen Altstadt von Faro sehen.

Eine weitere Kuriosität sind die „Portas de Reixa" („Fischgrättüren"), die man vorwiegend in Tavira findet. Dies sind zweigeteilte Haustüren aus Holz, die ganz und gar mit einem luftigen Fischgrätmuster verziert sind. Im oberen Teil sitzen zwei kleine Fensterchen und den Abschluss bildet eine Öffnung mit fein geschnitzten Zapfen. Die Araber brachten diese praktischen Haustüren mit auf die Iberische Halbinsel. Ein Innenportal verschließt das Gebäude, der äußere Teil der Tür ist in durchbrochenem Muster geschnitzt, das gleichzeitig Licht ins Innere lässt, eine Ventilation gewährleistet und auch die Frauen vor indiskreten Blicken schützte wie in der islamischen Tradition vorgesehen. Diese Tradition hat sich inzwischen in Tavira so festgesetzt, dass man auch viele Neubauten sieht, die die dekorativen Türen ihrer maurischen Vorfahren übernommen haben.

Die **Immobilienpreise** sind in Portugal im Vergleich zu Deutschland, Frankreich oder Spanien niedriger. Dennoch: Vor allem in den touristischen Gegenden und in Lissabon kann eine 1- bis 2-Zimmer-Wohnung schon so viel wie ein Einfamilienhaus in einer deutschen Kleinstadt kosten. Trotz eines Überangebots an Apartments, wie z. B. an der Algarve-Küste, sinken die Marktpreise nicht. Im Hinterland dagegen fielen die Immobilienpreise um 30 bis 40 %, seither haben sie sich auf einem Stand von 20 % unter den Preisen vor der Finanzkrise eingependelt. Viele Immobilien gehören wohlhabenden Familien, die die Wohnungen lieber leer stehen lassen als sie zu einem günstigen Preis zu verkaufen. Zu Zeiten, als eine Kreditvergabe noch flott von der Hand ging, waren einhundertprozentige Finanzierungen von Häusern *(casas)* und Wohnungen *(apartamentos* oder *andares*) mit 50-jähriger Laufzeit keine Seltenheit. Was häufig zu Überschuldungen führte. Mittlerweile hat sich dies geändert und es werden mehr Sicherheiten gefordert.

Warum portugiesische Briefkästen und Klingelschilder keine Namen haben

An portugiesischen Haustüren sucht man vergeblich nach einem Namensschildchen, auf den Klingeln stehen nur Stockwerk und Lage. Als Fremder kann man dabei leicht durcheinander kommen: 1° *esq.* = 1. Stock links, 6° *dto.* = 6. Stock rechts oder *r/s= rés-do-chão* (Erdgeschoss). Wer also z. B. in der Rua do Andrade, Hausnummer 23 im 3. Stock auf der rechten Seite (gesehen vom Treppeneingang) wohnt, hat die Adresse: Rua do Andrade,

⌂ Typische Architektur in Tavira

23, 3° direito. Diese „Geheimniskrämerei" und Anonymitätswahrung geht noch auf die Zeit der Diktatur des Estado Novo zurück. Aus Furcht von Bespitzelungen der Geheimpolizei PIDE verhielt man sich so diskret wie möglich. Dies soll auch ein Grund dafür sein, warum sich die meisten Portugiesen bis heute nicht mit Namen am Telefon melden.

Die portugiesischen **Postleitzahlen** bestehen immer aus vier Zahlen, Bindestrich, drei Zahlen, also z. B. 1169-343 Lisboa. Die hinteren drei Ziffern verweisen auf das Stadtviertel oder die Lage der Straße innerhalb eines Ortes.

Bei den Wohnungen unterscheidet man T0, T1, T2 etc., was sich auf den Typ *(tipologia)* bezieht. T0 steht dabei für ein Studio, T1 für eine Einzimmerwohnung und so weiter. *Andar* steht für das Stockwerk und so werden *1° (primeiro) andar, 2° (segundo) andar* usw. bis zur obersten Etagenwohnung *(Sotão)* oder auch dem Penthouse unterschieden. Bei den Häusern sind die Versionen *Duplex* oder *Gemeada* (Doppelhaushälfte) beliebt. Bei einer neuen Immobilie sind in der Regel die Küche (teilweise auch schon mit Elektrogeräten) und die fertigen Badezimmer im Preis enthalten. Es gibt *Vivendas* („Villen") oder *Moradias* („Wohnhäuser"), *Quintas* sind Landhäuser mit meist riesigen Grundstücken dabei, *Solares* nennt man noble Herrenhäuser, die meist aristokratischen Familien gehörten und heute Teil des nationalen Kulturerbes sind. *Herdades* sind ebenfalls große bewirtschaftete Ländereien mit Landvillen.

In Portugal ist keine Rede von „My home is my castle" wie in England oder vom „Trauten Heim, Glück allein". Die meisten Portugiesen sind **überall anzutreffen, aber am seltensten zu Hause.** Sie sind den ganzen Tag von frühmorgens bis spätabends bei der Arbeit oder im Café oder Restaurant, am Wochenende sowieso unterwegs und abends gerne im Shoppingcenter. Viele kommen nur zum Schlafen nach Hause. Möbel spielen deshalb keine große Rolle im portugiesischen Durchschnittshaushalt, praktisch und zweckmäßig soll es sein. Es ist auch nicht üblich, Freunde nach Hause einzuladen. Lieber geht man ins Restaurant oder in die Bar um die Ecke. Man könnte vermuten, viele Portugiesen fühlten sich in ihren eigenen vier Wänden nicht wohl. Man sucht Gesellschaft und präsentiert sich gern. Was sicher viel am Klima liegt: Bei Sonne und angenehmen Temperaturen hält es schließlich auch die Mitteleuropäer nicht im Haus. Aber auch die portugiesische Mentalität spielt dabei eine Rolle: **„Alleinsein ist nur was für schrullige Eremiten."** Kaum ein Portugiese würde beispielsweise auf die Idee kommen, sich einen einsamen Strand fürs Wochenendvergnügen auszusuchen. Man geht da hin, wo schon was los ist. Sonst wäre es ja langweilig. Portugals Cafés, Bars und Restaurants jedenfalls sind immer voll. Außerdem sind die portugiesischen Häuser aufgrund fehlender Isolierung sehr hellhörig. In einem Apartmenthaus muss man mit den Partys des Untermieters, den klackenden Pfennigabsätzen der Obermieterin oder dem Weinen des zahnenden Säuglings der Nachbarn leben. Stichwort Immobilienkauf: Wer sich in Portugal ein Haus, eine Wohnung oder ein Grundstück kaufen möchte, sollte sich nicht vom schönen Wetter verleiten lassen und trotz aller Emotionen vorab wichtige Informationen einholen, ob die Immobilie z. B. tatsächlich auf den Verkäufer eingetragen ist. Gerade auf dem Land gehören alte Bauernhäuser mit Land oft mehreren Erben und das kann zum Problem werden. Auch die Nutzungsrechte sind entscheidend. In vielen Naturparkregionen gibt es keine Baugenehmigung, manchmal darf nicht einmal ein Wohnmobil aufgestellt werden. Lasten noch Schulden auf der Immobilie? Auch das sollte geklärt sein. Wer sich an einen staatlich lizenzierten Immobilienmakler mit einer AMI-Nummer wendet, kann normalerweise davon ausgehen, dass alle rechtlichen Dinge gecheckt werden. Bei einem Immobilienkauf fallen Grundsteuern an *(Imposto Municipal sobre Imóveirs = IMI)*, die von der Höhe des Kaufbetrags abhängen.

Unterschiedliche Wohnstile in den Regionen

Die Wohnstile und Gewohnheiten der Portugiesen unterscheiden sich nach den jeweiligen Klimazonen und Regionen. Im Norden ist es viel kälter, deshalb trifft man dort eher auf stabile und gut isolierte Granithäuser. Im Süden sind Heizungen eher selten, für kalte Tage muss ein Holzkamin ausreichen. In Portugal sterben laut Statistik übrigens mehr (vorwiegend alte) Menschen an Kälte als an Hitze.

Die volkstümliche Architektur der Algarve besticht durch Einfachheit und Zweckmäßigkeit. Das **traditionelle Algarve-Bauernhaus** ist niedrig (meist einstöckig), klein und weiß getüncht, um die Hitze abzuhalten. Türen und Fenster sind mit blauen, grünen oder ockerfarbenen Zierstreifen umrandet. Manche sagen, diese Tradition ginge auf alte Riten zurück, die böse Geister und Mücken vertreiben sollten. Eine andere Erklärung: Wohlhabendere Familien benutzten Ockergelb, die Farbe des Goldes, Blau stand für arme Familien (siehe auch das Kap. „Glaube und Aberglaube" ab S. 117). Welche der Versionen richtig ist, bleibt umstritten. Es gibt auch noch dunkelrote und braune Verzierungen, die allerdings selten zu sehen sind. Etwas besser gestellte Familien konnte man an den ornamentreichen Fassaden erkennen, die oft mit viel Fantasie gestaltet wurden. Ein

▷ Die Häuser in Monsaraz sind strahlend weiß getüncht

Gemisch aus Lehm, Kalk, Sand und Wasser bildet die Grundlage zum Bau der Böden und Wände. Die Dächer sind mit Schilfrohr abgedichtet und mit tönernen Röhrenziegeln gedeckt. Alle Baumaterialien stammen aus der Region. Die Krönung sind die reichlich verzierten *chaminés* („Kamine"), von denen meist zwei oder drei auf den Dächern sitzen. Sie variieren nach Region und von Haus zu Haus, sind mal schlank und rund, mal eckig. Erstere erinnern an kleine Minarette und gehen auf maurisches Erbe zurück. Die Häuschen haben wenige Fenster, um die Hitze im Sommer draußen und im Winter drinnen zu halten. Jedes Jahr werden die Fassaden liebevoll neu gekalkt, eine Arbeit, die normalerweise die Frau des Hauses übernimmt. Innen betritt man zunächst die *sala,* das Wohnzimmer, in dem die Gäste empfangen werden. Die Schlafzimmer sind traditionell klein, die Küche mit einem großen Kaminabzug bestückt, die Toilette war früher außerhalb des Hauses untergebracht. Zisternen und Brunnen im Garten lieferten, als es noch keinen Anschluss an kommunale Leitungen gab, das Wasser. Außerhalb des Hauses, nahe der Küche, war der Platz für Hühnerverschläge oder für Schweine-, Ziegen- und Schafställe. Manche Familie hielt auch eine Milchkuh oder einen Maulesel. „Wirkliche" *casas algarvias* gibt es heute kaum mehr. Die meisten wurden mit der Zeit verändert und modernisiert. Ab und an kann man im Hinterland noch auf Häuser in traditioneller Bauweise stoßen.

Die Häuser des Großbürgertums waren meist mit gusseisernen Balkonen und Wandfliesen ausgestattet.

Die typischen **Bauernhäuser des Alentejo** sind lang gezogener als die an der Algarve und traditionellerweise weiß mit blauen Umrandungen an Fenstern und Türen. Die Kamine sind hier wuchtig und zylindrisch im Gegensatz zu den schlanken *chaminés algarvios*.

Typisch sind die *Montes*, allein stehende Bauernhäuser, die auf einem Hügel inmitten der weiten Landschaft thronen. Die Häuser haben meist keine Heizungen – früher wurde mit Holz geheizt und heute werden vermehrt Solaranlagen auf den Häusern installiert. Viele *Montes Alentejanos* werden als Ferienhäuser angeboten oder wurden von Prominenten gekauft und umgebaut. Typisch für das Alentejo sind auch die zylinderförmigen weißen Windmühlen.

Im **Zentrum des Landes** herrscht ein ganz eigener Baustil vor. Die Häuser sind normalerweise zweistöckig mit einer Eckveranda im oberen Stockwerk, die traditionell auf der Sonnenseite liegt und zur Wärmespeicherung verglast ist.

Oft zu sehen sind auch **Jugendstilhäuser,** z. B. in Aveiro, oder bunte verschnörkelte Villen wie in Esposende, die *casas brasileiras,* die von portugiesischen Brasilien-Auswanderern gebaut wurden.

Die Beiras sind auch die Heimat der Granit- und **Schiefersteinhäuser** und mitunter ganzer Dörfern aus Schiefer *(Xisto)* und Granit. Dabei gibt es dunkelgrauen harten Schiefer und rotbraunen weicheren Schiefer, was sich jeweils auf die Bauweise auswirkt. Zwölf historische Grantidörfer, die *aldeias historicas,* und einige der typischsten *Aldeias de Xisto* wurden mithilfe von EU-Fördermitteln und lokalem Engagement restauriert. Sie sind heute eine der größten Touristenattraktionen der Region Centro und vielbesucht (s. S. 190).

Im Norden dominieren stabile **zweistöckige Granitsteinhäuser** und Bauweisen, die auf Kälte und Schnee eingerichtet sind. Auffällig sind hier die Domizile der ehemals ausgewanderten Portugiesen, die in ihren Heimatdörfern mit dem im Ausland verdienten Geld gerne riesige Mehrfamilienhäuser mit enormen Freitreppen bauen. Sie sind leicht zu erkennen, da es sich meist um regionalfremde Baustile handelt, die so gar nicht in das restliche architektonische Bild passen wollen.

Eine regionale architektonische Eigenart der Minho-Region in Nordportugal sind die *Espigueiros,* Granitgetreidespeicher auf Stelzen, in denen die Familien ihren Mais oder Weizen auch heute noch sicher vor Mäusen und Ratten und gut durchlüftet lagern. Ähnliche Modelle sind in Galizien zu sehen, wo sie *horneos* heißen. In Soajo oder Lindoso im Nationalpark Peneda Gerês gibt es Ansammlungen historischer und bis heute genutzter *Espigueiros* zu sehen. Natürlich gibt es auch landesweit sehr viele moderne schicke Häuser im Stil zeitgenössischer Architektur.

Kuriositäten zum Wohnen in Portugal

■ **Stichwort Garage:** *Bei allen portugiesischen Bauten sticht dem Fremden ein Phänomen ins Auge. Die Garagen dienen für alle möglichen Zwecke, nur nicht für das Abstellen des Autos. Manche müssen als Wohnküche herhalten, andere als Gesellschaftsraum oder Abstellkammer, wieder andere als Werkstatt. Lieber sitzt man mit der Familie gemütlich in der Garagenküche als im Wohnhaus. Dies mag ein Grund dafür sein, warum portugiesische Räume immer blitzblank und ungenutzt aussehen. Dazu kommt, dass gerade bei neueren Bauten die Garageneinfahrten so steil abfallend sind, dass man kaum mit dem Auto hineinfahren kann, ohne mit dem Heck aufzusitzen. Die Autos parken deshalb meistens vor dem Haus auf der Straße, egal wie schmal diese auch sein mag.*

■ **Stichwort Wäscheleinen:** *Portugiesische Hausfrauen waschen ständig Wäsche. Früher wusch man per Hand in allseits beliebten und in jedem Haushalt omnipräsenten Zementtanks, in den Dörfern auch in Gemeinschaftswaschhäusern („Lavadouros públicos") oder noch früher in mühseliger Arbeit im Fluss. Heute dagegen sparen sich viele gar eine eigene Waschmaschine und waschen lieber im vollautomatischen Waschsalon, was bisweilen sogar günstiger ist. In Portugal gibt es kein Waschtabu für Sonntage wie in manchen ländlichen Regionen Deutschlands. Getrocknet wird mit Vorliebe in der Sonne. Immer wehen bunte Wäschestücke im Wind. Deshalb verwundert es immer wieder, dass selbst bei neuen und großzügigen Bauten kein Platz für eine Wäscheleine vorgesehen ist. Auch Wäschespinnen sieht man eher selten. Sowohl in der Stadt als auch auf dem Land trocknet die Wäsche vor dem Haus, meist vor dem Fenstersims. In abenteuerlicher Akrobatik hängen (meistens) die Frauen ihre „roupa lavada" aus dem Fenster heraus auf verschiebbare Wäscheleinen und müssen sich dabei gefährlich weit herauslehnen. Dennoch passt immer alles millimetergenau auf den begrenzten Platz, von Bettwäsche über Teppiche bis hin zu Kleidungsstücken. Das ergibt ein buntes heimeliges Bild und der frische Duft der sonnengetrockneten Wäsche zieht durch die Gassen der Dörfer und Städte, nicht selten in Konkurrenz zu dem Aroma gegrillter Sardinen, die ebenfalls vor dem Haus zubereitet werden (siehe auch „Typisch portugiesisch", S. 277).*

Mulheres, homens, familia – Frauen, Männer und Familie im Fokus

◁ Moderne Jungfamilie aus Faro (084pgl-la)

Demografische Entwicklung

Stand 2016 zählte Portugal 10.309.573 Einwohner. Die Einwohnerzahl ist kontinuierlich rückläufig. Laut Instituto Nacional de Estatística sind dabei 4,9 Mio. Männer und 5,4 Mio. Frauen, 20 Prozent sind über 65 Jahre alt. Genau wie der Rest Europas **kämpft Portugal mit der Überalterung** der Gesellschaft (siehe auch das Kap. „Stadt und Land", S. 189). Portugal ist innerhalb Europas das Land mit dem höchsten Altenanteil an der Bevölkerung.

Einerseits werden immer weniger Kinder geboren. Andererseits steigt die Lebenserwartung. Heute schon kommen 148 Rentner auf 100 Erwerbstätige. Ähnlich wie in anderen europäischen Ländern, vielleicht abgesehen von Frankreich, kann man sich ausrechnen, dass diese Gleichung auf die Dauer nicht aufgehen kann.

Lusitanische Machos und gestresste Frauen

„Alle Paare müssen in ihren Augen einen sexuellen Grund haben, Paar zu sein."
(Fernando Pessoa, aus „Denken mit Fernando Pessoa")

Portugal ist ein Macho-Land, hier herrscht das traditionelle Rollendenken vor. Nur zögerlich ist eine Mentalitätsänderung in diesem Bereich zu erkennen. Es gibt einige junge Männer, die sich auch vorstellen könnten, die Kinderbetreuung zu übernehmen. Aber im Großen und Ganzen ist selbst bei den 20- bis 30-Jährigen alles wie gehabt. Es sind die Frauen, die den Haushalt erledigen und dazu noch berufstätig sind. Selbst Frauen, die im Beruf verantwortungsvolle Posten ausüben und ihren „Mann" stehen müssen, fallen in den eigenen vier Wänden häufig wieder in **die traditionelle Hausfrau-Mutter-Geliebte-Rolle.**

Sexo

Bis 1974 war das Thema Sex ein absolutes Tabu. Vor allem für Frauen hatte sich eine sexuelle Beziehung ausschließlich auf die Ehe zu beschränken. Sexualität und sexuelle Orientierung waren bis dato hauptsächlich von der Ideologie der Römisch Apostolischen Kirche geprägt. Nach der Nelkenrevolution hat sich in dieser Hinsicht einiges verändert.

Sexuelle **Tabus** sind vor allem bei der jüngeren Generation kaum mehr ein Thema. Eine neue Mode ist live gefilmter Sex an öffentlichen Orten

oder in Diskotheken. Die Smartphone-Videos landen oft ungefragt in den sozialen Medien und haben für die Beteiligten nicht selten unangenehme Konsequenzen.

Auch das Thema **Aids** darf in diesem Kapitel nicht fehlen. Die Nutzung von Präservativen ist wieder rückläufig und Portugals HIV-Infektionsraten gehören zu den höchsten in Europa.

Seit 2004 ist der Artikel 13 zum Gleichheitsprinzip in der Portugiesischen Verfassung von 1975 um den Zusatz „sexuelle Orientierung" erweitert worden. Darin darf niemand aufgrund von Geschlecht, Hautfarbe, Rasse, Religion und eben auch sexueller Orientierung etc. bevorzugt oder benachteiligt werden. Die gleichgeschlechtliche Ehe ist seit 2010 im portugiesischen Gesetz vorgesehen, seit 2015 auch das Recht auf Adoption.

Ganz so fortschrittlich wie auf dem Papier geht es im portugiesischen Alltag nicht immer zu bei diesem Thema. Die konservative katholische Gesellschaft steht **Homosexualität** trotz diverser Fälle in den eigenen Reihen ablehnend gegenüber. Lissabons Kardinalpatriarch Manuel Clemente ging bei einem Interview im November 2017 sogar so weit, homosexuellen Anwärtern auf das Priesteramt mit einer polemischen Aussage die Aufnahme ins Seminar zu verwehren: „Es ist für alle besser, wenn wir das gar nicht erst anfangen ..."

⌃ Im Restaurante da Associação dos Reformados in Mina de São Domingos verkehren mehrheitlich Männer

Häusliche Gewalt

Gewalt in der Familie, insbesondere gegenüber Frauen, Kindern und Alten, ist auch in der aktuellen portugiesischen Gesellschaft wie in vielen Teilen der Welt ein alltägliches Problem.

Nach Aussagen des Opferhilfevereins APAV (Associação Portuguêsa de Apoio à Vitima) starben allein 2016 im Schnitt zwei Frauen pro Monat in Portugal an den Folgen von häuslicher Gewalt. In den letzten zwölf Jahren waren es insgesamt 454 von Ehemännern oder Partnern getötete Frauen. Im Jahr 2017 spricht APAV von 14 Frauen pro Tag und insgesamt 5036 registrierten weiblichen Opfern, die in Portugal häuslicher Gewalt ausgesetzt waren.

Die Bereitschaft, Übergriffe des Ehepartners anzuzeigen, hat gleichzeitig merklich zugenommen, was sicher auch mit der besseren Aufklärung und dem erleichterten Zugang zu den Beratungsstellen zusammenhängt. Die alte portugiesische Redewendung „entre marido e mulher não se mete a colher" (frei übersetzt: „in Angelegenheiten zwischen Mann und Frau mischt man sich nicht ein") scheint zumindest in der jungen Generation nicht mehr zu greifen. Dennoch ist gerade eine Zunahme junger Opfer und junger Aggressoren zu verzeichnen. Gerade unter jugendlichen Pärchen nimmt die „violencia no namoro" erschreckend zu. Laut einer 2018 veröffentlichten Studie von UMAR halten 68 Prozent der portugiesischen Jugendlichen Aggressionen und Gewalt in einer Liebesbeziehung für normal. Zudem ist die Gesetzeslage für das Opfer unzureichend, der Täter bleibt weitgehend unbestraft und erhält meist nur eine Verwarnung, was auch auf eine fehlende Sensibilisierung der (meist männlichen) Polizei- und Justizbeamten zurückzuführen ist. Im Oktober 2017 sorgte ein skandalöses Urteil des nordportugiesischen Richters Joaquim Neto de Moura für internationale Schlagzeilen. Der Richter annullierte in der Berufung eine 15- bzw. 12-monatige Gefängnisstrafe mit zusätzlicher Geldstrafe für zwei männliche Aggressoren, die ihre Ehefrau bzw. Freundin wegen einer Affäre brutal mit Hammer und Nagelbrett angegriffen und verletzt hatten. Neto de Moura begründete seinen Freispruch damit, dass Ehebruch „ein schwerer Angriff auf die Ehre und Würde des Mannes sei" und „in manchen Gesellschaften noch heute untreue Frauen zu Tode gesteinigt würden [...] auch in der Bibel könne man lesen, dass Ehebrecherinnen mit dem Tode bestraft werden sollten...". Die Entrüstung in der Bevölkerung war groß, die Justizbehörde sah sich nach langem Zögern und auf medialen Druck hin genötigt, auf diese Rechtsprechung zu reagieren und kündigte ein internes Untersuchungsverfahren an. Konsequenzen sind dar-

aus bisher nicht erfolgt. Es war nicht das erste Mal, dass der konservative Richter seine „moralischen Ansprüche" in ein Urteil einfließen ließ. Und er ist auch kein Einzelfall, es gibt genügend Beispiele der portugiesischen Rechtsprechung, in denen häusliche Gewalt banalisiert wird, auch einige Fälle häuslicher Gewalt gegen Männer, die aber zahlenmäßig wesentlich geringere Ausmaße haben.

Gewalt gegen Kinder ist ebenso wie in vielen anderen Teilen der Welt ein Thema. Obwohl im Bereich des Jugendschutzes einiges verbessert wurde, sind die Aggressionen laut APAV seit 2015 wieder gestiegen. Und hier handelt es sich nur um die angezeigten Fälle. Sieben Kinder pro Tag erleiden laut einem Bericht der nationalen Kinder- und Jugendschutzkommission in Portugal physische, psychische und sexuelle Misshandlungen. Auffallend und erschreckend ist hier besonders eidiene Zunahme der Härte der Gewalteinwirkung und der körperlichen Strafen. Gewalt gegen Kinder ist seit 2007 als Straftat in der portugiesischen Gesetzgebung verankert. Dennoch gibt es auch hier regional sehr unterschiedliche Auslegungen der Strafen und der jeweiligen Gerichte. Die Verurteilungen markieren nur die Spitze des Eisbergs, denn die meisten Anzeigen werden von Krankenhäusern oder Kinderärzten erstattet und nicht alle misshandelten Kinder werden dort auch vorstellig.

Lange Zeit war bei portugiesischen Eltern die „palmada pedagógica"- der „pädagogische Klaps auf den Hintern" - die favorisierte Erziehungsmethode. Heute trägt die Aufklärung durch Kinderärzte und Kinderpsychologen dazu bei, dass der Mythos von einer erzieherisch sinnvollen „Gewalt" gegen Kinder richtiggestellt wird. Die Studie einer amerikanischen Universität aus dem Jahr 2009 brachte zum Vorschein, dass der angeblich harmlose „Klaps auf den Po" nicht nur seelische Schäden anrichtet, sondern auch die geistige Entwicklung eines Kleinkindes negativ beeinflussen kann. Kinder, die regelmäßig geschlagen wurden, wiesen wesentlich geringere Intelligenzquotienten als nicht körperlich gemaßregelte Kinder auf. Ein wichtiges Thema, nicht nur für Portugal.

Auch die häusliche Gewalt gegen Senioren und hilfsbedürftige alte Menschen hat laut APAV zugenommen. In diesen Fällen kommt es oftmals gar nicht zur Anzeige, nämlich wenn es sich um Demenzkranke handelt oder die Misshandlungen nicht festgestellt werden. Viele alte Menschen können sich nicht mehr wehren oder leben in isolierten Regionen und alleine.

Dies ist eine in Portugal besorgniserregende Entwicklung, die in der gesellschaftlichen Diskussion gerne tabuisiert wird.

Frauen in der portugiesischen Gesellschaft

Maria de Lourdes Pintasilgo (1930–2004) war nicht nur in ihrem Heimatland eine Pionierin. Als bisher **einziger weiblicher Regierungschef** in Portugal stellte die Politikerin, EU-Abgeordnete und UNESCO-Botschafterin zwischen 1979 und 1980 nach der Britin Margaret Thatcher die zweite Premierministerin eines europäischen Landes. Obgleich sie nur eine Übergangsregierung leitete, bahnte sie den Weg für eine neue Generation von Frauen in der portugiesischen Politik. Wenn man bedenkt, dass die Frauenrechte in Portugal erst nach der Nelkenrevolution 1974 im Gesetz verankert wurden, bedeutete die Wahl einer Premierministerin einen enormen Fortschritt.

Die Ärztin Carolina Beatriz Ângelo konnte von solchen Zuständen nur träumen. Im Jahr 1911 erstritt sie sich **als erste Frau in Portugal das Wahlrecht.** Dies war bis dato nur „portugiesischen Bürgern über 21 Jahren, die lesen und schreiben konnten und Chef einer Familie waren," vorbehalten. Carolina Ângelo, Witwe und Mutter, nutzte diese Gesetzesformulierung, um ihr Recht auf Mitbestimmung durchzusetzen. So wurde sie zur ersten Frau in der Geschichte der zwölf europäischen EU-Gründungsländer, die wählen durfte. Allerdings hielt dieses Privileg nur kurz an. Um solch „skandalöse" Zustände in Zukunft zu vermeiden, änderte man den Geset-

⌃ Senhora Maria de Fátima Miranda in ihrem Café Papo Cheio in Porto Covo

zestext ein Jahr später auf „Familienchefs männlichen Geschlechts". Erst ab dem Jahr 1931 erhielten die Portugiesinnen das gesetzlich garantierte Wahlrecht.

Seither, vor allem seit Eintritt in die EU 1986, hat sich auch in Portugal die gesellschaftliche und politische Situation der Frauen wesentlich verbessert. Die **Frauenbewegung** war hier zwar im Vergleich zu anderen europäischen Ländern schwächer ausgeprägt und begann erst später, doch brachte sie bedeutende Vorkämpferinnen und Persönlichkeiten hervor.

Erste Feministinnen

Adelaide Cabete, Ärztin und Mitbegründerin der Republikanischen Liga der Portugiesischen Frauen, war eine Feministin der ersten Stunde. Bereits 1924 organisierte sie in Lissabon den ersten Kongress zum Thema Feminismus und Bildung. **Zu Beginn des Jahrhunderts** engagierten sich Schriftstellerinnen wie Elina Guimarães, Emilia de Sousa Costa oder Ana de Castro Osório in der portugiesischen Frauenbewegung.

As Três Marias – Die Drei Marias

Maria Isabel Barreno, Maria Velho da Costa und Maria Teresa Horta veröffentlichen 1972 die „Neuen Portugiesischen Briefe". Die Autorinnen provozierten damit einen Skandal und setzten gleichzeitig erste Maßstäbe für eine emanzipierte Frauenliteratur in Portugal. Kritische selbstbewusste Autorinnen wie Lídia Jorge und Clara Pinto Correia folgen ihnen nach.

Aufgrund der als „unmoralisch" und „pornografisch" verrufenen Texte wurden die „Neuen Portugiesischen Briefe" vom Regime verboten und die drei Frauen angeklagt. Sie durften das Land nicht verlassen und nicht in der Presse erwähnt werden. Erst nach dem 25. April 1974 wurde die Anklage aufgehoben. Die drei Frauen gingen als die „Três Marias" in die portugiesische Literaturgeschichte ein.

Der Titel der Veröffentlichung ist eine Anspielung auf die „Portugiesischen Briefe" der Nonne Mariana Alcoforado. Sie hatte sich in einen französischen Offizier verliebt und schrieb ihm vom Kloster in Beja aus leidenschaftliche Liebesbriefe, die 1669 in Frankreich als „Lettres Portugaises" bekannt wurden. In den Versen und Geschichten der „Drei Marias" wurden erstmals in Portugals Geschichte feministische Anliegen in die bis dato zensierte und regimetreue Literatur eingebracht. Außerdem wurde zum ersten Mal eine weibliche selbstbestimmte Sexualität thematisiert.

„Eine echte Feministin versucht nicht, männlich zu sein, weil sie stolz darauf ist, eine Frau zu sein." Diese Worte von Adelaide Cabete geben einen Hinweis auf die Eigendefinition der portugiesischen Frauenrechtlerinnen. Deren Hauptforderungen bezogen sich auf Wahlrecht, ökonomische Unabhängigkeit, psychologische und emotionale Selbstständigkeit sowie Erziehung und Bildung der Frau. Ein Verdienst der frühen feministischen Bewegung Portugals war, dass portugiesische Frauen eher **Zugang zu Universitäten** bekamen als im restlichen Europa. So wurde beispielsweise die Linguistin Carolina Vasconcelos bereits 1912 an der Universität von Coimbra zur Professorin benannt. Mit dem Salazar-Regime allerdings war den feministischen Bestrebungen ein jähes Ende bereitet. Erst nach der Einführung der Demokratie im Jahr 1974 konnten die Frauenrechtlerinnen ihren Kampf für Gleichberechtigung wieder aufnehmen.

Zu Beginn des 20. Jh. basierte die rechtliche Lage der portugiesischen Frau auf dem napoleonischen Zivilcode von 1867, der in Portugal bis 1967 gültig war und die diversen politischen Regimes von der Monarchie über die Republik bis hin zur Diktatur überstanden hatte. Darin musste die verheiratete Frau beispielsweise im Haus des Ehegatten leben, ihm Gehorsam leisten und für jede öffentliche Handlung dessen Genehmigung einholen.

Mit dem Beginn des faschistischen Regimes verschlechterte sich der Stand der Frauen noch einmal. **Ehefrau-Mutter-Hausfrau** – auf diese simple Formel ließ sich die Situation der portugiesischen Durchschnittsfrau während des autoritären Estado Novo (1933–1974) unter António Salazar bringen. Die diktatorische Obrigkeit reduzierte die Frau ähnlich wie in Hitlers Nazideutschland auf ihre „traditionelle Funktion" als Gebärende und dem Mann Untergebene. Die Verfassung von 1933 schrieb zwar die Gleichheit der Bürger vor dem Gesetz fest, allerdings mit einigen Ausnahmen. Das Gesetz verwies auf die „Natur der Frau" und den Vorrang des „Wohls der Familie". Der Ehemann hatte das Recht, seine Frau zu „züchtigen", durfte ihre Post öffnen und behielt ihren Pass unter Verschluss. Die Frau hatte **praktisch keine Rechte** und als Verheiratete unterstand sie dem Chef der Familie. Sie durfte nicht wählen, hatte kein Mitspracherecht bei der Erziehung der Kinder, kein Recht auf Bildung und Ausbildung und keine Aussicht auf eine politische Mitbestimmung in der Gesellschaft, geschweige denn auf die Ausübung eines politischen Amtes. Die Scheidung war in gemeinsamer Übereinkunft mit dem Konkordat der katholischen Kirche von 1944 verboten. Die wenigen erlaubten Frauenberufe waren Lehrerin oder Krankenschwester. Berufstätige Frauen durften nicht heiraten, wen sie wollten. Sie benötigten vorab eine Genehmigung, die dann in der staatlichen Zeitung Diário da República veröffentlicht wurde. Der Ehemann durfte zudem nicht weniger verdienen als die Ehefrau ... Für die heutige Generation unvorstellbare Zustände. Was heute für jede moderne Frau selbstverständlich ist, war in den Zeiten des Estado Novo ein ferner Wunschtraum.

Um diese Utopie Realität werden zu lassen, kämpften viele Portugiesinnen im Widerstand, hauptsächlich angeführt von linken intellektuellen Bewegungen und der Kommunistischen Partei. Zahlreiche **Frauen waren im Untergrund tätig** und nahmen die Risiken von Folter, Gefängnis und Exil auf sich, um für Freiheit und Gleichheit zu kämpfen. Eine davon war die progressive und moderne Lehrerin Maria Machado. Als aktives Mitglied der PCP (Kommunistische Partei Portugals) erhielt sie Berufsverbot, wurde mehrfach von der PIDE (Geheimpolizei) verhaftet und von ihren Kindern getrennt – dennoch gründete sie die Friedensliga Portugals. Maria Machado starb 1958 im Alter von 69 Jahren. Sie ist eine der vielen stillen Heldinnen dieser Zeit.

◁ Eine Bauernküche von anno dazumal gibt es im Museu Regional do Algarve in Faro zu sehen

Stellung der portugiesischen Frau heute

Seit 1976 ist die **Gleichheit von Mann und Frau** in der portugiesischen
Verfassung festgeschrieben. Dazu kamen einige Gesetzesänderungen,
wie die 2007 durchgesetzte Entkriminalisierung der Abtreibung und das
2009 verabschiedete Scheidungsgesetz, das u. a. Frauen mehr und gerechtere finanzielle Absicherungen nach einer Trennung garantieren soll.
Bis zu dem umstrittenen Abtreibungsgesetz drohte portugiesischen Frau-
en eine Gefängnisstrafe bei Schwangerschaftsabbruch.

   Trotz aller Fortschritte ist die Situation der Frauen in der portugiesischen
Gesellschaft nach wie vor paradox. Frauen sind prozentual am stärksten
auf dem Arbeitsmarkt vertreten, auch gibt es mehr weibliche Hochschulabsolventen als männliche. Doch schaut man sich die Löhne und **Gehälter von Männern und Frauen** an, so scheint eine Gleichberechtigung
noch in weiter Ferne zu liegen. Trotz gleicher oder höherer Qualifikation
bleibt den Frauen der Zugang zu qualifizierten Arbeitsplätzen und ent-
scheidungsrelevanten Stellen oftmals verschlossen. Die Machtpositionen
in Politik und Wirtschaft werden nach wie vor von Männern dominiert.

   Dennoch kann man von keiner organisierten Frauenbewegung in der
portugiesischen Gesellschaft sprechen, was wohl auch am tief verwurzelten Rollenverständnis liegen mag.

⌃ Veronica repräsentiert die neue Generation von Portugiesinnen

Familie und Beruf

Mehr als 75 Prozent der portugiesischen Mütter mit Kindern bis zu 14 Jahren sind berufstätig, mehrheitlich in Vollzeitbeschäftigung. Wie in fast allen europäischen Ländern sind die Frauen stärker von Arbeitslosigkeit betroffen als die Männer. Früher war die Tätigkeit der meisten Frauen auf die Familie beschränkt, heute drängen immer mehr weibliche Arbeitskräfte auf den Arbeitsmarkt. Die meisten Haushalte Portugals sind u. a. auch wegen des niedrigen Lohnniveaus und der hohen Lebenshaltungskosten auf Doppelverdiener ausgerichtet. Die **Zahl der öffentlichen Kinderkrippen und Vorschulen** ist nicht ausreichend, weshalb viele Familien auf die teureren privaten Einrichtungen zurückgreifen müssen.

All das trägt dazu bei, dass die Geburtenrate auch in Portugal, einem traditionell eher familienbetonten Land, rückläufig ist.

A Vida: Geburt, Jugend, Alter, Tod

Die durchschnittliche Lebenserwartung ist in Portugal in den letzten Jahren gestiegen und liegt Stand 2016 im Schnitt für Männer bei 77,6 Jahren, für Frauen bei 83,3 Jahren. Mehr als 66 Prozent der Bevölkerung ist zwischen 15 und 64 Jahren alt. Soweit zu den trockenen Zahlen, mit denen sich Portugal nicht wesentlich von anderen europäischen Mitgliedsländern unterscheidet.

Infância – Kindheit

Wenn sich bei einem Paar **Nachwuchs** ankündigt, dann ist das auch in Portugal eine aufregende Angelegenheit. Die Ausstattung wird geplant, die Kleidchen und Spielsachen besorgt und alle verfügbare Literatur rund ums *bebé* wird verschlungen. Auf die schwangere Frau wird Rücksicht genommen, sie hat Vorrang an Supermarktkassen, in Bussen und Metros.

Generell reagieren und interagieren die Portugiesen und vor allem die *senhoras* sehr positiv und aktiv auf kleine Kinder. Da wird getätschelt, werden die Backen gestreichelt und die Füßchen und Händchen geschüttelt oder gar Küsschen verteilt, was für so manche mittel- oder nordeuropäische Mutter bisweilen etwas ungewohnt ist. Babys werden herumgereicht und alle finden dies normal. Ein Wort wie „fremdeln" gibt es im Portugiesischen erst gar nicht. Kinder sind die Aufmerksamkeit aller gewohnt. Die Portugiesinnen stillen in der Regel ihre Kinder nicht in der Öffentlichkeit und wenn doch, wird es nicht als Problem angesehen.

Die Kleinen werden schon von klein auf adrett angezogen und fein gemacht. Tragetücher oder -sitze sieht man eher selten. Eher werden die Kinder in Trageschalen gelegt und transportiert, die vom Kinderwagen auf den Autositz geschnallt werden. **Kinder** sind im portugiesischen Alltag kein Störfaktor. Sie werden überall hin mitgenommen und niemand regt sich über plappernde oder herumlaufende *crianças* auf, auch viele der jungen Väter beschäftigen sich intensiv mit dem Nachwuchs und spielen mit ihren Kleinen, was früher nicht üblich war. Opa *(avô)* und Oma *(avó)* sind, sofern sie in der Nähe wohnen, intensiver in die Kindererziehung eingebunden, als dies in anderen Ländern der Fall ist, und helfen den berufstätigen Eltern im Alltag aus. Die Enkel *(netos)* sind meist der größte Stolz.

Portugiesische Kinder gehen relativ spät ins Bett, es kommt nicht selten vor, dass man auch unter der Woche übermüdete und überdrehte Kleinkinder spätabends in Bars, Cafés und Shoppingcentern antrifft. Einen geregelten Schlafrhythmus gibt es selten. Die Babys schlafen überall da, wo die Eltern hingehen, und sei es inmitten von Fernsehgeräuschen, lauten Unterhaltungen oder Musik. Die meisten portugiesischen Kleinkinder besuchen schon früh **Kindertagesstätten.** 73 % der portugiesischen Kindergartenkinder verbringen im Durchschnitt neun Stunden täglich in den Vorschuleinrichtungen. Die Mütter müssen (wollen) so früh wie möglich wieder arbeiten gehen. Es ist nicht üblich, länger als während des Mut-

terschaftsurlaubs zu Hause zu bleiben. Auch wird es nicht als förderlich angesehen, wenn Kinder zu lange daheim bleiben. Der gesetzliche Mutterschaftsurlaub für berufstätige Mütter oder neuerdings die Elternzeit, die auch Väter nutzen können, (*Licença de Maternidade,* jetzt auch *Licença parental*) beträgt 120 oder 150 Tage. In dieser Zeit erhält der Elternteil 100 oder 80 % seines Gehalts. Mütter haben ein Recht auf 30 Tage Mutterschutz vor der Geburt und 6 Wochen nach der Geburt bei vollem Gehalt. Es gibt *Creches* ("Krippen") für Kinder ab sechs Monaten bis sechs Jahren, Kindergärten *(Jardins de Infância)* und Vorschulen *(Pré Escolas)* für Kinder ab drei Jahren. Die meisten Eltern müssen ihre Kleinen in privaten Einrichtungen unterbringen, weil die öffentlichen belegt oder von den Öffnungszeiten nicht kompatibel mit den Arbeitszeiten der Eltern sind. Öffentliche Kitas kosten im Durchschnitt zwischen 50 und 350 €/Monat, je nach Einkommen und Qualität der Einrichtung. Die Kinder tragen hier alle die jeweils gleichen Kleiderschürzchen, Jungs meistens in Blau, Mädchen in Rosa. Sie dienen dem Schutz der Kinder und markieren deren Zugehörigkeit zu einer Kita. Die meisten Privatschulen nutzen ebenfalls Uniformen, an den öffentlichen Schulen hat dies keine Tradition.

Juventude – Jugend

Die **Jugend Portugals** unterscheidet sich in ihren Musik- und Kleidungsvorlieben nicht wesentlich von anderen in westlichen Ländern. Die 13- bis 17-Jährigen orientieren sich an internationalen Idolen aus der Sport- oder Musikszene oder an angesagten Youtubern. Sie wachsen mit Internet und Smartphone auf, folgen den üblichen Modetrends des Mainstreams. Sicher gibt es Unterschiede zwischen *adolecentes* (Jugendlichen) aus der Großstadt und den Dörfern des Hinterlandes. Doch zu Zeiten von Facebook & Co. ist dieser Unterschied nicht mehr so ausgeprägt wie früher. **Mobbing und Bullying** sind ein großes Problem und fast schon Normalität an Portugals Schulen. 30–40 % der portugiesischen Jugendlichen zwischen 11 und 15 Jahren gaben 2015 bei einer Umfrage der UNO an, schon mehr als einmal Opfer von Einschüchterung und Aggression geworden zu sein.

◁ Portugals Jugend verbringt viel Freizeit am Strand

Casamento – Heirat, Ehe und bröckelnde Familien

Wer sich zur Ehe entschließt, heiratet meist **kirchlich und mit allem Pomp**. Gefeiert wird ähnlich wie in anderen Ländern mit einem Festbankett, Livemusik, weißem Brautkleid, Frack und Hochzeitstorte. In manchen Regionen gar drei Tage lang. Bei einer traditionellen portugiesischen Hochzeit werden die Gäste des Bräutigams und die der Braut separat empfangen. Das Paar soll sich erst am Altar begegnen. Nach der Trauung werden die Frischvermählten auch in Portugal mit Reis oder Rosenblättern beworfen und von hupenden Autokonvois begleitet. Die Eheringe können in Portugal an der linken oder – was mehrheitlich der Fall ist – am Ringfinger der rechten Hand getragen werden. Eine Hochzeit ist auch in Portugal keine billige Angelegenheit. Früher war es üblich, dass sich die Brautpaare jeweils einen *padrinho* („Hochzeitspate") aussuchten, der dann die Kosten des Festes trug. Heute wird eher ein Kleinkredit aufgenommen. Einen Polterabend wie beispielweise in Deutschland gibt es in Portugal nicht. Dafür feiern Braut und Bräutigam ausgiebig ihren **Abschied vom Junggesellenleben** mit der *Despedida dos Solteiros* bzw. der *Despedida das Solteiras*. Das ist zwar kein typisch portugiesischer Brauch, erfreut sich aber zunehmender Beliebtheit bei den jungen Paaren. Mit Freunden und Freundinnen geht man vor der Trauung auf nächtliche Tour, getrennt versteht sich.

Unverheiratete Paare, die länger als zwei Jahre in einer **festen Lebensgemeinschaft** (*União de Facto*) leben, sind verheirateten Paaren gesetzlich gleichgestellt. Seit Januar 2010 gilt das Recht auf Eheschließung auch für gleichgeschlechtliche Paare.

Auch die Silberhochzeit (*Bodas de Prata*), Goldene (*Bodas de Ouro*) und Diamantene Hochzeit (*Bodas de Diamante*) werden im Familienkreis gefeiert, sofern sie zustande kommen. Die Jubelhochzeiten sind ursprünglich ein deutscher Brauch, haben sich aber auch in anderen katholischen Ländern eingebürgert. In Portugal wird bei diesen Feiern das Eheversprechen nach 25, 50 oder gar 60 Jahren gemeinsamen Lebens vor einem Priester wiederholt und jeweils ein weiterer Ring hinzugefügt. Bei der Goldenen Hochzeit werden oft auch neue Ringe gekauft. Und natürlich wird immer mit der gesamten Familie gefeiert. In Zeiten des schnellen Partnerwechsels sind diese Jubiläen heutzutage eher selten.

In Portugal werden laut einer Studie des Nationalen Statistikamtes im Schnitt 70 von 100 Ehen wieder geschieden. Innerhalb der Europäischen Union sind die Portugiesen damit die **Spitzenreiter im Scheidungsranking.**

Familienbeziehungen

In Portugal scheint jeder mit jedem irgendwie verwandt zu sein. Und diese Beziehungen werden sorgsam gepflegt. Man weiß ja nie, wann man den Onkel João aus Trás-os-Montes mal brauchen kann oder die Tante mütterlicherseits aus Beja im Alentejo. Von dem einen bekommt man das Schwein für das nächste Familienfest und von der anderen vielleicht das gute Olivenöl. Und vielleicht arbeitet die Cousine ja zufällig beim Gericht oder Finanzamt und kann bei manchen Sachen ein bisschen nachhelfen. Die **Verwandtschaftsbeziehungen haben eine große Bedeutung,** man hilft sich aus, wo es geht. Besondere Bedeutung haben Cousinen und Cousins. Irgendwo im Land gibt es immer einen *primo* oder eine *prima*, mit dem oder mit der man auch rege Kontakte pflegt.

⌃ „Casamentos" sind wieder in Mode, die Scheidungsraten steigen allerdings ebenfalls

In der Zeit des *Estado Novo* stand die *Familia* im Lebensmittelpunkt. Auf dem Land lebten in der Regel mehrere Generationen einer **Familie** unter einem Dach. Dies hat sich in den letzten 30 Jahren geändert. Nicht zuletzt aufgrund der Auswanderungswellen sind viele Familien destrukturiert worden, Eltern und Kinder lebten plötzlich in unterschiedlichen Ländern. Großeltern waren weit weg, die Alten auf einmal allein. Junge Paare mussten ihre kleinen Kinder aus finanziellen Gründen bei Verwandten zurücklassen, da beide im Ausland arbeiteten. Der wirtschaftliche Druck ist nach wie vor präsent. Für viele junge Paare ist es nicht so einfach, ein Leben mit Kindern zu finanzieren. Auch muss man sich erst auf das Berufsleben konzentrieren, ein weiterer Grund, warum **die Geburtenrate sinkt.** Ein bis zwei *filhos* pro Paar sind die Regel. Nachkommen sind ein Kostenfaktor und da die Eltern bzw. Großeltern in den wenigsten Fällen in der Nähe leben, bringt die Versorgung der Kleinen auch organisatorische Probleme mit sich. So werden Kinder immer mehr zu einem „Luxus", den sich nicht jeder leisten kann. Mit der neuen Aufbruchstimmung ändert sich dies etwas.

Auch der Bezug zur **älteren Generation** hat sich verändert. Immer mehr Alte leben allein in ihren Häuschen oder in *Lares* (*Lar de Idosos* – „Altenheim"). In Zeiten der Wirtschaftskrise kam es häufiger vor, dass Kinder ihre gebrechlichen Mütter und Väter aus den Institutionen nach Hause holten, um sich deren Rente zu bemächtigen. Oft verbringen die Senioren dann den ganzen Tag ohne Pflege und Betreuung allein zu Hause.

Ab dem 18. Lebensjahr zählt man auch in Portugal zu den *adultos,* den Erwachsenen, zumindest rechtlich gesehen. Ab dem 60. Lebensjahr spricht man von den *idosos* („Alten"). Dann gibt es noch die *activos* („Aktiven") und *aposentados* oder auch *reformados* („Rentner"). Von der „Terceira Idade", der dritten Generation, spricht man ab dem 65. Lebensjahr. Viele Vertreter dieser Altersgruppe fühlen sich heute aber nicht mehr angesprochen von dieser „Schublade". In Portugal gibt es in diversen Städten sehr nachgefragte Seniorenuniversitäten, die insbesondere viele Menschen nutzen, die frisch in die Rente eingetreten sind, aber dennoch aktiv bleiben möchten. Nicht selten werden dann auch nochmal neue Fremdsprachen gelernt.

Morte – Tod und Trauer

„In der Beziehung zum Tod bzw. den Toten lässt sich am besten die Weigerung der Portugiesen, sich in die Realität einzubringen, feststellen", schreibt José Gil in seiner Analyse „Portugal Hoje – O Medo de Existir". Die Geschwindigkeit mit der in Portugal Verstorbene von den

Extrainfo 25 (s. S. 7): Diverse interessante Radiobeiträge des Deutschlandfunk-Korrespondenten Tilo Wagner

Lebenden vergessen werden, sei bezeichnend. Sobald die Beerdigung beendet sei, widmeten sich die Trauergäste wieder ihrem Alltag, der Sonne, dem Café, so als wäre nichts geschehen – bis auf die engeren Familienangehörigen natürlich. **Der Tote habe keinen Platz in der portugiesischen Gesellschaft,** weil der Portugiese die reale Tragödie nicht verkrafte und somit die Wirklichkeit einfach ignoriere. Wenn aber schon der Tod keine echte Tragödie sei, könne auch kein anderes bedeutendes Geschehen wirkliche Emotionen erzeugen. Gil nennt dies „Sich-nicht-Einschreiben".

Wenigstens liegen Portugals Verstorbene meist auf schönen Plätzen. Die **Friedhöfe** portugiesischer Gemeinden sind fast immer an den attraktivsten Standorten platziert. Wer durch portugiesische *cemitérios* schlendert, findet dort statt dunkler düsterer Gräber weiße Kapellen und strahlende Marmorgräber. Lissabons berühmtester Friedhof nennt sich gar *Prazeres* – „Freuden". Im Reich der Toten geht es geordnet zu. Wie in einer kleinen Stadt durchziehen Wege die Anlagen mit den mehr oder weniger aufwendig gestalteten Kapellen und Gräbern. Manche der Familiengruften sind gar mit Vorhängen, Türen und Blumenvasen ausgestattet. Drinnen stehen die Särge der Familienmitglieder neben- oder übereinander. Die Gräber der einfacheren Leute sind mit einer Steinplatte bedeckt und mit Plastikblumen geschmückt. Oft sind auch Sargwände zu sehen, in denen hinter schlichten Tafeln die Urnen oder Särge der ganz Armen ihren Platz finden.

Früher war die **Totenwache** (*velório*) zu Hause am Totenbett üblich, das ist heute kaum mehr zu finden. Auch die traditionellen Trauerbänder an den Armen der Herren sind verschwunden. Und nur noch auf dem Land tragen die Witwen bis zu ihrem eigenen Tod schwarz. Heutzutage werden die Verstorbenen in der Regel in einer Kirche oder Kapelle einen Tag lang aufgebahrt, damit sich Angehörige, Freunde und Bekannte verabschieden können. Bestattungen lässt man von einer *Agência Funerária* organisieren. Noch sind Sarg und Friedhof die gängigste Beerdigungsform, knapp 16 % lassen ihre Verstorbenen im Krematorium feuerbestatten. Besonders auf dem Land wird ein traditioneller *enterro* bevorzugt. Hier ist eine Beerdigung auch immer noch ein soziales Ereignis, in den Städten geht es intimer und anonymer zu. Im Gegensatz zu Deutschland darf man in Portugal eine Urne auch zu Hause aufbewahren oder die Asche seiner Angehörigen über dem Meer ausstreuen. Die Kosten für einen *funeral* liegen zwischen 1200 und 18.000 €, je nach Sonderwünschen. Eine „Armenbestattung" kostet um die 400 €. Die staatliche Sozialversicherung zahlt für Versicherte einen Zuschuss.

Estrangeiros – als Fremder in Portugal

◁ Bootstour auf dem Douro (091pgl-la)

Das Bild von Touristen

Portugal ist schon allein wegen seiner Landschaft und dem milden Klima ein prädestiniertes Ferienziel. Nicht nur die Strände der Südküste, die Dörfer und Stauseen des Alentejo oder Lissabon sind bei ausländischen Besuchern beliebt. Auch der Norden, vor allem die historische Wein- und Handelsstadt Porto, das Douro-Tal, der Naturpark Peneda Gerês und das Sternengebirge Serra da Estrela locken immer mehr Urlauber an. Dieser Andrang hat auch weniger positive Seiten.

„Tourismus, ja, aber" könnte man die aktuelle Lage in Portugal auf den Punkt bringen. Der Touristik-Boom war der Hauptmotor für die bis 2014 schwächelnde Wirtschaft. Die Besucherrekorde bei Übernachtungen übertrafen sich seither Jahr um Jahr. Portugal gewann sogar 2016 erstmals den „Oscar" der Reisebranche, den World Travel Award, als bestes europäisches Reiseziel. Nicht nur die Algarve war der große Gewinner, auch bis dato weniger bekannte Regionen wie Zentralportugal, der Norden oder das Alentejo konnten vom steigenden Interesse neuer Urlauber profitieren. Von 2014 bis 2017 haben sich vor allem die lokalen Privatunterkünfte *(Alojamento Local)* vervierfacht. Den stärksten Zuwachs verzeichneten die Algarve, Lissabon und Porto und in den beiden Städten zeigt sich auch die Kehrseite der Medaille. Touristen sind in Portugal generell willkommen und ausländische Besucher gerne gesehen. Doch mit Billigflügen, Wochenendtouristen und Massen kommen auch neue Herausforderungen. Privatunterkünfte und Hostels verdrängen den traditionellen Wohnraum. Lissabons historische Stadtviertel Alfama, Mouraria und Bairro Alto drohen ihre Authentizität zu verlieren. Viele französische, einige britische, holländische und deutsche Investoren kaufen ganze Mehrfamilienhäuser auf und verwandeln sie in Touristenapartments. Alteingesessene Einwohner, die ihr ganzes Leben hier verbrachten, können sich nun die Mieten nicht mehr leisten. Vermieter und Hauseigentümer sehen ihre große Chance in dem neuen Goldesel. Das gleiche spielt sich im traditionellen einstigen Fischerviertel Ribeirinha in Porto ab. Sicherlich, viele der verfallenen Gebäude wurden mit Hilfe ausländischer Käufer und Investoren restauriert und saniert. Doch begibt sich auch Portos Innenstadt in die Gefahr, zu einer Art portugiesischem Disneyland zu werden. Die Stimmung kippt: nicht gegen die Touristen, aber gegen die Politiker und gegen diejenigen, die das schnelle Geld im Blick haben und das wirtschaftlich

> Wirt Sr. Gabriel serviert Riesengarnelen und Perceves in seinem Restaurant Gabriel II in Aljezur mit Blick auf die Praia da Amoreira

Maximale aus der Situation herausholen wollen. Die neuen Bespaßungs-
meilen könnten auch schnell zu einem Boomerang werden. Denn gerade
das so typisch portugiesische Leben und die romantischen alten Viertel
waren es, die Besucher der beiden Städte und des Landes anzogen. Wenn
dies verlorengeht, könnten sich die Touristen auch bald wieder abwenden
und andere „ursprüngliche" Ziele suchen. So sehen auch viele Branchen-
Insider die Entwicklung mit Sorge. Ein nachhaltiger Tourismus mit Schwerpunkt auf Kultur, Geschichte, Gastronomie und Natur könnte die Lösung
für Portugal sein. Die Regierung versucht nun, mit Regulierungen den
Markt der Privatunterkünfte zu organisieren, die Tendenz geht Richtung
„Tourismusgebühren", einer Art Kurtaxe für die am meisten frequentierten Ziele. Ein anderes Problem des portugiesischen Tourismus sind die
fehlenden Fachkräfte für Hotels und Gastronomie. Diese Jobs sind meist
schlecht bezahlt und kaum nachgefragt, so können viele Restaurants ausgerechnet in Zeiten des boomenden Fremdenverkehrs die Nachfrage wegen mangelnder Arbeitskräfte nicht bedienen. Hotelfach- und Servicekräf-
te sind daher im ganzen Land, aber vermehrt im Landesinnern dringend
gesucht.

Die Deutschen *(turistas alemães)* gelten als wohlhabend, etwas sprö-
de, kritisch, kühl und diszipliniert. Wenn teutonische Ordnungsliebe auf
lusitanisches Organisationschaos trifft, ist so mancher Kulturschock vor-
programmiert. Außerdem zählt der „typische Deutsche" das Wechselgeld

nach und überprüft die Rechnung. So etwas würde einem Portugiesen nie einfallen. Es wäre ihm peinlich, man könnte ja denken, er hätte kein Geld. Und selbst wenn dies der Fall wäre, so lässt man es sich doch auf keinen Fall anmerken.

Estrangeiro heißt „Fremder" und leitet sich von *estranho,* „eigenartig, ungewohnt oder auch fremd" ab. So manches kommt den Portugiesen wohl noch immer fremd vor an den ausländischen Besuchern. Seit einigen Jahren sieht sich vor allem die Algarve mit dem Phänomen der **Reisemobiltouristen** konfrontiert. Waren es früher noch überschaubare Zahlen an *autocaravanas,* hat sich dies grundlegend geändert. Lange wurde diese immer weiter wachsende Sparte des Tourismus von den verantwortlichen Marketingexperten und Lokalpolitikern ignoriert. Entsprechende Infrastrukturen entstehen nun nach und nach, sind aber angesichts der Überwinterer aus vor allem Frankreich, England, Skandinavien und Deutschland kaum ausreichend. Man steckt in einem Dilemma, einerseits wird mittlerweile der wirtschaftliche Mehrwert vor allem für die Nebensaison erkannt, andererseits kämpft man gegen mancherorts unkontrolliertes Freistehen an. Angesichts der vielen Wohnmobilvermietungen, auch im Land, der immer weiter steigenden Verkaufszahlen der Reisemobilbranche und vielen Problemen in anderen EU-Ländern wird sich der Reisemobilstrom nach Portugal kaum bremsen lassen. Die Tourismusexperten wären gut beraten, wenn sie dieses Potenzial intelligent und sinnvoll nutzen würden.

Typisch portugiesisch

Gibt es überhaupt so etwas wie „typisch portugiesisch"?

Die Mentalität in den unterschiedlichen Regionen Portugals ist ebenso vielfältig wie die Landschaft. Das Wesen eines Nordportugiesen z. B. hat mehr Ähnlichkeit mit dem eines Galiciers als mit der Art und Weise eines *Alentejanos*. Die *Algarvios* wiederum sind ganz anders als die *Transmonta-nos* etc. Insofern gibt es natürlich keine Uniformität, wenn man von den Portugiesen spricht. Und bei Klischees begibt man sich so oder so immer auf Glatteis. Dennoch sind bestimmte Eigenheiten in historisch tief verwurzelten Kulturen allgegenwärtig. Die nationale Einheit und „das Portugiesische" wurden vor allem in der Zeit des *Estado Novo* unter António Salazar beschworen. Eine Gesellschaft reagiert auch immer auf die politischen Verhältnisse und sozialen Umstände. Die Kunst des „Improvisierens", das, was die Portugiesen selbst als *desenrascar* bezeichnen, ist beispielsweise im ganzen Land präsent. Dort, wo klare Organisationsstrukturen fehlen und man sich in den bürokratischen Wirren verliert, geht man zur Not mit kreativen Lösungen an die alltäglichen Herausforderungen heran.

Sicherlich empfinden Nord- und Mitteleuropäer manche Eigenart der Portugiesen anders als Italiener oder Spanier. Die Portugiesen werden generell als relativ entspannt und tolerant beschrieben. Einerseits wirkt auf manche Besucher die sympathische alltägliche „Anarchie" etwas befremdlich, andererseits schätzen viele gerade die Freiheit fehlender Kontrollen und großzügig ausgelegter Regeln. Deshalb kann man auch erleben, dass selbst der an Ordnung und Gesetze gewohnte Deutsche, Brite oder Finne in Portugal alle Regeln über Bord wirft und sich dem „freien Leben" bereitwillig hingibt. Was dann wiederum von den Portugiesen als befremdlich wahrgenommen wird. Denn eine Sache ist, was man selbst im eigenen Land tut, die andere Sache ist, was ein Gast im Land tut. Alles hat eben zwei Seiten.

In der Generation Facebook & Co. machen sich althergebrachte Kulturunterschiede nicht mehr so bemerkbar und spielen auch keine so große Rolle. Die Tendenz geht zu einer globalisierten Gleichförmigkeit, was manche gut und andere schade finden.

Hier einige Punkte, die von ausländischen Besuchern in Portugal am häufigsten kommentiert werden.

◁ Wander-Touristinnen auf der Rota Vicentina

Parken auf Portugiesisch – eine Philosophie für sich

Die Portugiesen parken grundsätzlich da, wo es für sie am praktischsten ist: im Schatten, auf dem Gehweg, schnell mal auf den Straßenbahnschienen oder, wenn es nicht anders geht, mitten im Kreisverkehr. Lange Fußwege zum Ziel sind nicht so beliebt und warum soll man es nicht riskieren? Als ausländischer Besucher sollte man sich aber auf dieses Spiel mit der Polizei lieber nicht einlassen, denn die Bußgelder können ziemlich saftig ausfallen. In Lissabon und teilweise auch an der Algarve hat sich das Parkverhalten merklich geändert, seit die Kontrollen privatisiert wurden. Die Firma EMEL ist bei Parkverstößen schnell mit Reifenkrallen und Signalbändern vor Ort. Abschleppdienst und Strafzettel können teuer werden.

Autofahren wie auf der Formel-1-Rennstrecke

Immer wieder staunen ausländische Besucher über die wundersame Verwandlung der doch eigentlich friedlichen und ruhigen Portugiesen, sobald sie sich hinter das Steuer setzen. Es scheint, als würden in diesem Moment Endorphine freigesetzt, die sie jegliche Zurückhaltung in den Wind schlagen lassen und ein schlummerndes Rennfahrergen aus ihren Tiefen hervorkramen.

Kaffetrinken und ein Törtchen essen

Es gibt wohl kaum einen schöneren „Kulturschock" als die süßen Versuchungen und aromatischen Kaffeevariationen der portugiesischen Cafés und Pastelarias. Für einen schnellen Espresso am Tresen oder einen *Galão* am Tisch ist immer Zeit und ein Pudding- oder Quarktörtchen (*pastel*) rundet den Kaffeegenuss „à portuguêsa" ab.

Der Fernseher gehört zur Familie ...

Wer ein portugiesisches Alltagsrestaurant oder ein Café betritt, erhält die Hintergrundbeschallung inklusive. Irgendwo flimmert immer ein Fernseher in der Ecke, manchmal in Altersheimlautstärke, manchmal auch tonlos, aber dafür begleitet von lauter Radiomusik. Das ist das Leben. Auch beim abendlichen Familienessen geht nichts ohne *televisão* und der Gesellschaft von Sporting, Benfica oder Porto, *notícias da noite* oder der Telenovela.

▷ Ein „café" und „pastel de nata" gehören einfach dazu

Telefonieren, telefonieren, telefonieren ...

Handys und Smartphones könnten auch portugiesische Erfindungen sein. Jedenfalls kam der portugiesischen Kommunikationslust kaum etwas besser gelegen als das praktische Mobiltelefon, das man überall dabei hat, das auf der Straße, im Zug, im Café oder beim Einkaufen schnell am Ohr ist und den Rund-um-die-Uhr-Kontakt ermöglicht. Dabei interessiert es die wenigsten, ob das halbe Postamt oder die Pendler der Metro die interessanten oder weniger interessanten Geschehnisse vom letzten Wochenende unfreiwillig mithören (wollen).

Kacheln überall

Portugal ist das Land der *azulejos* – bunte, blau-weiße, historische oder moderne Kacheln zieren Häuserfassaden, Bahnhöfe, Kirchen, Klöster, Straßenschilder und Treppen. Sie sind nicht nur schön anzusehen, sondern dabei auch noch praktisch, wetterfest und pflegeleicht.

Wäsche vor dem Fenster

Frisch gewaschene Wäsche wird nicht hinterm Haus versteckt, nein, sie weht bunt und duftend vor dem Fenstersims. Sei es in Lissabon, auf dem Land, an Apartmenthäusern oder Bauernhöfen. Zu einem portugiesischen Haus gehört die behängte Wäscheleine davor.

Sardinen grillen vor dem Haus

Ebenso wie die Wäsche vor dem Haus getrocknet wird, werden Sardinen vor dem Haus und nicht im Hinterhof gegrillt. An der Algarve ist dies gang und gäbe und auch in größeren Städten wie Sesimbra, Setúbal oder Lissabon und Porto ein typisch portugiesisches Sinneserlebnis. Den besonderen Geschmack gibt der Holzkohlegrill.

Calçada portuguêsa

Kunstvoll gesetzte helle Kalksteinwürfel mit schwarzen Basaltsteinen dazwischen, die kreative und traditionelle Motive wie Wellen, Fische, Schiffe oder anderes darstellen, sind aus Portugals Städten nicht wegzudenken und beeindrucken Besucher immer wieder. Auch wenn so mancher Politiker schon ein Ende der *calçada portuguêsa* verkündete, weil sie gerade für ältere Menschen oft im wahrsten Sinne des Wortes zum Stolperstein wird – was wirklich schade wäre, denn wo sonst bekommt man schon „begehbare" Kunst und noch dazu kostenlos?

◰ Die Herren übernehmen den Grill wie hier in Pitoes das Júnias in Trás-os-Montes

▷ Typische „calçada portuguêsa" in Aveiro

Bacalhau für jeden Tag

Ja, es ist wahr. Die Portugiesen lieben *Bacalhau* und man sagt, es gäbe nicht nur 365 Rezepte für jeden Tag im Jahr, sondern an die tausend Versionen. Die Kreativität der portugiesischen Hausfrauen und Köche kennt keine Grenzen, wenn es darum geht, ein geschmackvolles Gericht aus dem im Trockenzustand wenig appetitlich wirkenden Stockfisch zu zaubern. Obwohl der *Bacalhau* mit Fangquoten belegt ist, wäre ein Verzicht in Portugal undenkbar. In den Supermärkten liegt der stocksteif plattgedrückte Fisch bergeweise ausgebreitet und verbreitet sein durchdringendes Aroma. Mit Elektrosägen wird er wie im Baumarkt für die Kunden wunschgerecht und zubereitungsfertig zugeschnitten. Auch Besucher lassen sich meist nach dem ersten „Geruchsschock" überzeugen.

Fado aus dem Radio

Auch wenn nicht jeder Portugiese nur Fado hört, wird man doch selbst von jungen Menschen eher selten hören, dass sie keinen Fado mögen. Viele junge Sängerinnen sind in Amálias Fußstapfen getreten und machten den Fado gerade in den letzten Jahren wieder modern. Aus allen Radiostationen klingt zwischendurch auch immer ein alter oder neuer Fado. So mancher ausländische Besucher mag sich vielleicht nicht auf Anhieb

mit den melancholischen Klängen der portugiesischen Weltmusik mit UNESCO-Weltkulturerbestatus anfreunden, aber wenn man sich ohne Vorurteile darauf einlässt, kann selbst der skeptischste Rockfan den „portugiesischen Blues" verstehen. Wer einen Fado-Abend besucht, muss allerdings wissen, dass Reden während der Aufführung undenkbar ist. Also, Augen schließen und zuhören. Die Portugiesen sehen es dem Fremden nach, wenn er trotz aller Emotion trockenen Auges bleibt.

Portugiesen sind Multitasker

Man kann nicht verschiedene Dinge auf einmal erledigen? Das denkt vielleicht der Nichtportugiese. Man kann z. B. Auto fahren, gleichzeitig telefonieren, Musik hören, mit dem Nachwuchs auf der Rückbank diskutieren, den Vordermann anhupen, weil er zu langsam anfährt, und Bekannten im Vorbeifahren zuwinken. Oder mit der Zigarette in der Hand und dem Telefon am Ohr rückwärts einparken (zumindest Frau kann das), durch die Stadt laufen, heiße Maronen aus der Zeitungstüte essen, Facebook checken und mit Hausschlüssel und Geldbeutel in der Hand telefonierend Tickets für die Bahn kaufen. Man kann auch die Supermarktkasse bedienen und gleichzeitig mit der Kollegin und der bekannten Kundin tratschen, während man die Milchtüte über den Scanner zieht und dem Kunden die Karte in den Kartenleser steckt. Geht doch.

Paciência e Esperar – Geduld und Warten als Überlebenstaktik

Die Portugiesen sind es gewohnt, zu warten – und haben für deutsche Ungeduld kein Verständnis. In der Post, beim Arzt, in der Bank, an der Bushaltestelle ... **Schlange stehen ist Alltag.** Beliebt sind Nummernspender, sei es bei Behörden oder an der Frischfleischtheke im Supermarkt. Man zieht eine Nummer aus einem roten Spender (sofern Papier enthalten ist) und wartet, bis die Zahl aufgerufen wird oder im Display erscheint. Besonders tückisch sind die Nummernautomaten der Postfilialen (CTT), denn dort steht so mancher Tourist, der eigentlich nur einen Brief aufgeben wollte, vor einem Rätsel aus diversen Auswahlmöglichkeiten an Bearbeitungsstellen, die er sowieso nicht versteht. Am besten drückt man immer „Atendimento geral". Was so manchen Schlaumeier und manche freundliche alte Frau nicht daran hindert, „unverbindlich" mal ohne Nummer am Schalter nachzufragen und sich vorbeizutricksen. Geduld ist gefragt und mit der Zeit wird auch der nervöseste Kunde entspannter, weil alles andere sowieso zwecklos wäre. Da erzählt *Dona Maria* am Bankschalter dem geduldig lächelnden Herrn im Anzug ausführlich ihre gesamte Krankheitsgeschichte und sämtliche familiäre Verwicklungen. Oder die Dame an der Supermarktkasse packt gemütlich die Plastiktüten der Kundin und tratscht dabei über die neuesten TV-Seifenopern. Dahinter stehen zehn andere Kunden und geben keinen Mucks von sich.

Am meisten Ausdauer erfordern die Postfilialen, vor allem wenn Zahltag für die Rentner ist. Das kann dauern. Sich beschweren bringt nichts, höchstens strafende Blicke. In solchen Situationen hilft nur einmal tief durchatmen und bis 20 zählen. Die Möglichkeit des Reklamierens oder Kritikanbringens war in der portugiesischen Gesellschaft viele Jahre lang einfach nicht im Bewusstsein der Menschen verankert. Geduld war überlebenswichtig und ist in die portugiesische Wesensart übergegangen. Kritische Stimmen werfen gelegentlich ein, es handle sich doch eher um Passivität und fehlende Eigeninitiative. Auf die Frage, warum das so sei, folgt die schulterzuckende Antwort: „Was soll man da machen, wir können eh nichts ändern."

Begegnungen, Begrüßungen, Verabschiedung

Die Begrüßungen in Portugal sind generell etwas körperbetonter, als wir dies in Deutschland gewohnt sind. Ein einfaches Händeschütteln gilt als sehr förmlich und kühl.

Weibliche Gegenüber **begrüßen sich mit Wangenküsschen.** Auch zwischen Mann und Frau ist dies üblich. Dabei ist zu beachten, dass die Küsse nur angedeutet sind und auf keinen Fall feuchte Schmatzer daraus werden sollten. Man berührt sich eher mit den Wangen als mit dem Mund. Einmal rechts, einmal links. Dabei fassen sich die Gegenüber leicht an den Schultern. Die Männer klopfen sich herzlich auf dieselbe. Wenn man sich besser kennt, sind auch leichte Umarmungen *(abraço)* mit Rückenklopfern passend. Im geschäftlichen Bereich genügt ein fester Händedruck. Ein *Tudo bem?*, was so viel wie „Alles bestens?" bedeutet, gehört immer dazu. Diese Einleitung erleichtert den Erstkontakt und bricht das Eis. Man kann auch *Como vai?* – „Wie geht's?" – oder *Então?* – „Und? Irgendetwas Neues?" – fragen. Auf alle Fälle sind Eingangsfloskeln wichtig. Gleich mit der Tür ins Haus zu fallen, gilt als unhöflich.

In den kleineren Städten und vor allem auf dem Dorf begrüßt man sich auch auf der Straße mit einem *Bom dia* – „Guten Tag" – (bis 12 Uhr) oder *Boa tarde* (am Nachmittag), bzw. *Boa noite* am Abend (nach 19 Uhr). Zumindest nickt man sich freundlich zu, wenn man jemandem begegnet und **läuft nicht einfach grußlos vorbei.** In den Großstädten geht es allerdings auch anonymer zu. Ein *Olá* – „Hallo" – ist unter Jüngeren üblich. Wer

jemanden grüßen will, schickt der Frau *beijos* („Küsse") oder ein *beijinho* („Küsschen") und dem Mann *um abraço* („eine Umarmung"). „Auf Wiedersehen" heißt *adeus* und „bis bald" *até logo*. Generell gilt: Lieber mehr Worte machen als zu wenig. Mit steifer deutscher Zurückhaltung können die Portugiesen nicht viel anfangen und fühlen sich schnell befremdet. Ihre eigene Reserviertheit taut schon bei den geringsten Sprachbemühungen eines Ausländers recht schnell auf.

Gastfreundschaft

Die Portugiesen bezeichnen sich selbst als besonders gastfreundlich, was von der Mehrheit der ausländischen Besucher und Portugalkenner auch bestätigt wird. Beliebt sind Rankings und Vergleiche und immer schwingt die Sorge mit, wie Portugal denn bei europäischen und weltweiten Vergleichen zu was auch immer abschneidet. Das Ansehen des Landes in den Augen von Fremden hat einen hohen Stellenwert. Deshalb bemühen sich die meisten auch, höflich und sympathisch auf die Besucher zuzugehen.

Es gibt bezüglich der Gastfreundschaft einige **regionale Unterschiede.** In ländlichen Gebieten sind die Menschen bisweilen etwas misstrauisch, aber generell sehr hilfsbereit. In den Großstädten und touristischen Zentren ist der Umgang etwas unpersönlicher, wenn auch professioneller. Generell werden die Portugiesen von 90 % der Besucher als sympathisch und höflich diskret wahrgenommen. Heutzutage ist auch die Verständigung kein Problem mehr, da die meisten, vor allem jüngere Portugiesen, mehrere Fremdsprachen sprechen. Man kann ohne Übertreibung sagen, dass sich die Mehrheit der Besucher in Portugal freundlich aufgenommen fühlt.

Verabredungen und Ausgehen

Wenn man sich mit Freunden im Restaurant trifft, wird am Ende üblicherweise **eine gemeinsame Rechnung** ausgestellt. Wer dies nicht möchte, muss der Bedienung vorher Bescheid geben. Normalerweise zahlt derjenige, der den Vorschlag zum Treffen gemacht hat.

Abends treffen sich die jungen Portugiesen in **Bars oder Kneipen.** Gerade im Bairro Alto, der traditionellen Nachtmeile Lissabons, geht man auf einen Drink von Bar zu Bar, unterhält sich und zieht weiter. Die Discos öffnen gegen Mitternacht, aber vor ein oder zwei Uhr morgens ist hier nicht viel los. Wer kontaktfreudig ist, wird mit Sicherheit keine Probleme haben, Bekanntschaften mit Portugiesen oder Portugiesinnen zu machen. Wenn man sich als Frau mit einem Portugiesen verabredet, macht es sich nicht so gut, überpünktlich am Treffpunkt zu erscheinen. Umgekehrt dagegen sollte der Mann eine portugiesische Frau bei einem Date besser nicht warten lassen.

Zu Gast in der Familie

Einladungen nach Hause haben in Portugal eher auf dem Land als in den Städten Tradition. Da sich das Leben vorwiegend außerhalb der eigenen vier Wände abspielt, ist es verbreiteter, jemanden ins Restaurant einzuladen als zu sich nach Hause.

Generell empfiehlt es sich, als Gast im Haus einer portugiesischen Familie ein **kleines Präsent** mitzubringen. Ein Souvenir aus dem eigenen Heimatland kommt immer gut an. Auch sollte eine Gegeneinladung folgen. Ins Fettnäpfchen kann man treten, wenn man allzu früh erscheint. Lieber 10 bis 15 Minuten später als überpünktlich an der Haustür stehen. Die Dame des Hauses wird es einem danken.

In den ländlichen Regionen, vor allem in Trás-os-Montes und in der Region Centro lädt man noch eher Gäste ins Haus ein, als dies in den Städten der Küste üblich ist. Noch immer sind es meist die einfachen Menschen in kleinen Ortschaften fern der Touristenströme, die am gastfreundlichsten sind. Es empfiehlt sich, angebotene Speisen und Getränke wenigstens einmal zu probieren, um die Gastgeber nicht zu verstimmen. Das Beste, was

◁ Junge Portugiesen in der Mourisco Bar in Alvor

Sie Ihren Gastgebern antun können, ist, sie mit Lobeshymnen über das Essen und die Gastfreundschaft Portugals zu überschütten. Wenn sich der Gast wohlfühlt, freut sich auch der portugiesische Gastgeber, man selbst und das Heimatland sollen in guter Erinnerung behalten werden.

Bei einer **Einladung in ein Restaurant** oder Café, wird der portugiesische Gastgeber mit Sicherheit darauf bestehen, die Rechnung zu übernehmen, und er wird keine Einwände akzeptieren. Am besten revanchiert man sich bei anderer Gelegenheit.

Essen und Trinken

Comer e Beber sind vielleicht **das Wichtigste im Leben eines Portugiesen:** Ohne ein komplettes Mittag- und Abendessen geht nichts. Hier geht es nicht einfach nur um Nahrungsaufnahme. Essen ist vor allem ein soziales Miteinander, in Gesellschaft schmeckt es eben besser. Und auch Geschäftliches wickelt man lieber mit vollem Magen ab.

Generell gilt: **Mittags und abends wird warm gegessen,** meist ein dreigängiges Menü. Bei den jüngeren berufstätigen Frauen kommt dabei auch schon mal die Mikrowelle zum Einsatz. Das Frühstück fällt eher spärlich aus, Milchkaffee und Toast, vielleicht ein Fruchtgelee dazu. Das *almoço* (Mittagessen) ist dagegen heilig. Im Restaurant wird komplett mit *couvert* (Gedeck aus diversen Appetithappen wie Oliven, Sardinenpasteten, Käse, Brot), Suppe, Hauptgericht und Dessert gegessen. Nachmittags ist zwischendurch immer Zeit für einen *lanche,* einen kleinen Snack im Café.

Das **Abendessen** *(jantar)* wird üblicherweise zwischen 20 und 22 Uhr eingenommen und umfasst meist eine warme Mahlzeit, oftmals auch noch einmal ein komplettes Menü. Nicht selten wird auch noch eine Mitternachtssuppe gereicht. Die meisten Restaurants servieren Mahlzeiten zwischen 12 und 15 Uhr und von 19 bis 22 Uhr. Wer irgendwann dazwischen etwas essen möchte, muss auf die Fressmeilen in den Einkaufszentren oder kleinere Snacks ausweichen.

Das portugiesische Essen basiert zwar auf der mediterranen Küche und ist im Grunde sehr abwechslungsreich, doch wird auch an Zucker, Fett und Frittiertem nicht gespart.

Auch in Portugal ist die Zivilisationskrankheit **Übergewicht** ein Problem. 60 % der portugiesischen Kinder gelten als zu dick und die Rate der Neuerkrankungen an **Diabetes** steigen vor allem bei jungen Menschen. Häufig ist auch aus Zeitgründen bei jungen Familien der Gang ins Fast-Food-Restaurant die bevorzugte Variante.

Im Großen und Ganzen aber **ist das Essen ein Ritual,** das ausgiebig zelebriert wird.

Die portugiesische Küche

Die portugiesische Küche ist abwechslungsreich, bodenständig und schmackhaft. Und auch gastronomisch gesehen spielt Portugal mittlerweile in der ersten Liga der *haute cuisine* mit. Der Zwei-Sterne-Koch José Avillez beispielsweise gehört zu den besten Spitzenköchen der Welt, 2018 gewann er als erster Portugiese den Großen Preis der Kochkunst der französischen Internationalen Akademie der Gastronomie. Die regionalen Unterschiede sind sehr groß. Überall im Land gehört ein traditionelles Brot zur Mahlzeit. Den Speiseplan der Küste dominieren **Fisch und Meeresfrüchte,** die sozusagen vor der Haustür gefangen werden und täglich frisch auf den Tisch kommen. Fleisch hat eher im Hinterland Tradition, es wird aber überall im Land serviert. Im Minho kommt traditionell das Barrosã-Rind auf den Tisch. In manchen Regionen sind der Fluss-Aal *(enguia)* oder das Fluss-Neunauge *(lampreia)* eine exquisite Delikatesse. Das **iberische schwarze Schwein** (in der spanischen Extremadura als *pata negra* bekannt) ist eine Spezialität der Alentejo-Region. Die Tiere wachsen halbwild auf und ernähren sich hauptsächlich von den Eicheln der Korkeiche,

Käse, Wurst, Bauernbrot, Oliven, Fleisch und Wein gehören zu einer Mahlzeit im Alentejo

Kulinarisches Mini-Lexikon für durch und durch portugiesische Gerichte

- **Arroz de Cabidela:** *Reisgericht mit Huhn („galinha") oder Hähnchen („frango") mit der Besonderheit, dass der Reis zusammen mit dem Hühnerblut gekocht wird. Um den dominanten Geschmack zu mildern, wird das Blut gesiebt und mit Essig vermischt.*
- **Bacalhau à brás:** *Die wohl bekannteste Version der Bacalhau-Zubereitung ist bei den Einheimischen besonders beliebt. Der Kabeljau wird zerkleinert und mit Zwiebeln, Knoblauch und Kartoffeln in Olivenöl angebraten. Dazu werden Oliven und Petersilie untergemischt – fertig.*
- **Caracóis:** *Vor allem im Sommer trifft man in portugiesischen Alltagsrestaurants auf Schilder mit dem Hinweis „Há caracóis", was so viel heißt wie „Es gibt Schnecken". Kleine Gehäuseschnecken sind bei den Portugiesen beliebt. Sie werden von Wiesen, Gräsern und Blumen gesammelt, dann einige Tage liegen gelassen (die armen Tierchen werden ausgehungert, damit keine Ausscheidungen mehr vorhanden sind) und dann in Wasser mit Olivenöl und Kräutern gegart. Die Schnecken haben einen hohen Proteingehalt und sind ein gefragter Snack zu einem kühlen Bier. Man pickt das Fleisch mit einem Zahnstocher aus dem Schneckenhaus.*
- **Cozido à portuguêsa:** *traditioneller Eintopf. Hinein gehören gekochtes Huhn, Schwein, Rind und Blutwurst, das Ganze unterlegt mit Kohl, Möhren und Bohnen. Deftig und nicht für zarte Mägen geeignet.*
- **Feijoada à portuguêsa:** *eine Art Samstagsgericht. Bohnen („feijao") sind generell sehr beliebt und es gibt die verschiedenen Sorten – weiße, rote, grüne, schwarze – und Schweinsbohnen („favas") auch immer frisch auf den Märkten. Eine portugiesische „feijoada" beinhaltet Schweinefleisch, auch mal -ohren oder -füße, Wurststücke und weiße Bohnen. Es gibt auch eine „Feijoada à brasileira", die mit schwarzen Bohnen, Schweinefleisch, Wurst, Grünkohl, Reis, Orangenscheiben und Mandiokmehl serviert wird und in Portugal ebenso beliebt ist.*
- **Francesinha:** *Wer in Porto oder im Norden Portugals unterwegs ist, wird dieses Gericht fast überall antreffen. Francesinha heißt „kleine Französin". Es handelt sich dabei um ein geschichtetes Fleischsandwich mit Rindfleisch, Räucherschinken, viel Käse und einer Bratensoße. Der portugiesische Frankreich-Auswanderer Daniel David Silva brachte dieses Gericht in den 1960er-Jahren nach Portugal, genauer in das Restaurant Regaleira in Porto. Eine andere Theorie besagt, die Francesinhas seien bereits während der napoleonischen Invasion erfunden worden. Französische Soldaten hätten kalorienreiche Sandwiches zubereitet, die die Portugiesen später noch mit einer scharfen Soße verfeinert hätten.*

- **Perceves:** Seepocken (auch Entenmuscheln oder Entenkammmuscheln) sind krebsartige Tiere, die wie kleine Krallen aussehen und hauptsächlich zwischen Aljezur und Sagres an der Südwestküste vorkommen, wo sie festgesaugt an wellenumspülten Felsen kleben. Ihr „Fang" ist keine leichte Aufgabe und bisweilen sehr gefährlich. Die „percebeiros" seilen sich an den Steilklippen ab und steigen in abenteuerlichen Aktionen auf wellenumspülte Felsen, um mit speziellen Messern diese kostbare Spezialität abzuschneiden. Das süß-salzige Muschelfleisch wird in Wasser gekocht und aus dem Krallenfuß gelutscht. Früher ein Arme-Leute-Essen, ist es heute eine echte Delikatesse. Eine Tellerportion „perceves" sieht etwas gewöhnungsbedürftig aus, schmeckt aber sehr interessant.

- **Polvo à Largareiro:** Tintenfisch („polvo") gibt es in Portugal in zahlreichen Versionen. Eine der bei Einheimischen und Gästen beliebtesten ist der in Olivenöl gebratene Oktopus mit Ofenkartoffeln. Wer ein Problem mit dem Anblick der Saugnäpfe hat, schließt am besten die Augen und lässt die Geschmacksnerven entscheiden.

- **Porco Preto:** schwarzes Schwein, auch als Iberisches Schwein bekannt, ist eine Spezialität in der Alentejo-Region, wo es viele Steineichen und Korkeichen gibt. In der benachbarten Extremadura ist es als „pata negra" bekannt. Die Tiere wachsen frei auf und ernähren sich hauptsächlich von Eicheln, weshalb ihr Fett gesünder ist als das des normalen Mastschweins.

- **Sardinhas assadas:** Auf Holzkohle gegrillte Sardinen gehören zu Portugal wie der Wein. Im Sommer sind die Sardinen am besten, dann sind sie frisch und haben die richtige Größe und den richtigen Fettgehalt. Man isst sie am liebsten auf einer dicken Brotscheibe mit allem Drum und Dran. Im Winter kommen Sardinen meist aus der Tiefkühltruhe.

- **Sopa da Pedra:** wörtlich „Steinsuppe", aber nicht weil sie wie ein Stein im Magen liegt, sondern weil es eine Legende zu diesem Gericht gibt: Ein Pilgerpriester kam eines Nachts in ein einfaches Bauernhaus. Da er hungrig war, aber nicht direkt nach Essen fragen wollte, erfand er eine Geschichte. Er behauptete, er könne mit einem Stein eine Mahlzeit zaubern. Die Hausfrau wurde neugierig und so bat der Pilger nach und nach um Zutaten, die er zu einem mitgebrachten Stein in einen Topf gab. So kam er zu einem kostenlosen und üppigen Mahl. Ursprünglich eine Spezialität aus Almeirim im Ribatejo, aber überall in Portugal zu finden. Hinein kommen rote Bohnen, Schweinsohren, Räucherwurst, Blutwurst, Kartoffeln, Speck und allerlei Kräuter.

- **Tripas à moda de Porto:** noch ein typisches Gericht aus der Hauptstadt des Nordens. Die Einwohner von Porto werden auch „tripeiros" genannt, wegen dieser Spezialität aus Kutteln ... Nicht unbedingt jedermanns Sache, aber sehr nahrhaft und wenn man nicht daran denkt, was man isst, auch sehr schmackhaft.

woraus sich der Geschmack und die hohe Qualität des Fleisches erklärt. Das Fett des *porco preto,* wie es in Portugal heißt, ist dem Olivenöl ähnlich und deshalb verträglicher und gesünder als normales Schweinefett. Es gibt auch eine ähnliche Variante im Norden Portugals, dort heißt das Schwein *porco bísaro* und ist schwarz-weiß gefleckt statt komplett schwarz.

Der **arabische Einfluss** auf die portugiesische Kultur ist auch an der Gastronomie nicht spurlos vorübergegangen. Besonders bei den Desserts dominieren Mandeln, Zucker und Honig. Feigen, exotische Gewürze, Früchte und frischer Fisch *(peixe fresco)* sind weitere kulinarische Hinterlassenschaften der Mauren. *Xarém* beispielsweise ist ein Maisbrei, der vorwiegend mit Muscheln serviert wird.

Es gibt einige Meeresfrüchte und Fische, die ausschließlich an der westlichen Atlantikküste vorkommen, wie zum Beispiel die *perceves* (s. S. 289) oder die küsteneigenen Langusten, die besonders vorzüglich schmecken.

Ein Grundbestandteil der portugiesischen Küche ist das **Olivenöl.** Portugiesische *azeite* schmeckt sehr kräftig, was auf die spezielle Art der Ernte zurückzuführen ist. Die Früchte werden mit Stöcken von den Zweigen geschlagen und liegen dann einige Zeit zum Nachreifen auf dem Boden, bevor sie gepresst und abgefüllt werden. Auf dem internationalen Markt

⌃ Alles frisch: Zutaten für eine Meeresfrüchte-Cataplana

kann das portugiesische Olivenöl zwar nicht konkurrieren, in Qualität, Preis und Geschmack ist es aber vielen anderen europäischen Ölsorten voraus.

Im Gegensatz zu Spanien legte Portugal den Schwerpunkt auf die Qualität und weniger auf die Quantität der landwirtschaftlichen Produkte. Es gibt viele Beispiele von hochwertigen Nahrungsmitteln, die aber hauptsächlich **für den nationalen Markt produziert** werden. Mit den Preisen der Massenprodukte aus Spanien kann Portugal nicht konkurrieren. Es hat weder die Anbauflächen noch die finanziellen Mittel zur Verfügung. Viele Produkte fallen auch durch die Normregeln der EU. Die *Bananas da Madeira* beispielsweise sind wesentlich schmackhafter als Discounter-Bananen. Weil sie jedoch zu klein sind und nicht die richtige Biegung aufweisen, fallen sie als Exportprodukt der EU durch. Die Orangen aus der Algarve sind süßer und saftiger als die meisten Apfelsinen, werden aber hauptsächlich für den nationalen Markt produziert, wie auch die Oliven und das Olivenöl aus dem Alentejo, die exzellenten Schafs- und Ziegenkäsesorten aus der Serra da Estrela und der würzige Käse von der Azoreninsel São Jorge.

Es gibt diverse regionaltypische und geschützte Produkte, z. B. die *batata-doce*. Die rosafarbene, längliche **Süßkartoffel**, die auf den sandigen Böden von Aljezur an der Westalgarve angebaut wird, ist im Innern goldgelb und schmeckt süßlich. Es gibt auch Süßkartoffeln aus anderen Regionen, aber die aus Aljezur ist unbestritten die beste. Der Anbau ist praktisch biologisch, geerntet wird im Oktober. Im November findet dann das dreitägige Festival der *Batata Doce* in Aljezur statt. Dann staunen die Besucher über die Verwendungsvielfalt dieser Erdknolle.

Typische Gerichte und Desserts

Das **portugiesische Nationalgericht Bacalhau** steht auf jeder Speisekarte. Der eingepökelte Fisch, hierzulande als Kabeljau, Stock- oder Klippfisch bekannt, stinkt im getrockneten Zustand bestialisch, entwickelt sich aber im Kochtopf zu einer Delikatesse. Der *fiel amigo* („treuer Freund"), wie der Trockenfisch auch liebevoll genannt wird, stammt aus nordischen Gefilden und wird als frischer Kabeljau oder auch bereits gesalzen und getrocknet aus Neufundland und Norwegen importiert. Was auf den ersten Blick erstaunt, hat man doch selbst eine an Meeresfauna reiche Küste. Vielleicht lässt sich die Leidenschaft der Nation mithilfe der Geschichte erklären. Der *Bacalhau* wurde bereits im 15. und 16. Jh. von portugiesischen Flotten in der *Terra Nova* (dem heutigen Kanada) gefischt. Tatsächlich dominierten die Portugiesen lange Jahre den Bacalhau-Fang. Der Fisch diente auch als **Proviant auf den großen Entdeckungsfahrten** war wegen

Bacalhau – eine Freundschaft fürs Leben

In portugiesischen Markthallen und Supermärkten weht der strenge Geruch platt gedrückter gesalzener Trockenfischscheiben in die Nasen verwunderter „Estrangeiros": Das soll Fisch sein?! Und den essen die Leute hier?! Der Sinneseindruck animiert kaum zum Ausprobieren. Doch was in getrocknetem Zustand abschreckend wirkt, entwickelt sich in den Händen portugiesischer Köche und Hausfrauen zu einer wahren Delikatesse. Die Portugiesen sind außerordentlich kreativ im Umgang mit dem „Bacalhau", die Zubereitungsarten sind genauso vielfältig wie der Geschmack - es gibt 365 Bacalhau-Rezepte, für jeden Tag des Jahres eines. Manche sprechen sogar von annähernd 1000 Rezepten. Hier eines zum Selbstausprobieren:

„Bacalhau com Natas" (Stockfisch mit Sahne)
   Dies ist das klassische Bacalhau-Gericht. Bei richtiger Zubereitung zergeht es so wunderbar auf der Zunge, dass selbst die Kalorien keine Rolle mehr spielen.

100pgl-4a

Zubereitung:

(Den Stockfisch mind. 24 Std. in Wasser einlegen und mehrmals die Flüssigkeit wechseln.)

„Bacalhau" ca. 15 bis 20 Minuten kochen. Danach Gräten und Hautreste entfernen. Den Fisch in kleine Stücke zupfen. Man kann ihn auch bereits zerkleinert („desfiado") kaufen. Kartoffeln in ungesalzenem Wasser kochen.

In einer Pfanne Olivenöl erhitzen, zerkleinerte Zwiebel und Knoblauch darin dünsten. Die Stockfischmasse und ein Lorbeerblatt dazugeben, Tomatenmark einrühren und zum Schluss mit Sahne abgießen. Alles zusammen ein paar Minuten köcheln lassen. Mit schwarzem Pfeffer und bei Bedarf etwas scharfem Piri-Piri abschmecken.

Kartoffeln mit einem Stampfer und etwas Milch zu einem Püree verarbeiten und in eine Auflaufform geben. Darüber die Bacalhau-Sahne-Mischung und noch mal eine Lage Püree. Das Ganze mit Eigelb bestreichen und ca. 10-15 Minuten bei 180 Grad im Backofen backen.

Zutaten für 2 Pers.:

450 g „Bacalhau"
1 Becher Sahne
etwas Milch
5-6 große Kartoffeln
1 große Zwiebel
1 Knoblauchzehe
Tomatenmark
Lorbeerblatt
schwarzer Pfeffer, Piri-Piri
1 Eigelb, Olivenöl

︿ Bacalhau ist auch gegrillt sehr lecker, hier im Restaurant Armazem in Sagres

seiner langen Haltbarkeit besonders beliebt. Eingesalzen, getrocknet und gekühlt kann man den Fisch auch nach mehreren Monaten noch genießen. Er ist nahrhaft, fettarm und reich an Proteinen. Zwischen dem 17. und dem 20. Jh. verloren die Portugiesen die Hoheit über die Kabeljau-Fischerei an die Engländer. Um die Abhängigkeit von Importen und die Versorgungsknappheit von heimischem Fisch und Fleisch im Land zu kompensieren, startete Salazar eine Offensivkampagne *(Campanha do Bacalhau)*, um den Bacalhau wieder „portugiesisch" zu machen. Er verdoppelte die Kabeljau-Flotte der „Frota Bacalhoeira", stellte sogar Männer vom Militärdienst frei, um sie auf den Fangschiffen mitfahren zu lassen. In wenigen Jahrzehnten aßen die Portugiesen wieder *Bacalhau,* der zu 80% aus heimischer Produktion stammte. So ist der *Bacalhau* nicht nur ein Fisch, er ist ein wichtiger Teil der portugiesischen Geschichte. Heute ist Riberalves mit einem weltweiten Marktanteil am Kabeljaufang von 8–10% der größte portugiesische Bacalhau-Produzent. Bekannt sind die Qualitäten des Kabeljaus seit mehr als tausend Jahren – schon die Wikinger haben ihn aus ihren Gewässern gefischt. Aufzeichnungen belegen, dass bereits Anfang des 9. Jh. Kabeljaufabriken in Island und Norwegen existierten, im Jahr 1000 begannen die Basken mit dem Handel des luftgetrockneten und gesalzenen Fischs. Keine portugiesische Speisekarte kommt ohne *Bacalhau* aus und so mancher Portugiese scheut sich nicht, sein Lieblingsgericht luftdicht verpackt mit in den Auslandsurlaub zu nehmen. Denn drei Wochen ohne *Bacalhau* ...? Ausgeschlossen! Die Nachrichten von schwindenden Kabeljaubeständen im Nordmeer werden dementsprechend besorgt verfolgt. **Wer keinen Bacalhau probiert hat, war nicht in Portugal,** sagt der Volksmund.

Typisch sind ebenso auf Holzkohle **gegrillte Sardinen** *(sardinhas assadas),* Tintenfische in Tomatensoße *(lulas* oder *polvos em molho de tomate),* Thunfisch *(atúm)* im Zwiebelbett oder Hähnchen *(Frango Piri-Piri,* das mit einer höllisch scharfen roten Chilisoße zubereitet wird und nur hartgesottenen Mägen zu empfehlen ist. Auch Reisgerichte mit Muscheln *(arroz de marisco)* und die köstlichen Fisch- oder Kohlsuppen *(sopa de peixe* oder *caldo verde)* sind bei Portugiesen sehr beliebt.

Im Landesinnern ist die Küche geprägt von dem, was Gemüsegarten und Wildkräutervorkommen hergeben. *Cozido à portugêsa* (Eintopf mit Kartoffeln, Kohl, Kochfleisch und Wurst) wird in allen Teilen Portugals geschätzt. In Zentralportugal ist das Spanferkel *(leitão)* eine regionale Spezialität. Aus der ehemaligen Kolonie Brasilien stammt das beliebte Samstagsgericht *Feijoada à brasileira* (Eintopf aus schwarzen Bohnen, Wurststücken und Schweinefleisch), dazu werden Reis, Grünkohl und Orangenscheiben serviert. Landestypischer ist die *Feijoada de buzios* mit

101pg-1a

Muschelfleisch und weißen Bohnen. Überhaupt sind Bohnen bei den Portugiesen sehr beliebt. Auch mischt man gern Meeresfrüchte mit Fleisch wie beim *Carne Alentejano,* wo Schweinegulasch mit Herzmuscheln und Kartoffeln überraschend gut harmonieren.

Eine Besonderheit gibt es auf der Azoreninsel São Miguel zu verkosten: den **Cozido das Furnas.** Für die Inselversion des *Cozido á portuguesa* macht man sich die Erdwärme zunutze. Schweinefleisch, Kartoffeln, Kohl und Wurststücke landen in einem hermetisch verschlossenen Topf, der in den heißen vulkanischen Boden eingegraben wird. Nach fünf Stunden ist das Ganze gar und wird gleich vor Ort bei einem Picknick verzehrt.

Fester Bestandteil jeder Algarve-Speisekarte ist **die Cataplana.** Wer im Süden auf kulinarische Erkundungsreise geht, kommt an diesem Gericht kaum vorbei. *Cataplana* wird in erster Linie das Gefäß genannt, in dem das Gericht zubereitet wird: eine Art Wok mit einem Deckel aus handgeklopftem Kupfer (heutzutage auch aus Edelstahl) und mit Metallschnallen versehen, den es in dieser Form nur an der Algarve gibt. Der Inhalt variiert. Die *Cataplana de Peixe* enthält verschiedene Fischsorten, die *Cataplana de Marisco* Langusten, Muscheln oder Tintenfisch und die *Cataplana de Carne* Schweine- oder Rindfleisch. Üblich ist auch eine Kombination aus Muscheln und Fleisch. Die Fisch-Cataplana ist am bekanntesten. Dafür wer-

⌃ Gegrillte Sardinen gehören zu Portugal wie der Wein

den Zwiebeln und Knoblauch in Olivenöl angebraten, danach schmort man verschiedene Arten von fangfrischem Fisch mit Salz und gemahlenem Pfeffer in dem heißen Olivenölsud. Bei Bedarf können Paprikaschoten dazugegeben werden. Nach und nach folgt eine mit Thymian, Lorbeer und Majoran abgeschmeckte Tomatensoße. Zum Schluss werden Kartoffeln in dünne Scheiben geschnitten und kreisförmig am Rand des Kochgefäßes ausgelegt. Dann wird der Topf geschlossen und das Ganze bei niedriger Flamme 30 bis 40 Minuten gegart. Wichtig ist, dass alle Zutaten frisch sind. Geöffnet wird die *Cataplana* traditionell am Tisch vor den Augen des Gastes.

Nicht wegzudenken aus der regionalen Gastronomie sind die **leckeren Desserts und das süße Gebäck.** Viele dieser Köstlichkeiten gehen auf traditionelle Rezepte von Mönchen zurück und haben fantasievolle Namen wie *papo de anjo* („Engelskropf"), *beijos de freiras* („Nonnenküsse") oder *toucinho do céu* („Himmelsspeck") und geizen nicht mit Kalorien. *Arroz doce* („süßer Reis"), *pudim caseiro* (hausgemachter Karamelpudding), *creme de leite* (Creme aus Milch, Zucker und Eiern). An der Algarve gehören *Dom Rodrigo* (Pralinen in bunter Folienverpackung) oder *Morgadinho* in jedes Konditor-Sortiment. Der *queijo de figo* („Feigenkäse" – ein leckerer Kuchen aus Feigen, Mandeln, Honig) ist ebenfalls eine Spezialität der Algarve. Das genaue Rezept behalten die Köche gern für sich, es variiert von Region zu Region. Der Kuchen wird in hauchdünne Scheiben geschnitten serviert. *Queijadas,* runde Quarktörtchen im Mürbteig, gibt es

in diversen Variationen im ganzen Land verteilt, mal mit Frischkäse aus Kuhmilch, mal mit Schafs- oder Ziegenkäse ... Im Alentejo sind Törtchen aus *gila* beliebt, das sind Fäden des Kürbisinneren, die mit sehr viel Zucker vermischt sind. **Johannisbrotschoten** *(alfarroba)* werden auch gerne zu Kuchen oder Brot verarbeitet. Und natürlich gibt es noch die runden **Pudding-Sahne-Törtchen** im Blätterteig, *pasteis de nata,* die jeder Portugal-Besucher kennt und die vor allem in der Lissabonner Version, der „Pasteis de Belém" der Antiga Confeitaria de Belém international nachgefragt sind. Ursprünglich erfanden die Mönche des Hieronymusklosters in Belém diesen cremigen Gaumenschmaus und sie hätten sich wohl kaum vorstellen können, dass daraus einmal ein Kassenschlager wird. Am besten sind sie, wenn sie heiß und knusprig aus dem Ofen kommen und mit einem Hauch Zimt obenauf serviert werden. Kalorienreich und süß sind lusitanische Konditoreiprodukte allemal.

Restaurants

Portugal bietet **Restaurants für jeden Geschmack:** regionaltypische *Restaurantes,* erstklassige Häuser mit internationalem Flair, *Adegas* (Weinkeller mit rustikaler Küche und eigenem Wein) und „Alltagsrestaurants", die fast alle gleich aussehen: Neonlichter, blanke Tresen, weiße Papiertischdecken und der obligatorische Fernseher in der Ecke. Daneben gibt es eine Reihe von **Spezialitätenrestaurants.** Die *Marisqueiras* bieten hauptsächlich Meeresfrüchte und Fisch an, die *Churrasqueiras* („Grillrestaurants", port. Aussprache) sind auf gegrilltes Fleisch spezialisiert. Es gibt auch eine Reihe von guten brasilianischen *Churrascarias* (brasilianische Aussprache, *churrasco* = Grillfleisch), die ausschließlich südamerikanisches Fleisch servieren. Beim Betreten eines gehobeneren Restaurants wartet man im Eingangsbereich bis der Kellner einen Tisch zuweist. Es ist unüblich, sich einfach ungefragt irgendwo hinzusetzen. In einfacheren Gaststätten ist dies kein Thema.

Wer als Besucher unsicher ist, wie und wo ein gutes Restaurant zu finden ist, kann sich daran orientieren, wie stark das Lokal von Einheimischen frequentiert ist. Wenn ein Saal gähnend leer ist, hat das meist auch einen Grund.

⟨ Augen- und Gaumenschmaus: süße Törtchen in allen Variationen

Wenn man im Restaurant Platz nimmt, werden unaufgefordert Brot, Oliven, Butter, Käse oder Sardinenpasteten serviert. Das *couvert/entradas* (Appetitmacher, Gedeck) ist allerdings nicht im Preis inbegriffen, sondern wird individuell und pro Person berechnet – was in gehobeneren Restaurants die Rechnung unverhofft verdoppeln kann. Wenn man das nicht möchte, kann man es einfach zurückgehen lassen. Was von den *entradas* nicht konsumiert wurde, wird auch nicht berechnet. Generell kann man in Portugal gut und relativ günstig essen.

Cervejarias sind Bierstuben, die hauptsächlich kleinere Gerichte und Snacks zum Bier am Tresen anbieten. Auch in **Cafés und Pastelarias** bekommt man kleine Speisen. Lecker sind die salzigen Pastetentäschchen (*salgados* oder *petiscos*), die mit Käse (*rissóis de queijo*), Hühnchen (*empada de galinha*) oder Krabben (*rissóis de camarão*) gefüllt sind. Typisch sind auch saftig gebratene Rinder- oder Schweinesteaks im Brötchen (*bifanas*) oder Steaks mit einem Spiegelei obendrauf (*bitoques*). Vor allem aber ist hier die Vielfalt der Konditoreiprodukte eine Versuchung für Leckermäuler.

Danach hilft nur noch ein doppelter Espresso. Nach dem Essen erfragt man die **Rechnung** mit „A conta, por favor" (auch *se faz favor*). Der Beleg wird entweder auf einem kleinen Tellerchen oder in einer Mappe gebracht. Das Wechselgeld wird immer ausgezahlt und das Trinkgeld lässt man einfach auf dem Teller zurück. Wer mit Karte bezahlt, kann je nach Bedarf ein paar Münzen auf dem Teller hinterlassen. Üblich sind zwischen 5 und 10 % des Rechnungsbetrages. Gar nichts zu geben, ist nicht besonders höflich, es sei denn, der Service oder das Essen waren nicht angemessen. Die Mehrwertsteuer für den Gastronomiebetrieb beträgt in Portugal 13 %.

⌃ Dona Maria José in ihrer Adega Kilowatt in Amarante

Getränke

Wein ist nach wie vor das beliebteste Getränk der Portugiesen. Reine Biertrinker oder gar Abstinenzler sind selten gesät. In vielen portugiesischen Gaststätten wird **Vinho da Casa** („Hauswein") angeboten, der oft günstig und eine gute Kombination zu den jeweiligen Regionalgerichten ist. Ansonsten weiß fast jeder Portugiese einen guten von einem schlechten Wein zu unterscheiden und gibt Fremden auch gern bereitwillig Auskunft darüber. Wie auch bei anderen Produkten favorisieren die Einwohner der diversen Regionen ihre eigenen Weine. Die Vorliebe für einen gediegenen Jahrgangswein ist vorwiegend unter der Generation 40+ verbreitet. Man trinkt gern in Gesellschaft, beim Essen mit der Familie, Freunden oder Geschäftspartnern. Rotwein liegt dabei immer noch vor dem Weißwein mit Ausnahme der Minho Region, wo der Vinho Verde dominiert.

Die jüngeren Portugiesen **trinken auch gern Bier,** vor allem im Sommer an den Strandbars. Beliebt ist ein gezapftes *Imperial* (in Porto als *fino* bekannt = Fassbier im Glas). Dieses ist generell günstiger als Bier im Krug

⌃ Weinberge und Landschaft des Alto Douro bei Pinhão

Weinland Portugal

Mit der Kultivierung der Weinreben in Lusitanien begannen die Römer. Bacchus zu Ehren floss bereits so manch edler Tropfen in die Amphoren. Ab dem 13. Jh. etablierte sich eine Weinbaukultur in Portugal, bereits im Jahr 1756 existierte eine „Região Demarcada", eine ausgewiesene Weinbauregion, die den „Vinho do Porto" klassifizierte. Im Norden waren es die Engländer, die dem Weinanbau mit der Errichtung von Handelsstützpunkten und Exportabkommen wirtschaftliche Bedeutung brachten. Der Portwein aus der Region Peso da Régua bei Porto gehört bis heute (neben dem Madeira-Wein der Autonomen Region Ilha da Madeira) zum wichtigsten Exportgut Portugals. Er wird im Vale do Douro südlich von Porto angebaut. Die bekanntesten Weinkeller liegen auf der anderen Uferseite des Douro in Vila Nova de Gaia gegenüber der Stadt Porto. Die Engländer kamen auf den Geschmack, nachdem der französische König Ludwig XV. hohe Zölle auf den französischen Wein erhoben hatte und die Briten auf portugiesischen Wein aus der Region Lamego auswichen. Für den langen Transport fügte man Branntwein zur besseren Haltbarkeit bei. Die Briten fanden solchen Geschmack an dem alkoholischen Doping, dass sich daraus ein eigenes Produkt, der Port, entwickelte. Bis heute hat der Portwein den größten Anteil am portugiesischen Weinbau und ist der Exportschlager.

Seit dem Eintritt in die Europäische Union 1986 hat Portugal die Qualität und Produktivität der heimischen Weine wesentlich verbessert. Mit der Einführung der „Denominação de Origem Controlada" (DOC) garantieren die Hersteller Kontrolle bei Anbau, Sorten und Verarbeitung in einer bestimmten Region. Aktuell werden in Portugal auf knapp 200.000 Hektar Land Wein angebaut. Es gibt über 400 heimische Rebsorten und in der Rangliste der internationalen Produzenten liegt Portugal mit 6 Mio. Hektolitern auf Platz 11, beim Export belegt es Platz 9. Beim hauseigenen Konsum liegen die Portugiesen mit 54 Litern Pro-Kopf-Verbrauch an der Spitze, noch vor Frankreich und Italien. So abwechslungsreich die Regionen, so unterschiedlich sind auch die Weine. Im Landesinnern dominieren tanninreiche schwere Rotweine, an der Küste werden leichte Weißweine und im Minho der „Vinho Verde" angebaut. Von der Insel Madeira kommt der Likör-Wein Vinho da Madeira und auf den Azoren werden vorwiegend Weißweine und insbesondere auf Pico der Verdelho produziert.

Insgesamt gibt es elf ausgewiesene Weinanbaugebiete im Land. Die besten und bei den Portugiesen beliebtesten Weine kommen aus den Regionen Douro, Dão und Alentejo. Innerhalb der EU liegt Portugal über dem Durchschnittsanteil an der Produktion von Qualitätsweinen (87,8 %, EU 78,2%).

(caneca), das eher von ausländischen Gästen bestellt wird. Es gibt diverse nationale Marken an Flaschenbieren *(cerveja)*. Die bekanntesten sind *Sagres* (das nicht wie der Name vermuten lässt, in Sagres gebraut wird, sondern bei Lissabon), das etwas süßlich schmeckende Starkbier *Superbock* und das *Cintra*. Der Bierkonsum hat in den letzten zehn Jahren stark zugenommen und liegt schon fast gleichauf mit dem von Wein.

In den Nachtklubs und Diskotheken greifen die Portugiesen am liebsten zu Wodka und Caipirinha.

Im Bereich der **Spirituosen** gibt es einige regionaltypische Besonderheiten – *aguardente* („klarer Schnaps"), *bagaço* („Tresterschnaps") und *macieira* („Weinbrand") sowie *licores* („Liköre") werden im ganzen Land gern nach dem Essen getrunken oder mal schnell zum Kaffee. Der hochprozentige *medronho*, ein Obstler aus der heimischen Baumerdbeere, der Feigenschnaps *(aguardente de figo)* oder verschiedene Liköre wie der *licor de alfarroba* (Johannisbrotbaumfrucht), *licor da amêndoa* (Mandeln) oder *licor de laranja* (Orangen) sind vorwiegend an der Algarve beliebt. Den *medronho* destilliert man bisweilen auch noch selbst, was allerdings nur für den Hausgebrauch gestattet ist. Aus der Region um Óbidos stammt der Kirschlikör *ginja* oder *ginjinha,* der aus einer speziellen Sauerkirschsorte hergestellt wird. Dort trinkt man den *ginja* gerne im Schokobecher. In Lissabons Unterstadt wird er im ältesten Stehausschank der Stadt, dem *A Ginjinha*, ausgeschenkt. Bekannt ist auch der Licor Beirão, der seit Generationen mit einem Geheimrezept aus Kräutern, Pflanzenextrakten, Karamell & Co. wirbt.

Die bekanntesten Digestife und Aperitife sind der Portwein und der Madeira-Wein. Auch der Moscatel aus der Region Setúbal ist recht beliebt.

Auch **Mineralwasser** hat Portugal selbst zu bieten, mehr als ein Dutzend Quellen sind im Land offiziell anerkannt. Die Portugiesen bevorzugen stilles Wasser *(água sem gas),* kohlensäurehaltiges *água com gas* trinken meistens nur die Touristen.

Tea-Time

Von wegen, *very british:* Der Tee kam mit den Portugiesen nach Europa. Die Seefahrer brachten den *chá* aus Japan ins Land. Die portugiesische Prinzessin Catarina von Braganza liebte Tee und als sie 1662 mit dem englischen König Karl II. verheiratet wurde, führte sie das Getränk auch am fremden Königshaus ein. Rasch verbreitete sich die neue Mode des *Five O'Clock Tea* in Britannien. Es galt als schick, Tee zu trinken.

In Portugal wird das Teetrinken wieder neu entdeckt, vor allem von jüngeren Generationen.

Kaffee als Lebensgefühl

Portugal ist das Land der Cafés und Pastelarias. In jedem noch so kleinen Nest im noch so tiefsten Hinterland darf das Dorfcafé nicht fehlen, in dem sich die meist älteren Damen und Herren zum Schwatz treffen. In den Städten ist die Café-Kultur sowieso sehr ausgeprägt. Man trinkt ihn schwarz, kurz oder lang, mit geschäumter Milch, gezuckert, mit „Schuss" oder halb-halb. Den Variationen portugiesischen Kaffeegenusses sind keine Grenzen gesetzt. Kaffee ist nicht nur ein Getränk, es ist der Ausdruck einer Lebenskultur. Die tägliche *bica* und der Gang in ein Café oder eine *Pastelaria* sind unverzichtbare Rituale, denen auch ausländische Besucher schnell verfallen. Vor allem ist der Kaffee immer noch sehr günstig in Portugal. Ein Espresso an der Theke kostet im Schnitt 0,60 bis 1 €, ein Milchkaffee im Glas (*galão*) um die 0,80 bis 1,20 €. Am Tisch wird es etwas teurer.

Es gibt sogar ein wissenschaftliches Zentrum und interaktives Museum rund um Kaffeeanbau und -herstellung bis zum Endprodukt. Das Museum ist in das Gelände des größten portugiesischen Kaffeeproduzenten, Delta Cafés im Alentejostädtchen Campo Maior, integriert und das bisher einzige Kaffeemuseum der Iberischen Halbinsel.

Kaffeehausgeschichten

Im ganzen Land verteilt gibt es nostalgische Kaffeetempel, wo sich Gegenwart und Vergangenheit die Hand reichen. Der Gast steht an Tresen aus dunklem Mahagoniholz mit blankpolierten Messinggeländern oder schlürft seinen Muntermacher zu einer Zeitungslektüre an einem der gemütlichen Ecktische. Dazu genießt man ein goldgelbes knuspriges Sahnepastetchen mit Zimt und Puderzucker bestreut. Schnell kommt man ins Gespräch über dies und das oder man sitzt gedankenversunken über einem Buch oder sinniert über seinen Notizen. Wie auch immer, ein Kaffeehausbesuch ist ein sinnliches Erlebnis. Der aromatische Duft frisch gemahlener Kaffeebohnen, das Rattern der Espressomaschinen, die klirrenden Tassen, das lebhafte Stimmengewirr der bunt gemischten Gäste – alles passt zusammen und vermittelt ein Gefühl von Gemütlichkeit und Laisser-faire, auf das sich Südländer so gut verstehen. Zur Jahrhundertwende waren die Kaffeehäuser beliebte Treffpunkte der intellektuellen Szene. Künstler, Schriftsteller, Professoren und Poeten – man traf sich zum Philosophieren und Diskutieren. Fernando Pessoa war einer von ihnen und wer weiß, vielleicht entstanden einige seiner Werke beim Genuss einer kräftigen *bica* an einem der gusseisernen Marmortischchen.

Es gibt unzählige historische Cafés in Portugal, die bei Portugiesen und Touristen gleichermaßen beliebt sind. Hier nur drei davon:

Kleines Kaffeelexikon à la Portugal – Vamos beber um café

Kaffee ist in Portugal das Synonym für Espresso. Hier heißt er allerdings Expresso, auch um sich von anderen Ländern zu unterscheiden. Filterkaffee oder andere Kaffeezubereitungsarten sind in Portugal kaum zu finden. Alle Kaffeevarianten werden auf der Basis von Expresso Café in industriellen (hier vorwiegend italienischen) Espressomaschinen aufgebrüht. Portugiesischer Expresso ist im Unterschied zum Espresso aus anderen Ländern ein Blend aus Arabica- und Robusta- Bohnen (vorwiegend aus Brasilien oder Angola), die besonders schonend geröstet werden. Dadurch hat der portugiesische Kaffee weniger Säure, ist aber sehr aromatisch, intensiv und vollmundig. Die bekanntesten Marken sind Delta, Buondi, Sical, Torrie, Chave Douro und Nicóla. Welcher der beste ist, lässt sich schwer sagen und hängt auch davon ab, wie der Kaffee aufgebrüht wird. Ein gelernter Barista achtet genau auf die exakte Filtermenge für die Maschine, die richtige Pressung, die genaue Wassertemperatur etc. Im Alltagscafé wird weniger auf solche Feinheiten geachtet. Delta-Kaffee ist der am meisten verbreitete und wird im Alentejo verarbeitet und in die Welt exportiert. Wer in Portugal einen Kaffee bestellen will, wird erst einmal vor die Qual der Wahl gestellt. Auch hier gibt es regionale Unterschiede. Hier eine kleine Übersicht:

- *„café"/„bica" = Expresso - kleiner starker schwarzer Kaffee, wird in Espressotassen serviert, der am meisten konsumierte im Land (in Lissabon und in den Südregionen als „bica" bekannt, in Porto als „cimbalino", im ganzen Land als „café")*
- *„café cheio"/„bica cheia" - „langer" Expresso, mit Tasse bis zum Rand gefüllter Tasse*
- *„duplo"/„abatanado" - doppelter Expresso in einer großen Tasse*
- *„pingado" - „bica" mit einem Schuss Milch*
- *„garoto escuro/claro" - bica mit wenig/viel Milch*
- *„galão escuro/claro" - Milchkaffee im Glas, dunkel („escuro") = stark, hell („claro") = weniger stark (die bei Touristen beliebteste Version)*
- *„italiano" - sehr starker Kaffee*
- *„carioca" - weniger starker Kaffee*
- *„meia de leite" - große Tasse mit halb Milch, halb Kaffee*
- *„dupla pequena chavena" - doppelter „bica" (doppelte Kaffeemenge mit gleicher Menge Wasser in Espressotasse)*
- *„com cheirinho" - Expresso mit einem Bagaço-Schnaps darin*
- *„curto" - halber Expresso in einem kleinen Glas*
- *„descafeinado" - koffeeinfreier Kaffee*

Café Majestic in Porto

Das Majestic wurde 1927 eröffnet und sah seither illustre Gäste. Die britische Bestsellerautorin J. K. Rowling, die mit einem Portugiesen verheiratet war und in Portugal ihre Tochter zur Welt brachte, liebte es im Majestic zu schreiben. An einem der Tische unter barocken Stuckdecken und riesigen Wandspiegeln nahm ihre weltbekannte Romanfigur Harry Potter Gestalt an: „Harry Potter und der Stein der Weisen", 1990–1993 per Hand geschrieben im Café Majestic.

A Brasileira in Lissabon

Das bukolische Jugendstilcafé in Lissabons heutiger Boutiquenmeile und einstigem Künstlerviertel Chiado ist das bekannteste in der Hauptstadt. Eigentlich begann es als Handelsfirma für brasilianischen Kaffee. Die Eigentümer ließen die Kunden vor dem Kauf die Qualitäten kosten und so wurde aus dem frühen Marketing ein Dauergeschäft. Vor dem Eingang sitzt Fernando Pessoa in Bronze gegossen, schaut auf die bunte Touristenschar und posiert für Tausende Selfies am Tag. Er soll hier des Öfteren seinen Kaffee inklusive Brandy getrunken und so manches Gedicht verfasst haben. Er war auch Stammkunde in der gegenüberliegenden Buchhandlung Livraria Bertrand, die 1732 eröffnet wurde und zur ältesten durchgehend geführten Buchhandlung der Welt gehört.

⌃ Im Café A Brasileira kehren auch Einheimische gerne ein

„Antiga Confeitaria de Belém"

Im Lissabonner Monumentenviertel Belém geht kein Weg an der Confeitaria de Belém vorbei. Vor allem wegen der original Sahnetörtchen (*Pastel de Nata*), die hier Pastel de Belém heißen, nehmen in- und ausländischen Gäste lange Warteschlangen bis auf die Straße in Kauf. Bis zu 20.000 Törtchen gehen hier am Tag über die Jugendstiltheke. Drinnen lässt man sich die ofenwarmen Törtchen mit einer Brise Zimt auf der Zunge zergehen und eine *bica* dazu servieren. Das streng geheime Rezept geht auf eine mittelalterliche Kreation der Mönche des benachbarten Hieronymusklosters zurück und soll angeblich nur fünf Eingeweihten bekannt sein. Die Wände des Cafés zieren blau-weiße Kachelbilder.

Einkaufen

Einkaufen, also *fazer compras*, ist die **beliebteste Freizeitbeschäftigung** vor allem der städtischen Einwohner Portugals. Viele Portugiesen schlendern lieber stundenlang durch moderne Shoppingcenter zum „Boutiquen-Hopping" als eine Runde spazieren zu gehen.

Lange Jahre, bis zur Finanzkrise wurde mit Kleinkrediten bezahlt: Der neueste Digitalfernseher, das ultraschicke Handy, die nächste Sommergarderobe etc. wurden schnell mal finanziert – **Überschuldung und privater Bankrott** waren die Folge. Immer neue *Centros Comerciais* entstehen selbst in Kleinstädten und vor allem an der Küste. Oftmals sind dies überdimensionierte Konsumtempel mit den Standardmarken der internationalen Konzerne. Überall sind Discounter zu finden, allen voran LIDL-Filialen. Die sind allerdings in Portugal keinesfalls günstiger als in Deutschland, ganz im Gegenteil. Ein großes Problem sind die Auswirkungen auf den Einzelhandel. Bäcker, Fischmärkte und kleine Familienbetriebe können mit dieser Konkurrenz nicht mithalten. Gleichzeitig sind die Löhne für die Discounter-Mitarbeiter im Vergleich zu Deutschland sehr niedrig. Die Öffnungszeiten der Geschäfte und Supermärkte sind entsprechend konsumentenfreundlich, denn in Portugal gibt es kein Ladenschlussgesetz. Die Supermärkte sind auch sonntags und an Feiertagen zumindest bis 14 Uhr geöffnet und die großen Shoppingcenter sowieso bis 22 oder 24 Uhr. Es gibt Einkaufszentren, die nur am 25.12. und am 1.1. schließen. Die Traditionsgeschäfte der Innenstädte klagen dagegen über stetig sinkende Kundenzahlen, worauf die Gemeinden und Geschäftsleute mit Werbeaktionen und attraktiven Angeboten reagieren. In den Großstädten gibt es eine Reihe guter kleiner Fachgeschäfte und Boutiquen mit Eigenmarken aus Portugal, bei denen sich ein näherer Blick lohnt.

Einkaufstüten sind mittlerweile auch in Portugal kostenpflichtig und damit hat sich auch das Umweltbewusstsein der Portugiesen etwas gestiegen.

Seit 2016 hat der Privatkonsum wieder zugenommen, was die Regierung auch mit Rücknahmen von Gehaltskürzungen und erleichterten Privatkrediten fördert. Die Uhr ist wieder auf Konsum gestellt. Für das Bruttoinlandsprodukt ist das sicherlich förderlich, doch sehen bereits manche Wirtschaftsexperten einen Rückfall in die alten Gewohnheiten und das Risiko einer Neuverschuldung. Andere tun dies als Schwarzmalerei ab. Bisher läuft es noch gut.

Die allgemeine **Mehrwertsteuer** in Portugal liegt (Stand 2018) bei 23 %, in der Gastronomie beträgt sie 13 % und für Grundnahrungsmittel werden 6 % angesetzt.

Ein kleines **Einkaufskuriosum:** Wer als Fremder eine Boutique oder ein Geschäft in Portugal betritt, trifft häufig auf zwei Situationen. Entweder wird man gelangweilt ignoriert oder es stürzen sich gleich drei Verkäufer mit einem *Deseja alguma coisa?* " – „Möchten Sie irgendetwas ?" – auf den Kunden. Was dazu führt, dass der unerfahrene potenzielle Käufer erschreckt unverrichteter Dinge aus dem Laden flüchtet. Falls man doch etwas ersteht und bezahlen möchte, lautet die Frage an der Kasse: *Só?,* was so viel heißt wie „Nur das, ist das alles?" Was für den Portugiesen eine normale Redewendung ist, hinterlässt bei Fremden oft ein peinliches Gefühl.

106pgl-la

Bankautomaten und Bezahlsysteme

In Portugal werden alle gängigen **Kreditkarten** akzeptiert. Wer **Bargeld** benötigt, trifft auf ein flächendeckendes Netz von Bankautomaten, die hier in erster Linie als *Caixa Multibanco* bekannt sind. Diese sind blau, mit einem schwarzen „MB" gekennzeichnet und bieten im Bedienungsmenü verschiedene Sprachoptionen, auch Deutsch. Seit 2015 hat der bisherige portugiesische Marktführer Mulitbanco Konkurrenz bekommen und nun gibt es verstärkt in den Metropolen Lissabon und Porto und an der Algarve auch ATM-Automaten der amerikanischen Firma Euronet Worldwide, die vor allem Touristen ansprechen möchte. Diese sind gelb-blau, bzw. orange bei ATM Express. Die Portugiesen nutzen Multibanco für alle möglichen Transaktionen und wer ein portugiesisches Konto hat, kann hier nicht nur Geld abheben, sondern auch Geld überweisen, Telefon- oder Fahrkarten aufladen, Steuern begleichen etc. Insgesamt sind 60 verschiedene Transaktionen möglich. Mit einer ausländischen Bankkarte kann man an allen mit V PAY oder Girocard gekennzeichneten Automaten kostenlos Bargeld abheben. In Portugal dürfen laut Gesetz keine Gebühren für Abhebungen oder Überweisungen am Automaten erhoben werden. Dies gilt nicht für Kreditkarten. Hier empfiehlt es sich, vorab die Konditionen der Hausbank zu erfragen. Bis auf einige Direktbanken berechnen die meisten deutschen Banken Gebühren für die Bargeldabhebung.

Die Multibancos sind sehr beliebt und Portugal gilt als eines der Länder mit der höchsten Bankautomatendichte. Auch wenn die Tendenz zu Onlinebanking und Bezahlen per Smartphone geht, wird das direkte Bezahlen am Automat noch immer am häufigsten genutzt. Deshalb muss man sich nicht wundern, wenn man schnell mal Geld abheben möchte und sich mit einer Warteschlange von Kunden mit zahlreichen Papieren in der Hand konfrontiert sieht. Oft werden Strom, Telefon und Wasser und was sonst noch anfällt in einem Aufwasch überwiesen. Und das kann dauern.

◁ Bargeld & Co.: Mulitbanco-Automaten gibt es flächendeckend im ganzen Land

Namen und Anrede

Die gängigsten portugiesischen Nachnamen *(apelido)* sind Silva und Santos, gefolgt von Ferreira, Pereira, Oliveira oder Costa, so wie bei uns Meier, Müller oder Schmidt. Auch Almeida, Mendes, Sousa oder Melo kommen recht häufig vor. Beliebte männliche Vornamen sind João, António, Luis, Joaquim oder Zé (eine Abkürzung für José) oder Francisco (Chico als Kürzel). Gern werden auch Doppelnamen wie José Luis oder Manuel Maria verwendet. Die häufigsten Frauennamen sind Maria, Ana, Catarina oder Joana. Auch im Jahr 2017 waren Maria, Ana, João und Pedro die beliebtesten Namen neugeborener Kinder. Viele ältere Damen haben noch dazu religiöse Beinamen wie Maria de Jesus oder Maria da Encarnação (wörtlich: „Maria Fleischwerdung" oder auch „Verkörperung") Die ehemalige Gesundheitsministerin hieß zum Beispiel Maria de Belém – „Maria aus Bethlehem". Die **Nachnamen können mitunter ziemlich lang werden,** denn bei der Heirat kommt der Name des Partners zu dem eigenen dazu, der schon die Namen von Mutter und Vater beinhaltet. So ist eine Konstellation wie António da Silva Pereira Costa Santos nichts Ungewöhnliches. Generell ist der Nachname auf vier Namen beschränkt.

Die Portugiesen sprechen sich normalerweise nicht mit dem **Nachnamen** an, wie es bei uns üblich ist. Auch gibt es keine so klare Unterscheidung des Du und Sie wie bei uns. *Tu* ist persönlicher und in der Familie oder unter Freunden üblich. *Você* ist förmlicher und wird für offizielle Anreden genutzt,

Spitznamen – „alcunha"

Speziell auf dem Land kommt es vor, dass die Einwohner die offiziellen Familiennamen ihrer Nachbarn gar nicht kennen. Wenn man nach dem Namen des Herrn oder Frau Soundso fragt, kommt prompt die Frage: „Unter welchem Namen ist er/sie denn bekannt? Meinen Sie „João da Barca" (Johann der Bootsführer) oder „Manuel Caixinha" (kleine Schachtel)?" Fußballlegende Eusébio war der „Pantera Negra", der Schwarze Panther. António de Oliveira Salazar war wegen seiner Vorliebe für Stiefel als „Toninho das Botas" (Stiefelanton) bekannt.

Im Mittelalter waren Spitznamen gang und gäbe und viele Familiennamen haben sich daher abgeleitet. Ausländer werden übrigens selten mit Spitznamen beglückt, hier wird nur der Name ins Portugiesische übersetzt. Vielleicht, weil eine „alcunha" eben doch eine durch und durch portugiesische Angelegenheit ist …

Extrainfo 26 (s. S. 7): Zum Schutz der portugiesischen Sprache gibt es eine Einschränkung für fremd klingende Babynamen. Die „Lista dos Nomes" ist als PDF zum Download verfügbar.

ist aber durchaus auch zwischen Bekannten üblich. Ursprünglich leitet sich *Você* von *Vossa Mercê* (was soviel wie „Euer Gnaden" bedeutet) ab. Dies war früher eine Anredeform für das Königshaus. *Tratar por tu* bedeutet auch mit jemandem „auf Du und Du stehen". Bei einem ersten Kontakt ist es empfehlenswert, *Você* zu verwenden. Hier kommt es auch etwas auf das Fingerspitzengefühl an, auf die persönliche Beziehung, die Hierarchie im Betrieb oder auch in der Familie, auf die Umstände etc. In Portugal wird eher *tu* oder die dritte Form verwendet. Viele ältere Portugiesen empfinden es als höflicher, in der dritten Person mit *Senhora* oder *Senhor* angesprochen zu werden. In Brasilien ist es eher umgekehrt, dort ist *tu* außer im Süden eher rüde. In der Praxis ist *Você* plus Vorname heute auch in Portugal am gängigsten, bei älteren Herrschaften oder Respektpersonen macht sich die indirekte Anrede mit *Senhora* oder *Senhor* besser. Immer noch üblich ist die Verwendung von *Dona* z. B. *Dona Maria* oder auch *Senhora Dona Maria,* wie im Schriftverkehr. Bei Männern wird *Dom* heute nicht mehr verwendet, es sei denn bei religiösen Würdenträgern. Auch Titeln wie *Senhor Doutor, Senhor Engenheiro, Professor* (Herr Doktor, Herr Ingenieur, Professor) wird hohe Bedeutung beigemessen. Selbst wenn Akademiker eigentlich gar keinen Doktortitel haben, werden sie oft mit Dr. angesprochen. Der Arzt ist ebenfalls der *Senhor Doutor.*

Bei formellen Besuchen und erstem Kontakt ist es ein Ausdruck von Respekt und Höflichkeit, sein Gegenüber mit *Senhor* oder *Senhora* und zusätzlich in der dritten Form anzusprechen: *A Senhora fala português?* – „Spricht die Dame Portugiesisch?" Zumindest bei den älteren Menschen ist dies noch der Fall.

Gesprächsverhalten

Die meisten Portugiesen lieben die Konversation und sind **interessiert an fremden Sprachen.** Man kommt in der Regel sehr leicht ins Gespräch, ob an der Bushaltestelle, im Café oder Supermarkt: Es genügt ein *Tudo bem?* – „Alles bestens?" – und schon ergibt eins das andere. Viele Einheimische sprechen Französisch, manche auch Deutsch, das sie als Emigranten in den jeweiligen Ländern lernten. Englisch ist in den Städten und Touristenregionen üblich, vor allem bei den jüngeren Generationen, und Spanisch kann sowieso fast jeder.

Allerdings mag man Spanisch von Nichtspaniern, die das Land besuchen, nicht gern hören, ist dies doch eine Diskriminierung des Portugiesischen. Auch wenn es keine Beleidigung mehr ist, so fühlen sich viele Portugiesen doch **gekränkt, wenn man sie auf Spanisch anspricht.** Dies ist, als würde man sie wieder einmal mit den Spaniern in einen Topf werfen. Denn auf ihre Sprache sind die Portugiesen besonders stolz. Wer also Portugiesen ansprechen möchte, tut sich mit einem *Buenos Dias* keinen Gefallen, auf ein *Bom Dia* folgt sicherlich ein freudiges Lächeln. Bedanken kann man sich statt mit *Gracias* lieber mit einem *Obrigado* bzw. *Obrigada* als Frau.

In der Regel sprechen die Portugiesen gern, hören aber nicht so gern zu. Also darf man sich nicht wundern, wenn ein Redeschwall über einen hinweggeht, aber der Antwort wenig Zeit und Aufmerksamkeit gewidmet wird.

Ganz schlecht wird **Kritik an Land und Leuten** aufgenommen. Es ist für Portugiesen eine Frage des guten Geschmacks, der Höflichkeit und der guten Erziehung, in erster Linie Positives zu erwähnen. Das Recht auf „Jammern" wird nur Einheimischen zugestanden. Direktheit gilt als sehr unpassend und kann ein schlechtes Licht auf den Sprecher werfen.

„Der Sprachunkundige ist ohnehin verloren, zumal der Umgangssprache etwas Unwägbares eigen ist: Sie ist eine Sprache für Eingeweihte. Eingeweihtsein ist eine Vorbedingung für das Leben in diesem Lande, mehr als in jedem anderen", beklagt sich Curt Meyer-Clason in seinen „Portugiesischen Tagebüchern" über die portugiesische Eigenart, sprachlich eher zu verschleiern als etwas klar auszusprechen. Er bezieht sich damit auf **die portugiesische Angewohnheit, nie direkt zu werden.** Ein forsches Nein ist zum Beispiel für einen Portugiesen sehr unhöflich. Erst wird er mit umständlichen Redewendungen alle möglichen Gründe benennen, warum etwas nicht möglich sei. Das kann besonders im Geschäftsbereich schwierig werden, weil man nie zur Sache kommt. Dennoch ist es von Vorteil, sich auf diese Landesgewohnheiten einzustellen, wenn man etwas erreichen will.

In der portugiesischen Konversation gibt es ein paar **Besonderheiten, die man als Ausländer erst nach und nach verinnerlicht.** So wird man in einem Satz oft die Worte *pronto* und *pois* hören. Im Ohr des Fremden kommt das Ganze als „prnt" oder „poisch" an. *Pronto* („rasch, bereit, fertig") ist eine Unterstreichung und Bestätigung des Gesagten. Das Füllwort *pois* („also, nun, da") benutzen Portugiesen sehr oft als eine Art Kommentar oder Zustimmung: *pois* – „So ist das eben. Genau." Oft hört man mitten im Satz den Ausdruck *Sim Senhor* („Jawohl, mein Herr"), ebenfalls als Hervorhebung im Sinn von „eben", „genau" gemeint. Dabei ist es gleichgültig, ob man mit Mann oder Frau spricht. Eine andere oft gehörte Alltagsfloskel ist *com licença* – „mit Erlaubnis" oder „mit Verlaub", „Verzeihung" oder „Entschuldigung" soll das meist leise gezischte Höflichkeitsbekenntnis heißen. Man benutzt es, um sich beispielsweise in Bus und Bahn Durchgang zu verschaffen, bevor man den Telefonhörer auflegt (man will ja nicht unhöflich sein und einfach das Gespräch abrupt beenden), wenn man sich im Restaurant vom Tisch erhebt oder sich aus einer Runde verabschiedet. In fremden Ohren klingt die Phrase zunächst nur wie „schschsch": Mann oder Frau zischelt und pfeift Unverständliches in der Straßenbahn und man versteht erst, worum es geht, wenn die Person versucht, sich vorbeizudrängen. Ein kleiner Trost: Mit der Zeit und etwas Übung stellt sich das Gehör auf die ungewohnten Laute ein.

Konfliktverhalten

Sollte man in Portugal, aus welchem Grund auch immer, in einen Streit verwickelt werden, so heißt die oberste Regel: **Nicht laut werden.** Je mehr man sich aufregt und womöglich schreit, umso sturer wird sich das Gegenüber stellen. Wenn beispielsweise ein ungeduldiger Gast seinem Unmut über irgendein Fehlverhalten eines Portugiesen Luft macht, kann er schon mal Folgendes zu hören bekommen: „Das ist mein Land, ich bin Portugiese und mache hier, was ich will. Wenn es Ihnen nicht passt, gehen Sie doch wieder zurück in Ihre Heimat!"

Zu den meisten Handgreiflichkeiten kommt es im Straßenverkehr. Bei der offensiven Fahrweise der Portugiesen muss man sozusagen auf alles gefasst sein. Da man jedoch als Tourist und Nicht-Portugiese bei Auseinandersetzungen meist den Kürzeren zieht, sollte man sich **besser nicht provozieren lassen.**

Bei Problemen in Restaurants, Hotels, Geschäften oder Behörden gibt es die Möglichkeit, seine Beschwerde, auch auf Englisch, schriftlich im **Livro de Reclamações** festzuhalten. Das Buch muss ausgehändigt werden, wenn ein Kunde danach verlangt, es wird von einer staatlichen Behörde regelmäßig kontrolliert. Die Seiten sind vornummeriert und man kann sicher sein, dass die Reklamation nicht im Papierkorb verschwindet. Manchmal hilft auch schon allein die Frage nach dem Buch, doch sollte man nicht bei jeder Kleinigkeit danach verlangen.

Behörden und Polizei

Jemand meinte einmal, die Portugiesen hätten die Bürokratie erfunden. José Gil schreibt gar: „Wir sind ein Land der Bürokraten, wo der Gesetzeseifer vorherrscht, in einigen Bereichen der Verwaltung in besessener Manier. Als ob damit die Untätigkeit kompensiert würde, muss jedes kleinste Wort oder Erläuterungen in den Akten, Berichten, Notizen, Gutachten registriert werden."

Wer jemals mit dem Finanzamt, der Ausländerbehörde oder anderen Verwaltungen in Portugal zu tun hatte, weiß wovon die Rede ist. Obwohl mittlerweile zumindest in den Großstädten der lästige Papierkram online erledigt werden kann, ist der Wust an Bestimmungen und Regelungen selbst für Bürokratie erfahrene Deutsche eine Geduldsprobe. **Ausländer, die längere Zeit im Land bleiben wollen** und dafür die entsprechenden amtlichen Unterlagen benötigen, wenden sich am besten an einen *Solictador* oder *Solicitadora.* Das sind Dienstleister, die ihren Kunden alle rechtlichen und steuerlichen Dinge zu einem meist fairen Preis abnehmen. Mehr dazu findet sich im Kapitel „Auswandern nach Portugal" (s. S. 322).

Glücklich kann sich schätzen, wer einen Bekannten oder Verwandten in einer Schlüsselposition sitzen hat. Ansonsten muss man wieder einmal die oben erwähnte *paciênca,* die Geduld, zum Einsatz bringen. Einige Behörden wurden zwischen 2013 und 2015 privatisiert, u. a. auch die Post. Die Correios/CTT sind immer noch rot und haben einen weißen Postreiter als Symbol. Die Warteschlangen sind auch mit der Privatisierung nicht wesentlich kürzer geworden, dafür ist die Post- und Paketzustellung heute unzuverlässiger. Wenn früher täglich Post ausgetragen wurde, kommt heute die Korrespondenz nur einmal die Woche. Immer wieder werden Briefe vertauscht und es gibt viele Klagen.

PSP oder GNR?

In Portugal gibt es neben der Grenzpolizei und Marine *(Policia Marítima)* **zwei Polizeibehörden**, auf die man im Alltag trifft: Die PSP *(Policia da Segurança Pública),* deren Mitarbeiter in blau-weißen Fahrzeugen und blauen Uniformen unterwegs sind, ist für die öffentliche Sicherheit zuständig. Die Nationalgarde GNR *(Guarda Nacional Républicana),* eigentlich eine Einheit des Militärs, ist z. B. bei Verkehrskontrollen im Einsatz. Für Außenstehende sind Abgrenzung und Zuständigkeitsbereiche der beiden Stellen nicht immer klar. Die PSP ist vor allem in den Städten im Einsatz, die GNR in ländlichen Regionen. Die Kompetenzen überschneiden sich bisweilen. Zahlenmäßig ist die GNR überlegen. Die mangelhafte Ausstattung und vor allem die Qualifikation der Beamten von PSP und GNR sind immer wieder ein nationales Streitthema. Veraltete Fahrzeuge, unzureichende Arbeitsbedingungen im Büro und auf der Straße sowie fehlende Fremdsprachkenntnisse und unterbezahlte Polizisten sind die Hauptprobleme. Dennoch kann man bereits einen Generationen- und Mentalitätswechsel bei den portugiesischen Polizeibeamten verzeichnen. Die jungen Polizisten und Gardisten sprechen Englisch und sind im Umgang mit Ausländern besser ausgebildet.

Zeitverständnis, Professionalität, Verbindlichkeit

Das Zeitverständnis der Portugiesen ist ein anderes als das der meisten Deutschen. Wenn man sich mit jemandem verabredet, sollte man **am besten immer eine Verspätung einkalkulieren.** Auch die Auslegung der angegebenen Öffnungszeiten bei Behörden und Geschäften ist sehr dehnbar. Der/die Angestellte kann schon mal eine Viertelstunde später kommen: Man hatte halt noch etwas zu erledigen. Und wieder einmal ist *paciência* gefragt, die viel strapazierte Geduld.

Nicht von ungefähr sind die **Zeitangaben** in der portugiesischen Umgangssprache eher vage. *Pela Tarde* – „am Nachmittag" kann alles zwischen 15 Uhr und 19 Uhr bedeuten. Auf die Frage: „Wann geht der Zug?" kann man schon mal zur Antwort bekommen: *por volta das três* – „so um die drei rum". Für eher disziplinierte und ungeduldige Menschen kann ein Aufenthalt in Portugal zu einer Herausforderung werden. So mancher fragt sich, wie das Land angesichts der sehr kreativen Organisation und ständigen Improvisation funktionieren kann. Aber irgendein Weg findet sich immer. Übrigens: Bei all dem sollte man nicht vergessen, in Portugal die Uhr eine Stunde zurückzustellen (MEZ -1).

Oftmals **fehlende Professionalität** ist ein anderes Streitthema innerhalb der portugiesischen Gesellschaft. Einerseits behaupten beispielsweise die Gewerkschaften, die Portugiesen seien im Ausland die gefragtesten und zuverlässigsten Arbeitskräfte für die Industrie – andererseits wird stets die mangelnde Produktivität im eigenen Land angemahnt.

Was die **Verbindlichkeit** angeht, so hat sich in den letzten Jahren doch einiges verbessert. Zwar ist die Kommunikation mit Dienstleistern und Firmen bisweilen etwas schwierig, aber zumindest kann man sich auf Verträge und Vereinbarungen generell verlassen. Das war nicht immer so.

Sicherheit

Portugal ist im Großen und Ganzen sicher, hier kann man sich **unbesorgt und frei bewegen.** Natürlich sind auch hier die üblichen Vorsichtsmaßnahmen gegenüber Taschendieben zu beachten. Vor allem in Bussen oder dicht gedrängten S-Bahnen kommen immer wieder Diebstahlsdelikte vor.

Ansonsten aber ist in Portugal sicherlich die Gefahr größer, in einen Autounfall verwickelt zu werden, als beispielsweise Opfer eines Überfalls oder terroristischen Angriffs zu werden.

Auch als **allein reisende Frau** hat man keine besonderen Bedrohungen zu fürchten. Die portugiesischen Männer schauen zwar schon mal interessiert, sexuell motivierte Übergriffe oder Gewalt gegen ausländische Besucherinnen sind aber kein Thema.

Die Portugiesen selbst empfinden die Sicherheit in ihrem eigenen Land seit einigen Jahren als zunehmend bedroht. Experten meinen allerdings, die subjektiv gefühlte Unsicherheit der Bevölkerung entspräche nicht unbedingt der realen Sicherheitslage des Landes.

Arbeitskollegen

Viele Arbeitsstellen in Portugal werden noch immer aufgrund von Kontakten und Beziehungen vergeben. *Cunha* nennen die Portugiesen das, was man bei uns als Vitamin B kennt. Es erleichtert die Zusammenarbeit nicht unbedingt, wenn man mit einer unpünktlichen oder gar einer fachfremden Cousine des Chefs konfrontiert wird, die halt gerade auf Jobsuche war. Dies ist freilich nicht die Regel und kann nicht verallgemeinert werden.

Schwierig ist der Umgang insbesondere deshalb, weil viele Portugiesen jeder direkten Konfrontation oder Aussprache ausweichen. Alles geschieht verdeckt **hinter dem Rücken der Betroffenen,** der Schein muss gewahrt werden.

Neid, insbesondere auf ausländische Kollegen, ist nicht selten. Besonders wenn jemand zuverlässig und ehrgeizig im Beruf auftritt, stößt er oft auf **Argwohn und Unbehagen.** Sicherlich reflektiert das Arbeitsklima auch die Zufriedenheit mit dem eigenen Arbeitsplatz, die Weiterbildungs- und Karrierechancen etc.

Umgang mit Tieren

Bis vor gar nicht allzu langer Zeit konnte man die Portugiesen nicht unbedingt als ein tierfreundliches Volk bezeichnen. In dieser Hinsicht hat sich doch in den letzten Jahren einiges getan und besonders die Haustiere erfahren mittlerweile große Zuwendung. Mißhandlung von Tieren ist heutzutage eine Straftat und seit die kleine, aber aktive Natur- und Tierschutz-Partei PAN im Parlament vertreten ist, bewegt sich einiges. Mittlerweile gibt es mehr Hunde in portugiesischen Haushalten als Kinder. Streuner sind nicht mehr so häufig anzutreffen, dennoch sind Tierheime meist privat betrieben und können kaum auf staatliche Hilfe rechnen.

Portugiesischer Wasserhund

Der **portugiesische Wasserhund** Cão de Água gehört zu den ältesten Hunderassen der Welt, seine Herkunft ist allerdings nicht genau nachweisbar. Erste Aufzeichnungen weisen bereits um 600 v. Chr. auf seine Anwesenheit in Portugal hin. Unter den Römern sprach man vom *canis piscator*, dem fischenden Hund. Der *Cão de Água* kann bis zu vier Meter tief tauchen, hat ein wasserabweisendes Fell und Schwimmhäute zwischen den Zehen. In der Vergangenheit war der *Cão de Água Português* ein treuer Begleiter der Fischer. Er fuhr auf den Booten mit hinaus aufs Meer und half, Fische in die Netze zu treiben. Er konnte Fischschwärme riechen und zeigte sie durch sein Gebell an. Man sagt, diese Hunde wären bereits bei den Entdeckungsfahrten dabei gewesen. Mit dem Niedergang des Fischereiwesens kam auch für ihn das Aus und hätte nicht der portugiesische Reeder Vasco Bensaúde in den 1930er-Jahren begonnen, diese Hunderasse zu züchten, würde man den treuen Bootsgesellen heute nur noch aus den Erzählungen der *pescadores* kennen. International kam der *Cão de Água* zu unverhoffter Aufmerksamkeit. Der ehemalige US-Präsident Barack Obama und seine Frau Michelle wählten für ihre beiden Töchter einen portugiesischen Wasserhund als Mitbewohner im Weißen Haus aus. Worüber in Portugals Medien mit großem Tamtam berichtet wurde.

Weitere portugiesische Hunderassen sind der **Castro Laboreiro,** der im gleichnamigen Ort im Naturpark Peneda Gerês gezüchtet wird, der **Rafeiro do Alentejo** und der Hirtenhund **Cão da Serra da Estrela.**

Es gibt noch **andere typisch portugiesische Tiere.** Allen voran die rassigen Lusitaner-Pferde. Pferdezucht hat in Portugal eine lange Tradition. Außerdem sind in Portugal einige autochthone Esel-, Rinder-, Schweine-, Ziegen- und Schafsrassen zu Hause.

Verkehr und Transportmittel

Am einfachsten reist man mit dem Auto durch das Land. Portugals **Stra-ßennetz** umfasst 83.000 Kilometer. Es gibt 51 Autobahnen (A oder E) verteilt auf über 3000 Kilometer. Davon sind alle mit Ausnahme von einigen Teilstrecken gebührenpflichtig. Das Mautsystem umfasst zwei Varianten: die manuell zahlbare Maut mit normalen Kassenhäuschen (*portagem*) und die elektronisch erfasste (*electronic toll only*) bei der das Kennzeichen elektronisch registriert wird. Letztere ist für viele Besucher ein Buch mit sieben Siegeln, denn zwischen den Fahrzeugen mit portugiesischem und solchen mit ausländischem Kennzeichen gibt es Unterschiede zu beachten (s. S. 317). Neben den Autobahnen gibt es gut ausgebaute Schnellstraßen, einmal als Hauptverbindungen zwischen den Distriktstädten (IP = *Itinerário Principal*) und als ergänzende Verbindungen (IC= *Itinerário Complementar*). Nationalstraßen (N oder EN), Regionalstraßen (R) und Munizipalstraßen (M) sind in sehr unterschiedlichem Zustand. Von feinsten Asphaltteppichen bis hin zu stark verzogenen Straßenrändern und lebensgefährlichen Schlaglöchern gibt es alles. Der Verkehr hat generell deutlich zugenommen. Im Hinterland geht es noch etwas gemächlicher zu.

In den Großstädten ist man mit dem gut ausgebauten und günstigen **Nahverkehr** schneller unterwegs.

Auto („carro")

Wer das erste Mal auf Portugals Straßen selbst hinterm Steuer unterwegs ist, muss alle Augen und Ohren offenhalten. Die Verkehrskontrollen sind zwar wesentlich besser geworden, doch der temperamentvolle Fahrstil der Portugiesen, hochzylindrige Pkws und Motorräder, die teilweise schlechten Pisten oder fehlenden Markierungen und die vielen Touristen mit Mietwagen, die sich noch nicht auskennen, erfordern absolute Konzentration. Die **Unfallquote** ist immer noch sehr hoch und die Anzahl der Verkehrstoten rückläufig ist, sollte man wissen, dass die meisten Unfälle in Portugal durch Alkohol und überhöhte Geschwindigkeit verursacht werden. Dichtes Auffahren, unvorhergesehenes Ausscheren oder gefährliche Überholmanöver sind gang und gäbe. 2017 war nach Angabe der Verkehrspolizei mit 509 Toten und 2184 Verletzten ein „schwarzes Jahr". Zu den unfallreichsten Strecken im Land gehören die IP5 zwischen Vilar Formoso und Aveiro, die IP3 zwischen Viseu und Coimbra, die IC1 zwischen Grândola und Alcácer do Sal, die N125 an der Algarve zwischen Lagos und Vila Real de Santo António, die N13 zwischen Valença do Minho und Vila do Conde sowie die IP19 zwischen Lissabon und Sintra.

Mautsysteme

Die meisten Autobahnen werden von den Konzessionsfirmen BRISA oder ASCENDI betrieben. Auf 15 *Autoestradas* wird die Maut elektronisch erfasst und abgerechnet. Sie sind bei Einfahrt mit dem Hinweis Electronic Toll Only und einem Eurosymbol markiert. Bei **portugiesischem Kennzeichen** erfolgt die Zahlung entweder über ein im Fahrzeug installiertes Onboard-Gerät oder nachträglich auf einem Postamt (3–5 Tage nach Nutzung). Fahrzeuge mit **ausländischem Kennzeichen** müssen sich an einem Welcomepoint an einem Grenzübergang registrieren lassen und können dann per Kreditkarte zahlen. Eine andere Möglichkeit ist die Zahlung mit der Prepaid-Easy-Toll-Card (5–40 Euro, gültig für ein Jahr), die es auf manchen Rastplätzen, in Hotels, an den Welcomepoints oder in den Postfilialen (*correios*/CTT) gibt. Mit einem Code und dem Kennzeichen kann diese freigeschaltet werden. Eine genaue Kontrolle über die Kosten hat man allerdings nicht.

Parken auf Portugiesisch

Mit dem ordnungsgemäßen Parken nimmt man es generell nicht so genau. In Portugal kommt es des Öfteren vor, dass man blauäugig auf einem gekennzeichneten Platz parkt und bei der Rückkehr staunt, weil man komplett zugeparkt ist. Bei einem täglichen Verkehrsaufkommen von 600.000 Fahrzeugen und einem **Parkangebot** von knapp 200.000 Plätzen z. B. allein in Lissabon kann man sich vorstellen, dass es einer strengeren Regelung bedarf. Seit die Parkplatzregulierung in der Hauptstadt dem privaten Betreiber EMEL untersteht, geht es zwar nicht viel geordneter zu, dafür sieht man aber häufiger Autos mit Reifenkrallen und Signalbändern. **Abschleppdienst und Bußgeld** sind ziemlich teuer. Aber der Falschparker steht trotzdem noch stundenlang im Weg. In den Metropolen, an Stränden oder bei größeren PKW-Ansammlungen ist man auch immer wieder mit **selbst ernannten Parkwärtern** konfrontiert. Die *arrumadores* sind meist Drogenabhängige oder Obdachlose, die sich so ein kleines Trinkgeld verdienen. Sie weisen die Autos ein und bekommen dafür von vielen einen Euro oder 50 Cent. Eine Garantie, dass damit das Auto auch bewacht ist, hat man allerdings nicht. Denn wenn der *arrumador* genug Münzen zusammenhat, ist er wieder weg. Freigegebene Parkflächen sind normalerweise blau markiert, an gelben Streifen darf man nicht parken.

Zebrastreifen und Ampeln

Die **Rücksicht auf Fußgänger** hat in den letzten Jahren deutlich **zugenommen.** Trotzdem sind eine grüne Fußgängerampel oder ein gut sichtbarer Zebrastreifen keine Garantie für eine sichere Straßenüberquerung. Also lieber zweimal schauen.

Taxis

Die Taxifahrer haben Konkurrenz bekommen. Uber und andere private Transportunternehmen sorgen bei den traditionellen *taxistas* für Unmut. Die Kunden sehen das erweiterte Angebot mehrheitlich positiv, denn das Image der Taxifahrer (vor allem in den Metropolen) ist ziemlich angekratzt. Es gibt viele Beschwerden von Einheimischen und Touristen über unfreundlichen Service, unnötige Umwege oder Preisdiskussionen. Die neuen Taxis in Portugal sind beige, die älteren schwarz mit grünem Dach.

Eisenbahn

Zugfans finden in Portugal ein gut funktionierendes Bahnnetz und einige touristisch und landschaftlich interessante Strecken vor. Das Schienennetz der staatlichen *Caminhos de Ferro Português (CP)* umfasst 2814 Kilometer und ist über das ganze Land verteilt, allerdings sind die Küsten und Ballungsräume engmaschiger versorgt als das Landesinnere. Es gibt alles von modernen Schnellzügen *(Alfa Pendular)* bis zum langsamen *Regional,* der an beinah jedem Bahnhof hält. Die Pläne für Hochgeschwindigkeitsstrecken des TGV, die u. a. auch Lissabon mit Madrid verbinden sollten, sind bis mindestens 2023 auf Eis gelegt.

Bahnhöfe sind in Portugal nicht einfach nur Haltestellen – viele bieten ganz unverhofft reinsten Kunstgenuss. Da trifft man auf **Bahnhofshallen mit historischen Kachelwänden** wie die Station São Bento in Porto oder auf Wandbilder mit Szenen aus dem Douro-Tal wie in der kleinen Bahnstation in Pinhão. Nostalgische Bahnhofsuhren und gelassene Schaffner erinnern an Szenen eines Films aus der Jahrhundertwende. Das moderne Gegenstück dazu ist der futuristisch anmutende *Garé do Oriente* in Lissabons ehemaligem Expogelände *Parque das Nações.* Wie alles in Portugal schwankt auch die Bahn zwischen Vergangenheit und Zukunft. Es gibt auch einige touristische und landschaftlich sehr schöne Bahnstrecken entlang des Douro oder auch der Südalgarve.

Bus/Straßenbahn/U-Bahn

Bus („autocarro")

Portugal verfügt über ein gutes Netz an Stadtbussen und Überlandbussen, die die wichtigsten Städte im Land verbinden. An den Busbahnhöfen *(rodoviarias)* kann man Tickets kaufen und Verbindungen einsehen. Die Reisebusse sind in der Regel klimatisiert, komfortabel und sogar mit WLAN ausgestattet.

Extrainfo 27 (s. S. 7): Für Eisenbahnromantiker, aber nicht nur: SWR-Reportage zur historischen Dampflok im schönen Weinbaugebiet Alto Douro

Die Portugiesen verbringen viele Stunden ihres Alltags in den **Warteschlangen** an den Bus- und S-Bahn-Haltestellen. Dabei geht es geordnet zu, in Einserreihe integriert man sich in das kollektive Warteszenario. Dass öfter mal eine Verbindung ausfällt oder die Elektrische einfach stehenbleibt, weil mal wieder eine Baustelle die Weiterfahrt verhindert oder jemand sein Auto mitten auf den Schienen geparkt hat, nimmt der portugiesische Fahrgast gelassen hin. Dann steigt man halt schulterzuckend aus und in den nächsten Bus ein, auch wenn deswegen eine weitere Stunde verloren ist. *Paciência, assim é a vida.* – „Geduld, so ist das Leben." Dafür sind die Fahrpreise der öffentlichen Transportmittel in Portugal sehr günstig.

Straßenbahn („eléctrico")

Sowohl in Lissabon als auch in Porto ruckeln historische Trams durch die Gassen und Straßen. In der Hauptstadt sind sie dottergelb oder – rein touristische Linie – rot, in Porto beige-braun. Es gibt auch moderne Straßenbahnen und ein insgesamt gut ausgebautes und günstiges Nahverkehrsnetz. Sehr beliebt sind in der Hauptstadt Fahrten mit den alten *Eléctricos* der Linien 12 und 28. Der Schaffner beschleunigt und bremst, indem er einen blank polierten Hebel im Halbkreis mal nach oben, mal nach unten kurbelt. Vor allem lässt er sich durch nichts aus der Ruhe bringen.

⌂ Stadtverkehr in Lissabon

U-Bahn (Metro)

Lissabon und Porto verfügen beide über ein modernes U-Bahn-Netz, manche Stationen sind geradezu unterirdische Kunstgalerien, gestaltet von internationalen und portugiesischen Künstlern.

Elektroautos, Tuk-Tuks & Co.

Wo viele Touristen sind, ist auch der Alltagsverkehr dementsprechend vielfältig gestaltet. Elektroautos werden in den Städten immer beliebter und auch Carsharing findet mehr und mehr Anhänger. Tuk-Tuks, Rikschas, Segways, Roller oder Zweisitzer gehören mittlerweile in Lissabon und Porto zum Stadtbild dazu.

Flugzeug („avião")

Die wichtigsten internationalen **Flughäfen** sind der Aeroporto Humberto Delgado in Lissabon (auch Aeroporto da Portela oder Aeroporto Internacional de Lisboa genannt), der Aeroporto Francisco Sá Carneiro in Porto und der Aeroporto de Faro. Außerdem haben alle neun Inseln des Azorenarchipels sowie Porto Santo und Madeira (Aeroporto Madeira-Cristiano Ronaldo) einen eigenen Flughafen. In der Alentejo-Stadt Beja wurden zig Millionen Euro in den 2011 eröffneten Aeroporto de São Brissos investiert, bisher wird dieser aber kaum genutzt. Im ganzen Land verteilt gibt es kleinere *Aérodromos* für Leichtflugzeuge.

Da der **Flughafen Lissabon** durch den zunehmenden Tourismus im Land schon längst an seine **Kapazitätsgrenze** gekommen ist, wird die dringende Investition in eine neue Landebahn diskutiert. Da 50 % des Lissabonner Flughafens unter der Regierung Passos Coelho an einen französischen Investor verkauft wurden, muss diese Entscheidung mit den Geldgebern abgestimmt werden. Bisher gab es noch keine Einigung in dieser Frage. Eine Erweiterung des Hauptstadtflughafens ist in Montijo geplant.

Die Insulaner der **Azoren und Madeira** sind auf das Flugzeug angewiesen. Auf den Azoren ist eine An- und Abreise im Winter nicht unproblematisch. Häufig fallen Verbindungen der lokalen Fluglinie SATA wegen Stürmen und schlechtem Wetter aus. Funchal ist das Anflugziel auf der Insel Madeira, bei dessen Landeanflug man gute Nerven brauchte, denn die Landebahn war so kurz, dass der Flieger stets mit quietschenden Reifen am äußersten Rand des Rollfelds zum Stehen kam. Später wurde die Landebahn um knapp eintausend Meter auf 2777 Meter verlängert und endet jetzt mitten im Atlantik – auf im Meeresboden verankerten Betonstelzen. Adrenalinträchtig ist der Anflug noch immer.

Schiff

Die schönste Art in Portugal anzukommen, ist unbestritten per Wasser. Portugal war von jeher ein Land, das von seinen **Seehäfen** lebte, die wichtigsten sind Funchal, Lissabon, Porto, Setúbal und Sines. 70 Prozent aller Importprodukte kamen 2007 per Seeweg ins Land, 41 Prozent der Exporte wickelten die Häfen ab, davon ist der Cargohafen der Raffineriestadt Sines einer der bedeutendsten. In Lissabons Hafen fahren immer mehr und immer größere Kreuzfahrtschiffe aus aller Welt ein und aus.

Kleinere Häfen gibt es die ganze Atlantikküste entlang. Jachthäfen (*Marinas*) mit weißen Luxusbooten reihen sich wie Perlen an Portugals West- und vor allem Südküste aneinander. Dort ankern die Jachten der portugiesischen und ausländischen Elite. Die Portugiesen fühlen sich traditionell eng mit dem Meer verbunden, **Segeln** ist eine der beliebtesten Freizeitbeschäftigungen der besser gestellten Familien. Einer der bekanntesten Seglertreffpunkte in der Welt ist der Hafen von Horta auf der kleinen Azoreninsel Faial. Vom Kai aus blickt man schon auf die blaue Fassade mit dem weißen Pottwal des legendären Peter Café Sport, dass jedem Seebären und Atlantiksegler ein Begriff ist.

Fähren

Von Nord bis Süd gibt es diverse Fähren, die z.B. grenzüberschreitend Portugal mit Spanien oder portugiesische Städte untereinander verbinden. In Lissabon gehören die Fähren zum öffentlichen Nahverkehr und verbinden die Stadt mit den gegenüberliegenden Uferstädten.

Mit dem Fahrrad auf Portugals Straßen unterwegs

Knapp 1800 Kilometer an Ciclovias, Ecovias oder Ecopistas sind vorwiegend im Bereich der Städte und Küstenregionen, aber auch im Landesinnern entstanden. Hier ist man problemlos und sicher mit dem Rad unterwegs. Auf den Nationalstraßen und im normalen Straßenverkehr ist Fahrradfahren allerdings eine **risikoreiche Angelegenheit.** PKWs und LKWs nehmen kaum Rücksicht auf Radler. Umgekehrt stellen Tourengruppen auf den kurvigen und schmalen Straßen für andere Verkehrsteilnehmer oft eine Gefahr dar. **Helmpflicht** für Radfahrer gibt es in Portugal (zumindest vorerst und bis 2020) nicht. Empfehlenswert ist der Kopfschutz für normale Radler und E-Bike-Fahrer aber hier ganz besonders.

Die Portugiesen selbst fahren gerne Tourenrad oder Mountainbike, am liebsten mit Freunden. Als alltägliches Fortbewegungsmittel ist das Fahrrad eher die Ausnahme.

Auswandern nach Portugal

Wer sich mit dem Gedanken tragen sollte, in das Land der Sonne und Melancholie auszuwandern, sollte sich vorab gut informieren. Es ist unbedingt empfehlenswert, zumindest Grundkenntnisse an Portugiesisch mitzubringen, wenn man länger im Land leben will. Sicherlich kann man gerade in den Tourismusregionen auch ohne Kenntnisse der portugiesischen Sprache seinen Alltag bestreiten, doch wird die Beziehung zu den Einheimischen immer nur oberflächlich bleiben. In Portugal ist die **Sprachkompetenz** vielleicht noch nötiger als in anderen Ländern, insbesondere, wenn man an einem tieferen Verständnis des Landes interessiert ist und nicht auf Dauer ein Fremder und Gast bleiben will.

Für den Anfang kann ein zweisprachiger *Solicitador* (eine Art juristischer Beistand bei Behördengängen) der alles Bürokratische erledigt, hilfreich sein. Wer der Sprache einigermaßen mächtig ist oder Englisch beherrscht, kann sich auch in einem Bürgerbüro *(Loja do Cidadão)* informieren. Für alle geschäftlichen Tätigkeiten von der Eröffnung eines Bankkontos bis zum Immobilienkauf ist eine Steuernummer (offiziell NIF = *Número de Identificacão Fiscal,* besser bekannt als *Número do Contribuinte* bzw. in Form der Ausweiskarte *Cartão do Contribuinte)* nötig. Diese bekommt man generell problemlos beim zuständigen Finanzamt *(Finanças/Autoridade Tributária)* unter Vorlage des steuerrechtlichen Wohnsitzes. EU-Bürger (gilt auch für Isländer, Liechtensteiner und Norweger) sowie Schweizer, die länger als drei Monate an einem festen Ort im Land leben, benötigen eine Aufenthaltsgenehmigung der SEF *(Serviço de Estrangeiros e Fronteiras/ Immigration and Border Service).* Diese nennt sich *Certificado de Registo para cidadão da UE/EEE/Suíça* und kann bei der örtlichen Gemeinde- oder Stadtverwaltung *(Camara Municipal)* beantragt werden. Dazu genügt ein gültiger Personalausweis oder Pass. Auch Kinder müssen angemeldet werden. Außerdem muss man die Erklärung abgeben, dass man sich finanziell selbst versorgen kann.

Wer länger als fünf Jahre mit dem *Certificado de Registo* im Land gelebt hat, kann die **dauerhafte Aufenthaltserlaubnis** beantragen. Dies muss bei einer Servicestelle der Einwanderungsbehörde SEF mit vorheriger Anmeldung geschehen.

Für **Rentner** gibt es eine Sonderregelung im Steuerrecht, das NHR-Regime *(Non Habitual Residence),* was soviel wie „nicht gewöhnlicher Wohnsitz" heißt. Nach dieser Regelung entfällt die Einkommenssteuer auf Pensionen, Zinsen, Dividenden und Tantiemen, die aus nicht-portugiesischen Quellen stammen, sofern man den Wohnsitz nach Portugal verlegt. Das gilt zehn Jahre lang. Seit 2012 gibt es zudem die Golden-Visa-Rege-

Extrainfo 28 (s. S. 7): Informative Website des Bundesverwaltungsamts mit weiterführenden Links und allen rechtlichen Voraussetzungen zum Leben und Arbeiten in Portugal

lung, die bei einem Kauf einer Immobilie ab einem Wert von 350.000 Euro eine fünfjährige Aufenthaltserlaubnis für die komplette Familie und Steuererleichterungen einschließt. Das Programm hat in Portugal seit der Einführung großen Erfolg und wird vor allem von Franzosen und Briten in Anspruch genommen. Wer in Portugal arbeitet, ist auch steuerpflichtig. Falls ein Fahrzeug eingeführt wird, muss dieses innerhalb von spätestens sechs Monaten umgemeldet werden. Nach portugiesischem Gesetz muss bei einem festen Wohnsitz in Portugal auch der deutsche EU-Führerschein beim IMT (Instituto de Mobilidade e Transporte) auf eine hiesige Carta de Condução umgeschrieben werden. Detaillierte Informationen gibt es auf den Homepages der Botschaften (siehe das Kap. „Informatives aus dem Internet" ab S. 337).

Enfim – zu guter Letzt

„Für jedes Volk ist das, was wir Kultur nennen, so etwas wie eine geistige chinesische Mauer, deren Überwindung schwieriger ist als die eines materiellen Bauwerks", beginnt Eduardo Lourenço seine „Kleine Portugiesische Mythologie" in „Mythologie der Saudade".

Für die Portugiesen ist ihre Kultur geistige Heimat und gleichzeitig Fluchtmöglichkeit aus der Realität. Wer sich die Mühe macht, hinter die bunten touristischen Seiten Portugals zu schauen, wird eine Ahnung davon bekommen, was es mit diesem rebellisch-nostalgischen Volk am Rande Europas auf sich hat. Es bleibt zu wünschen, dass sich die neue Euphorie positiv auf das praktische Leben der Portugiesen auswirkt und nicht in der politischen Propaganda verpufft. Geschichte und Erfahrung zeigen, dass vieles im Land anders ist als es scheint und dass sich die Dinge sehr schnell ändern können. Verkrustete Strukturen, ausstehende Reformen und die Abhängigkeit vom globalen Finanzmarkt sind die größten Herausforderungen. Die Karavelle kreuzt im Moment geschmeidig mit dem Wind, doch schon ein kleiner Sturm könnte das Schiff gefährlich ins Wanken bringen.

Extrainfo 29 (s. S. 7): Doku über das junge Paar Vin und Isa aus Bayern, die sich im Alentejo ihren Traum eines naturnahen Lebens mit Bienenzucht und Permakultur erfüllt haben

Anhang

◁ „Hahn im Korb" während einer Festparade der „Feiras Novas"
in Ponte de Lima (009pgl-la)

Glossar

- **Al** – portugiesische Wörter, die mit *Al* beginnen, gehen mehrheitlich auf arabisches Erbe zurück.
- **Alcatruzes** – Gefäße aus Ton (neuerdings auch aus Kunststoff), um Tintenfische darin zu fangen
- **Alma lusa** – portugiesische Seele
- **Amendoa, Amendoeira** – Mandel, Mandelbaum
- **Arianische Christen** – Anhänger der Glaubenslehre nach Arius, die entgegen der römisch-katholischen Doktrin Gott nicht als dreifaltiges Wesen, sondern als Einzelwesen ansehen.
- **Arte Xávega** – traditionelle Fischfangmethode
- **Azulejos** – farbige Boden- oder Wandkacheln, Fliesen
- **Autoeuropa** – größte Industrieansiedlung in Portugal, VW-Fertigungswerk in Palmela
- **Bica** – portugiesischer Espresso, wird in Lissabon so genannt, im Norden spricht man eher von *Café* oder *Cimbalinho*
- **Calçada Portuguêsa** – mit maritimen Motiven verzierte Böden aus handgeklopften Kalk- und Basaltsteinwürfeln, mit denen portugiesische Gehwege, Fußgängerzonen und Passagen gepflastert sind
- **Cão de Água** – Portugiesischer Wasserhund
- **Cataplana** – kupfernes wokähnliches Kochgefäß aus der Algarve-Region
- **Cortiça** – Kork
- **Couvert/entradas** – ein Gedeck bestehend aus diversen Appetitmachern, das im Restaurant unaufgefordert auf den Tisch gestellt und nur bei Verbrauch berechnet wird. Generell besteht es aus Brot, Oliven, Käse, Sardinenpastete, Butter, manchmal auch Räucherwurst, eingelegte Karotten oder Olivenöl.
- **CPLP** – *Comunidade de Países da Lingua Portuguêsa*, „Gemeinschaft der portugiesisch sprechenden Länder": Portugal, Brasilien, Angola, Mosambik, Kap Verde, Guinea-Bissau, São Tomé e Principe, Ost-Timor
- **Cromeleque** – Kromlech, Steinkreis aus der Megalithzeit
- **Deus** – portugiesische Bez. für Gott
- **Eléctrico** – nostalgische Jahrhundertwende-Straßenbahn in Lissabon
- **Estado Novo** – autokratischer Staat mit faschistischen Zügen (1933–1974) unter Staatschef António Salazar
- **Figo** – port. Name der Feige und Nachname des ehemaligen Fußballers Luis Figo
- **Iberia** – Bez. für eine mögliche politische und wirtschaftliche Union zwischen Portugal und Spanien

- **Janeiras** – Neujahrsgesänge, die traditionell auf dem Land von Männern von Haus zu Haus vorgetragen werden
- **Lissabonner Vertrag** – neuer Verfassungsvertrag der Mitgliedsländer der Europäischen Union, unter port. Ratspräsidentschaft 2007 ausgefertigt, am 01.12.09 in Kraft getreten
- **Lusiaden** – bedeutendstes episches Werk Portugals; in 10 Gesängen und 8000 Versen geht es um die Entdeckungsfahrten des Nationaldichters Luís Vaz de Camões aus dem Jahr 1572.
- **Lusitanien** – römische Bez. für das Gebiet zwischen Douro und Tejo, das von dem keltiberischen Stamm der Lusitaner besiedelt war
- **Lusitanisches Haus** – Metapher des Nationaldichters Camões für Portugal
- **Magalhães** – Name des portugiesischen Seefahrers und Weltumseglers Ferdinand Magellan, zugleich Bezeichnung für das erste Notebook made in Portugal
- **Manuelinik** – Portugals überbordender Architekturstil des 15. und 16. Jh., nach König Manuel I. benannt
- **Medronho** – Baumerdbeere, auch für den daraus hergestellten Schnaps
- **Mestiços** – Bez. für Mischlingskinder indigener Mütter und portugiesischer Väter, Begriff aus der portugiesischen Kolonialzeit
- **Mirandês** – Minderheitensprache aus Miranda de Douro
- **Moliceiros** – typische Tiefwasserboote der Algenfischer aus Aveiro
- **Mouros** – „Mauren", die verallgemeinernde Bezeichnung für die im 8. Jh. in heute portugiesisches Gebiet eingewanderten Araber aus Nordafrika und Regionen des heutigen Iran. Das Wort bedeutet eigentlich „dunkelhäutig" und bezog sich tatsächlich auf die Berber, die aus dem einstigen Mauretanien stammten.
- **Não-Fumadores** – Nichtraucher
- **Nora** – Wasserschöpfrad aus der arabischen Epoche, vor allem im Alentejo und der Algarve häufig zu sehen
- **OECD** – *Organisation for Economic Co-Operation and Development,* „Organisation für wirtschaftliche Zusammenarbeit und Entwicklung", gegründet 1948 von 16 EU-Ländern, 1961 erweitert auf 30 Mitgliedsländer mit hohem Pro-Kopf-Einkommen, Sitz ist in Paris
- **Olivença** – Stadt an der spanisch-portugiesischen Grenze, um deren territoriale Zugehörigkeit die Portugiesen kämpfen
- **Orgulho** – Stolz
- **Ordem de Santiago** – mächtiger Orden der Santiago-Ritter, der in den Kreuzzügen eine entscheidende Rolle spielte, Santiago ist der spanische und ins Portugiesische übernommene Name für den Apostel Ja-

kobus (auf Portugiesisch würde Santiago korrekt São Tiago heißen). Der Orden wurde im 12. Jh. zum Schutz des Pilgerwegs nach Santiago de Compostela gegründet und später vom Papst auch zur Unterstützung der christlichen Rückeroberungen des islamisch dominierten Portugal eingesetzt.

- **Pátria** – Vaterland/Heimatland
- **PALOP** – *Países Africanos de Língua Oficial Portuguêsa,* „Vereinigung Afrikanischer Länder mit Portugiesisch als offizielle Landessprache" (Angola, Mosambik, Kap Verde, Guinea-Bissau, Äquatorialguinea, São Tomé e Principe)
- **Pastel de Nata** – Sahnetörtchen mit großer Tradition, das Original stammt aus der *Antiga Confeitaria* in Belém, Lissabon, und heißt dort „Pastel de Belém".
- **Perceves** – Entenmuscheln, Spezialität der West-Algarve
- **PIDE** – *Policia Internacional e de Defesa do Estado,* die Staatspolizei des autokratischen *Estado Novo* nach Vorbild der deutschen Gestapo
- **PISA-Studie** – *Programme for International Student Assessment* („Programm zur Internationalen Schülerbewertung"), von der OECD in Auftrag gegeben. Im Turnus von drei Jahren werden Lesekompetenz, Mathematikkompetenz und naturwissenschaftliche Grundbildung der 15-jährigen Schüler in Mitglieds- und Partnerstaaten der OECD analysiert und verglichen.
- **Praxe** – traditionelle Riten für die Studienanfänger und Examensabsolventen vor allem in Coimbra, deren Methoden teilweise umstritten sind
- **Queijo de Figo** – Feigenkäse, traditionelles Mandel-Feigengebäck der Algarve, mit Schokolade, Gewürzen und *Medronho*
- **Queima das Fitas** – traditionsreiches Studentenfest in Coimbra, mit Verbrennung der Fakultätsbänder
- **QUERCUS** – *Associação Nacional de Conservação da Natureza,* die größte und wichtigste nicht staatliche Organisation zum Schutz der Umwelt in Portugal, gegründet 1985. *Quercus* ist auch der lateinische Name der Eiche.
- **Reconquista** – christlich motivierte Rückeroberung der maurisch besetzten Gebiete in Spanien und Portugal zwischen dem 9. und 13. Jahrhundert.
- **Revolução dos Cravos** – portugiesische Bez. für die Nelkenrevolution von 1974
- **Salazarismus** – Bez. für die autoritäre Politik während der Zeit des *Estado Novo* unter Diktator António Salazar

- **Santiago-Ritter** – Kreuzritter des Santiago-Ordens, Markenzeichen: weiße Kutten mit rotem Schwertkreuz (siehe auch „Ordem de Santiago")
- **Saudade** – typisch portugiesischer Gemüts- oder Seelenzustand, kann Wehmut, Sehnsucht, Fernweh, Heimweh, Traurigkeit, Melancholie, Schwermut sein – aber auch Euphorie und Hoffnung, auf alle Fälle ist die *saudade* emotional, auch wenn es keine wörtliche Übersetzung gibt.
- **Sebastianismus** – Bez. für das Warten auf die Rückkehr des verschollenen Königs Sebastião; symbolischer Ausdruck für die Hoffnung der Portugiesen auf bessere Zeiten
- **Sepharden** – Bez. für die in Portugal und im Mittelmeerraum lebenden Juden (*Sephardim* = hebräisches Wort für Spanier)
- **Solicitador(a)** – mehrsprachige Dienstleister, die sämtliche Behördengänge übernehmen
- **Tratado de Tordesillas** – 1494 von Papst Alexander VI. ausgehandelter Vertrag, der die Hohheitsgebiete der beiden Seemächte Portugal und Spanien regelte
- **União Europeia** – Europäische Union, EU
- **União de Facto** – nichteheliche Lebensgemeinschaft
- **União Nacional** – rechtskonservative Einheitspartei António Salazars
- **Xarém** – arabisches Wort für Maisbrei, heute noch eine beliebte Speise an der Algarve und im Alentejo
- **Xelb** – arabischer Name für die Algarve-Stadt Silves
- **Zé** – Kurzbezeichnung für den Namen José
- **Zé Povinho** – „Josef Völkchen", karikaturistische Darstellung des portugiesischen „kleinen Mannes"

Para Ler – zum Lesen

Über Portugal

- Enzensberger, Hans Magnus: **Ach Europa! Wahrnehmungen aus sieben Ländern,** Suhrkamp Taschenbuch Verlag, 1989. Enzensberger gibt u. a. Eindrücke von einer Reise nach Portugal wieder und lässt portugiesische Zeitgenossen zu Wort kommen.
- Lord Byron: **Childe Harolds Pilgerfahrt und andere Verserzählungen,** Sämtliche Werke, Bd. 1, Artemis & Winkler, 1996. Diese Verserzählung ist Byrons bekanntestes Werk, veröffentlicht zwischen 1812 und 1818. Darin beschreibt er die Reisen des jungen Ritteranwärters Harold durch Europa. Im ersten Teil kommt er auch nach Portugal.

- Louca, Antonio: **Nazigold für Portugal. Hitler und Salazar,** Holzhausen Verlag, Wien 2002. Die Beziehung zwischen dem salazaristischen Portugal und Hitler-Deutschland war lange Zeit wenig bekannt. Salazar unterstützte Hitler mit Wolframlieferungen für die Waffenindustrie und erhielt dafür Goldzahlungen.

- Mann, Heinrich: **Ein Zeitalter wird besichtigt,** Fischer (Tb.), 2003. Im Jahr 1946 veröffentlichte Reflexionen des im kalifornischen Exil lebenden Schriftstellers zur Geschichte Europas. Heinrich Mann und seine Frau machten auf der Flucht vor den Nazis, so wie viele andere deutsche Juden auch, Halt in Lissabon, bevor sie in die USA ausreisten. Seinen Abschied aus der Stadt des Lichts beschreibt Heinrich Mann in diesem Band.

- Mann, Thomas: **Die Bekenntnisse des Hochstaplers Felix Krull,** Fischer (Tb.), 1997. Der Autor lässt seinen Lebemann Felix Krull ausführliche Beschreibungen zur portugiesischen Manuelinik und der Architektur Lissabons abgeben. Seine bildlich gut getroffenen Angaben zu Lissabons Kulisse sind reinste Fiktion und Fantasie denn Thomas Mann selbst war im Gegensatz zu seinem Bruder Heinrich nie in Portugal.

- Mercier, Pascal: **Nachtzug nach Lissabon,** btb, 2006. Ein mitreißender Roman über Portugals Geschichte und Wesen. Hauptfigur ist ein Schweizer Lateinprofessor, der sein Lehrerdasein von einem Tag auf den anderen aufgibt, um mit dem Nachtzug nach Lissabon zu fahren. Im Gepäck ein Buch des fiktiven portugiesischen Arztes und Dichters Amadeo de Prado, dessen Leben und Schriften ihn nicht mehr loslassen und ihn in die Geschichte des Widerstands während des *Estado Novo* entführen.

- Meyer-Clason, Curt: **Portugiesische Tagebücher,** A1 Verlagsgesellschaft, 1997. Der Autor war im bewegten vor- und nachrevolutionären Portugal der Jahre 1969 bis 1976 Leiter des Lissabonner Goethe-Instituts.

- Nickel, Eckhart: **Gebrauchsanweisung für Portugal,** Piper Verlag, 2003. Witziges, unterhaltsam geschriebenes Buch, das einen guten Einblick in die portugiesische Gesellschaft gibt.

- Ottinger, Jürg: **Portugiesisch – Wort für Wort,** Kauderwelsch-Band 11, Reise Know-How Verlag, Bielefeld. Dieser handliche Reisesprachführer vermittelt ein alltagstaugliches Portugiesisch.

- Schneider, Reinhold: **Portugal. Ein Reisetagebuch,** Suhrkamp, 2003. Bereits bei seinem ersten Aufenthalt in Portugal im Jahr 1928 ist der Autor (1903–1958) fasziniert von Landschaft, Kultur und Lebensart. Portugal – das sind für ihn Musik und Leidenschaft, gleichzeitig eine unstillbare Sehnsucht, wie sie sich in der *saudade* ausdrückt, und die

Wahrnehmung von bisher nie Empfundenem, die Erweiterung des eigenen Bewusstseins in der Fremdheit und Buntheit dieser anderen Kultur.

■ Scholl, Sabine: **Lissabonner Impressionen,** Literarische Streifzüge, Artemis & Winkler, 2005. Einfühlsame Einführung in die portugiesische Literatur und tiefsinniger Querschnitt mit Hintergrundinformationen zur Geschichte, Gesellschaft und Landesnatur.

■ Schuldes, Ulrike: **Contos Portuguêses/Moderne Portugiesische Kurzgeschichten,** dtv, 2003. Siebzehn zeitgenössische Kurzgeschichten, die eine Annäherung an die Sprache und das Wesen Portugals ermöglichen. Alle Erzählungen sind auf Portugiesisch und Deutsch abgedruckt.

■ Sellano, Luis: **Portugiesisches Erbe: Ein Lissabon Krimi (Band 1),** Heyne Verlag, 2016. Spannender Krimi des deutschen Autors mit portugiesischem Pseudonym. Ein mysteriöser Mordfall beschäftigt den pensionierten Polizist Henrik Falkner bei seinem Lissabonbesuch rund um eine Erbschaft eines Onkels.

■ Tabucchi, Antonio: **Erklärt Pereira** (Originalausgabe: Sostiene Pereira. Una testimonianza, 1994), Gruner + Jahr Brigitte Edition, 2006. Pereira verschanzt sich als Kulturredakteur einer regimetreuen Zeitung des *Estado Novo* in seiner eigenen, unpolitischen Welt. Er will die faschistischen Zustände des Salazarismus nicht wahrhaben – bis er mit einem jungen Mitarbeiter und einer kommunistischen Widerstandskämpferin ungewollt in die *Resistencia* verwickelt wird und alte Ideale aus seiner Jugendzeit wiederentdeckt.

■ Zweig, Stefan: **Magellan,** Fischer Verlag, 2011. Stefan Zweig widmete dieses Buch seiner Begeisterung für den portugiesischen Seefahrer und Weltumsegler *Fernão de Magalhães,* der unter seinem spanischen Namen Magellan weltweit bekannt ist. Der Autor bereiste Portugal im Jahr 1938, im gleichen Jahr erschien sein Roman über den für ihn größten Entdecker der Neuzeit.

Aus Portugal

■ Alegre, Manuel: **Gedichte und Prosa,** Portugiesisch–Deutsch, TFM, 1998. Gedichtsammlung des linksgerichteten portugiesischen Politikers und Poeten, übersetzt von Sarita Brandt.

■ Antunes, António Lobo: **Die Rückkehr der Karavellen,** Luchterhand, 2000. Der Autor greift die Legende von König Sebastian und der Hoffnung auf seine Wiederkehr auf. Zunächst lässt er die bedeutendsten Entdeckungsreisenden noch einmal den Atlantik auf ihren Karavellen überqueren, um sie dann in heutiger Zeit zwischen Öltankern und Flugzeugträgern auf Lissabon zusteuern zu lassen. Spöttisch-bissiges Buch zur Entmythisierung der portugiesischen Geschichte und kritischen Hinterfragung der aktuellen Gesellschaft.

- Antunes, António Lobo: **Einblick in die Hölle,** Luchterhand, 2003. In diesem autobiografischen Roman zeigt der Autor nicht nur die schmutzige Seite des Angolakrieges auf, sondern klagt gleichzeitig seinen eigenen Berufsstand an: die Psychiater.

- Bessa-Luís, Agustina: **Die Sybille,** Suhrkamp Verlag, 1998. Der Roman spielt in den 1950er-Jahren und handelt vom Leben der jungen Joaquina und ihrer tragischen Liebe. Da ihre Familie die Mitgift nicht aufbringen kann, kann sie den Mann ihres Lebens nicht heiraten. Sie wird zur „Sybille", die von den Frauen ihrer Umgebung, um Rat gefragt wird.

- Camões, Luís de: **Sämtliche Gedichte,** Portugiesisch-Deutsch, Elfenbein Verlag, 2007. Luís de Camões' lyrisches Schaffen hatte eine starke Wirkung auf die portugiesische Dichtung des 17. und 18. Jh., wie auch auf spätere Generationen außerhalb Portugals. In der Tradition des italienischen Dichters Petrarca verbindet Camões humanistisches Wissen, Kunstfertigkeit und Originalität bei gleichzeitiger Nachahmung antiker Vorbilder.

- Camões, Luís de: **Die Lusiaden,** Elfenbein Verlag, 2004 (portugiesisch-deutsch). Das portugiesische Nationalepos in einfühlsamer Übersetzung, inhaltlich und stilistisch nah am Original.

- Eça de Queiroz, José Maria: **Die Versuchung des Padre Amaro,** Aufbau Taschenbuch Verlag, 2003. Eine leidenschaftliche Geschichte um Blasphemie und Zölibat im Portugal des 19. Jh. Der Roman wurde von Carlos Carrera verfilmt.

- Eça de Queiroz, José Maria: **Vetter Basílio,** Insel Verlag, 2003. In dieser Geschichte beschreibt der Autor die Lissabonner feine Gesellschaft mit ihren Liebschaften, Intrigen und ihrer snobistischen Lebensweise. Queiroz (1845–1900) verstand es wie kein anderer, in sympathisch-spöttischer Weise Kritik an seinem Land und dem Großbürgertum zu üben.

- Gil, José: **Portugal Hoje – O Medo de Existir,** Verlag Relógio de Água, 2004. Leider nur auf Portugiesisch erhältlich. Das Buch ist eine kritische sozio-psychologische Analyse der portugiesischen Gesellschaft. José Gil selbst lebt in Frankreich

- Jorge, Lídia: **Die Decke des Soldaten,** Suhrkamp, 2000. Das Buch spielt in einem Algarve-Dorf zur Zeit der Salazar-Diktatur. Hauptfigur ist ein 15-jähriges Mädchen, das herausfindet, dass der Soldat und Vagabund Walter Dias, nicht ihr Onkel, sondern ihr Erzeuger ist. Sie macht sich auf die Suche nach seiner abenteuerlichen Vergangenheit.

- Jorge, Lídia: **Die Küste des Raunens,** Suhrkamp, 1995. Ein Antikriegsroman, der die Schrecken des portugiesischen Kolonialkriegs in Afrika thematisiert. Lídia Jorge, in Boliqueime an der Algarve geboren, verbrachte einige Jahre mit ihrem Mann, einem Offizier der portugiesischen Armee, in Angola und Mosambik, wo sie den Kolonialkrieg hautnah miterlebte.

- Lourenço, Eduardo: **Mythologie der Saudade,** Suhrkamp Verlag, 2001. Lourenços philosophische und literaturwissenschaftliche Essays suchen nach einer Antwort auf die Frage, warum sich ein ganzes Volk mit Genuss zum portugiesischen Lebensgefühl der *saudade* bekennt, für das es keine Übersetzung gibt.

- Pessoa, Fernando: **Das Buch der Unruhe des Hilfsbuchhalters Bernardo Soares,** Fischer Verlag, 2006. Das bedeutendste und sprachgewaltigste Buch Pessoas, längst gehört es zum Kanon der Weltliteratur. Sein Protagonist Bernardo Soares ist ein einfacher Buchhalter in einem Stoffgeschäft in Lissabons Unterstadt. Soares, eines der Heteronyme Pessoas, beschreibt die unwirkliche Wirklichkeit seiner Nichtexistenz, in der sich Traum und Realität vermischen. Dennoch stellt er hellwach, scharfsinnig und analytisch Sinnfragen und zweifelt gleichzeitig an seinen eigenen Antworten. Ein verwirrendes, aber faszinierendes Buch, das man mehrmals lesen muss, um es in seiner ganzen Tiefe zu erfassen.

- Pessoa, Fernando: **Denken mit Fernando Pessoa,** Diogenes Verlag, 2008. Sätze, Gedichte, Reflexionen, Verse und Prosastücke über Leben und Traum, Seele und Herz, Vernunft und Absurdität – Ästhetisches und Mystisches aus der Feder des genialen Denkers. Ein schöner Einstieg in die Seele Portugals.

- Pessoa, Fernando: **Mein Lissabon – Was der Reisende sehen sollte,** Amman Verlag, 2001. Ein früher Reiseführer durch die Stadt mit dem minimalistisch-detaillierten Blick des Autors. Pessoa schrieb das Buch 1925, aber es wurde nie veröffentlicht. Erst 1992 entdeckte man das Manuskript im Nachlass Pessoas.

- Pessoa, Fernando: **Esoterische Gedichte/Mensagem/Botschaft/ Englische Gedichte:** Portugiesisch, Englisch und Deutsch, Amman Verlag, 1998. Originaltitel „Mensagem". Es ist das einzige zu Lebzeiten Pessoas veröffentlichte Buch (1934) und eines der bedeutendsten. Das bekannteste Gedicht daraus ist „Mar Português".

- Pinto Correia, Clara: **Das Alphabet der Frauen,** dtv, 2000. Clara Pinto Correia hat die portugiesische Literatur nach 1974 maßgeblich beein-

flusst. Die Biologieprofessorin beschreibt in ihrem Roman das Gefühls-
leben und die Lebensläufe unterschiedlicher Frauen in der modernen
portugiesischen Gesellschaft.

- Saramago, José: **Das Memorial,** Rowohlt Verlag, 1986. Das Buch erzählt vom Bau eines Franziskanerklosters in Mafra, bei dem mehr als
  50.000 Fronarbeiter für ihren extravaganten König schuften mussten
  und dabei zu Tode kamen. Saramago erzählt, wie es für ihn typisch
  ist, sehr kompliziert, mit Schachtelsätzen ohne Komma und langen Ne-
  bensätzen. Aber wer sich einmal an seinen Schreibstil gewöhnt hat, ist
  von seinen Geschichten fasziniert.
- Saramago, José: **Die portugiesische Reise,** Rowohlt (Tb.), 2005. José
  Saramago bereist in diesem Buch sein Land mit einem wohlwollenden
  und einem kritischen Blick. Fühlt sich zu Hause und trifft gleichzeitig
  auf viele Missstände. Vor allem aber beobachtet er sehr genau jedes
  Detail. Ein schöner Einstieg in die so eigene Welt Portugals.
- Saramago, José: **Hoffnung im Alentejo,** Rowohlt (Tb.), 1997. Saramago schreibt über seine Heimat und gibt einer Tagelöhnerfamilie aus
  dem armen Alentejo-Hinterland eine Stimme. Ein anrührendes Buch,
  mit dem man durch vier Generationen von der Jahrhundertwende bis
  kurz nach der Nelkenrevolution durch Portugals Geschichte reist.
- Saramago, José: **Clarabóia oder Wo das Licht hinfällt,** Hoffmann
  und Campe, 2011. Übersetzt von Karin von Schweder-Schreiner. Wie
  durch ein voyeuristisches Schlüsselloch bringt Saramago in diesem Roman Licht in die Abgründe eines Lissabonner Mietshauses in der Zeit
  der Salazar-Diktatur. Dieses frühe Werk des Autors galt lange als verschollen und wurde nun, 60 Jahre nachdem es geschrieben wurde und
  nach dem Tod des Autors, veröffentlicht.
- Três Marias (Maria Isabel Barreno, Maria Teresa Horta, Maria Velho de
  Costa): **Neue Portugiesische Briefe,** Ullstein Verlag, 1977. Das Buch
  der „drei Marias" brachte die Frauen 1973 ins Gefängnis wegen des
  „Verstoßes gegen Anstand und Sitte". Die Autorinnen nutzten die mittelalterlichen Liebesbriefe der Nonne Mariana Alcorafada als Grundlage, um sich für Frauenrechte im Salazar-Regime einzusetzen.
- Zink, Rui: **Die Installation der Angst,** 2016. Übersetzt von Michael
  Kegler. Digitale Lizenz. CulturBooks, Maxi. Diese Novelle des portugiesischen Romanciers befasst sich mit den Angstszenarien der heutigen
  Welt. In einer Art Kammerspiel lässt er zwei Männer in die Wohnung
  einer alleinstehenden Frau eindringen, um dort die „Angst" zu instal-
  lieren. Wortreich werden Gewalt und Bedrohung thematisiert und am
  Ende gibt es eine überraschende Wende, als die beiden Akteure von
  ihrem eigenen „Produkt" überwältigt werden.

Gastronomisches

- Hubert, Wolfgang/ Schwarzwälder, David/Schinharl, Michael: **Portugal und seine Weine. Ein Weinland im Aufbruch,** Gräfe & Unzer, 2008. Mit der zunehmenden Qualität haben die portugiesischen Weine in den letzten Jahren auch den europäischen Markt überzeugt. Das Buch gibt eine aktuelle Übersicht und Hintergrundinformationen zu den Weinen des Landes.
- Cortes Valente de Oliveira, Rita/Kloubuk, Alexandra: **Die Portugiesische Küche (A Cozinha Portuguesa),** Antje Kunstmann Verlag, 2014. Kreative und klassische, gut nachvollziehbare Rezepte der portugiesischen Gastronomie mit witzigen Illustrationen und schönen Bildern.
- Jardim, Mimi/Fraser, Craig: **Mein portugiesisches Fest: Rezepte meines Herzens,** Siveking Verlag, 2017. 80 traditionelle Rezepte der portugiesischen Küche von der gebürtigen *Algarvia*, TV-Köchin und Autorin Mimi Jardim, die in Südafrika lebt und ihre Wurzeln und persönlichen Geschichten mit den Lesern teilt.
- Seal, Rebecca: **Lissabon: Rezepte aus dem Herzen Portugals,** Dorling Kindersley, Deutschland GmbH, 2017. Junge und alte Rezepte aus Lissabon von deftig bis kreativ mit szenischen Bildern aus der Hauptstadt.

Portugal im Kino

- **Amália – O Filme** – Regie Carlos Coelho da Silva. Der Film zum Leben der Stimme Portugals **Amália Rodrigues** mit der Schauspielerin Sandra Barata Belo in der Hauptrolle (2008). Der Film ist auch als DVD erhältlich.
- **Am Ufer des Flusses** – Der Film basiert auf der Romanvorlage von Augusta Bessa Luis und zeigt eine gesellschaftskritische Liebesgeschichte innerhalb des portugiesischen Landadels (1994). Eine tragisch-schöne Geschichte mit der typischen Handschrift des Regisseurs und Drehbuchautors Manoel de Oliveira.
- **Capitães de Abril** – Regie und Hauptrolle Maria de Medeiros. In dem 2000 verfilmten Historiendrama wird die Nelkenrevolution aus Sicht der putschenden Militärs mit Hauptfokus auf Salgueiro Maia thematisiert. In Deutschland wurde der Film unter dem Titel „Nelken für die Freiheit" im Fernsehen ausgestrahlt.
- **Erklärt Pereira** – nach der Romanvorlage von Antonio Tabucchi, mit Marcelo Mastroianni in der Hauptrolle unter der Regie von Roberto

Faenza (2008). Der Film spielt wie das Buch im faschistischen Portugal des Jahres 1938. Der Kulturredakteur Pereira wird allmählich in den Sog der politischen Ereignisse gezogen und gerät schließlich selbst in die Fänge der Staatspolizei PIDE.

- **Lisbon Story** – In diesem Film setzt Wim Wenders seinem großen Vorbild Manoel de Oliveira ein Denkmal (1994). Der Toningenieur Philip Winter verliert sich in der portugiesischen Melancholie. Er trifft auf die schöne Sängerin Teresa, lernt den Filmproduzenten Manoel de Oliveira kennen und begleitet eine Straßenbande auf ihren gaunerischen Streifzügen.

- **Portugal Mon Amour** – Sehr amüsante Komödie (2013) von Ruben Alves über José und Maria Ribeiro, die in Paris ein arbeitsreiches und einfaches Auswandererleben führen, bis sie die Nachricht über eine Erbschaft des vermögenden Bruders José in Portugal erhalten. Die stellt alles auf den Kopf und wirbelt ihr Arbeiterleben kräftig durcheinander. Auch in deutscher Fassung.

- **Nachtzug nach Lissabon** – Kinofilm von Bille August zum gleichnamigen Roman von Pascal Mercier (2013). Der Lateinlehrer Raimund Gregorius begegnet einer jungen Portugiesin, die von einer Brücke in Bern springen zu wollen scheint, und hält sie davon ab. Dabei fällt ihm ein mysteriöses Buch über den portugiesischen Arzt Amadeu de Prado vor die Füße. Der Inhalt fasziniert ihn derart, dass er sich Hals über Kopf auf den Weg nach Lissabon macht, um mehr über Amadeu herauszufinden. Dabei begibt er sich auf eine historische Reise durch die Zeit der Diktatur und deren Folgen.

- **Fado** – Das Beziehungsdrama von Jonas Rothlaender spielt in Lissabon, wo sich der junge Arzt Fabian auf die Suche nach seiner Ex-Freundin macht und sich im Lauf der Handlung in Eifersucht und Angstgefühlen verliert (2016).

- **Porto** – Liebesdrama über den amerikanischen Auswanderer Jake und die Französin Mati, die sich in der nordportugiesischen Stadt Porto kennen und lieben lernen und in eine komplizierte Beziehung verwickelt werden (2016).

- **José e Pilar** – Ein sehr berührender Dokumentarfilm (2010) des portugiesischen Regisseurs Miguel Gonçalves Mendes und eine portugiesisch-spanisch-brasilianische Co-Produktion. Der Film begleitet den portugiesischen Nobelpreisträger José Saramago und seine Frau zwei Jahre lang in ihrem Alltag auf Lanzarote und Lissabon und ist eine Geschichte über Liebe, Verlust und Literatur. Der Film kam im November 2010 in die Kinos, José Saramago starb bereits im Juni 2010.

Informatives aus dem Internet

- **www.visitportugal.com** – offizieller Internetauftritt der Tourismusbehörde AICEP mit allen wichtigen Informationen rund um das Land, auch deutschsprachig
- **https://dpg.berlin** – informative Seite der Deutsch-Portugiesischen Gesellschaft e. V.
- **www.portugal-link.de** – umfangreiche Linksammlung
- **Deutsche in Portugal – öffentliche Gruppe** – https://de-de.facebook.com/groups/278229252217742
- **www.portugalforum.org** – privates Forum rund um Portugal
- **https://lissabon4insider.com** – unterhaltender und sehr informativer Blog der „Wahl-Portugiesen" Angelica und Daniel Hagen (s. S. 200) rund um Lissabons Gastronomie, Nachtleben und viele andere Themen.
- **www.alivraria.de** – Homepage der Musik- und Buchhandlung A Livraria in Berlin. Hier gibt es portugiesische und brasilianische Literatur, Musik, Lebensmittel und auch Kunsthandwerkliches.
- **www.entdecken-sie-algarve.com** – größte deutschsprachige Monatszeitschrift in Portugal, für Residenten und Touristen, verlegt an der Algarve mit Themen rund um Portugal
- **www.lissabon.diplo.de** – offizielle Website der Deutschen Botschaft in Lissabon mit interessanten deutsch-portugiesischen Informationen
- **www.auswaertiges-amt.de/diplo/de/Laenderinformationen/01-Laender/Portugal.html** – die offizielle Seite des Deutschen Auswärtigen Amtes mit allen Länderinformationen zu Portugal
- **www.eu-info.de/arbeiten-europa/Arbeiten-in-der-EU/arbeiten-portugal** – Informationen der Europäischen Union zum Arbeiten und zur Jobsuche in Portugal
- **www.monteforca.org/isa-vin-lua-portugal** – Homepage der Aussteiger Isa und Vin, die sich im Alentejo ihr eigenes kleines Öko-Paradies mit dem Projekt Monte Forca schaffen.
- **www.portugal-reiseinfo.de** – stetig aktualisierter, privater Online-Reiseführer der Portugal-Fans Andrea und Chris
- **www.workwide.de/leben-und-arbeiten-in-portugal** – Tipps rund um die Jobsuche und Konditionen vor Ort
- **www.justlanded.de/deutsch/Portugal** – informative Seite für all diejenigen, die in Portugal leben, arbeiten oder studieren (wollen)
- **http://ec.europa.eu/youreurope/index.htm** – Service-Portal der Europäischen Kommission für die Mobilität innerhalb der EU mit Anlaufstellen im Land

Musikalische Melancholie
zum Einstimmen

- Rodrigues, Amália: **Amália no Café Luso,** EMI Portugal, 1992. Ein Livemitschnitt aus dem Jahr 1952.
- Mísia: **Paixões Diagonais,** Erato (Warner), 1999. Traditioneller Fado gemischt mit Balladen und Chansons.
- Dulce Pontes: **Lágrimas,** Movieplay, 1993. Fado-Experimente mit elektronischer Untermalung.
- Madredeus: **Lisboa,** EMI Portugal, 1995. Mit diesem Livealbum wurde die Gruppe mit der herausragenden Solistin Teresa Salgueiros berühmt.
- Maria João: **Fábula,** Verve (Universal), 1996. Jazz, gemischt mit Fado-Einlagen.
- Carlos Paredes: **Guitarra Portuguêsa,** Megaphon Importservice, 2007
- Ana Moura: **Desfado,** Emarcy Records (Universal Music), 2013
- Xutos e Pontapes: **Grandes Exitos,** Universal Music Portugal, 2017
- Pedro Abrunhosa: **Momento,** Label PID, 2002
- Diverse Künstlerinnen: **New Queens of Fado,** Arc Music Productions (Da Music), 2016
- The Lucky Duckies: **Glamour & Nostalgia,** Lucky Productions, 2013. Marco António und Claudia Faria mit ihrer swingin' Vintage Band bringen mit ihrem portugiesischen Charme die 1950er- und 60er-Jahre mit Golden Oldies zurück. In ihren Shows covern sie Songs von Dean Martin, Elvis Presley, Paul Anka oder Nat King Cole und präsentieren auch eigene Kompositionen.

Tipp: Wer sich für portugiesische Musik oder Literatur interessiert, kann auch in Deutschland fündig werden. Einen **Spezialisten für portugiesische Kultur** gibt es in Frankfurt: TFM (Petra Noack, Große Seestr. 47, 60486 Frankfurt-Bockenheim, Tel. 069 282647, Website: **www.tfm-online.de,** E-Mail: info@tfmonline.de).

Humorvolles bei REISE KNOW-HOW:
So sind sie, die ...

Die Fremdenversteher

Die Reihe, die kulturellen Unterschieden unterhaltsam auf den Grund geht.

Amüsant und sachkundig. Locker und heiter. Ironisch und feinsinnig.
Über die Lebensumstände, die Psyche, die Stärken und Schwächen
unserer europäischen Nachbarn, der Amerikaner und Japaner.

So sind sie eben, die Fremden!

Die Fremdenversteher: Deutsche Ausgabe der englischen Xenophobe's® Guides.

108 Seiten | 8,90 Euro [D]

Register

341

Anhang

Übersichtskarte Portugal

Bragança

Miranda do Douro

Vilar Formoso

Monsanto

Guarda

Belmonte

Idanha-a-Nova

Castelo Branco

Chaves

Douro

Covilhã

Vila Real

Mondego

Viseu

Guimarães

Ponte da Barca

Braga

Coimbra

Conímbriga

PORTUGAL

Porto

Ponte de Lima

Viana do Castelo

Aveiro

Fátima

Costa Verde

Figueira da Foz

Atlantischer

Ozean

Costa de Prata

0   50 km   © REISE KNOW-HOW 2018

SPANIEN

Guadiana

Sevilla

Badajoz

Olivença

Huelva

Portalegre

Mourão

Barragem da Alqueva

Mértola

Costa de la Luz

Guadiana

Serpa

Vila Real de Santo António

Tejo

Évora

Beja

Faro

Santarém

Alcácer do Sal

Sado

Portimão

Óbidos

Setúbal

Sines

Sagres

Lissabon/ Lisboa

Sintra

Costa Vicentina

Die Autorin

Die allererste Bekanntschaft mit Portugal und den Portugiesen machte **Silvia Baumann** im August 1984 während einer abenteuerlichen Rundreise durch die touristisch langsam erwachende Algarve. Damals war das Land eine frischgebackene Demokratie in den Nachwehen der Nelkenrevolution und in der Vorbereitung auf den Beitritt zur EWG. Nur wenige Touristen verirrten sich in diesen Teil Europas. Zehn Jahre später kam sie zurück als unabhängige Autorin für Reisemagazine und Verlage und verbrachte fortan regelmäßig mehrere Monate pro Jahr in Portugal. Zusammen mit dem deutsch-brasilianischen Fotografen Lou Avers produziert sie seither Reportagen und Beiträge rund um Portugal und diverse andere Länder. Beide lebten auf der Insel Madeira, an der Algarve, erkundeten ausgiebig alle neun Azoreninseln, den Norden und verbrachten viel Zeit in Lissabon. Der „Saudade-Virus" steckt Silvia Baumann seither im Blut und Portugal ist ein wichtiger Teil ihres Lebens geworden. Im Alentejo, an der Costa Vicentina und in der Bergregion der Serra da Estrela hat die Autorin ihre Lieblingsrückzugsoasen gefunden. Politische, gesellschaftliche, wirtschaftliche und kulturelle Entwicklungen im Land verfolgt sie aufmerksam. Im REISE KNOW-HOW Verlag erschien auch ihr „Wohnmobil-Tourguide Portugal" mit den zehn schönsten Routen und allerlei Tipps für mobile Touristen.

Der Fotograf

Lou Avers setzt seine Motive farbintensiv und ästhetisch in Szene. Portugal von seiner besten Seite ist in seinem Fotoarchiv zu sehen. „Portugal profundo" entdeckte er erstmals im Jahr 1992, als er mit einem unverwüstlichen Datsun 100 A in vier Wochen über 40.000 Kilometer kreuz und quer durch das Land fuhr. Er arbeitet für deutsche und internationale Agenturen und Verlage. Der Mediziner und Fotojournalist schwört auf die Wirkung von Farbe und Licht und deren positive Energie. Portugal ist neben Brasilien, Deutschland und Spanien sein Hauptthema und unerschöpfliche Quelle immer neuer Blickwinkel und Eindrücke.

Danksagung

Muito obrigado an José Luis Elvas, Angelica und Daniel Hagen, Chakall und Veronica für ihre bereichernden Beiträge zum Buch. Ebenso Dank an Paula und Rui Carvalho, Raquel Rodrigues, Dinis Mendes, Fernando Lima, Sr. Gabriel, Fátima Miranda, Maria José und Nuno Vicente. Ein *bem haja* an alle Portugiesinnen und Portugiesen für die großen und kleinen Kulturschocks, die uns zeigen, dass die Faszination unserer Welt in der Vielfalt und im Unterschied liegt.